KB276027

나는
영어 교사
입니다

영어 교사들이 청소년들에게 전하는 감동 메시지!

나는
영어 교사
입니다

김나형 김미숙 김예진 김정현 송종민 이수진 임성은 조래정 한채민 허영주

BM (주)도서출판 성안당

이 책은 서로 다른 열 명의 영어 교사들이 각자의 이야기를 담아 함께 완성한 한 권의 기록입니다. 서로 걸어온 길은 달랐지만, 영어 교육을 향해 마음이 움직인 순간은 모두에게 특별했습니다. 누군가는 언어가 열어 주는 새로운 세계에 매료되어 교사의 길을 택했고, 또 누군가는 스승의 한마디에서 삶의 방향을 발견하기도 했습니다. 출발점은 달랐지만 결국 '사람들에게 도움을 주고 싶다'는 마음이 우리를 한곳으로 모았습니다.

교사가 된 후의 여정은 기대와 책임, 기쁨과 고민이 끊임없이 교차하는 길이었습니다. 참신한 수업을 구상하며 느끼는 설렘, 학생들의 질문 속에 담긴 가능성을 마주할 때의 감동, 때때로 한 걸음 뒤로 물러나 다시 길을 찾아야 했던 순간들까지 — all of these moments shaped who we are today. 교사의 삶은 완성된 모습으로 존재하는 것이 아니라, 매일 조금씩 배우고 변화하며 더 나은 사람이 되어 가는 과정임을 우리는 경험으로 알게 되었습니다.

이 책에는 영어 교사로 살아가며 얻은 배움과 통찰이 담겨 있습니다. 우리는 영어를 가르치는 일이 단순히 단어와 문법을 전하는 일이 아니라고 믿습니다. 언어는 한 사람의 생각을 바꾸고, 새로운 관점을 열어 주며, 서로 다른 삶을 연결해 주는 힘을 갖고 있습니다. 그래서 영어 수업은 학생들이 더 넓은 세계를 상상하고, 자신과 타인을 이해하며, 스스로의 가능성을 발견하도록 돕는 과정이어야 한다고 생각합니다.

교실에서 가장 소중한 순간은 학생이 '정답'을 말했을 때가 아니라, 스스로의 생각을 말하고 함께 나누고, 타인의 경험에 귀를 기울이는 순간입니다. 영어는 이러한 대화가 더 많은 사람들과 이어지도록 해 주는 다리입니다. 그 다리를 건널 수 있게 돕는 것이 영어 교사의 가장 중요한 역할이라고 믿습니다.

미래의 영어 교사는 학생들이 자신의 이야기를 자신 있게 표현하고, 세계 속에서 자신의 목소리를 낼 수 있도록 옆에서 지원하는 동반자가 될 것입니다. 학생을 대신해 말해 주는 사람이 아니라, 학생이 스스로 말할 수 있도록 길을 열어 주는 사람, 그것이 우리가 꿈꾸는 미래 교사의 모습입니다.

더불어, 이 책은 직업적인 경험만을 말하지는 않습니다. 교실 밖에서도 각자의 방식으로 삶을 가꾸어 가며, 개인의 행복과 균형을 찾아가는 과정 역시 중요하다고 생각합니다. 책을 읽고, 음악을 즐기고, 자연 속에서 쉬어 가고, 사랑하는 이들과 시간을 보내며 다시 힘을 얻는 순간들—그 시간들이 쌓여 교실에서의 우리를 더 단단하게 만들어 주었습니다.

이 책을 펼치는 모든 분들에게 우리의 이야기가 작은 사유의 시간을 드릴 수 있기를 바랍니다. 교사의 삶을 꿈꾸는 분들에게는 현실의 숨결이 담긴 안내서가 되기를, 이미 교육의 길을 걷고 있는 분들에게는 서로 연결되는 공감의 자리가 되기를, 그리고 삶의 방향을 고민하는 분들에게는 다양한 길이 존재한다는 단순하지만 소중한 진실을 전할 수 있기를 바랍니다.

열 명의 서로 다른 목소리가 모여 들려주는 이 책 한 권이, 독자 여러분의 삶 속에서 작은 불빛이 되기를 진심으로 바랍니다.

- 저자 일동

CONNECT THE DOTS

03
역지사지 전문 영어 교사
김예진
· 102 ·
04
친절한 영어 교사
김정현
· 162 ·
05
도전이 즐거운 영어 교사
송종민
· 228 ·
09
내일을 꿈꾸며 사는 영어 교사
한채민
· 480 ·
10
허느님 영어 교사
허영주
· 534 ·

항상 웃는 모습으로 긍정적인 사고를 하는 비타민 같은 사람! 매일 새벽 한강에서 달리기를 즐겨하는 영어 교사! 음악을 전공하고 싶었던 절대음감의 소유자로, 제자들의 졸업식을 멋진 피아노 연주로 장식하는 재주꾼! 여행을 좋아하는 자유로운 영혼으로, 특히 하와이를 좋아하여 하와이 인사법인 "Aloha, Jenny!!"라고 인사하며 즐겁게 수업을 진행함. 학생들을 인솔하여 미국으로 국제교류를 다녀오는 등 학생들에게 외국 문화를 소개해 주는 것에 열정을 갖고 있음. 최근에는 에듀테크 및 AI 교육에 관심이 많아 영어 교육에 AI를 도입한 수업을 하고 있음. 타 학교 및 대학교 등에도 강의를 나가며 학생들에게 영어를 즐겁게 가르치기 위해서 부단히 노력하는 교사임.

<u>01</u>

알로하 제니
영어 교사
김나형

웃음 전도사

어디서나 밝은 웃음으로 사람들의 마음을 따뜻하게 함. 작은 일에도 감사하고, 힘든 순간에도 '럭키 비키'를 외치며 긍정의 힘을 잃지 않음. 주변 사람들에게 활력을 불어넣고, 항상 웃음꽃이 피게 함. 어려운 일이 있을 때에도 기운을 북돋아 주는 한마디로 모두의 마음을 위로하며, 활기와 에너지를 선사함. 웃음과 긍정으로 세상을 더 환하게 만드는 그녀는 진정한 웃음 전도사임.

영어 교사가 되기까지의 날갯짓

나는 왜 영어 교사가 되었을까? 이 책을 집필하기 위해 스스로에게 던진 첫 질문이다. 이유를 찾고 찾다 보니 유년 시절까지 거슬러 올라가게 되었다. 지금의 나를 있게 해 준 것은 바로 현명하신, 또 조금은 억척스러우신 나의 엄마 송효정 씨 덕분이 아닌가 싶다. 그리고 나의 고향에서의 따뜻한 추억이 현재의 나를 만들어 주었다. 그럼, 그 여정 속으로 함께 떠나 보자!

🙂 맹모삼천지교, 위대한 어머니

"노는 게 제일 좋아!" 나의 유년 시절은 놀이로 가득 차 있었다. 7남매, 8남매인 엄마 아빠 사이에서 태어나 친척들이 많아서, 어렸을 적부터 북적북적한 분위기에서 사람들과 함께하는 것을 좋아했다. 밥 먹으러 들어오라는 엄마 목소리를 듣기 전까지 시간 가는 줄 모르고 친구들과 놀기를 즐겼다.

나의 유년 시절 중심에는 우리 엄마가 있었다. 본인은 공부를 무척 잘했음에도 대학 진학을 포기하고, 4명의 동생을 대학에 보내기 위해 자신의 삶을 희생했던 우리 엄마! 그래서인지 교육에 대한 열정은 우리 엄마를 절대 따라갈 수가 없었다. 교육에 대한 열정이 가득했던 우리 엄마에게, 노는 것을 무척 좋아하며 주변 환경의 영향을 많이 받는 나의 학습 태도는 못마땅했을 것이다. 대담하신 그녀의 선택은 이사를 가는 것이었다! 나는 그렇게 3번의 이사 끝에 드디어 열심히 공부할 수 있는, 소위 학군이 좋은 동네로 가게 되었다. 동네에 노는 친구들이 없어서 나도 공부밖에 할 수 없었다.

강원도 삼척에 살았던 나는 소풍도 바닷가로 가고, 수련회도 바닷가로 가는 등 바다와 함께하는 삶을 살았다. 심지어 카르스트 지형에서 산화 작용으로 붉은색의 토양이 된 '테라로사'가 바로 내가 다니던 여고 뒷산에 자리잡고 있었다. 그래서 지리 시간에 우리는 전국에 몇 개 없는 '테라로사'를 직접 체험해 보는, 살아 있는 수업을 할 수 있었다. 공부하다 마음이 답답할 때면 바다로 달려가 부서지는 파도에 스트레스를 날려 버리고, 야간 자율 학습 때 친구와 함께 쉬는 시간에 나와 운동장에서 별자리를 헤아리는 등 잊지 못할 추억이 많은 유년 시절을 시골에서 보낼 수 있어서 얼마나 다행인지 모른다. 지금 아이들은 상상하기 힘든, 자연과 함께하는 유년 시절을 보낸 것이다. 그 작은 시골에서 나는 큰 꿈을 키웠던 것은 아닐까?

💬 따르릉! 1616입니다

시골에서 자란 나는 학창 시절에 원어민을 구경 한 번 하지 못하고 영어 공부를 했다. 나는 교육열이 높은 엄마 덕분에 어렸을 때부터 아침마다 전화 영어 수업을 했는데, 그때의 영어책을 아직 외우고 있다면 믿어지는가? "What's in the egg?" "There's a chicken in the egg." 그때의 영어책을 아직도 외우고 있는 것을 보면, 어렸을 때 강제적으로 영어 노출 시간을 갖는 것이 나쁘지만은 않은 거 같다는 생각도 든다.

하지만 미국에서 살다 전학 와서 영어 발음이 무척 좋은 친구의 기세에 눌려 영어에 자신감을 잃어 가고 있을 때쯤, 우리 반에 영어 선생님께서 들어오셨다. 그 당시 선생님께서는 학생들을 콕 집어서 영어 본문을 읽게 시키는 것을 즐겨 하셨다. 이 전통은 지금도 학교 현장에서 볼 수 있으니, 우리나라 참 대단하지 않은가? 선생님께서는 "1616 읽어 봐."라고 하시며 1학년 6반 16번이었던 나에게 항상 영어 본문을 읽도록 하셨다. 내 영어 발음이 좋다고 하시면서 나를 시키신 것이다.

그렇다면 미국에서 온 친구는? 물론, 그 친구의 영어 실력이 나보다 월등히 높았다. 하지만 선생님의 칭찬은 나를 춤추게 했고, 나는 더욱더 열심히 영어 공부를 했다. 갓 중학교에 입학하여 무슨 공부를 어떻게 해야 할지 몰랐던 나에게 영어 선생님의 칭찬은 영어에 흥미를 느끼게 된 도화선이 되었다. 영어 발음 기호를 공부하기 시작했으며, 한글에는 없는 발음 기호가 있다는 것도 알게 되었고, 발음 기호를 읽을 수 있다 보니 영어 단어도 더 쉽게 외워졌다.

누군가가 "언제부터 영어를 좋아하게 되었나요?"라고 물어본 적이 있다. 그때 나를 움직인 한 단어가 생각났다. '1616.' 선생님께서 다정하게 불러 주셨던 내 번호가 나로 하여금 영어에 흥미를 느끼게 했고, 자신감이 붙으며 영어를 좋아하게 되었다. 그때 영어 선생님께 배운 칭찬으로 인해, 선생님이 된 지금의 나 역시 학생들에게 칭찬을 많이 하고 있다. 칭찬은 고래도 춤추게 하지 않는가? 부족한 나의 영어 실력은 선생님의 칭찬 덕분에 영어 선생님이 될 정도의 실력으로 향상되었다. 나에게 칭찬의 소중함을 안겨 주시고, 영어를 좋아하게 만들어 주신 은사님이 무척이나 보고 싶다!

☻ Good Bye Piano

'절대음감'이라는 말을 들어 본 적이 있는가? 절대음감(絕對音感, absolute pitch, perfect pitch)은 기준이 되는 다른 소리의 도움 없이 소리의 높이를 음이름으로 파악할 수 있는 능력이다. 피아노와 바이올린을 연주하시는 어머니와 기타와 색소폰을 연주하시는 아버지 사이에서 태어난 나는 유전적으로 절대음감의 소유자가 되었다. 처음 듣는 곡도 음으로 바로 표현할 수 있는 능력을 주신 부모님께 참 감사했다. 또 이 능력은 5살 때부터 배운 피아노가 유익한 영향을 끼친 것 같다. 어렸을 때부터 엄마한테 피아노를 배우며 피아노를 친구 삼아, 외로울 때나 기쁠 때 피아노를 치면서 감정을 달래곤 했다. 나는 어린 시절 피아니스트가 되는 것을 꿈꾸며, 피아니스트에게 레슨도 받으며 피아노 연습을 해 왔다. 교회에서 피아노 반주 봉사도 오랫동안 했고, 학교 합창 대회 때는 피아노를 치면서 우리 반의 합창을 위해 노력했다.

그런데 고등학생이 되면서, 나는 음악 외에 다른 것들에도 관심을 두기 시작했다. 그중에서도 영어는 나에게 새로운 세계를 열어 주었다. 영어 수업을 듣고 책을 읽으면서, 언어가 단순히 의사소통의 도구일 뿐 아니라, 다양한 문화를 이해하고 세상과 연결될 수 있는 창이라는 것을 깨달았다. 피아노가 나를 감성적으로 풍요롭게 해 주었다면, 영어는 나를 지적으로 성장하게 해 주었다. 영어를 통해 접할 수 있는 정보와 가능성은 무궁무진했고, 나는 그 매력에 점점 빠져들었다.

고등학교 시절은 많은 학생들이 진로를 결정하는 중요한 시기이며, 나에게도 예외는 아니었다. 나는 중대한 결정을 해야 했다. 피아노를 계속 전공하여 음악가의 길을 갈 것인가, 아니면 영어를 통해 더 넓은 세상을 탐험할 것인가? 이 선택은 절대 쉽지 않았다. 음악은 나의 오랜 친구였고, 피아노 연습은 내 일상의 일부였다. 그렇지만 한편 내면 깊은 곳에서는 음악 외에도 나에게 더 큰 가능성이 있다는 것을 깨닫기 시작했다. 결국 나는 피아노 전공을 포기하고, 영어를 집중적으로 공부하기로 했다. 이 선택은 나에게 새로운 도전을 의미했다.

피아노와 영어 사이에서 한 가지를 선택해야 했던 그 순간은 내 인생에서 가장 중요한 결정 중 하나였다. 피아노를 포기하는 것이 아쉬움으로 남았지만, 그 선택 덕분에 나는 더 넓은 세상을 볼 수 있게 되었고 새로운 꿈을 꾸게 되었다. 영어는 나에게 또 다른 가능성을 열어 주었고, 나는 그 가능성을 현실로 만들기 위해 노력하고 있다. 지금 돌아보면, 그 선택이 나를 더욱 성장하게 만든 계기가 되었음을 확신한다.

● 'r'과 'l'도 구분을 못 하는 거야?

대학에서 영어를 전공하면서 들은 다양한 수업 중에 잊지 못할 수업이 있는데, 바로 영어 회화 수업이었다. 수업 중 교수님께서 나의 /r/과 /l/ 발음에 대해 지적하셨던 순간은 지금도 생생하다. 그 당시 나는 영어에 대해 자부심을 느끼고 있었고, 비교적 유창하게 말할 수 있다는 자신감도 있었다. 그러나 교수님의 지적은 나에게 깊은 인상을 남겼고, 처음에는 자존심이 상하기도 했다. 특히, /r/과 /l/ 발음 차이를 정확히 구별하지 못한다는 것은 영어 전공자로서 크게 느껴졌다.

교수님은 내가 말한 단어들을 들으시고, /r/과 /l/ 두 발음을 정확하게 교정해야 한다고 강조하셨다. 처음에는 그 지적이 부끄럽기도 하고, 교수님이 너무 엄격하게 느껴졌다. 핀잔을 주시는 듯한 어조로 "/r/과 /l/의 차이를 모르면, 네 영어는 원어민들에게 명확하게 전달되지 않는다."라고 말씀하셨고, /r/과 /l/이 들어간 단어를 가르쳐 주시면서 여러 동급생 앞에서 따라 하게 하셨다. 그 순간 나는 쥐구멍에라도 들어가고 싶었다.

교수님의 지적들이 난무한 수업이 끝나고, 나는 기숙사로 돌아가 펑펑 울었다. 여러 생각이 들었다. 하지만 남 탓을 하기 전에 다시 한번 내 자신을 돌아보았다. 학창 시절 원어민이 주변에 없었던 나는 회화를 해 본 적이 없었고, 미세한 발음의 차이를 모르고 있었다. 수치심을 다시는 느끼고 싶지 않아 대학교 평생교육원에 무작정 찾아가 원어민을 붙잡고 이야기하기 시작했다. 지금 생각해도 정말 앞뒤 생각하지 않았던 무모한 행동이었지만, 이를 계기로 평생교육원에서 TA가 될 수 있었다.

대학 평생교육원에는 원어민들의 수업을 도와주는 보조교사인 Teaching Aid(원어민 보조교사)가 있다. 원어민 선생님과 수업할 때 TA는 학생들이 이해할 수 없는 부분을 도와주는 역할을 하는데, 수업이 영어로만 진행되기 때문에 영어를 사용할 기회가 무척이나 많았다. 나는 전공 수업을 마치고 곧장 평생교육원으로 달려가 TA 역할을 수행했다. 영어로 말하는 순간이 어찌나 즐거운지 또 다른 나를 발견하는 시간이 되었고, TA를 하는 동안은 시간 가는 줄 몰랐다. 그렇게 TA를 하면서 많은 원어민 친구들을 만나게 되었고, 그들의 언어뿐만 아니라 문화까지 이해할 수 있게 되었다.

/r/과 /l/ 발음의 차이? 처음에는 자존심 상하는 지적이라고만 생각했는데, 결과적으로 내가 회화를 매일 할 수 있게 만들어 준 원동력이 되었다.

그 교수님이 아니었으면 나는 회화를 열심히 하려는 노력조차 하지 않고, 그저 대학 생활을 즐기기만 했을 것이다. 이후 나는 발음할 때 거울 앞에서 입 모양을 확인하거나, 녹음을 통해 내 발음과 원어민의 발음을 비교하며 개선점을 찾아 나갔다.

이 과정을 통해 나는 단순히 /r/과 /l/의 발음만을 교정한 것이 아니라, 영어를 바라보는 나의 태도 또한 변화시킬 수 있었다. 발음은 물론이고, 언어 자체에 대해 더 세밀하게 접근하는 태도가 생겼다. 문법이나 어휘뿐만 아니라 억양, 강세, 발음의 세부적인 차이까지도 깊이 있게 공부하게 되었다. 또한, 언어는 단순히 지식이 아니라 습관이라는 것도 실감하게 되었다. 매일 발음을 연습하면서, 언어는 꾸준한 연습과 노력이 필요하다는 사실을 절실히 깨달았다.

남들 앞에서 누군가에게 꾸지람을 당하여 자존심이 상하고 속상해 본 적이 있는가? 그분께 감사해라! 그분이 아니었다면 지금 당신은 이 책을 읽고 있지 않을 테고, 과거의 자신에 만족하며 또 다른 멋진 당신을 만나지 못했을 것이다.

● 지치지 않는 열정: 교사가 되는 지름길

노량진! 정든 그 단어! 이제는 공무원의 인기가 사그라들어 노량진에서 미래를 준비하는 청년들을 많이 만나기 어렵지만, 내가 임용고시를 준비하던 18년 전만 해도 노량진 어디를 가든 줄을 서야 했다. 임용고시 직강을 맨 앞자리에서 듣기 위해 새벽에 줄도 서 보았고, 선생님께 질문하기 위해 30분 이상 기다리기도 했다. 식당도 예외는 아니었고, 고시원 역시 예약하기 힘들었다. 1.5평의 작은 공간에서 몸도 제대로 펴지 못하고 누워, 선생님이 되어 교단에 선 나의 모습을 상상하며 잠이 들곤 했다.

나는 그 어렵다는 임용고시에 합격하기 위해서 노량진에 있었다. 임용고시는 대한민국 교사가 되기 위한 필수 과정으로, 특히 영어 교사가 되기 위한 시험은 그 난도가 높기로 유명하다. 시험을 준비하는 과정은 단순한 지식 축적을 넘어선, 인내와 끈기의 싸움이다. 임용고시의 준비 과정은 단순히 시험 공부에 국한되지 않는다. 학생을 이해하고 가르치는 방법, 실제 수업을 어떻게 진행할지에 대한 실전 감각까지 요구되기 때문에 심리적으로도 준비가 필요하다. 이러한 과정을 준비하기 위해 많은 수험생은 대학 시절부터 학원에 다니거나 스터디 모임을 꾸려 공부를 시작한다. 나 역시 스터디도 하고 노량진에 와서 직강도 듣고 열심히 준비했다.

처음에는 자신감으로 가득 차 있었지만, 실제 시험을 준비하면서 수많은 난관에 봉착하게 되었다. 우선, 시험의 범위가 너무 방대하다. 영어 문법과 독해, 교육학, 그리고 영어 교육과 관련된 이론들까지 폭넓은 지식이 요구되었다. 낯선 문제 유형과 한정된 시간 안에 답안을 작성하는 것에서부터 큰 부담을 느꼈다. 무엇보다 큰 어려움은, 한 해의 노력 끝에 한 번의 시험으로 모든 것이 결정된다는 점이었다. 포기하고 싶을 때마다 내가 꿈꾸는 교사라는 목표를 떠올리며 다시 책상에 앉았다. 한 치 앞도 모르는 미래에 대한 불확실성에도 불구하고 나는 포기하지 않고 기도하며, 나를 위해 평생 고생하시는 부모님을 생각하며 다시 한번 용기를 냈다.

오랜 시간의 노력 끝에 마침내 합격 소식을 들었을 때, 그 기쁨은 이루 말할 수 없었다. 합격자 명단에서 나의 이름을 발견하는 순간 그동안의 모든 고생이 보상 받는 듯한 기분이 들었다. 시험을 준비하는 동안 수많은 책을 읽고, 문제를 풀고, 여러 번 좌절을 겪으며 스스로를 다듬어 온 시간이 주마등처럼 스쳐 지나갔다. 주변에서 응원해 준 가족과 친구들, 그리고 함께 준비해 온 스터디 멤버들에게 감사의 마음을 전하며, 진정한 교사의 길을 걸을 준비가 되었다는 것을 느꼈다.

합격은 끝이 아니라 새로운 시작이다. 교단에 서서 학생들을 가르치기 위해서는 지금까지 배운 이론을 실제로 적용할 수 있는 능력이 필요하다. 더불어 영어를 가르치는 것뿐만 아니라, 학생들의 마음을 읽고 그들의 고민을 함께 나누는 교육자의 역할도 중요하다. 임용고시를 준비하며 배운 것은 단순한 영어 지식만이 아니라 교육자로서의 소양과 인내, 그리고 학생들과 함께 성장할 수 있는 마음가짐이다. 이 모든 것을 바탕으로 진정한 교사로서의 삶을 시작할 준비가 되었다. 앞으로의 교사 생활에서도 끊임없이 배우고 성장하며, 더 나은 교육자가 되기 위해 노력할 것이다. 그 어렵다는 임용고시에 합격한 그 순간, 나의 새로운 도전은 시작되었다.

영어 교사이기에
행복한 나

02

☻ 어쩌다 수업 1등급

교생 실습을 하면서, 교직이 단순히 지식을 전달하는 것 이상의 깊은 의미를 지닌다는 사실을 알게 되었다. 교실은 지식을 전달하는 공간이자, 학생들과 소통하고 그들의 성장을 돕는 무대이다. 나는 교사가 되어 수업을 하면서 이러한 사실을 점점 더 실감하게 되었다. 어린 나이에 처음 교직 생활을 시작했을 때 나는, 수업이란 학생들과 함께 마냥 즐겁게 지내면 되는 줄로만 알았다. 하지만 웃고 떠드는 사이에 학생들이 배운 것은 아무것도 없다는 것을 깨닫는 순간, 진정한 수업에 대해 고민하기 시작했다. 그러면서 학생들에게 의미 있고 효과적인 수업을 제공하는 것이 얼마나 어려운 일인지 깨닫게 되었다. 특히, 신규 교사로서 수업 준비에 대한 고민이 많았다. 어떻게 하면 학생들이 주도적으로 학습에 참여할 수 있을까? 어떤 방법으로 수업을 구성해야 학생들이 더 큰 흥미를 느낄까? 이러한 고민은 내 교직 생활의 끊임없는 숙제로 자리 잡았다.

그러던 중, 수석 선생님께서 '수업 연구 대회'에 나가 보기를 권하셨다. 그런 대회가 있는 줄도 몰랐던 나는, 오랜 경력으로 멋진 수업을 하시고 학생들과의 소통도 탁월하신 수석 선생님의 제안을 기꺼이 받아들였다. 또, 수석 선생님께서는 먼저 다가와 도움을 주겠다고 제안하셨다. 나는 선생님의 조언과 가르침이 내 수업 연구에 큰 도움이 될 것임을 알았기에 흔쾌히 도움을 요청했다.

선생님과의 첫 만남에서 나는 수업에 대한 고민을 솔직하게 털어놓았다. 수업 준비 과정에서 겪는 어려움, 학생들과의 소통에서 느끼는 한계, 그리고 연구 대회 참가에서 내가 지향하고자 하는 목표 등에 대해 깊이 이야기했다. 수석 선생님께서는 나의 고민을 진지하게 들어 주셨고, "학생들의 입장에서 수업을 다시 한번 바라보자."라는 조언을 해 주셨다. 선생님의 말씀은 나에게 큰 깨달음을 주었다. 그동안 나는 교사로서의 시각에서만 수업을 구성하고 있었고, 학생들의 눈높이에 맞춘 수업을 구상하는 것이 얼마나 중요한지 느낄 수 있었다. 이 깨달음을 바탕으로 나는 수석 선생님의 지도 아래 본격적으로 수업 연구에 돌입했다.

수석 선생님과 함께 수업 연구를 시작하면서 가장 먼저 했던 일은, 기존의 내 수업을 분석하는 것이었다. 선생님께서는 나의 강점과 약점을 객관적으로 분석해 주셨고, 내 수업 방식의 장단점을 철저히 평가받았다. 내가 지나치게 교사 중심의 수업을 하고 있다는 점을 지적하셨고, 학생들이 주도적으로 수업에 참여할 수 있는 방법을 찾아보자고 말씀하셨다. 선생님의 조언을 받아들여 나는 기존의 수업 방식에서 탈피하고, 학생들이 더욱 주체적으로 학습할 수 있는 새로운 수업 방식을 고민하게 되었다.

그 과정에서 선생님과 함께 나의 수업 연구 대회 주제를 정할 수 있었다. 바로 'Communication을 통한 재미있는 English Immersion(영어 몰입교육)'이었다. 이 Communication은 바로 CLT(The Communicative Language Teaching) 의사소통 중심 언어 교수법이었다. CLT는 학생들이 목표어로 의사소통을 할 수 있도록 하는 것이다. 물론, 종전의 다른 교수법들도 학생들의 의사소통 능력을 신장시키는 것을 그 목적으로 삼았다. 그러나 의사소통 중심 언어 교수법은 목표어의 언어 형태나 의미뿐만 아니라 기능도 중시함으로써, 학생들이 실제 상황에서 적절하게 목표어를 사용할 수 있도록 도와준다는 점에서 종래의 교수법들과는 차이가 있다.

나는 Extensive reading의 필요성을 강조하며 학생들이 원서를 읽고 자신의 삶과 연계하여 summary를 하고, 이를 발표하는 시간을 통해 학생 주도적인 수업 분위기를 만들었다. 학생들은 자신만의 스토리로 읽은 원서를 재해석했고, 이를 바탕으로 수업을 하니 강의 위주가 아닌 학생 중심의 수업을 실천할 수 있었다. 또한, 학생들은 영어로 말하는 것에 두려움을 덜 느끼게 되었다. 학생들에게 실질적으로 살아 있는 영어를 체험하게 해

EBS 교육방송 Studio에서

Extensive Reading 후 Summary 활동

주고 싶어서 EBS 방송을 신청하여, Easy English를 직접 EBS 방송국에 가서 찍게 되었다. 학생들은 영어를 사용하며 성취감도 느끼고, 영어와 함께 즐기는 잊지 못할 시간을 가졌다.

수석 선생님께서는 수업 지도안 작성에도 큰 도움을 주셨다. 나는 학생들의 흥미를 끌 수 있는 학습 활동을 설계했지만, 그것이 어떻게 학습 목표와 연관되어 있는지를 명확히 설명하지 못하고 있었다. 그때 선생님은 학습 목표와 활동을 유기적으로 연결하는 방법을 구체적으로 제시해 주셨다. 그 덕분에 나는 학습의 방향성을 명확히 할 수 있었고, 수업 연구 대회를 준비하는 데 있어 한층 더 체계적인 접근을 할 수 있었다.

수업 연구 대회 당일, 나는 많은 준비를 했음에도 불구하고 긴장하지 않을 수 없었다. 나의 수업을 누군가가 관찰한다는 것은 언제나 떨리는 거 같다. 수석 선생님과 함께 몇 달간 연구하고 준비한 수업이었지만, 실제로 그 결과를 발표하고 평가받는 순간은 여전히 큰 부담감으로 다가왔다. 그렇지만 학생들이 수업에 적극적으로 참여하고, 내가 설계한 활동을 통해 스스로 학습해 나가는 모습을 보면서 나는 점점 자신감을 얻을 수 있었다. 특히, 팀별 토론과 발표 시간에 학생들이 보여 준 열정적인 참여는 심사위원들에게 긍정적인 평가를 받았다.

심사위원들은 수업의 체계성과 학생 주도 학습의 효과성을 높이 평가해 주셨다. 그리고 수업의 전반적인 흐름이 학생들이 직접 설계하고 참여하는 학생 중심의 수업이라는 점에서 높은 점수를 받았다. 이러한 성과는 모두 수석 선생님의 지도 덕분이었다. 선생님은 내가 처음 수업 연구 대회를 준비하던 시점부터 끝까지 변함없이 도와주셨고, 그 과정에서 내가 놓친 부분도 꼼꼼히 짚어 주셨다. 결국 연구 대회에서 1등급을 받는 성과를 거두게 되었고, 이는 교직 생활에서 잊을 수 없는 중요한 순간으로 남았다.

수업 연구 대회에서 1등급을 받은 것은 나에게 단순한 성과 이상의 의미를 지닌다. 이 경험을 통해 나는 교사로서의 역량을 크게 향상시킬 수 있었고, 학생들과의 소통 방법에 대한 새로운 인식을 가지게 되었다. 무엇보다 중요한 것은, 교사로서 항상 배우고 성장해야 한다는 점을 다시금 깨닫게 된 것이다. 수석 선생님께서 나에게 가르쳐 주신 것은 단순히 수업 기술이나 연구 방법이 아니었다. 선생님은 교사로서의 올바른 태도와 학생들에 대한 사랑, 그리고 교육자로서의 끊임없는 성장을 강조하셨다.

이번 도전을 계기로, 앞으로도 학생들과 함께 성장하며 더 나은 수업을 만들어 나가겠다는 결심을 다지게 되었다. 또한, 나도 언젠가 후배 교사들에게 도움을 줄 수 있는 수석교사의 역할을 할 수 있기를 희망했다. 연구 대회에서의 경험은 나에게 큰 자신감을 주었고, 앞으로의 교직 생활에 있어 더 큰 도전과 목표를 세울 수 있는 발판이 되었다.

● 방황하던 아이, 학급의 품으로 되돌아오다

선생님이 되면 마냥 즐거울 줄 알았다. 아니, 학생들과 함께하는 시간이 너무나도 소중해서 방학이 오지 않기를 바랄 줄만 알았다. 하지만 영어 교사의 삶이 언제나 탄탄대로로 이어지는 것만은 아니었다. 영어 교사이면서 담임이었기에 결혼도 하지 않은 내가 품어야 하는 아이들이 30명이나 되었다! 한 명 한 명 모든 아이를 품으면 좋겠지만, 현실은 그렇지 못했다. 사건의 전말은 어느 봄날 시작되었다.

새 학년이 시작된 지 얼마 지나지 않아, 우리 반의 한 학생이 자주 지각하기 시작했다. 처음에는 단순한 지각으로 여기며 선생님들도 큰 경각심을 가지지 않았다. 그러나 시간이 지날수록 그 학생의 지각은 잦아졌고, 교실 분위기마저 흐트러뜨렸다. 학생의 눈은 점점 피곤해 보였고, 수업 중에도 무기력한 모습이 자주 보였다. 담임으로서 그 아이에게 더 다가가고 싶었지만, 아이는 나와의 대화를 피하는 듯했다. 몇 번의 훈계로 상황이 나아지기를 바랐지만, 그것만으로는 충분하지 않았다. 결국 지각이 반복되면서 학생은 학년 부장님께 호출을 받았고, 그곳에서 일이 커지기 시작했다.

학년 부장님께서는 심각한 표정으로 학교의 규율을 지키지 않은 것에 대해 엄중하게 말씀하셨고, 반복된 지각에 대한 책임을 물으며 훈계하셨다. 그러다 갑자기 학생이 분노에 찬 얼굴로 문을 열고 교무실을 빠져나갔고, 이후 아무도 예상하지 못했던 일이 벌어졌다. 학생이 학교를 뛰쳐나간 것이다. 처음에는 단순한 반항으로 여겼지만, 시간이 지나면서 그의 행방이 묘연해지자 모두 불안감에 휩싸였고, 불길한 예감은 점점 현실이 되어 갔다.

야간 자율 학습 시간 중, 그 학생이 여전히 돌아오지 않았다는 사실이 알려졌다. 급하게 어머니께 연락했지만, 집에도 오지 않았다는 답변이 돌아왔다. 그러던 때에 우리 반 반장으로부터 충격적인 소식이 전해졌다. 그 학생이 반장에게 옥상에서 자살을 시도하려는 모습을 찍은 사진을 송부한 것이다. 이 말을 듣고 나는 가슴이 철렁 내려앉았다. 교사로서 내가 조금 더 일찍 그 아이의 상태를 알아차려야 했다는 자책감이 밀려왔다.

교무실은 한순간에 비상사태에 돌입했다. 우선 아이를 찾아야 하니 학년 부장님과 함께 아이의 집으로 향했다. 여동생, 엄마와 셋이 작은 아파트에 살고 있었는데, 아이 엄마가 극심한 우울증에 시달려 모든 사람을 의심하며 문을 열어 주지 않으셔서 엄마를 설득하는 데 한참이 걸렸다. 자초지종을 설명했음에도 불구하고 아이의 엄마는 아무렇지 않으셨다. 마치 자주 있는 일인 양, 아무 감정을 느끼시지 못하는 듯했다. 어렵게 집에 들어간 순간 깜짝 놀라지 않을 수 없었다. 바닥에는 발 디딜 틈 없이 쓰레기가 가득 차 있었고, 밥솥에는 오래된 밥들이 썩어 가고 있었다.

아이가 자살을 암시하는 내용을 반장에게만 보낸 것이 아니라 여동생에게도 보냈음을 알게 된 우리는, 사태의 심각성을 느끼고 바로 경찰에 신고했다. 학교의 모든 선생님들이 긴급하게 그 학생을 찾기 위한 수색 작업에 나섰고, 교실에 앉아 있을 수만은 없다는 마음에 우리 반 모든 학생들이 함께 밖으로 나갔다. 해가 지고 으스름 황혼이 밀려올 때쯤, 한마음 한뜻으로 친구의 이름을 목청껏 외치며 소중한 우리 반 친구를 찾기 시작했다.

밤이 깊어졌고, 학생이 실종된 지 몇 시간이 지났다. 경찰과 우리 반 아이들은 학교와 아이 집 주변을 샅샅이 뒤졌지만, 아이의 흔적을 찾을 수 없었다. 두려움과 걱정 속에 계속 아이를 찾았고, 온갖 추측과 불안 속에서 발걸음을 옮겼다. 밤하늘은 차가웠고, 어두운 산속에서 작은 소리에도 예민해졌다. 그래도 우리 반 친구들은 서로 격려하며 함께 걸어갔다. 누구도 그 학생을 포기하지 않았고, 마음속으로 무사히 돌아오기를 간절히 기도했다.

새벽 1시가 되었을 때 지친 몸과 마음이 한계에 다다랐지만, 그래도 모두 끝까지 포기하지 않았다. 그러던 중 저 멀리서 희미한 불빛이 보였다. 그것은 초가집에서 나오는 불빛이었다. 초가집으로 향한 우리는 문을 두드리며 안을 살펴보았다. 그곳에서 우리 반 아이가 지친 얼굴로 구석에 앉아 자고 있는 것이 아닌가?! 경찰과 함께 현장에 도착한 반 친구들이 그의 모습을 발견하자마자 울음을 터뜨렸다. 그 학생도 눈물을 흘리며 자신이 얼마나 힘들었는지를 털어놓았다. 그 순간 나는 그동안 아이가 마음속에서 겪고 있었던 고통을 비로소 이해할 수 있을 것 같았다. 나와 우리 반 친구들은 그 아이를 부둥켜안고 한동안 말을 잇지 못했다.

경찰의 도움과 반 친구들의 연대 덕분에, 그 학생은 극단적인 선택을 하지 않고 되돌아올 수 있었다. 그 학생은 매우 불안해했고 자신이 저지른 행동에 대해 죄책감을 느끼는 듯했다. 하지만 친구들은 비난하지 않았고 오히려 따뜻하게 맞아 주며 그의 이야기를 들어 주었다. 엄마의 우울증이 심각하여 자신도 우울증에 걸렸고 만사가 귀찮아 학교에 나오기도 싫었는데, 오랜만에 큰맘 먹고 학교에 나왔더니 학년 부장님께서 심하게 꾸짖으셔서 감정을 주체하지 못하고 죽고 싶었다는 것이었다. 그런데 막상 죽으려니 용기가 나지 않았고, 그냥 아무 생각 없이 걷다 보니 산 2개를 넘게 되었고, 우연히 마주친 초가집에서 힘들어서 잠이 들었다는 것이다. 우리는 그동안 아이의 어려움을 제대로 알아채지 못한 것에 대해 반성하며, 아이를 따뜻하게 안아 주었다.

이 사건 이후로 그 학생은 조금씩 변하기 시작했다. 학교생활에 조금 더 성실해졌고, 지각도 점차 줄어들었다. 무엇보다 반 친구들과의 관계가 더욱 돈독해졌다. 이 경험을 통해 우리 반은 하나로 뭉치게 되었고, 서로를 더 깊이 이해하게 되었다. 나는 교사로서 아이가 다시 학급의 품으로 돌아올 수 있도록 끊임없이 관심과 사랑을 쏟아야 한다고 다짐했다. 교사와 학생, 그리고 학급 전체가 함께한 노력 덕분에 방황하던 아이는 결국 우리 품으로 돌아왔고, 새로운 출발을 할 수 있었다.

● 네가 가라, 하와이

하와이에 한 번도 가본 적 없는 삼척 시골 출신인 나에게 뜻밖의 기회가 찾아왔다. 바로 심화 연수! 텝스 점수와 여러 서류를 제출하여 선정되면 숙명여자대학교에서 TESOL 과정을 마치고, 하와이에 있는 하와이대학교에서 연수 받을 기회를 영어 교사들에게 준다는 것이 아닌가?! 이런 기회를 지나칠 수 없는 나이기에 열심히 텝스 시험을 준비하여 제출했고, 연수 대상자가 되었다. 영어 교사가 되면 자기 계발을 위해 평소에 열심히 영어 인증 시험을 준비하기 바란다. 기회는 준비된 자에게 오니 말이다.

열심히 TESOL 과정을 마치고 하와이 땅을 밟은 그 순간을 나는 아직도 잊지 못한다. 하와이 공항에 도착한 외국인들을 향해 "Aloha!"라고 인사하는 하와이 원주민들의 미소엔 편안함, 따뜻함, 여유로움, 반가움, 그 모든 것들이 녹아 있었다. 'Aloha'는 하와이의 단순한 인사말처럼 보이지만 실은 그 이상의 의미를 함축하고 있는 단어이다. 한국어의 '안녕'처럼 만날 때와 헤어질 때의 인사말로도 쓰이지만, '사랑, 우정, 기쁨, 평화, 좋은 하루' 등등 모든 긍정적인 말이 'Aloha'로 다 통용된다. 'Aloha'의 의미가 너무나 좋아서 한국으로 돌아온 후 내 수업의 인사는 "Aloha Jenny!"로 통일하게 되었다. 학생들도 나를 만날 때마다 손으로 '샤카' 제스처를 하며 "Aloha Jenny!"라고 즐겁게 인사한다.

미국 대학교를 가 본 적이 없는 내가 하와이대학교의 캠퍼스에서 Moore 교수님의 강의를 직접 듣고 있는 것이 믿기지 않았다. 대학교 시절 영문학

강의를 들을 때 교수님께서 미국 대학교 캠퍼스 이야기를 많이 해 주셨다. 잔디밭에 누워서 여유를 즐기며 음식을 먹고 책을 읽고 낭만적인 시간을 보낸다고 묘사해 주셨다. 그 광경을 내 눈으로 직접 보니, 마치 내가 하와이 대학교에 다니는 대학생이 된 것만 같았다. 강의를 듣고, 오후 늦게는 하와이 현지를 돌면서 하와이 문화를 체험하는 시간을 가졌다.

하와이에서의 연수는 단순히 교육적인 배움만이 아니었다. 하와이의 아름다운 자연환경은 나에게 심리적 치유와 휴식을 선사했다. 매일 연수 프로그램을 마친 후 해변을 걸으며 하루의 배움을 정리했고, 파도 소리를 들으며 그동안 쌓였던 업무 스트레스와 일상에서의 피로감을 씻어낼 수 있었다. 나는 그곳에서 스스로를 되돌아보는 시간을 가졌고, 교사로서의 삶뿐만 아니라 한 인간으로서 나 자신을 성장시키기 위한 방법을 모색했다.

다이아몬드 헤드는 오아후섬의 와이키키 비치 앞에 있는 화산으로, 하이킹 코스로 유명하다. 나는 연수가 시작되기 전 새벽에 다이아몬드 헤드에 하이킹하며 올라가서 일출을 자주 보았다. 그때 본 일출의 감동으로 지금까지 새벽에 달리기하는 좋은 습관이 생겼다. 다이아몬드 헤드에서 바라본 하와이의 경치는 정말 한 폭의 그림 같았고, 그 광경을 보고 있노라니 나의 모든 근심과 걱정은 먼지가 되어 날아가는 듯했다. '영어 교사가 되니 이렇게 좋은 해외 연수도 올 수 있고, 해외에 와서 나의 견문과 지식을 넓힐 수 있으니 이 또한 기쁘지 아니한가!'

하와이 사람들은 자연 그 자체가 바로 힐링이다. 하와이의 온화한 기후와 바닷물이 지닌 치유의 힘을 믿었고, 심지어 화산이 건강과 삶의 균형을 되찾아 준다고도 믿는다. 하와이에 온 이상 말로만 들었던 서핑을 안 해 볼 수 없었다. 서핑을 하기 위해서 와이키키 비치에서 한국인이 운영하는 서퍼 샵을 방문하여 서핑에 관한 구체적인 안내를 듣고, 바로 와이키키비치로 향하였다. 워낙 물을 좋아하는지라 쉬울 것이라 예상했던 서핑은 생각보다 어려웠다. 파도가 뒤에서 올 때 균형을 잡고 일어나서 오랫동안 버텨야 하는데, 몸의 균형 감각도 필요했고, 보드 위에 두 팔을 벌리고 서 있는다는 것이 쉽지만은 않았다. 몇 번의 시도 끝에 보드 위에 서는 것에 성공했을 때의 짜릿함은 이루 말할 수가 없었다.

하와이에서의 삶에 어느 정도 적응했을 때쯤, 나는 선생님들과 함께 차를 빌려서 다채로운 해양 생물이 살고 있는 아름다운 분화구이며 하와이 스노클링 포인트로 가장 유명한 하나우마 베이로 향했다. 하나우마 베이에서 꿈에서만 그리던 바다 거북을 영접하며, 거북과 함께 수영하는 시간도 가졌다. 바다 거북은 하와이에서 신성시되는 동물이기 때문에 거북의 어느 부위도 만지면 안 된다. 거북과 수영하면서 내가 얼마나 동물을 좋아하는지 알게 되었다. 동시에, 다채로운 색상의 물고기뿐만 아니라 거북과 함께 매일 수영할 수 있는 하와이 사람들이 무척이나 부러웠다.

바닷가에서 만난
바다 거북의 모습

자연과 함께하는 시간 속에서 나는 내 삶의 방향과 교사로서의 목표를 다시 한번 정리할 수 있었다. 그리고 하와이 대학교에서 명성 높은 교수님들의 강의를 영어로 들으면서 더 열심히 공부를 해 보고 싶다는 도전 의식도 생겼다. 그리고 교수님의 소개로 현지에서 박사 과정을 공부하는 현직 영어 선생님을 만날 수 있는 기회가 생겼다. 선생님이 생활하시는 곳에 가 보고, 선생님의 박사 생활 이야기도 들어 보니 많은 자극이 되었고, 나도 해외에서 박사 과정을 공부해 보고 싶다는 또 다른 목표가 생겼다. 이를 위해 무엇을 준비해야 하는지 구체적으로 알게 되었고, 덕분에 하와이대학교의 학과장님이신 교수님을 만나서 주옥같은 말씀을 들을 기회도 갖게 되었다.

하와이에서의 연수는 단순한 일회성 경험이 아니었다. 한국으로 돌아온 나는 그곳에서 배운 것을 바탕으로 나의 수업 방식을 조금씩 바꾸기 시작했다. 학생들이 더 주도적으로 학습에 참여할 수 있도록 수업 구조를 재편하고, 다양한 배경을 가진 학생들이 각자의 강점을 살릴 수 있는 환경을 조성했다. 또한, 교사로서 학생들의 목소리에 더 귀 기울이고 학생들의 필요와 요구를 적극 반영하려는 노력을 기울였다. 그 결과 학생들과의 소통이 더욱 원활해졌고, 수업 참여도 역시 눈에 띄게 향상되었다. 하와이에서의 경험은 나에게 단순히 영어 교육의 새로운 방법론을 제시한 것이 아니라, 교사로서의 자세와 철학을 다시금 확립할 중요한 기회였다.

하와이 해외 연수에서 알게 된 선생님들과의 인연은 지금까지 이어지고 있다. 낯선 땅에서 가족들보다 많은 시간을 함께한 우리였기에, 서로의 눈빛만 보아도 무슨 생각을 하는지 무슨 고민을 하고 있는지 알 수 있었다. 그래서인지 연수 마지막 날 수료증을 받고 함께 사진을 찍는데 너무 많은 눈물을 흘리게 되었다. 정든 누군가와 헤어지는 것은 나이가 든 지금에도 나에게 무척 힘든 과제로 남아 있다.

하와이에 가서 보고 느끼면서 알게 된 'Hawaiian Spirit!' 조급해하지 말고, 여유롭게 웃으면서 학생들을 이해하고, 그들의 이야기에 좀 더 귀 기울이는 교사! 그런 여유로움을 한국에서 잊지 않기 위해, 나는 'Aloha Friday'를 만들었다. 그날을 학업이 아닌 학생들의 재능을 뽐낼 수 있는 장을 만들어 주는 날로 지정하여, 학생들과 즐겁게 지내고 있다. 나는 앞으로도 새로운 배움과 성장을 위해 끊임없이 도전할 것이며, 학생들과 함께 더 나은 미래를 만들어 갈 준비가 되어 있다. 하와이에서의 연수는 나에게 영어 교사로서 자긍심을 키워 준 동시에, 교사로서의 책임감을 다시금 상기시켜 준 소중한 경험이었다.

😄 내가, 출제위원?

영어 교사로 교직 생활을 시작한 지 몇 년이 흐르면서, 나의 교육 방식과 철학을 더 깊이 탐구하고 발전시키기 위한 여러 도전을 고민하게 되었다. 어느 날 교감 선생님께서 도전을 좋아하는 나에게 출제위원에 한 번 도전해 보는 것이 어떠냐고 하셨다. 학생들이 매달 치르는 전국연합 학력평가, 수능 모의고사 등이 어떻게 출제되는지 궁금해 본 적이 없었고, 그 문제들을 현직 영어 교사가 출제한다는 것은 상상도 하지 못했다. 난 그저 문제들이 문제 은행에서 만들어지는 줄로만 알았다. 매년 전국의 수많은 학생들이 치르는 중요한 시험의 문제를 직접 출제하는 것은, 교육자로서 그동안 쌓아온 경험을 넓히고, 학생들의 학습에 실질적으로 기여할 기회라고 생각했다. 이

과정에서 나의 교육적 역량이 평가받는 동시에, 내가 출제한 문제들이 학생들의 학업 성취도에 영향을 미친다는 사실은 큰 부담이자 책임감으로 다가왔다. 결국 교감 선생님의 권유로 난 출제위원에 도전장을 내밀었다. 난생처음 자기소개서를 작성하면서 나의 이력 칸에 채워 넣을 수 있는 것이 별로 없다는 사실에 조금 허망했지만, 용기를 가지고 자기소개서를 완성하고 결과만을 기다리고 있었다.

출제위원으로 참여하게 된다는 소식을 들었을 때, 기쁨과 동시에 약간의 두려움을 느꼈다. 수많은 학생들의 성적에 영향을 미칠 문제들을 만들어야 한다는 사실은 엄청난 압박감을 안겨 주었다. 그렇지만 이 기회를 통해 나 자신도 성장할 수 있을 것이라는 기대감도 있었다. 나는 이 출제 과정이 나의 교육적 통찰을 더 깊이 다질 수 있는 중요한 계기가 될 것이라 확신하며, 첫 출제를 준비했다. 영어 교사로서 학생들에게 더 나은 학습 경험을 제공하기 위한 다양한 아이디어와 실험적 시도를 문제에 녹여내고자 했다.

출제위원으로서 활동을 시작하면서, 문제 출제 과정이 얼마나 세심한 고려와 많은 시간을 필요로 하는 작업인지 깨닫게 되었다. 문제를 출제하는 것은 단순히 몇 가지 질문을 던지는 일이 아니었다. 문제 하나하나가 학생들에게 어떤 학습적 효과를 줄 수 있을지, 그 문제를 통해 학생들이 어떤 사고력을 기를 수 있을지 등 다양한 요소를 신중히 검토해야 했다. 특히, 전국연합 모의고사나 수능 같은 시험은 수십만 명의 학생들이 푸는 문제이기 때문에, 난이도와 공정성, 그리고 교육적 의도가 균형을 이루어야 했다. 이러한 이유로 출제위원들의 논의는 매우 치열하고 깊이 있게 이루어졌다.

문제를 출제할 때 가장 중요한 것은 그 문제를 푸는 학생들이 불필요하게 혼란스러워하지 않고, 문제를 통해 학습적 성장을 이룰 수 있도록 돕는 것이었다. 그런데 출제 과정에서 나는 여러 차례 어려움에 직면했다. 출제한 문제 중 일부는 출제 논의 과정에서 지나치게 어렵거나 학생들의 수준에 맞지 않는다는 평가를 받았고, 이러한 문제들은 수정되거나 아예 탈락하는 경우도 있었다. 출제를 오랫동안 하신 선생님들의 문제들은 완성도가 무척 높았는데, 나의 문제는 날것 그대로 무척 어렵거나 혹은 무척 쉬운 문항밖에 없었다. 결과는 뻔하게 다 떨어지거나, 채택되어도 손을 많이 봐야 하는 상황이 계속되었다. 출제자로서 처음 겪는 좌절감에 자존심도 많이 상하고 가끔 따가운 말에 울기도 했지만, 포기하지 않고 더 나은 문제를 만들기 위한 노력과 배움을 계속 이어갔다. 이 과정에서 동료 출제위원들과의 협업은 큰 도움이 되었다. 그들은 각자의 경험과 통찰을 바탕으로 조언을 아끼지 않았고, 나 역시 그들의 문제 출제 방식을 배우며 내 시각을 넓혀 나갔다.

출제할 때의 느낌은 뭐랄까, 해산의 고통과 맞먹는다고나 할까? 여러 문제도 아니고 한 문제를 출제하는 데 이렇게나 많은 시간을 써야 하는지 몰랐다. 듣기 스크립트는 검토 위원들이 볼 때마다 수정해야 했다. 읽기는 소재가 신선하면서도 교육적이고 문항의 특성에 맞아야 하니, 소재 찾는 시간이 무척이나 많이 들었다. 하지만 좋은 소재를 찾고 나면 읽기 문제를 만드는 것은 듣기 문제를 만드는 것보다 조금은 더 수월하게 느껴졌다. 출제하면서 나의 영어 실력의 한계를 체감할 때가 많다. 그래서 출제할 때마다 많은 것을 배우게 된다.

첫 출제가 끝난 후 내가 출제한 문제들이 전국연합 모의고사에 실렸을 때, 나는 기대감과 함께 어느 정도의 불안감을 느꼈다. 내가 만든 문제들이 수많은 학생들이 풀어야 할 시험 문항으로 채택되었다는 사실 자체는 매우 뿌듯한 일이었지만, 내가 낸 문항을 푼 학생들의 반응이 어떨지 궁금했다. 모의고사가 끝난 후, 내가 출제한 문제 중 몇 개는 너무 어렵고 까다로워 학생들이 이해하기 어렵다는 평을 받았다. 지문이 너무 복잡해 학생들이 문제의 의도를 제대로 파악하기 힘들었다는 것을 알게 되었다.

이러한 반응을 처음 마주했을 때, 나는 큰 충격을 받았다. 교실에서 가르칠 때는 학생들에게 긍정적인 피드백을 자주 받아 왔는데, 출제위원으로서 내가 만든 문제가 어렵다는 것은 처음 겪는 일이었다. 실망감과 함께 자책감이 밀려왔고, 교사의 관점에서만 문제를 바라보고 학생들의 입장을 충분히 고려하지 못한 것은 아닌지 반성하게 되었다. 특히, 학생들이 시험 중 겪었을 혼란을 생각하면 마음이 무거워졌다. 나는 이 경험을 통해 출제자의 역할과 책임감에 대해 다시금 생각하게 되었고, 문제를 출제할 때는 더 신중하고 깊이 있는 고민이 필요하다는 점을 깨달았다.

한편, 내가 만든 문제가 전국의 수많은 학생들이 풀어야 할 시험 문항으로 채택된다는 사실은 나에게 큰 자부심도 안겨 주었다. 평소 고민하던 소재를 중심으로 문제를 만들었고, 그 문제를 통해 학생들이 영어를 더 잘 이해하고 학습할 수 있었다는 사실은 교사로서의 보람을 느끼게 했다. 시험이 끝난 후 어떤 학생들은 해당 문제를 통해 독해 능력을 한층 더 향상할 수 있었다고 이야기했고, 교사들 역시 그 문제의 출제 의도와 난이도 조절이 훌륭했다는 평을 남겼다. 이러한 경험은 출제자로서의 나를 더욱 성장하게 만든 계기가 되었다.

출제 합숙이 끝난 후, 나는 다시 교단에 서서 학생들을 가르치는 일상으로 돌아왔다. 출제위원으로 합숙하기 위해서는 학교를 일정 기간 떠나 있어야 하므로 나를 대신하는 교사를 뽑아야 하고, 그분께 수업의 상황을 전달해야 하며, 무엇보다 중요한 관리자의 허락이 있어야만 한다. 다행히 교사들의 연구와 자기 계발을 적극 격려해 주시는 관리자분을 만나서 출제를 할 수 있어서 정말 행운이었다.

출제자로서의 경험은 나의 수업 방식과 교육 철학에 큰 변화를 가져다주었다. 문제를 출제하면서 겪은 고민과 깨달음은, 학생들을 가르칠 때 더욱 신중하고 학생들의 관점에서 생각하는 교사가 될 수 있도록 만들어 주었다. 학생들이 겪는 학습의 어려움을 더 잘 이해하게 되었고, 그들이 문제를 푸는 과정에서 어떤 도움을 줄 수 있을지에 대한 고민을 이어 나가게 되었다.

나는 앞으로도 출제자로서의 경험을 바탕으로 학생들에게 더 나은 교육을 제공하기 위해 노력할 것이다. 더 많은 학생들이 영어를 재미있고 의미 있게 배우는 것, 그리고 시험을 통해 그들의 잠재력을 발견하고 성장할 수 있도록 돕는 것이 나의 목표이다.

● 시골 아이들 세계 시민이 되다! - 작은 마을, 큰 꿈

내 교직 평생 잊지 못할 학교가 있는데, 바로 곤지암고등학교이다. 경기도에서 힘들기로 악명 높은 5개 고등학교에 손꼽힌다는 슬픈 전설을 지니고 있는 학교이다. 이 학교에서 나는 나의 교직관을 확실히 바꿀 수 있었고, 지금의 나를 만들어 준 고마운 학교라고 자부한다. 나에게 잊지 못할 모교 같은 학교이지만, 그 첫 시작은 무척이나 험난하고 무서웠다.

처음 부임한 날, 학교의 모든 선생님들이 바삐 움직이고 계셨고, 학교는 온통 하얀 세상이었다. 선생님들은 너나 할 것 없이 밀대를 가지고 온통 하얀 학교를 박박 닦고 계셨다. 처음에 나는 영문도 모른 채 선생님께서 건네주시는 밀대를 잡고 함께 청소를 시작했다. 왜 이렇게 학교 복도가 하얗게 변했을까? 그건 바로 그 전날 학생들이 학교 창문을 깨고 들어와서 술을 마시고, 재미 삼아 소화기를 학교 전체에 뿌렸기 때문이었다. 정말 놀라서 말을 잇지 못하고 있었는데, 기존에 근무하시는 선생님들께서는 매일 있는 일인 듯이 아무렇지 않아 하셨다. 나는 그 반응에 더욱더 놀랐다. 그런데 이건 시작에 불과했고, 더 깜짝 놀랄 만한 일이 교실에서 일어났다.

3학년 1반 담임이 되어 우리 반 교실에 들어갔는데, 소화기를 뿌려서 학교를 하얀 병동으로 만들어 놓은 학생이 앉아 있는 것이 아니겠는가? 그 학생의 포스에 눌려 어찌할 바를 모르고 연신 높임말을 쓰면서, 그 학생의 심기를 불편하게 하는 일이 없도록 노심초사했다. 나의 놀람은 여기에서 끝나지 않았다. 수업하다 보니 몸에 예술 활동을 한 학생들이 보이는 것이 아닌가? 한 반에 대여섯 명 정도가 몸에 문신이 있어서 아주 무서웠다. 저 친구들은 학교 끝나고 무엇을 하는 것일까? 확실한 것은 공부를 하지는 않을 것이다. 왜냐하면 책상에 항상 책이 없었기 때문이다. 나중에 알게 된 사실이지만, 이 친구들은 결손가정에서 자란 아이들이 많았고, 집안의 생계를 이어 나가기 위해 배달일을 하며 나쁜 길로 빠진 경우가 많았다.

우리들이 흔히 생각하는 나쁜 학생들은 교칙을 어기는 학생들인데, 곤지암고등학교에서 교칙을 어기는 학생들의 수준은 상상을 초월했다. 소년원에 있는 학생들을 위해 시험 문제를 보내야 하는 상황도 있었고, 학생들의 흡연이 너무나도 심해서 학교 주변 사람들의 원성은 하늘 높은 줄 모르고 높아졌고, 그분들은 수시로 교육청의 문을 두드렸다. 이런 학생들의 담임을 하느라 나는 매일 같이 학생과에 가서 교사 의견서를 쓰고, 학폭전담반인 듯 그렇게 바삐 움직이고 있었다. 이것이 내가 꿈꾸던 교사의 생활인 것인가? 모든 학교가 기성복처럼 똑같은 치수로 재단하듯 학생들의 학력 수준과 생활 수준이 비슷하면 좋으련만, 나는 왜 이렇게 남들이 기피하는 학교에만 발령이 나는 것인지 나의 처지를 한탄하지 않을 수 없었다.

이렇게 불평과 불만만 늘어놓으면 상황이 변하는 것이 없다는 것을 알기에, 나는 이 상처와 문제가 많은 시골 아이들을 바뀌게 하고 싶었다. 이 아이들에게 세상은 넓다는 것을 보여 주고 싶었다. 시골 학교라고 해서 아이들의 열정이나 호기심이 부족한 것은 아니었다. 그들은 세상에 대해 더 알고 싶어 했고, 배우려는 열망이 컸다. 하지만 시골이라는 지역적 한계 때문에 경험할 수 있는 것이 제한적이었다. 영어 수업을 하면서 학생들은 외국 문화를 배우고 싶어 했지만, 실제로 경험할 기회는 거의 없었다. 책이나 인터넷을 통해 접하는 외국은 그들에게 너무 멀게 느껴졌고, 언어 자체도 추상적으로 받아들이는 경우가 많았다. 나는 그런 학생들에게 더 넓은 세상을 직접 보여 주고 싶다는 생각이 들었다. 단순히 교과서 속에서 배우는 것이 아니라, 직접 그 나라에 가서 사람들과 소통할 기회를 제공하고 싶었다.

그러다 국제 교류라는 방법이 떠올랐다. 나 역시 시골에서 자라면서 외국인들과 영어로 대화할 기회를 학생 때 가지는 것은 잊지 못할 경험이라는 것을 잘 알기에, 국제 교류를 시작하기로 마음 먹었다. 학생들에게 다른 나라의 문화를 직접 체험하고 외국 학생들과 소통할 수 있는 기회를 제공함으로써, 그들이 더욱더 넓은 세계를 경험할 수 있도록 돕는 것이 내 목표였다.

나는 이 도전을 통해 학생들에게 잊지 못할 경험을 제공할 수 있다고 확신했다. 이를 통해 학생들이 세상에 대한 시야를 넓히고, 영어에 대한 관심을 더욱 키울 수 있다고 믿었다.

처음 국제 교류를 기획하면서 선택한 나라는 인도였다. 혼자서 국제 교류를 시작한다는 것 자체가 모험이었기에, 교육청에 전화하여 장학사님의 도움을 받기로 결심했다. 장학사님께서 추천해 주신 나라는 '인도'였다. 대부분 미국이나 유럽 같은 서구권 국가를 떠올렸겠지만, 나는 학생들이 더 다양한 문화를 경험할 수 있기를 바랐다. 인도는 역사와 전통, 그리고 다양한 문화가 공존하는 나라로, 학생들에게 많은 학습적·문화적 가치를 제공할 수 있는 곳이라고 생각했다. 또한, 영어가 공용어로 쓰여서 학생들이 영어를 실생활에서 사용할 기회를 가질 수 있을 것이라고 판단했다.

인도와의 국제 교류에는 많은 준비가 필요했다. 먼저 현지 학교와 연락하여 교류 프로그램을 기획하고, 학생들에게 낯선 국제 교류를 설명한다는 것은 쉽지 않았다. 처음에는 국제 교류를 동아리로 시작했고, 고등학교 3학년 아이들을 대상으로 홍보하기 시작했다. 나는 국제 교류의 중요성과 아이들이 얻을 수 있는 교육적 가치를 설명했다. 마침내 영어를 좋아하고, 국제 교류에 관심이 있는 학생들이 오게 되어 국제 교류 동아리를 창설할 수 있었다. 학생들은 인도와의 실시간 화상 수업을 준비하면서 점점 더 흥분되고 기대에 찬 모습이었다. 그들에게는 처음 접하는 인도 사람들, 그리고 새로운 문화와의 만남이었기 때문에 그들의 설렘은 당연한 것이었다.

학생들은 처음엔 어색해했지만, 실시간 화상 수업을 통해 점차 영어로 대화하는 것에 자신감을 가지게 되었다. 인도와 국제 교류를 한다는 소식을 접하신 교장 선생님께서도 국제 교류가 진행될 때마다 오셔서 자리를 빛내 주셨다. 코로나 때문에 집에서 온라인 수업을 하는 인도의 상황이 조금 어색했지만, 전 세계적으로 똑같은 상황이었기에 이해할 수 있었다. 서로의 꿈, 서로의 문화, 각 나라의 랜드마크 등을 준비하여 영어로 말해 보는 시간을 가짐으로써 학생들은 차츰 더 물리적인 거리를 좁혀 나가고 있었다.

인도와의 성공적인 국제 교류 이후, 이제는 미국과의 국제 교류를 진행하고 싶었다. 그러다 경기도 국제 교류 지원단이 되어 Rice University와 국제 교류를 시작할 수 있었다. 국제 교류 동아리 아이들은 미국 텍사스주 휴스턴에 위치한 라이스대학교 언어학과 학생들과 온라인으로 자신의 일상에 대한 영상을 보내는 교류를 통해 서로 피드백을 제공했다. 우리 학교와 라이스대학교의 국제 교류는 라이스대학교의 신문에 "In this together:Rice students, Korean kids forge mutually beneficial bonds."라는 제목으로 게재되었다.

고등학교에서는 국제 교류를 단순히 학생들이 좋아해서 진행하는 것이 아니라, '교수평기' 일체화로 학생들의 대학 진학에 도움이 되기 때문에 하는 경우가 많다. 그래서 국제 교류에서 진행된 많은 활동은 학생들의 생활

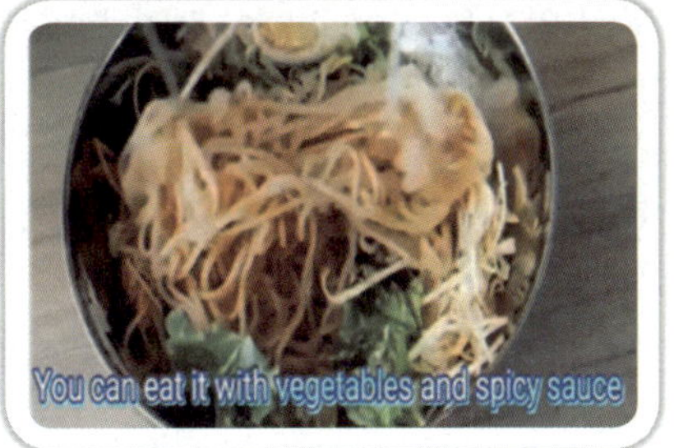

⬆ 학생들이 자신의 일상을 만든 영상

⬆ 라이스 대학교의 신문 보도

기록부에 작성되어야 하고, 이는 대학을 진학하는 데 많은 영향을 미친다. 고3 담임을 오래 해 온 나로서는 생활기록부가 얼마나 중요한지를 알기에, 학생들의 생활기록부를 아름답게 꾸며 주기 위해서 많은 노력을 했다. 국제 교류 활동에서 학생들은 자신의 진로에 따라 다른 종류의 활동을 함으로써, 각자 다르게 생활기록부에 기재되었다.

국제 교류 동아리가 점차 명성을 얻기 시작하여, 이제 동아리원들을 뽑을 때 영어 인터뷰는 필수 코스가 되었다. 외국인을 만나고 싶어 하는 아이들의 열정을 영어 실력으로 막는다는 것은 잔인한 잣대라고 생각되어, 나는 수업에 국제 교류를 도입하기로 했다. 동아리로 국제 교류를 진행했을 때는 생활기록부에 '동아리 특기사항' 밖에 적어 줄 수 없다. 그런데 수업 시간에 국제 교류를 도입하면 '과목별 세부능력 특기사항'에 국제 교류 내용을 작성할 수 있기 때문에, 수업 시간에 실시간으로 국제 교류를 할 수 있는 나라를 찾기 시작했다. 하지만 수업 시간에 국제 교류를 진행하기 위해서는 인프라 구축이 절대적으로 필요한데, 단순히 학교의 예산으로만은 힘들었다. 그래서 국제 교류 기구를 찾다 보니 '유네스코 아시아태평양 국제이해 교육원(UNESCO APCEIU)'이라는 기구가 있다는 것을 알게 되었다. 이 기관에서 실시하는 NETS 사업의 국제 교류에 신청했고, 우리 학교가 전국 10개의 학교 중 하나로 선정되었다.

곤지암고등학교는 캄보디아에 있는 Jayavarman VII High school과 함께 SDGs #13 'Climate Action'을 주제로 국제 교류를 했다. 이 NETS 사업은 연구회로만 신청이 가능하기에, 나는 학교에서 국제 교류를 수업 시간에 하기를 희망하는 교과 선생님을 모집했다. 그리고 미술, 국어, 과학 선생님을 모시고 국제 교류를 진행할 수 있었다. 이렇게 우리나라 4개 교과의 선생님들과 캄보디아 4개 교과의 선생님들이 함께 총 8번의 공개 수업을

▲ SDGs #13번 Climate Action

▲ APCEIU 국제 교류
연구회 선생님들

진행하며 국제 교류를 실시했다.

과학 시간에는 환경과 관련하여 학교 옆에 흐르는 곤지암천의 수질오염 개선을 위하여 EM 흙공을 제작하여 강물에 던지는 활동을 했다. 국어 시간과 영어 시간에는 그레타 툰베리에 관한 환경 책인『Our house is on fire』라는 책을 읽고 환경 오염에 관한 심각성을 인식하고, 토의를 통해 세계시민으로서 환경 오염을 막는 직접적인 실천 방안을 탐구하도록 했다. 미술 시간에는 문화 수업으로 각 나라의 전통 의상을 직접 그려 보는 초상화 그리기 활동을 실시했다. 또, 미술과 디자인에 진로를 가지고 있는 학생들은 각 나라의 랜드마크를 티셔츠에 그리고 culture box에 넣어, 캄보디아에 100장을 선물했다.

무엇보다 놀랐던 것은 과학, 국어, 영어, 미술 모든 시간에 교장 선생님과 교감 선생님께서 국제 교류 티셔츠를 입고 참석해 주셨다는 것이다. 국제 교류는 교사가 원해서 진행하는 것이지만, 관리자분들의 응원과 격려가 없다면 성공적으로 진행되기 어려울 수 있다. 그런데 정말 감사하게 교장, 교감 선생님께서 함께해 주시고 응원해 주셔서 성공적으로 국제 교류를 진행

캄보디아와의 실시간 국제 교류: 과학
시간에 EM 볼을 제작하는 모습

캄보디아와의 실시간 국제 교류:
영어 시간에 배너를 작성한 모습

할 수 있었던 것 같다.

학생들은 수업 시간에 실시되는 국제 교류를 통해서 자신의 꿈을 찾을 수 있었고, 즐겁게 외국인들과 의사소통하는 방법을 터득해 나갈 수 있었다. 그리고 무엇보다 환경 문제가 전 세계적으로 심각하다는 것을 깨닫고, 캄보디아 친구들과 함께 영어와 한글로 실천 과제를 만들고 실천까지 해 본 것은 아이들에게 잊지 못할 시간이 아니었을까? 캄보디아와 함께 실시하는 총 6번의 실시간 국제 교류 수업은 대표 교사로서 정말 힘들었지만, 선생님들의 도움으로 성황리에 잘 마칠 수 있었다. 선생님들의 도움이 없었더라면 혼자서는 절대 상상할 수 없는 시간이었다. 혼자서만 진행했던 국제 교류 동아리를 이제 막 걸음마 단계에 비유할 수 있다면, 교과 융합으로 연구회를 조직하여 수업 시간에 실시한 실시간 국제 교류 수업은 마치 마라톤과 같았다. 마라톤을 하려면 기초 체력의 바탕 위에 지구력, 페이스 조절, 또 무엇보다 호흡이 중요한데, 이 삼박자가 연구회 선생님들, 학생들, 그리고 관리자분들의 도움으로 잘 진행되었다.

캄보디아와의 국제 교류 이후, 나는 학생들에게 온라인이 아닌 오프라인으로 직접 상대국의 문화를 경험할 기회를 제공하고 싶었다. 그리하여 다음 도전으로 미국과의 오프라인 국제 교류를 선택했다. 우리 시골 아이들에게 미국에 가서 미국 문화를 직접 체험해 보는 시간을 주고 싶었다. 미국은 영어권 국가 중에서도 학생들이 가장 가고 싶어 하는 나라 중 하나였다. 특히, 미국은 다양한 문화와 인종이 공존하는 나라이기 때문에 학생들에게 더욱 넓은 세계를 보여 줄 수 있다고 판단했다. 학생들이 미국에서 경험할 수 있는 프로그램을 기획하고, 현지 대학교와의 교류를 조율하는 과정은 많은 시간과 노력을 필요로 했다.

다행히 국가보훈처의 사업에 선정되어 예산을 확보할 수 있었다. 그리고 학교 자율 과제로 '세계시민'을 선정하여 세계시민 아래 국제 교류 활동으로 미국 현지에 있는 Pennsylvania State University와의 온라인 교류 이후, 오프라인 국제 교류를 실시할 수 있게 되었다. 1, 2학년 학생들 중 6명 선발하여 2023년 11월 11일부터 17일까지 일주일 동안 미국 국제 교류를 다녀올 수 있었다. UNESCO APCEIU를 통한 연구회 중심의 온라인 국제 교류를 마라톤에 비유한다면, 미국 오프라인 국제 교류는 철인 3종 경기와 같았다. 미국으로 떠나기 전까지의 준비 과정이 매우 복잡했다. 우선 예산 확보와 미국 현지에서의 숙소와 활동들, 그리고 무엇보다도 학생들의 안전이 최우선시되어서 사전답사부터 하나하나 챙길 것들이 너무나도 많았다.

하지만 나의 우려와는 달리, 미국에서의 국제 교류는 학생들에게 잊지 못할 경험을 안겨 주었다. 미국 대학교에서 현지 대학생들과 함께 수업을 듣고, 다양한 활동에 참여하며 영어를 실생활에서 사용하게 된 학생들은 처음엔 낯설고 긴장했지만, 점차 그 과정에서 자신감을 얻기 시작했다. 영어가 단순히 교실에서 배우는 언어가 아닌, 실제 사람들과 소통하는 도구라는 사실을 실감하게 된 것이다. 학생들은 또한 미국의 자유롭고 개방적인 교육 분위기 속에서 자기 생각을 표현하는 법을 배웠다. 수업 시간에 활발하게 토론하고 자신의 의견을 영어로 말하는 경험은 학생들에게 큰 자극이 되었고, 이전보다 훨씬 더 적극적으로 영어를 사용하려는 모습을 보였다. 그 과정에서 학생들은 영어 능력뿐만 아니라 자신감을 키우고, 글로벌 시민으로서의 자질을 기를 수 있었다. 학생들이 현지 대학생들과 소통하며 새로운 문화를 체험하는 모습을 보면서, 교사로서 큰 보람을 느꼈다.

한국전쟁 종전 70주년 기념으로 '전쟁 없는 평화'를 주제로 학생들과 함께 독립운동을 위해 노력하신 서재필 선생님의 박물관을 방문했다. 그 후

⬆ Pennsylvania State University
도서관 앞에서

⬆ 서재필 박물관 앞에서

'Freedom is not free.'라는 명언이 새겨진, 우리나라의 독립을 위해 힘쓰다 돌아가신 독립운동가들의 숭고한 정신이 깃들어져 있는 추모의 벽에 들러서 참전 용사들을 인터뷰하는 시간을 가졌다. 학생들은 이런 의미 있는 활동을 통해서 단순한 국제 교류를 넘어 세계시민으로 성장해 가는 시간을 가질 수 있었다.

또, 학생들은 국제 교류 활동에서 학습지를 통해 자신의 생각을 적어 보는 숭고한 시간을 가졌다. 학생들은 추모의 벽, 서재필 박물관 관람을 통해 '미국이 한국전쟁에 대해 단지 남의 일이라고 생각하는 것이 아니라, 정말 자기 일처럼 공감해 주는 것이 고마웠다.'라고 작성했다. 그리고 추모의 벽에서 참전 용사를 인터뷰할 때 그분께서 해 주신 말씀은 아직도 나와 학생들의 마음속에서 전율을 일으킨다. 그분께서는 "한국전쟁 참전으로 나의 소중한 친구들을 많이 잃었지만, 지금 한국이 자유를 찾은 것을 보니 행복하다."라고 말씀해 주셨다. 어떻게 이렇게 생각하실 수가 있을까? 먼 타국에서 학생들은 참전 용사와의 인터뷰를 통해 따뜻함을 느낄 수 있었고, 눈물을 훔치지 않을 수 없었다. 다시 한번 고마움을 느끼며 나 역시 감동을 주는 사람이 되어야겠다고 다짐하는 순간이었다.

국제 교류는 학생들에게 더 넓은 세상을 보여 주고, 그들의 잠재력을 깨우는 기회였다. 그 과정에서 나는 교사로서 학생들에게 새로운 도전을 제시할 수 있었고, 그들이 성장해 가는 모습을 지켜볼 수 있었다. 앞으로도 국제 교류를 통해 더 많은 학생들이 세계와 소통하고, 그들의 꿈을 키워 나갈 수 있도록 돕고 싶다. 시골 학교에서도 충분히 세계와 연결될 수 있음을 보여 준 경험은 나에게도, 학생들에게도 잊지 못할 소중한 시간이 되었다.

03 나의 꿈, 나의 새로운 인생

☺ 우당탕 교육과정 부장이 되다

"선생님, ○○대학교 불합격이에요." 열심히 공부해 온 제자들의 노력이 대학 불합격 발표 소식에 와르르 무너지는 순간이 자주 찾아왔다. 불합격 소식을 들으면 나의 잘못인 양 미안함이 엄습해 오지만, 겉으로는 아이들에게 "괜찮아, 다른 대학교의 결과를 기다려 보자. 좋은 결과 있을 거야."라는 위로 아닌 위로를 건네곤 했었다. 아이들의 인생이 대학교라는 관문을 통과해야만 행복할 수 있는 것일까? 대학교가 아이들 인생의 행복을 보장할 수는 없지만, 그들의 인생에 나침반은 제공해 줄 수 있지 않을까?

3년 전 한 제자가 컴퓨터 공학과에 수시 원서를 썼던 기억이 난다. 일반계 고등학교 수업 시간에서는 코딩을 한 번도 배워 본 적이 없었고, 자율 동아리에서만 했었던 짧은 경험으로 2차 면접에서 쓰디쓴 고배를 마셔야만 했다. 학교 교육과정의 구조적인 결함으로 인해 학생의 진로에 안 좋은 영향을 미친다는 것은 교사로서 마음이 아픈 일이었다.

또, 뒤늦게 사회복지사에서 진로를 변경하여 물리치료사가 되기를 희망하던 제자의 모습이 떠오른다. 사회복지사라는 꿈을 가지고 학교생활을 해 오고 있던 터라 생활기록부도 그렇게 꾸며져 있었는데, 갑자기 진로를 변경하게 되면서 일이 복잡해졌다. 해당 관련 4년제 대학이 별로 없었을 뿐만 아니라, 학과 관련 활동을 한 것이 거의 없었다. 부랴부랴 대학교 정보를 찾아서 '디지털 헬스 케어 학부'라는 신설 학과가 있는 것을 발견하게 되었고, 열심히 준비해서 감사하게도 합격했다. 그런데 합격 후 감사 인사를 온 제자와의 대화는 나를 놀라게 했다. 제자는 대학 수업을 마치고 수학 과외를 받고, 컴퓨터 학원에도 다닌다는 것이었다. 고등학교 때 문과 관련 과목만 수강했었는데, 컴퓨터를 배워야 하는 학과의 특성상 미적분과 프로그래밍을 알고 있어야 해서 컴퓨터 학원에 다니고 있다고 했다. 배움의 열정과 학업에 대한 의지가 뛰어난 제자가 마냥 기특하기도 했지만, 고등학생 때 미리 그 과목들을 수강했다면 대학에 진학해서 학점 받기도 수월하고, 배움의 폭과 깊이를 더할 수 있었을 것이라는 아쉬움이 들었다.

이렇게 아이들의 꿈은 하루가 다르게 시시각각으로 변할 수 있는데, 학교에서 정해 준 길을 걸어갈 수밖에 없다. 학생들은 자신이 무엇이 될지 충분히 고민하며 생각할 수 있는 시간이 부족한 채 학교에서 정해 놓은 교육과정의 길을 밟을 수밖에 없고, 그것이 당연하다는 듯이 아이들과 나는 그 길을 걸어왔다. 이것은 마치 학생들에게 비포장도로를 걸으라고 하면서 꽃길이라 설명하는 것 같았다. 아이들이 직접 자신이 걸어갈 길을 선택하게 하는 건 어떨까? 자신의 꿈에 도달하기 위한 길은 여러 갈래가 있다는 것을 교사인 내가 설명해 줄 수 있지만, 선택은 학생들이 하게 해 주고 싶었다.

학생들은 교육과정 편제표에 제시된 과목들에 따라 고등학교에서 과목을 수강하게 되는데, 고교학점제 시행 전의 편제표는 문, 이과 과목 사이에 보이지 않는 칸막이를 두어 학생들이 교과를 선택할 수 없게 만들어져 있었다. 미술 전공을 하려는 학생이 미적분까지 수강해야 했었고, 컴퓨터 공학을 전공하려는 학생이 컴퓨터 과목을 수강하지 못하는 것이 현실이었다. 이렇게 보이지 않는 칸막이가 있는 것은 학생들의 진로를 심화·발전시킬 수 없기에, 국어·영어·수학 기초교과군을 최소 단위만 남겨둔 채 칸막이를 열어 학생들의 학습권과 선택권을 존중하기 위한 시도를 했다.

하지만 학생들의 학습권과 선택권을 존중하는 것이 학교라는 체제에서 결코 쉬운 일이 아니었다. 기초교과군을 최소 단위만 남겨 두니 선택받지 못하는 국어·영어·수학 선생님들은 가르칠 과목이 없어지기에 티오감을 당하며 학교를 떠나야 하는 상황이 생기기도 하고, 힘들게 여러 과목을 가르쳐야 하는 다과목 지도 교사도 생기는 등 여러 어려움에 봉착했다.

교육과정 부장이라고 단독으로 결정을 내릴 수는 없었다. 학생·학부모·교사라는 교육의 3주체의 의견 합일 과정이 있어야 한다고 생각하여, 학부모 대표 위원과 학생 대표 위원을 뽑아서 각 교과부장님과 함께 교육과정위원회를 개최했다. 기존에 교사들끼리만 진행했던 교육과정위원회에서의 의견 합일 과정은 각 교과 대표 선생님들께서 참석하여 교과에 대한 입장만 밝히느라 의견 합일 과정이 너무나도 어려웠는데, 학부모님들과 학생들의 진솔한 의견을 듣고 나니 의견 합일 과정이 훨씬 수월해졌다. 예를 들어, 교양 교과를 선택하는 과정에서 우리 학교 바로 옆에 위치하여 우리 학교로 진학을 제일 많이 하는 중학교 3학년 학생들을 대상으로 실제 수요 조사를 실시했다. 그 결과 제일 수요가 높은 과목 중 하나가 '나는 미래의 좋은 부모'라는 과목이었다. 학부모님들께서 우리 학교의 특성상 결손가정에서 사는 아이들이 많고, 출산을 앞둔 재학생도 있고, 현재 성(性)과 부모의 역할에 대한 중요성을 많이들 간과하고 있기에, 이 과목 선정을 원하셨다. 그래서 '나는 미래의 좋은 부모'를 포함하여 '철학', '교육학', '창작활동'을 내년 신입생들을 위한 교양 선택 교과로 선정하게 되었다.

7가지 색깔이 한데 어우러져 무지개가 아름답듯이, 학교 현장에서도 교사·학생·학부모의 목소리가 한데 어우러져야 좋은 교육과정이 완성된다는 것을 몸소 체험할 수 있었다. 기존에 편제되어 있던 '음식 만들기', '텃밭 가꾸기'에 교육공동체가 함께 선정한 교양 교과를 더하여 교육과정에 싣게 되었고, 이를 학생들에게 홍보하기 위하여 교육과정 박람회를 열었다.

사실, 아이들을 위해서 축제의 장을 열어 주고 싶었다. 그냥 단순히 교과 성취 수준이나 교과 내용을 가르쳐 주는 것이 아니라, 아이들이 몸소 그 교과를 체험해 보고 선택할 수 있도록 해 주고 싶었다. 그래서 운동장에 크게 '교육과정 박람회'를 열게 되었다. 교과목별로 부스를 열었으며, 학생들은 직접 부스에 가서 과목을 체험해 보고, 나중에 수강 신청을 했다. 학습에 큰 뜻이 없었던 아이들도 이날만큼은 관심을 가질 수밖에 없었다. 학생들의 적극적인 참여를 위하여 밴드부의 공연과 사회자 및 진행자도 섭외했으며, 지역사회와 연계하여 광주시 청소년 수련관에서도 부스를 만들어서 학생들이 자신을 향해 응원의 메시지를 작성하는 뜻깊은 시간을 가졌다. 아침부터 음악 소리가 들리고 만국기가 펄럭이니 동네 어르신들도 학교에 들르셨고, 학부모님들도 초대하여 동네 축제가 되었다. 매년 입학생들이 미달이었던 학교에서 이런 축제 같은 교육과정 박람회를 여니, 학부모님들 사이에서 입소문을 타고 학교 홍보가 절로 되는 기회를 가질 수 있었다.

생명공학자, 자연과학에 관심이 있는 친구들은 과학 부스에 가서 현미경으로 세포를 직접 관찰하며 교과목에 대해 알 수 있는 기회를 가졌다. 또, 컴퓨터에 관심이 많은 친구는 컴퓨터 부스에 방문하여 직접 드론을 날려 보는 체험을 하면서 '프로그래밍' 수업이 어떻게 진행되는지 설명을 들으며 즐거워하는 모습을 볼 수 있었다. 이런 축제의 장을 만들기까지 각 교과 선생님들께서 힘드셨을 텐데, 학생들이 즐겁게 참여하는 모습을 보고 더욱더 열심히 과목 설명을 해 주시는 선생님들께 절로 감사한 마음이 들었다.

교양 교과 중 하나인 '텃밭 가꾸기'와 '음식 만들기' 등을 소개하기 위해 선생님들께서는 학생들과 함께 '교양 교과' 부스를 하나 만들었다. '텃밭 가꾸기'에서는 토양의 pH에 따라 식물의 성장 과정이 어떻게 다른지에 대해 설명하며 직접 아이들이 식물을 심어 보는 시간을 가졌으며, '음식 만들기' 교과에서는 학생들이 좋아하는 '탕후루'를 직접 만들어 보는 시간을 가졌다.

교육과정 박람회의 꽃은 '교육과정 서포터즈' 학생들이었다. 서포터즈 학생들이 없었다면 이렇게 멋진 교육과정 박람회를 개최할 수 없었을 것이다.

교육과정 서포터즈들은 후배들에게 교과목을 설명해 주기 위해 2~3학년 선배들로 구성된 학생들이었다. 학교에서 봉사 시간이 주어지기 때문에, 입시를 위해 생활기록부를 관리하는 학생들은 시키지 않아도 지원해서 열심히 활동했다. 2022 개정 교육과정의 목표는 자기 주도성이 뛰어난 학생들로 기르는 것이 아닌가? 주입식 수업만 하면 학생들이 '자기 주도성'을 펼칠 기회가 부족한데 학교에서 이렇게 장을 열어 주니, 아이들이 후배들에게 선생님 이상으로 구체적으로 설명해 주는 모습을 볼 수 있었다.

그날, 수업에서는 잘 볼 수 없었던, 웃으며 행복해하는 학생들의 모습을 보면서 많은 생각을 했다. 고등학교 3학년 담임을 오랫동안 하면서 결국 입시에 필요한 것이 무엇인지 알게 되었고, 그것을 학교 교육과정에 녹이기 위해 노력한 결과물이 바로 이것이 아닐까 하는 생각이 들었다. 그날 교육과정 박람회에서 학생들이 교과목 설명을 듣고 체험하면서 즐거워하고 행복해했던 모습들이 아직도 잊히지 않는다.

고교학점제가 교육 현장에 들어오면서 '16+1'이라는, 1주일 동안은 교과 수업이 아닌 학교가 자율적으로 교육과정을 재구성하여 진행하는 '학교 자율과정'이 본격적으로 시행되었다. 경기도 소재 고등학교의 학생들을 컨설팅해 주는 경기도 진로 진학 리더 교사인 나는, 대학에 진학할 때 생활기록부가 무엇보다 중요하다는 것과, 생활기록부 항목 중 하나인 '개인별 세부능력 특기사항(흔히, 개세특)'이 '과목별 세부능력 특기사항(흔히, 과세특)'만큼 중요하다는 것을 알고 있었다. 그래서 조금 무리가 있었지만, 1~3학년 전체를 대상으로 바쁜 1학기 말에 학교 자율과정을 실시했다.

그 당시 '학교 자율과정'이 무엇인지 잘 모르시는 선생님들이 대다수였지만, 학생들을 위해 교육과정을 재구성하는 것에 한마음 한뜻으로 동의해 주셨다. 6종류로 되어 있는 '학교 자율과정' 중에 무엇을 선택할지에 대한 고민이 가장 큰 문제였다. 경기과학고에서 오신 교장 선생님께서는 혼합형이 아닌 100% 학생 주도 프로젝트로 학교 자율과정을 운영하기를 바라셨다. 그러나 우리 학교 학생들을 6년이나 봐 온 나는 100% 학생 주도 프로젝트를 진행하게 되면, 학생들이 틀림없이 외부로 나가서 사고를 칠 것이 염려되어 반대했다. 그때, 교장 선생님께서 "학생들의 가능성을 믿어 보세요! 학생들은 본인이 주인공이 되어 주도적으로 프로젝트를 진행하면 200% 이상의 가능성을 펼칠 것입니다."라고 말씀하셨다. 처음에 나는 '우수한 인재들인 영재고등학교 학생들에게나 해당되는 말씀이지요. 아직 우리 학교를 잘 모르시는군요.'라고 생각하며 속으로 많은 의심을 했다. 하지만 '학교 자율과정'의 결과는 나를 정말 깜짝 놀라게 했다.

교육과정 부장이 처음이었고 그래서 더 열심히 하고 싶었던 욕심이 컸던 나는 학생들에게 다 정해진 틀을 제공하고 싶었지만, 이 모든 것을 준비해야 하는 선생님들의 어려움도 간과할 수도 없는 노릇이었다. 기말고사가 끝난 후에 선생님들께 또다시 학생들을 위한 프로그램을 교과별로 만드는 업무를 드리고 싶지 않았다. 왜냐하면 100명이 넘는 학생들의 과목별 세부능력과 행동 발달 특성 사항 등, 선생님들이 작성해야 하는 생활기록부의 양이 어마어마하게 많기 때문이다. 또한, 학교에서 정해진 틀을 가지고 학생들에게 학교 자율과정을 실시한다면 학생들의 주도권과 선택권을 무시하는 행위가 되는 것이었고, 이는 학교 자율과정의 목적에 위배되는 것이었다.

'교장 선생님을 한번 믿어 봐? 그리고 학생들을 믿어 볼까?' 그렇게 나의 의심은 점점 확신으로 바뀌어 갔고, 학생들이 모든 것을 기획하고 진행하는, 바로 학생들 자신이 주인공인 '학생 주도 프로젝트'를 실시하게 되었다. 프로젝트를 만들 학생들을 모집했고, 학생들은 자신들의 진로에 맞게 프로젝트 이름을 만들고, 1주일 동안 어떤 활동을 할 것인지, 어떤 물건을 사고, 어떤 선생님을 지도 교사로 모시고 활동을 진행할 것인지 등 기획안을 작성하도록 했다. 수업 시간에 흥미를 잃고 졸고 있던 학생들도 학교 자율과정 때는 적극적으로 프로젝트의 장이 되어서 프로젝트를 만들고 학생들을 모집하는 모습을 보니, 나의 의심들은 하나씩 확신으로 바뀌어 갔다.

학교의 위치상 외국인들이 많았기에 외국인들을 대상으로 한국문화 '태권도' 체험을 기획하는 학생, 체험학습 기간 때 에버랜드에서 여러 놀이기구를 다 타지 못한 아쉬움이 커서 빠른 시간에 여러 기구를 탈 수 있는 방법을 수학적 거리로 계산하여 프로젝트를 기획한 학생, 빛과 WIFI를 이용한 'Li-FI'를 만들어서 빛이 얼마나 빠르게 이동하는지를 기획한 학생, 영어 시간에 배운 건축물을 바탕으로 3D 프린터기를 이용하여 자신이 상상하는 미래 학교 건물을 기획·제작하는 학생까지, 학생들은 너무나도 다양한 자신만의 색깔을 뽐내고 있었다.

놀라웠던 프로젝트 중 하나는, 외국어에 관심이 많은 학생들이 모여 여러 나라 언어로 시집을 발간하는 프로젝트였다. 그 팀에는 학교 자율과정 마지막 날 새벽에 강남에 가서 발간된 시집을 직접 찾아온 학생들도 있었다. 학생들의 자기 주도성이 이런 것이 아닐까? 자신들이 좋아하는 일에 이 정도의 열정을 보이는 것을 보고, 아이들이 좋아하는 것이 무엇인지 찾고, 그것을 실현하기 위한 장을 만들어 주는 것이 학교의 역할이 아닌가 하는 생각이 들었다. 그럼, 선생님들의 역할은? 학생들이 주도적으로 프로젝트를 진행할 때 옆에서 도와주는 조력자의 역할이 아닐까?

학교 자율과정 발표회

학생들의 뜨거운 열정과 노력을 보았기에 그냥 지나가기 아쉬울 듯하여, 학교 자율과정 마지막 날 프로젝트별 대표 학생들이 5분 동안 자신들의 프로젝트에 대해서 발표하는, 이른바 '세바시' 시간을 가졌다. 학교에서도 처음 진행하는 거였기에 우왕좌왕했지만, 대표 학생들은 세바시에서 5분 동안 멋지게 프로젝트 결과를 발표했고, 그때 이 학생들의 모습은 마치 기업의 CEO 같아 보였다. 열심히 프로젝트를 기획했던 학생들의 수고와 노력이 마지막 날 '세바시' 발표의 장에 꽃을 피울 수 있었다.

이런 프로젝트를 학교 현장에 적용해 본다는 것은 힘든 결정이었고, 그 시작도 쉽지만은 않았다. 하루에도 경찰차가 몇 대씩 오가고, 시험 기간에는 소년원에서 시험 치는 학생들이 비일비재한, 모두가 기피하는 경기도에서 악명 높은 학교에서 학생들이 100% 자기 주도적으로 프로젝트를 진행할 수 있을까? 학생들을 향한 200% 확신만 있다면 가능하다! 우리 학교도 했으니 다른 학교들은 당연히 할 수 있는 거 아닐까? Why not?

🔘 경기도 영어교육 연구회 (GETA) 경기도 대표 주자, KOSETA에서 발표하다

2022년 1월 20일, The 34th KOSETA Academic Forum(코세타 온

⬆ 대구 인터불고 엑스코 호텔에서 열린 KOSETA FORUM 발표

라인 학술포럼)에서 경기도 대표 영어 교사로 발표를 하게 되었다. 'The Importance of Learning Inequality through reading and writing class'라는 제목으로 나만의 프로젝트 RISE(Reading Initiative for Student Excellence)를 가지고 학생들과 함께했던 1년의 과정을 전국에서 오신 KOSETA 선생님들께 소개했다. 학교 내에서는 느껴 보지 못한 떨림을 아시는지 GETA 회장님과 총무님께서 직접 응원 메시지와 전화를 주셔서 더욱 힘이 났다. 코로나로 인해 교육에서 많이 소외된 우리 학교의 학생들에게 진정한 읽기 수업을 Read Aloud로 제공하면 학생들에게 진정한 배움이 일어난다는 것을 다른 선생님들과 함께 공유하는 시간을 가졌으며, 나 역시 각 시도 대표로 오신 선생님들의 수업을 보고 많이 배웠다.

내 수업에 대해 고민하고, 이 방법 저 방법을 적용해 봄으로써 학생들에게 진정한 배움이 일어나게 하는 것이 교사가 해결해야 하는 과제인 듯하다. 선생님들이 제일 힘들어하는 것이 공개 수업이며, 내 수업을 누군가에게 보여 주고, 더 나아가 내 수업을 발표한다는 것은 20대의 수업 연구대회 이후로 흔치 않은 일이었다. 하지만 이 기회를 계기로 내 수업에 대해 발표할 기회가 많아졌고, 강의를 시작하는 시발점이 되었다.

● 김나형, 강사가 되다

　나는 언제부터 강사가 되고 싶었을까? 그 시기는 내가 교육과정 부장을 할 때로 거슬러 올라간다. 교육과정 부장 합숙 연수를 위해 교원대에 갔을 때, 전국에서 온 교육과정 부장님들을 대상으로 멋지게 강의를 하시는 정미라 선생님을 보면서 처음으로 강사의 꿈을 갖게 되었다. 내게 주어진 교육과정 부장의 역할을 하다 보니 여기저기에서 강의를 들어야 하는 상황이 생겼고, 학교 밖에서 훌륭하신 선생님들을 많이 만나면서 선생님들이 가질 수 있는 멋진 직업 중 하나가 강사라는 생각을 하게 되었다. 내가 가진 지식 혹은 기술을 다른 사람들에게 전달하면서 큰 성취감을 느낄 수 있을 것 같았고, 여기저기서 강의를 재미있게 한다는 이야기를 많이 들었어서 한번 도전해 보고 싶다는 생각이 들었다.

　하지만 마냥 열정만 있다고 강사가 되는 것은 아니었다. 우선 내가 잘하는 분야인 교육과정, 국제 교류, 에듀테크 분야를 연구해 보기 시작했다. 첫 강의를 해 보았는데, 선생님들께서 즐거웠다고 하시며 부족하지만 좋아해 주셨다. 이후, 유네스코 아태교육원, 구글 본사에서도 강의 요청이 들어와서 제자와 함께 강의하는 기쁨도 누릴 수 있었다.

🔼 Google 본사에서 강의하는 모습

🔼 UNESCO APCEIU에서 강의하는 모습

영어 교사 지망생에게 들려주는 소중한 한마디

영어 교사를 꿈꾸는 여러분께 현직 영어 교사로서 작은 조언을 드리고자 한다. 영어는 단순한 언어 이상의 의미를 지니며, 학생들에게 세상을 넓게 바라볼 수 있는 창을 제공한다. 영어를 가르치는 교사는 단순히 언어의 기술만을 전하는 것이 아니라, 그 자체로 하나의 인생을 이끄는 길잡이이기도 하다. 그래서 이 직업을 준비하는 과정에서 잊지 말아야 할 몇 가지 중요한 원칙을 명언과 함께 나누고자 한다.

첫째, 'Be the change you wish to see in the world. by Mahatma Gandhi'

영어는 소통의 도구라는 점을 명심해야 한다. 언어는 의미를 전달하는 수단이지, 그 자체로 목적이 아니다. 학생들이 영어를 통해 자신을 표현하고, 타인과 소통할 수 있도록 도와주는 것이 교사의 역할이다. 영어 문법이나 어휘의 틀에 갇히지 말고, 실생활에서 사용할 수 있는 실제적이고 자연스러운 영어를 가르치는 것이 중요하다. 마하트마 간디가 "당신이 세상에서 보고 싶은 변화가 되어라."라고 말했듯이, 학생들에게 소통의 중요성을 몸소 보여 주는 변화의 중심에 있는 교사가 되어야 한다.

둘째, 'A person who never made a mistake never tried anything new. by Albert Einstein'

실패를 두려워하지 않고 도전하는 용기를 가져야 한다. 교사로서 모든 수업이 완벽할 수는 없다. 때로는 실수도 하고, 예상치 못한 어려움을 겪을 수도 있다. 하지만 그러한 경험이 교사로서의 성장을 위한 발판이 되고, 학생들 역시 실패를 통해 배우는 존재가 된다. 그러므로 교사가 자신의 실수를 인정하고 그것을 통해 성장하는 모습을 보여줌으로써, 학생들에게 도전과 실패에 대한 긍정적인 태도를 심어 줄 수 있어야만 한다. 아인슈타인의 말처럼, "한 번도 실수를 해 보지 않은 사람은 한 번도 새로운 것을 시도한 적이 없는 사람이다."

혹자는 공교육이 무너졌다고, 학생들이 공교육에서 더 이상 배울 것이 없다고 말한다. 그렇지만 나는 자신 있게 말할 수 있다. 영어 교사로서 여러분은 학생들에게 언어 이상의 가능성을 열어 줄 수 있는 중요한 열쇠를 가지고 있고, 여러분의 열정과 헌신이 곧 학생들의 미래를 밝히는 등불이 될 것이다. 학생들과 함께하는, 행복과 웃음이 피어나는 교육 현장에 여러분을 초대한다!

평생 학습을 꿈꾸는 느린 학습자로, 장기적으로 마라톤에 임하는 자세로 꾸준히 학습에 임하는 모습이 돋보임. 느림의 미학으로 삶을 향유하고, 착한 독종이라는 말이 붙을 정도로 향학열에 지치지 않는 힘을 보여 주는 것이 타의 귀감이 됨. 하와이 문화에 대한 관심이 많고 유연한 몸짓으로 추는 훌라에 진심이며, 각종 공연에도 꾸준히 참여하여 하와이 문화를 전파하고 있음. '배워서 남 주자!'라는 마인드로 여러 독서 커뮤니티를 섭렵했으며, 독서의 중요성을 전파하여 주변 사람들에게 선한 영향력을 행사함.

울랄라(Ullala) 영어 수석교사

김미숙

울랄라

'Ultralearning Lifelearner'는 '공격적 평생 학습자'라는 말인데, 이를 줄여서 '울랄라'라는 별명을 만듦. 쉽게 포기하지 않는 근성으로 한 번 발을 담그면 끝까지 평생 공부한다는 평생 학습자로 남고 싶어서 이 별명을 좋아함. 포기하고 싶거나 힘든 일이 있으면 스스로 '울랄라! 할 수 있다, 할 수 있다. 할 수 있다!'라고 외치며 마음을 다잡곤 해서 이 별명은 나를 단단하게 만드는 정신적 무기라고 할 수 있음.

영어 교사가 되기까지의 날갯짓

영어 교사가 되기 위한 도전

자신에게 맞는 진로를 찾아가는 사람이 얼마나 될까? 어렸을 때부터 "너의 꿈은 이것이고, 너는 이런 진로의 길을 걸을 거야."라고 명시해 주지 않는 한, 자신에게 딱 맞는 진로를 찾는 것은 참으로 어렵다. 수많은 경험에 의한 누적의 힘으로 이루어내도 '이것이 진짜 내 길일까?' 하는 질문을 계속 던지게 될 것이다.

나의 경우, 영어 교사라는 꿈을 확실하게 정한 것은 대학교 4학년 때가 아닐까 한다. 영어 교사로 꿈을 정하고 그에 대한 도전의 과정 이야기로 이 글을 시작하고자 한다.

교생 실습으로 영어 교사를 꿈꾸다

영어 교사라는 말에 설렜던 첫 순간은, 대학교 4학년 때 모교인 ○○여자고등학교에서 교생 실습을 했을 때였다. 학급을 가득 채운 학생들 앞에서 교생으로서 인사를 했던 순간은, 오래전 일이지만 여전히 기억이 생생하다.

나는 고등학교 1학년 학급에 배치되었는데, 담임 선생님이 영어 선생님이셨고, 특히 나의 은사님이기도 하셨다. 내가 고등학교 2학년 때 새로 부임하신 영어 선생님이었는데, 이제는 교생 실습을 하는 학급의 담임 선생님으로 나를 지도해 주셨다.

처음 느꼈던 것은 담임 선생님과 학생들 간의 유대 관계가 매우 잘 형성되어 있다는 점이었다. 학생들은 선생님을 진심으로 존경하며 따랐다. 그런 학급에 배정되어, 나는 당시 영어 선생님의 학급 운영 방식을 자세히 관찰할 수 있었다. 선생님은 일방적으로 가르치시지 않고, 한 명 한 명에게 의미를 두며 학생들의 수준에 맞춰 감성적으로 다가가셨다. 한 달이라는 짧은 기간이었지만, 그때 선생님이 보여 주신 학생을 향한 배려와 문제 행동을 보이는 학생에게 전하는 따뜻한 말 한마디는 진정한 교사의 모습이었고, 내가 지향해야 할 방향임을 느끼게 해 주었다.

교생 실습 때 교과 수업을 지도해 주시는 분은 은사님이 아닌 다른 영어 선생님이셨다. 나는 두 분의 선생님으로부터 학급 운영과 교과 수업을 각각 따로 배울 수 있었다. 학교에서의 수업 모습은 내가 다녔을 때와 크게 다르지 않았다. 여전히 문법과 독해 중심의 수업이 진행되었고, 시험 대비에 중점을 둔 수업이 주를 이루었다. 의사소통 중심의 수업과는 거리가 있었지만, 나는 한 달 동안 잠시 실습하는 교생이었기에 "의사소통 중심 수업으로 변화시켜야 해요."라고 말할 수는 없었다.

다행히도 영어 교과 지도 선생님께서 적잖이 수업 기회를 주셔서, 다른 교생들에 비해 수업을 많이 할 수 있었다. 그래서 후배들에게 영어를 가르치며 대학 시절 고민했던 의사소통 중심 수업을 실험적으로 시도해 보고자 했다. 'Classroom English'를 많이 사용하며 수업을 진행했고, 다양한 실험적인 수업을 시도했다. 하지만 지금 돌이켜보면, 은사님의 수업 방식을 존중하지 않고 너무나 다른 방식을 시도하려 했던 내가, 한 달만 실습하는 교생으로서 은사님께 폐를 끼친 것은 아닌가 하는 죄송함이 든다.

그럼에도 불구하고 두 분의 영어 선생님은 너그러우셨다. 그분들은 나에게 힘든 길이지만 열심히 준비해서 꼭 영어 교사가 되라고 실습 기간 내내 격려와 응원의 말을 많이 해 주셨다. 정말 고마운 은사님들이셨다. 그 후 학급 담임 선생님이셨던 은사님께서는 내가 대학교를 졸업한 지 얼마 안 되어 병으로 세상을 떠나셨다는 안타까운 소식을 들었다. 영어 교사가 되겠다는 결심은 그 선생님께서 주신 감동에서 비롯된 것 같다. 그 선생님의 영향을 받아, 나도 언젠가 영어 교사가 되어 또 다른 누군가에게 선한 영향력을 주고 싶다고 생각했다. 한 달간의 교생 실습을 통해, 나는 영어 교사의 길을 걷고 싶다는 결심을 확고히 하고, 영어 교사가 되기 위한 공부에 더욱 전념하게 되었다.

● 임용고시, 3번의 도전, 4번째 성공

대학교를 졸업하자마자 영어 교사가 되면 얼마나 좋겠는가? 하지만 영어 교사가 되기 위해서는 임용고시에 합격해야 한다. 대학교에서의 공부 방식은 학점 따기와 이론 중심의 수업이었다. 그래서 임용고시를 준비하기 위해서는 따로 임용을 전문적으로 준비해 주는 학원에 의지할 수밖에 없었다.

대학교 4학년 때는 준비도 제대로 되어 있지 않고, 정보도 많지 않았다. 당시 지방에서 임용고시에 대한 큰 준비 없이 첫 시험을 보게 되었고, 역시

나 낙방했다. 그래서 재수를 할 때에는 '올해는 꼭 준비를 잘해서 시험에 합격해야지!' 하는 마음을 먹고, 다른 일은 전혀 하지 않으며 임용고시에만 매진했다. 지금 생각해 보면, 전체적인 큰 그림을 그리고 세부적으로 접근하는 전략을 짜야 했는데, 당시 나는 무작정 나무만 바라보며 좁은 시야로 학습했던 것 같다. 전체 맥락을 고려하는 학습보다는 단편적인 지식만을 암기하는 방식으로 공부하다 보니 불안이 커졌고, '제대로 하고 있는 걸까? 왜 이렇게 외울 것이 많지?'라는 생각이 들었다. 그러면서도 스스로 많이 공부했다고 자만했고, 재수까지 했지만 결과는 또다시 '낙방'이었다.

결론적으로 '시험이라는 것은 늘 내 편이 아니구나!'라는 부정적인 생각이 머릿속에 가득했다. 고등학교에서 좋은 성적으로 자신감이 있었지만, 대학교 진학 때 원하는 학교에 떨어져 후기 대학에 입학했다. 그리고 대학 졸업 후에도 임용고시에 계속 떨어지니 점점 자신감이 떨어졌다. 세 번의 낙방이 이어지니 나 자신을 비난하게 되었고, '내 실력이 부족한가?', '과연 이 길이 나를 위한 길일까?', '혹시 영어 교사의 길이 나에게 맞지 않는 길일까?'라는 질문들이 계속 떠올랐다. 심지어 아버지께서는 일반직 공무원을 준비하는 것이 어떠냐고 권유하셨다.

그렇지만 3년 동안 준비한 것을 포기하고 새로운 길을 준비할 용기는 나지 않았다. 오히려 아버지의 제안에 오기가 생겨 끝까지 가보자는 마음을 더욱 굳혔다. 그렇게 준비한 네 번째 도전에서 드디어 '합격'이라는 큰 선물이 주어졌다. 나는 혹시나 하는 마음에 플랜 B로 영어교육과 교육 대학원까지 준비해 두었다. 만약 시험에 떨어지면 대학원을 다니리라 생각하며 계절제 대학원에 지원했던 것이다. 운 좋게도 작년과 올해, 플랜 B로 준비한 교육

대학원에서 영어 교사 1급 자격 연수를 받는 선생님들을 대상으로 영어 교과 관련 연수도 진행했었다. 인생은 새옹지마(塞翁之馬)라고 하지 않았던가? 3년간의 암흑기를 거치고 나니, 다시 새로운 빛이 내 인생에 들어왔다.

어렵게 얻은 것은 힘든 과정을 알기에 더 소중하게 느껴진다. 어렵게 얻은 영어 교사라는 직업이기에 나는 지금도 늘 초심으로 돌아가 '내가 어떻게 노력해서 얻은 자리인데?'라는 질문을 하곤 한다. '최선을 다해 영어 교사로서 끝까지 노력해야 한다'라는 마음을 가슴속 깊이 새겨 두고, 흔들릴 때마다 1997년 12월 합격의 떨림과 감동을 떠올린다. 오래전 일이지만, 그때의 감동과 떨림은 지금도 생생하다. 진로를 고민하고 있는 독자가 있다면, '이 길이 내 길인가?'라는 질문을 수없이 던져 보라고 말하고 싶다. 만약 그렇다는 확신이 든다면, '내 인생은 나의 것, 내가 주인'이라는 주인의식(ownership)을 가지고 임하길 당부하고 싶다.

● 새내기 교사, 이상과 현실을 넘나들다

처음 발령을 받은 곳은 강원도의 대도시 지역이었다. '영어 교사, 드디어 해냈어!'라는 생각을 가지고 학교에 첫발을 디뎠다. 특성화 고등학교에서 처음으로 고등학교 2학년 수업을 맡게 되었다. 당시에는 수준별 영어 수업을 한다고 하여 상반, 하반으로 수업을 구분했었다. 첫 부임이라 그런지 나에게는 선택권이 주어지지 않았고, 그냥 하반을 맡아 수업을 하라는 지시를 받았다. 처음이기에 모든 것을 주어진 대로 수용하며 시작했다.

수업 준비를 할 때 내가 가장 염두에 둔 것은, 학습 내용을 어떻게 충실하게 전달할 것인가였다. 이것이 나의 수업 목표였고, 첫 학교, 첫 학기 나의 수업 방식이었다. 학습자 수준에 맞는 맞춤형 수업을 어떻게 할 것인지에 대해서는 별로 신경 쓰지 않았다. 그러다 보니 영어에 흥미가 없는 학생들의 요구를 제대로 반영하지 못했다. 학생들은 교사가 준비한 수업 콘텐츠나 많은 양의 학습 자료를 원하지 않았다. 그 결과 매 수업 때마다 학생들과 충돌하고, 내가 이상적으로 그렸던 수업과는 거리가 먼 모습으로 진행되었다.

수업 시간마다 친구들과 이야기를 하거나 다른 것에 관심을 보이는 학생들의 이름을 크게 부르며 집중시키는 데에 많은 에너지를 쏟았다. 심지어 수업 중 학생들과의 갈등이 꿈에까지 나와서 나를 괴롭혔다. 그런데 학생들은 엄격한 담임 선생님 앞에서는 180도 다른 태도를 보이는 경우가 많았다. 나 역시 이런 점을 이용했다. 학생들과 충돌이 생기면 담임 선생님께 학생을 인수 · 인계하면서, 학생이 수업 중 보였던 불손한 태도만을 강조한 것이다. 당시에는 교사로서 자존감이 떨어지고, 화가 난 나머지 그 상황을 피하고 싶다는 생각뿐이었다. 학생과의 대화를 통해 문제를 풀어 보려는 시도도 부족했고, 교사로서 생활 지도도 매우 중요하다는 점을 깨닫지 못했던 미숙한 시기였다.

이런저런 고민들이 많던 중, 학교로 전근 오신 선배 교사께서 자신의 수업 이야기를 들려주셨다. 그 선생님은 수업을 잘하기로 소문난 분으로, 이전 학교에서는 학생들의 입시를 지도하며 학부모와 학생들 사이에서 인지도가 높았다고 한다. 하지만 특성화 고등학교로 오면서 이전에 가르치던 방식과는 다른 방식으로 수업을 운영한다고 하셨다. 많은 경험과 노하우로 어떻게 학생들을 지도하고 수업을 이끌어 나가야 할지를 알고 계신 분이었다. 이후 그 선생님으로부터 많은 조언을 들으며, 특히 학생 지도에 서툴렀던 나의 태도가 점차 변화하기 시작했다. 학생들과 직면해 대화하는 것의 중요성을 알게 되었고, 그동안 학생 탓만 하며 정성껏 준비한 수업을 학생들이 따라오지 않는 것에 대해 불평만 하고 있었음을 깨달았다.

교사로서 학생들이 무엇을 원하는지, 그들에게 어떤 학습 수준으로 가르쳐야 하는지를 파악하는 것이 얼마나 중요한지 알게 되었다. 물론, 학교마다 상황이 다르고 학생들의 수준과 학습 환경에 따라 변수가 있겠지만, 이상만 추구하고 현실을 간파하지 못하면 나처럼 어려움을 겪게 될 것이다. 내가 평소 꿈꾸던 영어 교사의 모습은 이론적이고 이상적인 모습이었는데, 현실은 그렇지 않았다. 수업만 준비하고 연구할 수 있는 환경이 아니었고, 학생들은 교사가 원하는 방식으로만 학습하지 않는다. 현실을 기반으로 한 이상향을 만들어 가야 한다. 새내기 교사로서 그 사이에서 균형을 맞춰 가는 일은 결코 쉽지 않았다.

그러나 이 경험을 통해 나는 한층 더 성장할 수 있었다. 학생들과의 소통이 무엇보다 중요하다는 사실을 깨달았고, 그들의 요구와 수준을 반영한 맞춤형 수업의 필요성을 절실히 느꼈다. 첫 발령지에서의 시간은 쉽지 않았지만, 그 시간이 있었기에 오늘날 나는 더 유연해졌고, 학생과 소통하는 교사가 될 수 있었다. 이상과 현실의 괴리 속에서 꾸준히 배우고 성장하며, 더 나은 교사가 되기 위해 지금도 노력하고 있다.

영어 교사이기에 행복한 나

영어 교사로 살아간다는 것에는 늘 부담이 따른다. 영어는 유치원이나 초등학교부터 접하게 되고, 사교육에 크게 의존하는 과목 중 하나이다. 그래서 영어 교사로 일하는 데는 여러 도전 요인들이 많다. 특히, 평가를 마친 후에 영어 과목과 관련된 민원이 가장 많은 편이다. 그럼에도 불구하고 대한민국에서 영어 교사로 사는 것이 늘 회색빛만 가득한 것은 아니다. 영어 교사여서 행복한 이유, 행복한 영어 교사로 살 수 있는 원동력들이 충분히 있다. 이번 장에서는 영어 교사로서 경험한 행복들에 대해 이야기하고자 한다.

● 플랜 B로 전화위복(轉禍爲福)

영어를 학창 시절부터 좋아했다면 더할 나위 없겠지만, 고등학교 시절 나의 영어에 대한 체감은 그저 어휘 암기, 독해 문제집 풀기, 문법 학습에 그쳤다. 고등학교 때 진학에 대한 정보도 부족했고, 진로 교육이 요즘처럼 체계적으로 이루어지지도 않았다. 그 당시 교대에 들어가면 취업이 잘 된다는 친구의 말을 듣고, 별생각 없이 교대 진학을 목표로 삼았었다. 하지만 플랜

A였던 교대 진학의 꿈이 깨지고 실패를 경험했다. 이후 고3 담임 선생님의 권유로 플랜 B인 영어교육과에 입학하게 되었다. 사실, 플랜 B는 교대 낙방 후 담임 선생님과 상담한 결과 즉흥적으로 결정된 것이었다.

전공이 영어로 정해지자 본격적으로 영어 공부를 해야 한다는 책임감과 의무감이 생겼다. 내가 선택한 것은 나의 영어 약점을 보완하는 것이었고, 그렇게 대학교 1학년 때부터 본격적으로 영어 회화를 시작했다. 나처럼 고등학교 때까지 영어 말하기에 자신감이 없었던 학생들에게 말하고 싶다. 늦었다고 생각하지 말고 그때부터라도 도전하라. 그때부터 시작해도 늦지 않는다. 간절함과 필요가 있다면 어떤 상황에서도 돌파구는 마련될 것이다.

영어 말하기 능력을 기르기 위해 내가 한 일은 영어 회화 동아리에 가입하는 것이었다. 혼자서는 힘들지만 함께 시작하고 같이 나아가면 성취감도 커지고 쉽게 포기하지 않게 된다. 동아리 회원들과 함께 사설 영어 회화 학원에 등록하여 원어민과 영어 회화 수업을 시작했다. 처음에는 영어로 말하지 못해 답답했지만, 원어민과 영어로 대화하는 순간을 상상하며 조금씩 도전 의식을 키워 갔다. 그러면서 영어 공부의 목표가 의사소통의 측면으로 변하게 되었다. 세상에는 다양한 사람들이 있고, 다양한 언어로 서로 소통한다는 것을 깨달았다.

그때 만났던 영어 강사님은 남아프리카 공화국 출신이었는데, 영어 이외에도 'Zulu'라는 언어를 사용하셨다. 가끔 외계어처럼 들리는 사투리를 선보였는데, 우리나라에 사투리가 있듯이 그분의 언어도 억양과 발음이 달라 흥미로웠다. 어휘와 문법, 독해에만 몰두하던 영어 학습 방법에서 벗어나 실생활 중심의 의사소통 영어를 하다 보니, 영어가 삶으로 다가왔다. 영어로 대화할 수 있게 되자 다른 나라 사람들과의 인맥이 넓어지고, 다양한 문화권 사람들과도 소통하며 그들 삶의 방식을 배우게 되었다.

플랜 B로 시작된 나의 인생이 글로벌한 삶을 경험하도록 이끌었다. 대학 시절 배웠던 영어 회화 경험은 내가 영어 교사가 된 후에도 계속 이어졌다. 언어는 사용하지 않으면 퇴화한다. 그래서 새내기 교사 시절 영어 회화 수업 관련 공문이 오면 무조건 신청했다. 영어 회화에 대한 관심이 항상 있었고, 꾸준히 노력하는 영어 선생님들과 원어민 선생님을 만나며 계속해서 영어 회화를 연습했다. 방학 때에는 합숙으로 진행되는 심화 영어 회화 수업도 받았고, 다른 지역의 선생님들과도 네트워크를 형성할 수 있었다.

합숙을 하며 심화 영어 회화 수업을 했을 때, 수업을 담당했던 강사님들 중 한 분인 남아프리카 공화국 출신의 원어민 선생님과 좋은 관계를 맺었다. 그 덕분에 남아프리카 공화국과 잠비아로 배낭여행을 떠난 적이 있다. 어느 날 원어민 선생님과 해외여행에 대해 이야기하다가, 자신의 고향인 남아프리카 공화국으로 여행할 것을 추천하셨다. 그 선생님은 한국인 아내와 결혼해 한국에 살고 있었는데, 자신의 여동생과 친구들을 소개해 줄 테니 연락하라고 하셨다. 그 말 한마디에 실행에 옮겼고, 남아프리카 공화국에서 선생님의 여동생과 그 친구들을 만나 그들의 환대를 받으며 여행을 즐길 수 있었다.

남아프리카 공화국의 최남단인 케이프 포인트(Cape Point)를 방문하고, 사파리 여행을 통해 여러 소중한 경험을 할 수 있었다. 이 경험들은 내가 영어를 더 사랑할 수밖에 없게 만들었고, 영어 교사로서 영어를 왜 가르쳐야 하는지에 대한 충분한 이유를 제공해 주었다. 영어를 공부하면서 나는 점점

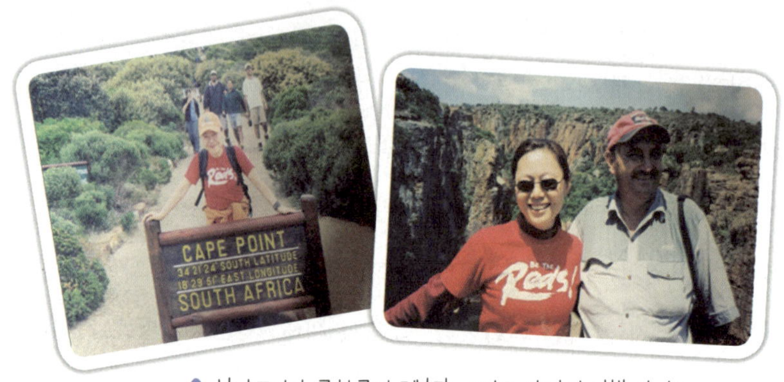

🔺 남아프리카 공화국의 최남단, 그리고 사파리 여행 가이드

영어 속으로 흠뻑 빠져들었고, 영어 교사라는 진로가 나의 적성에 맞는다는 사실을 더 깊이 깨닫게 되었다.

영어를 사용할 수 있다는 자신감은 세상과 연결되어 다른 나라에 갈 수 있는 기회를 넓혀 주었고, 인적 네트워크를 형성할 수 있는 소중한 경험들도 얻게 해 주었다. 이론으로만 영어를 공부하던 내가 의사소통 도구로서 영어를 활용하면서, 세계 사람들과 만나고 글로벌하게 연결될 수 있는 기회를 얻게 된 것이다. 이것이야말로 우리가 영어를 배워야 하는 진정한 이유라고 생각한다.

진로를 결정하지 못한 독자라면 먼저 다양한 경험을 하고 학습하면서 자신이 흥미와 동기를 느끼는지, 가슴이 설레는지를 확인해 보면 좋겠다. 만약 자신이 현재 마음에 두고 있는 일을 하면서 즐거움과 설렘을 느낀다면, 그것이 자신에게 맞는 직업일 수 있다고 생각한다. 원래 계획했던 플랜 A가 자신의 적성과 맞는다면 다행이겠지만, 나처럼 플랜 B로 방향을 바꾸고 그 안에서 더 큰 기쁨을 발견하여 오히려 전화위복(轉禍爲福)이 될 수도 있다. 여러 경험을 통해 자신에게 맞는 진로를 찾아보길 권장한다.

☺ 쉼표를 더하는 해외여행, 해외 연수

교사로서 가장 매력적인 점 중 하나는 방학이 있다는 것이다. 마치 멜로디가 아름다운 이유는 중간에 쉼표가 있기 때문인 것처럼, 학생들에게 의미 있고 가치 있는 교육을 하기 위해서는 중간의 휴식인 방학이 반드시 필요하다. 나의 경우, 방학은 재충전의 시간이면서 다음 학기를 준비하는 시기이기도 하다. 영어 교사로서 특히 좋은 점은, 방학 동안 해외여행이나 해외 연수를 통해 쉼표를 더할 수 있다는 것이다. 방학 때마다 해외여행을 갈 수 있는 것은 아니었지만, 기회가 있을 때마다 해외여행을 통해 경험을 쌓고 수업에 활용할 아이디어도 얻었다. 편안한 여행보다는 배낭여행을 하며 현지 사람들과 만나고, 여행책이나 다른 여행객에게 정보를 얻으며 경험을 쌓는 즐거움이 있었다.

때로는 계획대로 여행이 진행되지 않고 지연되거나 취소되는 경우도 종종 있었다. 그럴 때마다 왜 그런 일이 발생했는지 영어로 설명하고, 갈등을 해결하기 위해 여러 단어를 찾아가며 실전적인 영어를 사용했다. 또 여행을 하다 보면 다른 그룹과 함께 패키지 상품을 이용할 때도 있었는데, 언어 장벽 때문에 억울한 상황에 처하는 경우도 많았다. 요즘은 실시간 번역 앱이 있어 의사소통이 쉬워졌지만, 당시에는 그런 편리함이 없었다. 그래서 해외여행 중 영어를 유창하게 사용하는 사람은 늘 부러움의 대상이었다.

해외여행뿐만 아니라, 영어 교사이기에 해외 연수의 기회도 주어졌다. 다른 영어 선생님들과 함께 해외에서 연수를 받고, 남은 시간에는 현지 여행을 하며 다양한 문화를 체험하는 기회도 있었다. 나는 운 좋게도 강원도에서는 미국으로, 경기도로 옮긴 후에는 영국과 하와이로 해외 연수를 다녀왔다. 영어 교사들을 위한 해외 연수는 현지에서 문화와 함께 영어를 배우고, 이를 교실로 다시 환원하는 데 그 목적이 있다. 그래서 한동안 'TEE(Teaching English through English)'를 강조하기도 했다. 연수를 받으며 동료 선생님들과 교류하면서 많은 배움을 얻었고, 원어민과 현지 사람들도 배움의 중요한 자원이 되었다. 이러한 경험들은 평생 잊지 못할 추억이자 재산이 되어 필요할 때마다 자연스럽게 떠오른다.

2019년 1월에 하와이를 다녀온 후 나는 하와이의 문화를 학생들에게 소개하고 싶었다. 내가 직접 경험한 것들을 학생들에게 보여 주고, 하와이 전통 춤인 훌라를 비롯해 다양한 문화들을 체험할 수 있도록 노력했다. 주제 선택 수업 시간에는 외부 강사를 초청해 하와이 문화를 소개하기도 했는데, 그 시간에 학생들은 간접적으로나마 하와이 문화를 체험할 수 있었다.

방학 동안의 해외여행과 해외 연수가 나에게는 쉼표가 되어, 다음 학기를 시작할 때는 마치 새로운 멜로디가 흘러나오는 듯한 활력을 준다. 영어 교사로서 가장 행복한 점 중 하나는 언어적 장벽을 넘어 다양한 문화를 쉽게 접하고, 이를 자연스럽게 받아들일 수 있다는 것이다.

● 다문화 친구들과 함께하는 동아리 부스 체험

강원도에서 10년을 근무한 후 경기도 안산으로 발령을 받았다. 안산에서는 주말마다 어린 자녀들과 함께 도서관에 갔었는데, 어느 날 '필리핀 영어 선생님의 무료 공개 수업'이라는 배너가 눈에 띄었다. 초등학교에 갓 입학한 아이와 함께 그 수업에 참석하기 시작했다. 꾸준히 참여하다 보니 그 필리핀 선생님과 친구가 되었고, 그분을 통해 다른 나라에서 온 여러 친구들도 알게 되었다. 그 친구들의 이야기를 들으면서 그들이 한국에서 겪는 어려움과, 특히 자녀들이 학교에서 경험하는 문제들에 대해 깊이 알게 되었다. 그렇게 자연스럽게 다문화에 대한 관심이 생기기 시작했다.

나는 이러한 다문화 경험을 학교에서 학생들과 나누고, 개선할 수 있도록 하고 싶었다. 교과서에도 다문화에 대한 소개는 나와 있지만, 실제로 내가 만난 사람들과 그들의 문화를 수용하는 경험을 수업에 반영하는 것은 교사의 역할이었다. 언어가 통하지 않았다면 그들과 깊이 있는 대화도 나눌 수 없었을 것이고, 진정한 친구로서 서로의 삶을 공유하지 못했을 것이다. 이 개인적인 경험을 통해 나는 학생들에게 다른 문화의 소중함을 알리고, 인종이나 국적을 떠나 우리는 모두 같은 사람이라는 점을 강조하고 싶었다.

그렇게 나는 학교에서 다문화 동아리를 만들었고, 학생들과 함께 다양한 체험을 통해 다문화에 대한 인식을 개선하려고 노력했다. 다른 나라의 문화를 경험하고 소중히 여길 수 있도록 하여 다문화 감수성을 높이는 데 많은 에너지를 쏟았다. 동아리 부스를 기획할 때는 내가 알고 있는 인맥을 동원해 실제 다문화 친구들이 참여할 수 있도록 했다. 그 나라의 문화를 직접 체험하고 서로 대화를 나눌 수 있는 기회를 제공하고자 했다.

학생들은 다문화 동아리 축제를 앞두고 홍보 포스터를 만들고, 각자가 준비해야 할 역할에 대해 미리 논의했다. 벌써 오래전 일이지만, 학생들이 만든 자료를 다시 살펴보니 그때의 기억이 새록새록 떠오른다. 교사가 주도하는 것이 아니라, 학생들이 주인 의식과 책임감을 가지고 참여하게 만드는 것이 중요하다. 준비 과정은 고될 수 있지만, 그 경험이 학생들의 삶에 밑거름이 될 것이라고 확신한다. 그렇기 때문에 교사는 이 과정에서 안내자이자

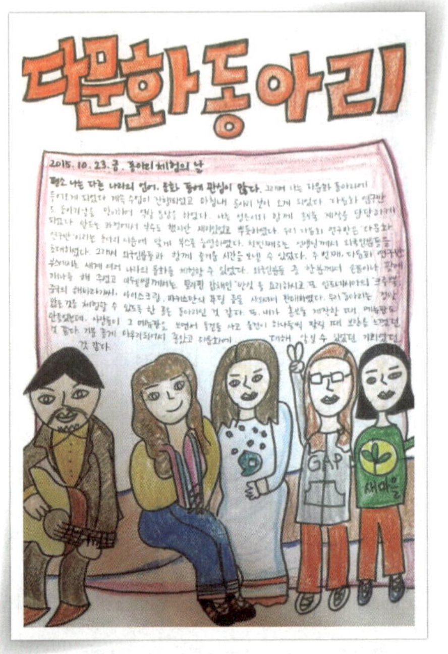

촉진자의 역할을 잘 수행해야 한다.

동아리 체험의 날에 대한 학생들의 소감문을 다시 읽어 보니, 그날의 체험이 단순한 활동이 아니라, 한 해 동안 이어온 노력과 경험의 총집합이라는 것을 느낄 수 있었다. 이 활동이 단순히 행사로 끝나는 것이 아니라, 학생들에게 어떤 영향을 끼쳤는지도 생각해 보게 되었다. 그리고 그 물음에 대한 답을 학생의 소감문에서 발견했는데, 학생들은 이 경험을 통해 한 뼘 더 성장했음을 스스로 깨닫고 있었다.

⬤ 국제 교류로 국경 넘나들기

강원도에서 10년을 보내고, 경기도 안산에서 다시 10년을 보낸 후, 지역 만기로 다른 지역으로 옮기게 되었다. 그곳에서 나는 자율 동아리를 만들어

책을 읽으며 국제 교류도 함께 하는 활동을 시도해 보았다. 교과 수업에서 정기적으로 국제 교류를 하기가 어려운 상황이었기 때문에, 차라리 동아리 학생들을 대상으로 꾸준히 국제 교류를 진행하면 좋겠다는 생각을 하게 되었다. 마침, 대만과의 국제 교류를 원할 경우 플랫폼에 등록하라는 공문이 학교에 도착했고, 이 기회를 놓치고 싶지 않았다.

동아리 학생들에게 자율 동아리 활동으로 한 달에 한 번씩 국제 교류를 진행하는 것이 어떻겠냐고 물어보았다. 학생들은 매우 설레는 표정을 지으며, 이런 기회가 흔치 않다며 기꺼이 동의했다. 너무 큰 프로젝트보다는 평소 학생들과 하던 방식으로, 상대 학교 선생님과 상의하면서 어떻게 하면 좋을지 구체적으로 계획을 세우기 시작했다. 당시 우리 학생들은 『A Long Walk to Water』(린다 수 박)라는 원서를 매일 조금씩 읽고 있었는데, 이 책을 대만 학생들과 함께 읽으면 좋겠다는 생각이 떠올랐다.

논의 끝에, 대만 학생들도 이 책을 읽으며 함께 프로젝트를 진행하기로 했다. 책 내용을 바탕으로 지속가능발전목표(SDGs)의 주제를 선정해 한국 팀과 대만 팀이 같은 주제에 대해 각각 프로젝트를 진행하고, 그 결과를 발표하는 시간을 가졌다. 책을 읽고 스토리를 기반으로 한 프로젝트를 진행하면서, 학생들은 국제적인 시각을 기를 수 있었다. 상호 소통의 중요성을 느끼는 한편, 시간적·공간적 제약을 경험하기도 했다. 온라인 플랫폼을 통해 공동의 작업을 진행하는 경험은 힘들었지만 매우 보람 있었다. 당시 학생들이 만든 초대장을 보면 그들의 열정이 느껴진다. 실제 국가에 방문해 상호 교류가 이루어진 것은 아니었지만, 온라인을 통해 같은 주제를 가지고 다른 나라 학생들과 서로 고민할 수 있다는 것 자체가 큰 도전이었다.

⬆ 2022년 6월 20일 대만과의 국제 교류 초대장

2023년에도 국제 교류는 계속되었다. 이번에는 같은 학교와 협력하되, 학생들을 달리하여 동화책을 중심으로 국제 교류를 진행해 보았다. 이전 해에도 교류를 했던 학교였지만, 선생님과 학생들이 바뀌면서 새롭게 시작하는 기분으로 다시 교류를 이어갔다. 전년도에는 무학년제로 진행한 반면 이번에는 중학교 1학년 학생들만을 대상으로 했고, 자율 동아리가 아닌 동아리 시간에 맞춰 국제 교류를 진행했다. 국제 교류를 할 때는 먼저 교사가 학생들과 토의하여 계획을 세운 후, 그 계획을 대만 선생님과 다시 상의하는 방식이었다. 이 과정에서 시간이 조금 걸리기도 했지만, 대만 선생님의 적극적인 협조 덕분에 원활하게 이루어졌다.

우리 학생들은 대만 학생들로부터 받은 선물에 크게 감동했고, 이에 보답하기 위해 간단한 간식류를 준비해 보내기로 했다. 학생들은 한국을 대표할 수 있는 간식으로 주로 라면과 과자류를 준비했다. 후에 대만 선생님으로부터 선물을 잘 받았고, 감사하다는 소식을 들을 수 있었다.

랜선으로 이렇게 세계와 연결될 수 있다는 점이 참 감사하게 느껴졌다. 내가 다른 과목을 가르치는 선생님이었다면 국제 교류를 제대로 할 수 있었을까? 아마 감히 엄두조차 내지 않았을 것 같다. 그리고 이 인연은 서울에 위치한 주한국타이베이 대표부 방문으로까지 이어졌다.

2022년 3월, IEW(International Exchange Window)라는 플랫폼을 통해 대만과 국제 교류를 할 학교를 모집한다는 소식을 듣고 바로 신청했다. 그렇게 대만의 중학교와 연결되어 2년간 교류를 이어오고 있다. 이 교류를 통해 학생들은 서로의 문화를 이해하고, 언어를 배우며, 교류의 즐거움을 느꼈다. 영어라는 매개체 덕분에 가능했던 이 국제 교류가 학생들에게 새로운 세상을 접할 수 있는 기회를 주었고, 나에게도 큰 보람을 안겨 주었다.

처음에는 대만이라는 나라가 크게 와닿지 않았지만, 2년간 국제 교류를 진행하면서 대만이 마치 이웃 나라처럼 친숙하게 느껴졌다. 그 나라에 대한 이해도 깊어졌고, 자연스럽게 더 많은 연구와 관심이 이어졌다. 학생들에게도 단지 대만과의 국제 교류로 끝나는 것이 아니라, 이를 계기로 좀 더 깊이 있게 그 문화를 이해하고 탐구할 수 있는 길이 열리기를 바란다.

당신은 당신의 직업을 사랑하십니까?

학생들이 즐겨 하는 게임 중에 '당신은 당신의 이웃을 사랑하십니까?'라는 게임이 있다. "예."라고 대답하면 양쪽에 앉은 친구들이 자리를 바꿔야 하고, "아니오."라고 대답하면 "그럼 어떤 이웃을 사랑하십니까?"라고 묻는다. 그러면 "저는 ○○한 이웃을 사랑합니다."라고 말하고, 그에 해당하는 사람은 모두 움직여야 한다. 이 게임은 단순하지만, 무언가를 선택하고 움직여야 하는 과정을 포함하고 있다.

이 게임을 설명한 이유가 있다. 나도 역시 이 글을 읽고 있는 독자들에게 "당신은 당신의 진로를 사랑하십니까?"라고 묻고 싶다. 만약 "예."라고 대답한다면, 지금의 진로에 큰 변화를 주지 않고 조금씩 방향을 조정해 나가면 될 것이다. 하지만 "아니오."라고 대답한다면, 더 큰 변화와 결단이 필요할지도 모른다. 나처럼 조금 늦게 진로를 정하고 운 좋게 맞는 길을 찾은 경우도 있지만, 그렇지 못한 사람들도 많다. 임시로 정한 진로로 대학에 진학한 후, 그 길이 맞지 않아 결국 다시 처음부터 도전하는 경우도 많이 보았다.

그렇다면 삶에서 행복이란 무엇일까? 아마도 단순하고 소박하게 자신이 하는 일을 즐기고, 그 일에 설렘을 느낄 수 있어야 할 것이다. 『그리스인 조르바』(니코스 카잔차키스)에서는 '지금 한순간이 행복하다고 느껴지게 하는 데 필요한 것이라고는 단순하고 소박한 마음뿐이었다.'라고 했다. 단순하고 소박한 마음이라고 하지만, 그 마음이야말로 가장 본질적인 것이다. '행복'을 추구한다는 것, 그리고 그것이 내가 선택한 직업이라면, 그 무엇보다도 가치 있고 의미 있는 일이라는 생각이 든다.

누군가 "영어 교사여서 행복한가요?"라고 나에게 묻는다면 나는 어떤 대답을 할까? 아직도 끊임없이 배워야 하고, 힘든 점도 많다. 배움에는 끝이 없고, 교사로서의 여정도 여전히 진행형이다. 그럼에도 불구하고 나는 감히 "네, 영어 교사여서 행복합니다."라고 대답할 것이다. 어려움이 있더라도, 내가 선택한 이 길에서 느끼는 보람과 기쁨이 더 크기 때문이다.

03

나의 꿈, 나의 새로운 인생

영어 교사를 하면서 나에게 가장 도전적이고 새로운 선택 중 하나는 수석 교사로서의 인생을 시작한 것이다. 수석교사는 단순히 교수직으로 나아가는 것이 아니라, 수업을 계속하면서 현장에서 동료 교사들을 지원하는 중요한 역할을 맡는다. 모든 학교에 수석교사가 1인씩 배치되는 것이 아니기 때문에 일부 독자들에게는 수석교사라는 용어가 다소 생소할 수 있다. 이 장에서는 내가 수석교사로서 어떤 일들을 해 왔는지에 대해 간략히 소개하고, 수석교사의 역할 중 하나인 동료 장학의 일부분을 소개하며 그 역할의 중요성에 대해 말하고자 한다.

● 수석교사는 어떤 일을 해요?

중학교 1학년 학생들이 국어 수행 활동으로 면담하기라는 과제를 진행하고 있었다. 어느 날 몇몇 학생들이 찾아와 "선생님, 수석교사가 하는 역할이 뭐예요? 혹시 수석교사라는 직업에 대해서 인터뷰해도 될까요?"라고 요청해 왔다. 이렇게 공손하게 '수석교사'의 역할과 지위에 대해 질문하는 학생들에게 어떻게 답해야 할까?

기특하게도 학생들은 인터뷰에서 어떤 질문을 하고 싶은지 미리 준비해 알려 주었고, 내가 답변을 준비할 수 있도록 시간을 주었다. 그런 학생들에게 정확한 정보를 제공하고, 내가 할 수 있는 최선의 답변을 충실히 해 주려고 노력했다. 학생들이 오해하거나 오개념을 가지지 않도록, 수석교사의 역할에 대해 명확하게 설명해 주는 것이 중요하다고 생각했다.

다음은 학생들이 카카오톡으로 미리 보내 온 질문을 정리하다 보니, 학생들이 나름대로 자료를 찾아보고 어떤 질문을 할지 고민한 흔적이 보여서 대견하게 느껴졌다. 다음날 점심시간, 학생들은 인터뷰를 위해 휴대폰을 들고 와서 녹음을 해야 한다며, "녹음에 동의하십니까?"라는 질문으로 인터뷰를 시작했다. 학생들의 질문을 먼저 훑어 보고 수석교사제와 관련된 자료들을 미리 준비해 두고 인터뷰에 응했다.

교육부에서 발표한 자료에 따르면, 교사들의 수업 전문성을 강화하고 그에 맞는 우대 정책을 마련하기 위해 교수 경로와 행정관리 경로를 구분한 2원화 체제로 개편했다. 이를 통해 수석교사를 선발해 현장에 배치하기 시작했다. 수석교사는 수업을 통한 전문성을 강화하고, 동료 교사들을 지원하는 역할을 맡는다.

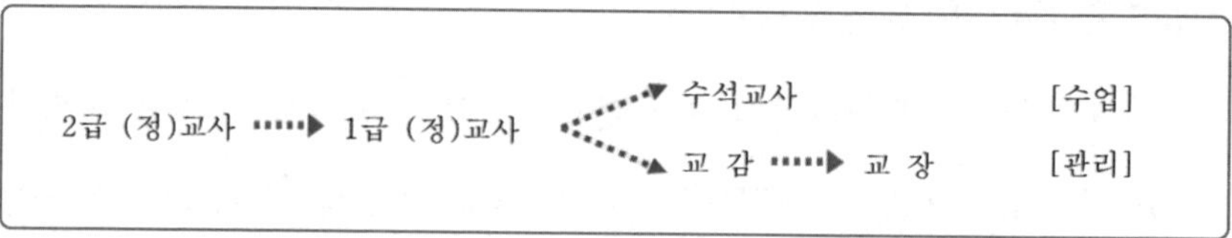

[출처: 교육부 보도자료(2011.9.26.)]

수석교사의 주요 임무는 학생을 대상으로 수업을 진행하면서, 교사의 교수 및 연구 활동을 지원하는 것이다. 또한, 수업과 생활지도에 대한 컨설팅,

수업 공개 및 시연, 신규 교사와 교육 실습생을 지도하는 역할도 맡고 있다. 수석교사는 교육 현장에서 교사들이 더 나은 수업을 할 수 있도록 도와주며, 교육 전문가로서 교사들의 성장을 지원하는 중요한 역할을 담당한다.

---

* 초·중등교육법 제20조/유아교육법 21조 (교직원의 임무)
  - 교장 : 교무를 통할하고, 소속 교직원을 지도·감독 등
  - 교감 : 교장을 보좌하여 교무를 관리 등
  - 수석교사 : 교사의 교수·연구활동을 지원 등

[출처: 경기도교육청(2024), 2024 수석교사제 운영계획]

학교마다 여건이 다르고, 수석교사의 역할도 조금씩 다를 수 있다. 나의 경우, 본교에서 내 수업을 공개하기도 하고, 다른 선생님들의 공개 수업에 참여하여 수업에 대한 컨설팅과 교과 나눔의 시간을 가진다. 일반 교사가 동료 교사에게 수업에 대해 컨설팅하고 코칭하는 것은 쉽지 않다. 그래서 수석교사가 그 역할을 담당할 수 있다고 생각한다.

그런데 수석교사가 동료 교사의 수업을 너무 비판적 시각으로 분석하거나, 개선 사항을 지나치게 직설적으로 이야기하는 것은 피해야 한다. 나는 참관할 때 자세한 참관록을 작성한다. '만약 이 수업이 나의 수업이라면 어떻게 했을까?'라고 생각하며 작성하고, 1:1 대화를 나눌 때 수업하신 선생님과 다양한 이야깃거리를 마련해 함께 대화하는 시간을 가진다.

처음 수석교사로서 참관 수업을 진행했을 때, 일부 선생님들은 평가를 받는 것 같아 불편하다는 의견을 주셨다. 모든 선생님들이 그렇지는 않았지만, 많은 분들이 공개 수업에 대해 비슷한 마음을 갖고 있음을 느꼈다. 평가보다는 수업을 개선하고 발전시키려면 어떻게 해야 할까를 함께 고민하던

수업자가진단표 (5단척도 체크(✓)표시)							
항목	내용	매우 잘함	잘함	보통	그렇지 않음	매우 그렇지 않음
수업진행	1. 의미있는 과제를 부여하였는가?					
	2. 호기심을 유도하는 질문을 하였는가?					
	3. 수업속도가 적절하였는가?					
	4. 학생들간 협력적 상호 작용이 이루어졌는가?					
수업구성	1. 수업목표가 확실히 전달되었는가?					
	2. 한 가지 이상의 수업 방법을 사용하였는가?					
	3. 수업과 연계된 요약정리 및 평가를 하고 있는가?					
	4. 깊이있는 학습을 위한 수업을 구성하고 있는가?					
질문, 대답반응	1. 학생들에게 효과적인 질문을 하는가?					
	2. 학생들이 참여할 기회를 주는가?					
	3. 학생들이 질문을 하도록 유도하는가?					
	4. 학생들이 대답하거나 못했을 때 긍정적 반응이나 격려를 하는가?					
자기 수업 평가						

🔺 수업 자가 진단표

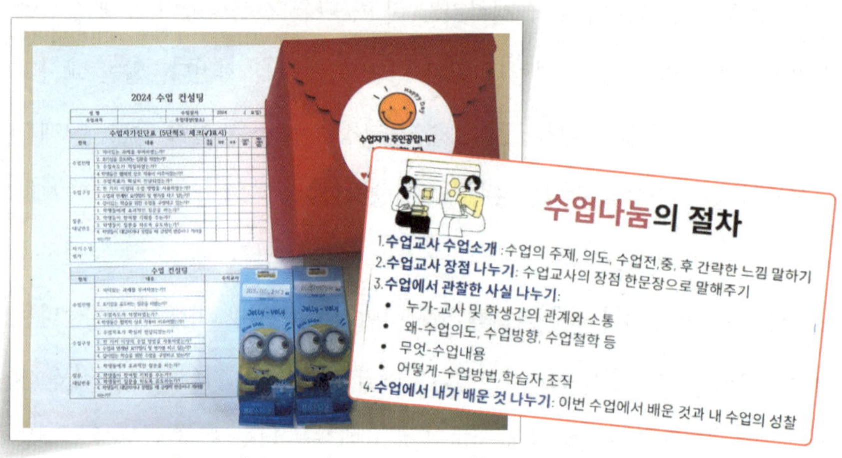

🔺 1:1 수업자와 수업 대화 전 세팅한 모습 및 수업 나눔 절차

중, 한 선생님께서 참관록 양식을 바꾸면 어떻겠냐는 제안을 해 주셨다. 그에 따라 참관록의 교사 관찰 부분을 '수업을 통한 나의 배움'으로 변경했다. 참관록의 용어가 바뀌니 확실히 참관 수업을 보는 사람의 관점도 달라졌고, 수업을 성찰하고 자신의 수업을 되돌아보는 기회가 되었다.

나는 수석교사로서 수업 참관 후 1:1 수업 대화를 나눌 때, 먼저 선생님께 수업 자가진단표를 작성하게 하여 본인의 수업을 되돌아볼 시간을 갖도록 한다. 그런 다음, 수업에 대해 간단하게 이야기를 나눈다. 수업 자가진단표를 통해 선생님이 스스로 성찰하는 과정이 중요하다고 생각한다. 물론, 학교마다 수석교사들이 수업을 참관하고 피드백하는 방식이 다를 수 있으니, 이 점을 유의해 주길 바란다.

단순히 서면으로 참관록을 제시하는 것보다, 짧은 시간이라도 수업자와 직접 대화를 나누는 것이 훨씬 더 효과적이다. 대화를 통해 수업의 의도된 부분이 잘 반영되었는지, 아쉬운 점은 무엇이었는지 등 다양한 상황을 더 깊이 이해할 수 있다. 선생님이 열심히 준비한 수업에 대해 위로와 격려를 전하고, 내가 알고 있는 부분에서의 안내와 제안을 덧붙이면, 선생님과의 개인적인 친밀감과 지지가 형성되어 좋은 시간으로 이어진다.

처음에는 선생님들이 부담스러워 할 수 있겠다는 생각에 나 역시 조심스러웠다. 하지만 수업을 누군가가 자세히 봐 주고 함께 고민하며 이야기해 준다면, 동료 교사들의 자기 발전에 큰 도움이 될 것이라는 생각이 들었다.

나는 수석교사 연구실에 수업 나눔의 절차와 성찰할 때 필요한 자세를 정리해 두었다. 특히, 이명섭 수석님의 저서 『교육과정 수업 평가 기록 일체화』를 참고해, 수업을 나누고 성찰하는 데 필요한 자세를 강조하고 있다. 수업을 열어 주신 선생님께 감사의 마음을 전하고, 참관하는 교사 역시 평가자가 아닌 동등한 시선에서 수업자의 내면과 의도를 함께 바라보는 것이 중요하다는 점을 늘 가슴에 새겨 두고 있다. 이는 수업 나눔의 본질을 이해하고, 상호 존중을 바탕으로 한 성찰의 시간이 될 수 있도록 돕는다.

● 신규 교사 및 저경력 교사 멘토링

수석교사의 중요한 역할 중 하나는 신규 교사와 저경력 교사에 대한 멘토링이다. 내가 근무하는 학교는 저경력 선생님들이 많고, 학급 수도 많은 학교였다. 처음 수석교사로 발령을 받았을 때 2명의 신규 선생님이 함께 발령을 받았고, 2년 미만 경력의 선생님들이 많아서 총 9명의 저경력 선생님들과 함께 팀을 꾸리게 되었다.

새 학교에 왔을 때의 낯섦이 나에게도 아직 생생하게 남아 있다. 신규 시절, 나와 동기들은 서로 학교에서 겪는 어려움에 대해 고민만 하다 끝났던 기억이 많았다. 작년에 만난 3년 차 영어 선생님과 이야기하던 중, 그분도 처음 발령 받았을 때 모든 것이 낯설고 적응하기 어려웠다고 하셨다. 그 선생님은 당시에 수석교사가 있었다면 더 많은 도움을 받고, 학교에 빠르게 적응할 수 있었을 것 같다고 말씀하셨다. 그 말을 들었을 때, 내 어깨에 무거운 책임감이 더해졌다.

그런데 나 역시 신규 선생님들, 저경력 선생님들과 함께하면서 배워 가는 것이 많았다. 멘토링을 하면서 때로는 리버스 멘토링이 이루어지기도 했다. 즉, 저경력 또는 신규 선생님들이 오히려 멘토가 되어 나에게 도움을 주는 경우도 있었다. 이런 상호 보완적인 역할 수행을 통해 학교에서 교학상장의 기회를 많이 만날 수 있었다.

04

영어 교사 지망생에게 들려주는 소중한 한마디

● 영어 교사의 조건

영어 교사가 되려면 무엇보다 영어에 대한 사랑이 필요하다는 말을 먼저 하고 싶다. 오늘날 인공지능(AI)을 비롯하여 번역기와 다양한 도구들이 발전하면서 영어 학습이 더욱 쉬워지고 있다. 학습자들은 영어 학습에 대한 다양한 정보를 쉽게 접할 수 있고, 조금 더 똑똑하게 학습하고자 한다면 그 방법과 기술은 어디서든 얻을 수 있을 것이다.

이러한 환경 속에서 영어 교사가 되고자 한다면, 먼저 자신에게 본질적인 질문을 던져야 한다. '내가 왜 영어 교사가 되고 싶은가?', '나는 영어를 학생들에게 어떻게 전달하고 싶은가?' 이 질문들에 대한 답을 명확히 해야 한다. 그래야 영어 교사가 되어 현장에 투입되었을 때, 자신의 교육 철학을 중심에 두고 흔들림 없이 나아갈 수 있다.

그다음으로는 영어 교사가 되기 위한 구체적인 방법과 조건을 따라가야 한다. 가장 일반적인 단계는 다음과 같다.

1. 관련 학위 취득	2. 교원 자격증 취득	3. 중등 교원 임용 시험(임용고시) 합격
– 영어교육과 학사 학위 취득 – 영어영문학과 학사 학위 취득, 교직 과목을 이수하여 교사 자격을 취득	– 중등학교 2급 정교사 자격증 취득 – 교직 과목 이수 – 교육실습 및 필수 과목을 수강	중등 교원 임용 시험에 합격 – 1차 필기시험: 영어 교육론, 영어학, 영문학 등 – 2차 시험 (면접, 수업 시연 등): 영어로 수업을 시연하거나 학생 지도 방법에 대한 면접 시행 – 기타 시 · 도 교육청별 특별 요건

각 시 · 도교육청에서는 교원 임용에 대해 사전 예고제를 실시하고 있으며, 그 해 어느 정도의 교원을 선발하는지에 대한 정보 등을 미리 제공해 주고 있다.

임용고시를 통과하고 학교 현장에 들어왔을 때, 현실과 이상 사이의 괴리로 어려움을 겪는 경우가 많다. '내가 꿈꾸던 영어 교실은 이런 모습이 아니었는데….'라는 생각이 들 수도 있다. 열정과 패기를 가지고 교사로서 첫 발을 내디뎠지만, 임용고시 준비 과정에서 배운 이론과는 다른 학교 현실에 당황하고, 좌절감까지 느낄 수도 있다. 하지만 그것이 현실이며, 그 현실을 직시하는 것이 중요하다. 그래서 본질적인 질문인 '내가 왜 이 일을 하는가?'에 충실한 자기 내면의 마음 챙김이 우선적으로 필요하다.

교실에서 내가 생각하는 이상적인 수업을 꿈꾸고 준비했지만, 학생들이 그 수업을 따라오지 못하거나 흥미를 잃어버릴 수도 있다. 또, 학생들의 수준별 차이나 수업에 집중하지 못하는 학생들과의 만남으로 인해 교사는 현타(현실 자각 타임의 줄임말로 이상과 현실의 괴리를 깨달을 때 느끼는 감정을 표현하는 속어)를 맞게 될 것이다. 그럴 때마다 교사의 단단한 마음과 행복 챙김이 무엇보다 중요하다. 교사가 행복해야 영어 수업도 행복해진다.

영어 교사가 되기 위한 조건만큼, 교사가 된 이후의 성장과 준비도 미리 고민하고 대비할 필요가 있다. 다행히도, 현장에는 나처럼 수업에 대해 고민하는 훌륭한 선생님들이 많다. 먼저 선배 교사들에게 도움을 요청하는 용기가 필요하다. 올해 신규 영어 교사 중 한 분도 비슷한 이야기를 했다. 기간제 교사 경력도 있지만, 실제로 학급을 맡고 영어 수업과 학교 업무까지 맡는 것이 버겁다고 하셨다. 그러나 그 선생님이 꿋꿋하게 서 있을 수 있는 힘은 동료 교사들의 지지와 응원, 그리고 신규 교사들 간의 교류에서 나온다는 말씀도 하셨다.

결국, 행복한 교사가 행복한 (영어) 교실을 만든다. "이 정도면 잘하고 있어. 나니까 여기까지 왔어!"라고 스스로에게 당당히 말할 수 있는 행복한 영어 교사가 되길 바란다『중등 학급경영』(최선경)].

● 실험정신, 들이대 정신

내가 좋아하는 책 중 하나는 이민규 교수님의 『변화의 시작 하루 1%』이다. 이 책에 실험정신에 대한 이야기가 나온다. 수업을 하다 보면 실패하는 수업이 있을 수 있다. 하지만 매번 실패할 때마다 교사가 좌절한다면, 내일의 수업은 어떨까? 밝은 미래가 아니라, 고통스러운 미래가 될 수 있다. 그러나 내가 오늘 하는 수업을 실험이라고 생각한다면, 실험은 언제든 실패할 수 있고, 그 실패는 다음 실험을 성공으로 바꾸는 밑거름이 될 수 있다.

아인슈타인은 "한 번도 실수를 해 보지 않는 사람은 한 번도 새로운 것을 시도한 적이 없는 사람이다."라고 말했다. 실수를 한다는 것은 다음에 다시 시도할 기회를 남긴다는 의미이다. "말은 쉽지만, 선생님도 해 보시면 좌절할 거에요."라고 말할 수도 있다. 그럼에도 불구하고 다시 시도하고 다시 도전해 보는 것을 권한다.

앞서 언급했듯이, 나는 영어 교사가 되기 위한 시험을 4번 시도해서 합격했다. 당시에는 굉장히 힘들었고, 시험에 떨어진다는 사실을 실험이라고 생각하지 못했다. 하지만 25년이 넘는 경험을 쌓고 되돌아보니, 그때의 '들이대 정신'이 나를 더 강하고 단단하게 만들어 주지 않았나 하는 생각이 든다.

영어 교사가 되는 길이 쉽게 원 패스로 이루어지는 사람도 있지만, 돌고 돌아 도착하는 경우도 있다. 그렇지만 다양한 경험, 실수와 좌절, 실패의 순간들이 실험처럼 차곡차곡 쌓여, 먼 훗날 나를 더 강하게 만들어 줄 자양분이 될 것이다. 어제와 다른 내일을 살고 싶다면, 하루에 한 가지씩 시도하고 다시 수정하며 발전해 나가기를 권한다. 실험정신을 가지고, 작은 도전들을 반복하는 그 과정이 나를 더 나은 교사로 만들어 줄 것이다.

☻ 포기하지 않으면, 기회는 여러 번 온다

나는 가장 힘들었을 때 '사노라면'이라는 노래를 즐겨 들었다. 시작이 어렵고 무엇을 해야 할지 몰라 막막할 때, 이 곡의 가사를 음미해 보라고 권하고 싶다. 아무리 길이 어둡고 어려워 보여도 내일은 해가 뜬다. 그러므로 포기라는 단어가 떠오르기 전에 다시 도전해 보라고 말하고 싶다. 일단 목표를 정하고 그 목표를 향해 나아간다면, 기회는 반드시 찾아오기 마련이다. 영어 교사를 꿈꾸는 사람들에게도 꼭 전하고 싶은 말은, 포기하지 말고 도전하라는 것이다. 이 글을 희망의 메시지로 마무리하며, 모든 도전자들이 포기하지 않고 꿈을 이루기를 응원한다.

교사에게는 학교 안에서 이루어지는 교육 활동뿐만 아니라, 학교 밖에서의 활동들도 중요한 역할을 한다. 개인적인 취미 활동이나 학교 밖 연구회 활동은 작은 행복과 성취감을 가져다 줄 뿐만 아니라, 자기 개발과 성장에도 기여하기 때문이다.

나를 찾아 떠나는 훌라 여행

2019년 1월, 영어 교사들을 대상으로 한 하와이 해외 연수 이후, 나는 하와이 훌라에 대해 깊은 관심을 가지게 되었다. 앞서 언급했듯이, 나는 이 연수를 통해 학생들이 하와이 문화와 훌라를 접할 수 있는 기회를 만들었고, 이후 4월에는 하와이에서 직접 오신 쿠무 훌라(Kumu Hula), 즉 훌라의 스승

⬆ 2019년 쿠무 훌라 워크숍과 2024년 훌라 워크숍

님이 진행하는 워크숍에 참여했다. 이때부터 하와이 훌라의 매력에 완전히 빠지게 되었고, 그 관심은 지금까지 취미 활동으로 이어져 오고 있다.

대부분의 사람들도 각자 자신만의 취미활동과 관심 분야가 있을 것이다. 직장 생활을 하면서 꾸준히 자신이 좋아하는 분야를 파고들어 전문성을 쌓으면, 은퇴 후에 그 관심사는 자신만의 강력한 무기가 될 수 있지 않을까? 나의 여러 취미 활동 중 2019년부터 5년 넘게 꾸준히 이어져 온 것이 있다면 바로 하와이 훌라이다.

혼자서 하면 어려웠을 테지만, 나는 '히비스커스 무용단'이라는 팀과 함께 연습하고 무대에 서며, 훌라가 어느새 내 인생의 한 부분이 되었다. 힘들거나 지친 일이 생길 때마다 훌라 음악을 듣거나 동작을 따라하면서 마음의 위로를 얻고는 한다. 이처럼 함께하는 힘을 발휘한 덕분에, 우리는 '내가 만난 훌라'라는 키워드로 각자의 훌라 이야기를 모아 공저로 책을 출간하기도 했다. 무용단 선생님들과 함께 각자에게 훌라가 어떤 의미인지 조금씩 스토리를 모으다 보니, 어느덧 한 권의 책이 완성된 것이다.

온라인 독서 모임으로 삶을 더 풍요롭게

학교 밖 여러 활동 중에 가장 가치 있는 투자 중 하나는 독서 커뮤니티에 참여해 함께 독서하고, 인증하며, 블로그에 글을 쓰면서 성장하는 것이었다. 2021년 1월, 코로나19로 인해 온라인 모임이 활성화되었을 때, 나는 우연히 온라인 독서 커뮤니티 '생따나비'를 만나게 되었다. 이 모임의 리더이신 김일 교수님은 처음 시작할 때 오리엔테이션을 통해 독서 모임의 진행 방식과 인증 방법에 대해 자세히 설명해 주셨다.

이 모임에서는 '본·깨·적 독서법(보고, 깨닫고, 적용하는 독서법)'을 활용해 매일 독서를 인증하고, 2주에 한 권씩 책을 읽어 나갔다. 이 독서법을 배우면서 나는 그동안 내 독서 방식이 체계적이지 않았고, 단순히 책을 읽는 것에서 끝나는 경우가 많았음을 깨달았다. 책을 읽었다면 반드시 깨달음이 있어야 하고, 그것을 실천에 옮기는 것이 중요하다는 교수님의 말씀이 큰 울림으로 다가왔다. 읽은 책에서 얻은 교훈 중 한 가지라도 실천하라는 말씀이 처음에는 쉽지 않았지만, 차츰 실천의 중요성이 이해되었다.

나는 오리엔테이션에서 배운 내용을 바탕으로 책을 읽고, 깨달은 점과 적용할 부분을 정리해 마인드 맵을 만들어 보았다. 이 과정을 통해 독서가 단순한 활동이 아니라, 나를 성장시키는 중요한 도구라는 사실을 다시금 깨닫게 되었다.

처음 내 방식대로 글을 쓰고 인증했을 때, 블로그 댓글에 칭찬과 격려의 말들이 달리면서 어깨가 으쓱해졌고, 첫 시작도 기분 좋게 할 수 있었다. 그 긍정적인 피드백이 다음 단계로 나아갈 힘을 불어넣어 주었다. 매일 정해진

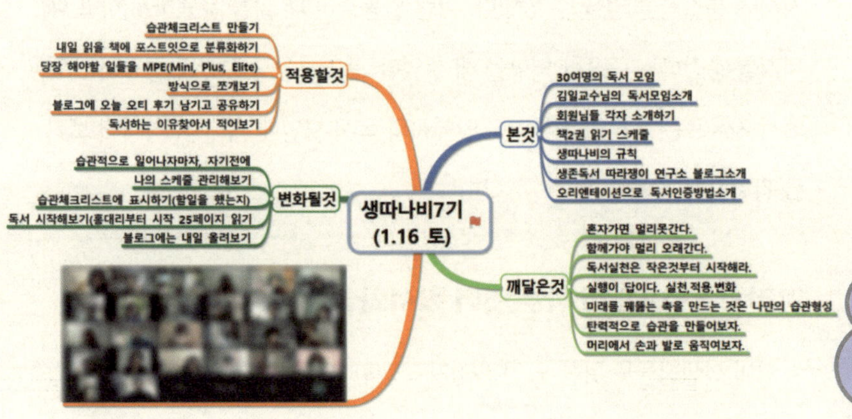

⬆ 2021년 1월 독서 모임 첫 오리엔테이션 이후 본·깨·적으로 정리해 본 마인드맵

페이지만큼 책을 읽고 '본 것', '깨달은 것', '적용할 것'을 블로그에 적어 인증하는 미션을 꾸준히 이어갔다. 이 과정은 나에게 중요한 출발점이 되었고, 이후에도 여러 책을 같은 방식으로 읽고 인증하는 습관이 자리 잡았다.

그 책에서 적용할 점을 생각하고 행동으로 실천해 보니, 단순히 책을 읽는 것보다 확실히 더 큰 효과를 느낄 수 있었다. 책 속의 내용을 실제 삶에 반영하면서 독서의 의미가 더 깊어졌고, 배움이 실제로 내 일상에 스며드는 경험을 할 수 있었다.

온라인 독서 모임은 책을 읽고 글을 쓰는 모임이라 힘든 부분도 없지 않다. 하지만 같은 여정에 함께하는 이들과 꾸준히 걸어가다 보면, 서로 성장하고 선한 영향을 주고받게 된다. 결국 중요한 것은 포기하지 않는 투지와 인내심이다. 이 온라인 독서 모임을 통해 얻은 가장 큰 교훈은 책은 꾸준히 읽어 나가는 것이 중요하며, 혼자보다는 함께 읽고 나누는 과정이 훨씬 의미 있다는 것이다.

학교 밖 활동 중 교사들의 아닌 일반 사람들과의 모임에서 또 다른 삶의 지혜와 통찰력을 얻을 수 있었다. 이런 활동들이 내 삶을 윤택하게 하고 에너지를 충전하는 중요한 역할을 해 주었다. 독자분들도 시간과 공간의 제약에서 자유로운 온라인 커뮤니티 안에서의 독서 모임에 꾸준히 참여해 보기를 강력하게 추천한다.

미라클 모닝으로 만나는 영어 원서와 영어 그림책 읽기

영어 선생님들을 위한 도 단위(경기도 소속) 연구회인 창의 인성 영어 수업 디자인 연구회의 소모임인 미라클 모닝을 소개하고자 한다. 교사 모임을 하다 보면 학교 안과 학교 밖에서의 활동들이 있다. 경기도의 경우 전문적 학습공동체라는 용어를 사용하는데 '학교 안 전문적 학습공동체'와 '학교 밖 전문적 학습공동체' 두 가지로 나뉜다. 학교 내 교직원들로 구성하여 공동의 성장과 집단적인 효능감을 형성하기 위한 방안으로 학교 안 전문적 학습 공동체를 운영해서, 학점화 정책을 도입하여 직무연수로 신청해 직무연수 학점화와 병행해서 실시할 수 있다. (출처: 경기도교육청(2022). 학교 안 전문적 학습공동체 운영 이해자료)

나는 학교 밖 전문적 학습공동체의 한 종류인, 경기도 도 단위 연구회인 창의 인성 영어 수업 디자인 연구회에서 활동하고 있다. 미라클 모닝(Miracle Morning)이라고, 일주일 내내 아침 일찍 일어나 참여하는 소모임이다.

이 모임은 2021년 1월 어느 한 교사의 간절함으로부터 시작되어 지금까지도 운영되고 있다. 초창기 이 모임을 만든 선생님은 현재 ○○ 지역의 장학사 역할을 하고 있는 분이다. 소모임 회원들은 6시부터 영어 원서를 30분간 낭독하고, 10분가량은 서로 느낀 점들이나 공유하고 싶은 부분들에 대해서 자유롭게 이야기하는 시간을 가진다.

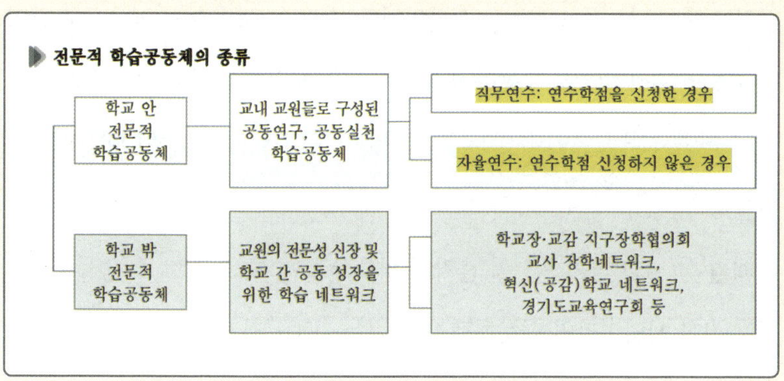

전문적 학습공동체의 종류

처음에는 간단한 영어 그림책으로 시작했으나, 한 달에 한 권은 특별 독서(Special Reading)로 원서 한 권 분량(하루 30분 5일 기준)을 읽고, 토요일에는 영어 그림책 2권을 읽기로 정하고 계속 그렇게 진행해 오고 있다. 영어 교사끼리 서로 공동의 모임을 매일 가질 수 있다는 것이 특히 매력적이다. 하지만 아침 일찍 일어나야 하는 모임이므로 쉽지는 않다.

무엇이든 '성실함과 꾸준함이 없으면 목적지까지 이를 수 없다'는 것을 이 모임을 통해서 알 수 있었다. 가장 강력한 것은 '꾸준함'이다. 꾸준함이 있다면 어느새 성장해 있는 모습을 볼 수 있을 것이다. 이 모임은 학교 밖 전문적 학습공동체의 성격을 띠고 있지만, 직무연수로 학점을 받지 않는 자유로운 온라인 영어 독서 모임이라고 할 수 있다.

2021년부터 현재까지 영어 원서 읽기 소모임에서 함께 읽고 있는 영어 원서의 리스트는 다음과 같다. 혹시 어떤 영어 원서를 읽을지 고민하는 독자가 있다면, 이 리스트에 있는 책들을 추천한다. 긴 호흡으로 하루에 30분 낭독을 하고, 나머지 시간은 참여한 사람들과 함께 느낀 점에 대해서 소소하게 이야기하는 시간을 가지고, 이것을 자기 계발이나 수업에 어떻게 적용할 것인지에 대한 나눔들을 가지는 시간이었다. 함께 한 권의 책을 낭독으로 같이 읽다 보면 내가 이해하지 못한 부분도 나눔의 시간에 같이 이야기를 하게 된다. 그러면서 퍼즐 조각이 맞는 듯한 기분이 들어서 집단지성의 위대함도 경험할 수 있다.

매월 한 권의 영어 원서를 혼자서 읽으라고 하면, 과연 할 수 있을까? 의지가 강한 사람이라면 가능하겠지만, 나는 "NO!"라고 답할 것 같다. 물론, 지금도 매일 참여해서 모든 책을 꼬박꼬박 다 읽지는 못했다. 그렇지만 함께 읽는 흐름에 맞춰 동참하려고 꾸준히 노력해 왔다. 덕분에 영어 원서 읽기에 대한 거부감이 줄어들고, 꾸준히 함께 읽는 기쁨을 누릴 수 있었다. 또한, 같은 교과의 교사들끼리 모여 소모임을 꾸준히 이어갈 수 있다는 것이 얼마나 소중한지 알기에, 이 모임을 만들어 주신 천○○ 장학사님께 지금도 감사한 마음을 가지고 있다.

미라클 모닝 소모임의 시작은 영어 그림책 읽기에서부터였다. 처음에는 일주일에 두 권씩 그림책을 읽고 나눔을 가지는 방식이었다. 그러다가 올해부터는 매주 토요일마다 한 권의 그림책을 읽고, 간단한 내용을 Pedagogical Essays 형식으로 정리하는 방식으로 바뀌었다. 함께 영어 그림책을 낭독한 뒤 각자의 소감을 나눈다. 이후 각자 Pedagogical Essays를 구글 공유 문서에 동시에 작성하는 방식으로

미라클 모닝(창인영)

2021년도 special reading

월	
1월	The Invisible Man(Wells, H. G.)
2월	The Rosie Project(Graeme simsion)
3월	The Picture of Dorian Gray (Oxford Bookworms Library 출판 Oscar Wilde)
4월	Hello, Univere(Erin Entrada Kelly)
5월	Prairie Lotus(Linda Sue Park)
6월	Front desk(Yang, Kelly)
7월	Lord of the Flies(Golding, William)
8월	A Monster Calls: Inspired by an Idea from Siobhan Dowd(Patrick Ness)
9월	Genesis begins again(Williams, Alicia D.)
10월	Number the Stars(Lois Lowry)
11월	River Boy (Tim Bowler)
12월	Okay for now(Gary D.schmidt)

2022년도 special reading

월	
5월	The color of my words(Lynn Joseph)
6월	When you trap a tiger(Tae Keller)
7~8월	A long walk to water(Linda Sue)
9월	The hundred dresses
10월	The higher power of Lucky
11월	Matilda
12월	The real thief/ We should all be feminists

2023년도 special reading

월	
1월	Being Mortal(Atul Gawande)
2월	The Guernsey Literary and Potato Peel Pie Society (Mary Ann Shaffer and Annie Barrows)
3월	To Kill a Mockingbird(Harper Lee)
4월	Lesson in Chemistry(Bonnie Garmus)
5월	Rickshawgirl(Mitali Perkins and Jamie Hogan)
6월	The Boy Who Harnessed the Wind (Kamkwamba, William)
7월	The Alchemist(Paulo Coelho)
8월	Survival of the Friendliest(Vanessa Woods)
9월	Where the Forest Meets the Stars(Glendy Vanderah)
10월	Gift from the Sea(Anne Morrow Lindbergh)
11월	Flipped(Wendelin Van Draanen)
12월	There's a boy in the Girls' Bathroom(Louis Sachar)

2024년도 special reading

월	
1월	Why Fish Don't Exist(Lulu Miller)
2월	Small is Beautiful(E. F. Schumacher)
3월	The Shack(William Paul Young)
4월	Crying in H Mart(Michelle Zauner)
5월	Klara and the sun(Kazuo Ishiguro)
6월	Everything on a Waffle(Polly Hovath)
7월	Seedfolks(Paul Fleischman)
8월	Starfish(Lisa Fipps)
9월	Where The Crawdads Sing(Delia Owens)
10월	Wish(Barbara O'connor)
11월	All| The Lights We Cannot See(Anthony Doerr)
12월	1984(George Orwell)

▲ 2021~2024년에 창인영 미라클 모닝에서 읽은 Special Reading 목록

진행되고 있다.

　매주 참석하지는 못했지만, 그림책을 통해 소중한 경험을 얻을 수 있었다. 그리고 그림책 안의 스토리를 어떻게 해석하느냐에 따라 다양한 관점으로 볼 수 있다는 것을 깨닫는 귀중한 시간이었다.

　비슷한 관심을 가진 사람들과 함께 모여 힘을 합쳐 집단지성을 발휘하는 것이 훨씬 더 효과적이라는 점을 영어 교사를 꿈꾸는 사람들에게도 강조하고 싶다. 학교 밖 공동체로서 경기도 내에서 운영되는 창의 인성 영어 교육 연구회뿐만 아니라, 이제 전국 단위의 공동체 모임도 소개하고자 한다.

고래학교, 미래로 가는 학교(Go to the Future School)

　2023년도에 고래학교(Go to the Future)에 처음 등록해서 정식 멤버로 활동하기 시작했다. 혼자서는 어려운 일도 함께하면 쉬워진다는 것을 체험하며, 그 안에서 여러 체인지 메이커로서 활동하는 선생님들을 만날 수 있었다. 이곳에서는 선생님들끼리 경쟁하는 것이 아니라, 서로의 성장을 지지하고 응원해 주는 동반자의 역할을 할 수 있었다. 함께 인증하고 서로 응원하는 과정에서 큰 힘을 얻었다.

　처음부터 고래학교 멤버는 아니었다. 2022년에 책 쓰기를 시도했다가 잘되지 않았는데, 그때 만난 프로그램이 바로 '딱최따'였다. 고래학교의 교장 선생님인 최선경 선생님께서 제공하신 '딱 1년만 최선경 따라하기!'라는 야심찬 챌린지였다. 처음에 이 문구를 보면서 최선경 선생님은 정말 대단한 분이라고 생각했다. 어떻게 자신을 따라 1년만 해 보라고 당당하게 말할 수 있을까? 그 멋진 자신감과 포부가 너무 부러웠다. 그래서 나도 '딱 1년만 선생님처럼 당당하고 자신감 있게 나를 세워 보자.'라는 오기가 발동했다.

거의 1년 동안 매일 글쓰기를 하기 위해 스스로 마음을 다잡고, 꾸준히 글을 쓸 수 있는 시스템을 만들어 지속적으로 글쓰기를 했다. 그러다 보니 어느새 눈을 뜨면 자연스럽게 글을 쓰게 되었고, 매일 쓰다 보니 글이 모아져, 한 권의 전자책으로 출간하는 성과를 얻게 되었다. 처음에는 그저 따라 하려고 시작했던 일이 나중에는 큰 선물로 돌아와, 누군가를 멘토로 정해 따라 하는 것이 얼마나 큰 효과를 가져오는지 몸소 경험할 수 있었다.

1년간 최선경 선생님의 프로그램을 경험하면서, 자연스럽게 선생님이 운영하시는 고래학교에도 친숙해질 수 있었다. 그래서 정식 멤버가 되기 전에 후원 멤버로 참여하며, 인증 미션에 참가해 왔다. 그러다가 2023년에는 정식 멤버로 가입했고 고래학교의 행사나 활동에 참여하려 노력했다.

고래학교 내에서 내가 중점적으로 참여했던 활동 중 가장 인상 깊었던 것은 '고전텐미닛'이라는 프로그램이다. 제목에서 알 수 있듯이, 이 프로그램은 하루 10분씩 정해진 고전 책을 꾸준히 읽고 밴드에 인증하는 방식이다. 혼자서는 꾸준히 책을 읽기 어렵기 때문에 이렇게라도 함께 읽어 가야 한다는 '가두리 기법'을 사용하여, 한 달에 한 권씩 고전을 읽어 갈 수 있었다.

처음에는 '고전을 읽어야 한다'는 생각에 의무감으로 시작했지만 꾸준히 읽다 보니 고전이 생각보다 어렵지 않았고, 오히려 자연스럽고 쉽게 읽혀지는 것을 느끼게 되었다. 더 좋은 점은, 매일 고전을 읽고 다른 사람들과 나누면서 여러 단계에 거쳐 책을 깊이 음미하게 된다는 점이다. 이런 과정 덕분에 고전에 대한 부담이 줄고, 내용이 더 풍부하게 다가왔다.

고래학교는 전국 단위의 선생님들이 모이는 공동체여서, 시간적·공간적

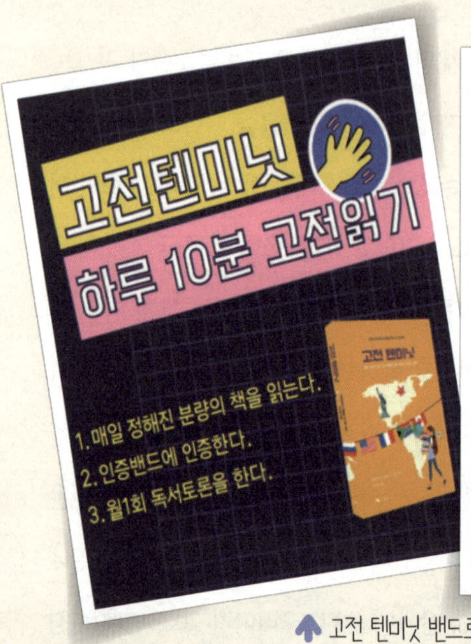

⬆ 고전 텐미닛 밴드로 인증하기 미션 안내

제약으로 인해 자주 만나기는 어렵다. 대신 온라인 소통 공간인 카카오톡 오픈 채팅방을 통해 수시로 역할을 분담하고, 문자를 주고받으며 친분을 쌓아간다. 또, 매주 화요일마다 온라인 모임도 진행된다.

어느 날 채팅방에 '오늘의 한 줄'이라는 주제로 선생님의 영혼을 위로하는 공저 책을 쓰는 프로젝트에 참여할 사람을 모집한다는 글이 올라왔다. 방학 전이라 일정이 바빠 홍보 문구를 놓쳤었는데, 방학을 한 후 그동안 놓친 문자를 꼼꼼히 살펴보던 중 마감 직전 메시지를 보고 마지막 기회를 놓치고 싶지 않아 운영진 선생님께 문의해 보았다. 다행히 바로 허락을 받아, 거의 마지막으로 공저 책 프로젝트에 참여하게 되었다.

그 책에는 2023년 7월 서이초 선생님께 보내는 편지들도 담겨 있어 마음을 울리고, 슬픔 속에서 영혼을 위로해 줄 수 있는 한 마디 한 마디가 각자의 목소리로 빛을 더해 주고 있다. 늦게 합류해서 편집과 정리를 맡은 선생님께 불편을 끼친 듯해 미안한 마음이 들었다. 그래서 내가 조금이라도 도움을 드릴 방법을 찾다가, 비디오 스튜라는 프로그램을 사용해 자막을 넣고 AI(인공지능) 낭독을 추가한 영상을 제작해, 페이지별로 QR코드를 통해 작가들의 글을 듣고 이해할 수 있도록 했다. 함께 공동의 일을 해 나간다는 것은 공동체가 주는 가장 큰 선물이다. 혼자서는 감히 엄두 내기 어려운 일도, 여럿이 함께하면 조금의 노력만 더해도 큰 성과로 이어질 수 있다는 장점이 있다.

또, 가장 가슴 뛰게 한 경험 중 하나는, 코엑스에서 열린 에듀플러스위크 미래교육박람회에서 고래학교와 씽크와이즈(Thinkwise)가 공동 주관한 부스를 운영하며 주제 발표를 맡았던 일이다. 여러 선생님들과 함께 세션을 맡아 총 3일간 진행된 이 행사에서, 나는 'PDF로 전자책 출판 A to Z: 나도, 너도, 우리도 작가'라는 주제로 발표를 진행했다. 그동안 '딱최따'에서 썼던 글을 전자책으로 출판하는 과정을 코엑스에서 발표하는 것이었다. 비록 많은 관중들이 오지는 않았지만, 소소하게나마 준비해 간 것을 소개하고 알리는 활동에 참여하는 것 자체만으로도 가슴 벅찬 일이었다. 이 글을 읽는 독자들도 이런 가슴 벅찬 일에 동참할 수 있는 경험이 생겼으면 한다.

유연한 퍼즐 조각 같은 사람. 주어진 상황이나 환경에 빠르게 적응하고 자신의 모양을 필요에 맞게 바꾸어 제 역할을 톡톡히 해냄. 타인에게 감사함을 느끼면 보답할 줄 알고, 선배들의 도움을 후배 사랑으로 실천하는 9년 차 교사로 성장 중!

역지사지 전문 영어 교사

김예진

별명

예지니어스

학창 시절 영어 단어를 외우다 친구들과 함께 만들게 된 별명으로, 업무포털 ID로도 사용하고 있음. 이외에도 여행을 가면 길을 잘 찾아서 예비게이션, 교무실 짝꿍 선생님이 지어 준 예진테레사 등이 있음.

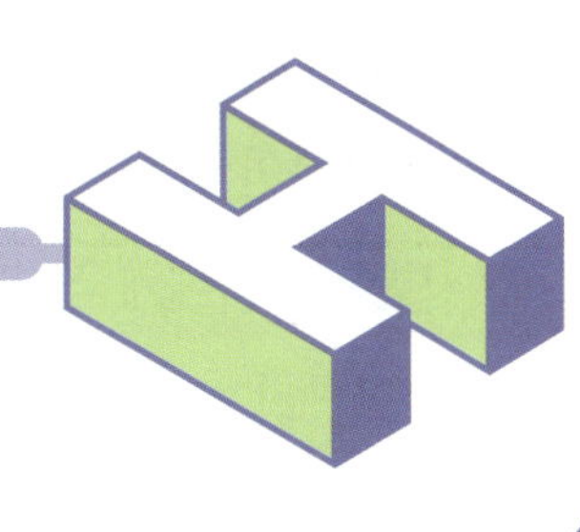

영어 교사가 되기까지의 날갯짓

●● 선생님은 안 하고 싶다니까요

어릴 때 장래 희망을 생각해 보면, 내 입으로 선생님이 되고 싶다는 말을 해 본 적이 없었다. 초등학교 고학년 때부터는 영어에 대한 흥미가 점차 더 커져서 영어를 쓸 수 있는 직업이라면 좋겠다고 막연히 생각했었고, 중학교 1학년 때는 갑자기 자동차에 푹 빠져서 자동차 디자이너가 되고 싶다는 꿈을 가지게 되었다. 학교 마치고 집에 가면 멋진 자동차 사진을 띄워 놓고 스케치북에 그림을 그리곤 했는데 처음으로 채색을 했던 날, 나의 미적 감각은 재능까지는 닿지 못한다는 것을 깨달았다.

어릴 때부터 주변에서 "너는 커서 선생님 하면 참 잘하겠다."라는 말을 듣기도 했었는데, 그때는 어떤 직업을 가져 보라고 말하는 것이 듣기 싫었다. 내가 천천히 그려갈 내 미래를 왜 특정한 직업으로 규정하려 하는 걸까 생각하며 반감이 들었다. 그런 직업을 가져야만 대단하고, 다른 직업을 가지면 나는 별로인 사람이 되는 건가? 왜 자꾸 직업으로 나를 판단하려 하는 걸까? 사람들이 나에게 추천해 주는 직업 말고 진짜 내가 원하는 걸 찾겠다고 다짐하며, "선생님은 안 할 건데요?" 하고 대답하곤 했다.

어른이 되고 보니 더 이상 학생이라 부르지 않는 시기가 되면 무엇을 하며 사는 사람인지가, 즉 직업이 그 사람의 많은 부분을 설명한다는 것을 깨닫게 되었다. 선망하는 직업을 가졌는지 여부나 직업의 귀천을 따지는 것이 아니다. 직업이란 보수를 받고 시간을 내어 주는 약속이기에 어떤 직업을 가지고 있는지가 그 사람이 대부분의 시간을 무엇을 하면서 보내는지를 정하게 되고, 경제 활동을 멈추는 노년기에 도달하기 전까지 그 사람의 일상과 삶의 모습을 그리게 되는 것이다. 나 또한 교사라는 직업을 가지게 된 뒤 학교 안에서의 행복을 찾고자 노력한 것 역시, 깨어 있는 시간 중 대부분을 보내는 학교에서 행복해야 내 삶이 행복한 시간으로 채워질 수 있다고 생각하기 때문이었다.

● 선생님의 학창 시절

막상 교사가 되고 난 뒤 생각해 보니, 교직에 잘 맞는 모습을 보였던 일화도 있었다. 중학교 때 반에서 학습 모임을 꾸린 적이 있었다. 당시 배우던 중국어가 너무 재미있어서 배운 내용을 학습지로 만들고, 관심 있는 친구들을 대상으로 점심시간에 중국어를 가르쳐 줬었다. 배운 내용이지만 막상 가르쳐 주려니 부족한 부분이 있어 다시 공부를 하며 준비했다. 직접 만든 학습지를 친구들에게 풀어 보도록 했고, 열정 있는 친구들이 함께한 덕에 같이 채점을 하고 연습한 중국어 표현을 큰 소리로 외치기도 했다. 요가를 배우기 시작한 뒤에는 그 학습 모임에서 요가를 가르치기도 했는데, 교탁에 올라가 양쪽 다리를 뒷목에 걸었던 순간이 아직도 생생하게 떠오른다.

하지만 대학에 진학할 때까지도 교직을 꿈꾸지는 않았다. 대학 원서를 쓸 때에도 구체적인 진로 목표를 정하지 못한 터라 흥미를 고려해 영어 관련 학과로 지원했고, 새로운 적성을 발견할 수도 있을까 하는 희망으로 회계학과에도 지원했다. 영어를 배우는 것이 재미있고 즐거워 편중된 공부를 한 탓에 고등학교 재학 기간에는 영어 공부 시간을 줄여 다른 과목에 투자해야 했는데, 그럼에도 영어를 제외한 대부분의 과목에서 내신 성적에 고전했고 정시로 대학 입시를 준비했다.

고등학교 때 영어 선생님을 아주 좋아했었다. 지금 생각해 보면 당시 선생님께서는 내가 신규 발령 받았을 시기쯤의 나이와 얼추 비슷하셨을 것 같다. 가뜩이나 영어를 좋아하는 나에게, 젊고 예쁘신 데다 영어까지 잘하시는 선생님의 모습은 완벽 그 자체였다. 고민 끝에 질문을 들고 찾아가면 경청해 주시고 속이 뻥 뚫리는 해설을 알려 주시니 선생님을 좋아하지 않을 수 없었다. 특히, 선생님께서는 사교육 없이 영어 공부에 매진하는 나와 내 친구를 점심시간마다 주기적으로 만나며, 그간의 공부 과정을 들어 주시고 질문도 받아 주셨다. 영어 실력에 대한 자신감이 자만으로 변하지 않도록 조언 또한 아끼지 않으셨는데, 단어를 외울 때 쉬워 보일지라도 정확한 발음을 반드시 확인하는 습관은 선생님 덕분에 일상으로 자리 잡았다.

● 교사가 되겠다는 결심

대학에 진학해서는 영어 통번역학을 전공했다. 통역 수업이 주는 압박감은 말 그대로 엄청났다. 차례로 강의실 가운데 의자에 앉아 방금 영어로 들은 내용을 한글로 통역한 뒤 교수님과 다른 수강생들의 피드백을 듣는 과정이었는데, 통역을 마무리할 때의 성취감만큼이나 통역 과정에서의 긴장과 떨림이 무척 컸다.

통번역학의 기초에서 언급하는 통역사의 중요한 자질 중 하나는 바로 우수한 우리말 실력이다. 영한 통역에서 이 점이 나의 강점이라는 생각을 하기도 했지만, 한영 통역에서 이따금씩 찾아오는 말문이 턱 막히는 순간들은 나를 좌절하게 만들기도 했다. 영어학과 영미 문학, 시를 번역하는 줄로만 알았는데 보면서(sight) 통역하는 영한시역, 노트테이킹과 순차통역 등 학부 내에 개설된 다양한 강의를 수강하며 영어 실력을 키워 갔다.

대학 생활 중에 찾아온 첫 번째 행운은 교직의 길을 터 주신 교수님과의 만남이었다. 신입생 세미나라는 필수 과목에서 운 좋게 영어교육학 박사님이신 교수님께 배정 받게 되었다. 좋은 수업으로 영어 실력을 기를 수 있게 도와주시면서, 세심한 배려로 타지 생활의 고충까지 덜어 주신 교수님께서 어느 날 내게 교직 이수를 권하셨다. 여전히 영어 교사가 되고자 하는 생각

2022년 경기도교육청– IB 본부 간 의향서 체결식에서 통역으로 함께

이 없었던 나는 관심이 없다고 거절했고, 교수님께서는 그래도 해 보는 게 어떻겠냐며 다시 권해 주셨다.

감사하게도 캠퍼스 내 여학생 수석으로 대학에 입학하게 되어 4년 장학을 받게 되었기 때문에, 매 학기 성적을 유지하는 일이 중요했다. 그래서 관심도 없는 교직과정을 이수하고자 추가적인 과목을 듣는 것이 부담스럽기도 했다. 무엇보다도 선발 인원이 정해져 있기에 교직 이수가 필요하지 않은 내가 신청했다간 성적이 조금 못 미치는 친구들의 자리를 뺏는 것 같다는 생각도 들었다. 그런 이유로 또 고사하자 교수님께서는 꼭 좀 해 보라고 다시 한 번 추천해 주셨고, 몇 과목만 더 들어 보자는 생각으로 교직 과목을 수강하기 시작했다.

교직 이수를 위한 필수 과정으로 3학년 때에는 교육실습을 나가게 되었다. 출신 중·고교가 당시 거주지에서 멀기도 했고, 마침 어머니께서 동생 학교로 학부모 봉사를 다니고 계셨던 덕분에, 벚꽃이 아름다운 장복산 자락 아래 멀리 바다가 보이는 멋진 중학교에서 한 달간 실습을 했다. 교직 과목을 이수하긴 했지만 영어교육학을 충분히 공부하지 못한 상태로 실습에 임하면서 좌충우돌이 많았다.

첫 공개수업에서는 당시 큰 인기를 얻었던 영화 겨울왕국의 OST를 활용한 문법 수업을 구상했다. 가르치는 일에 여유라고는 없었기에 수업 시나리오를 작성하여 학생들에게 내용을 사전 안내하고, 발표자까지 미리 지정해 두었다. 마치, 단막극의 한 에피소드를 같이 찍는 느낌이었다. 충분히 준비만 하면 다 될 것 같았는데, 준비한 대로만 하는 수업은 무언가 한참 부족하다고 느껴졌다. 감정 표현을 잘 안 하는 중학교 3학년 남학생들이 갈라지는 고음으로 신나게 팝송을 따라 불러 준 것을 생각하면, 친구 누나라고 배려해 준 마음에 고마운 미소를 짓게 되었다. 하지만 수업이란 본질적으로 모든 것을 계획할 수는 없으며, 학생에 대한 이해를 바탕으로 준비하되 수업 과정의 상호작용을 교육적인 방향으로 발전시키는 것이 교사의 역할임을 배웠다.

매일 순번을 정해 두고 점심시간마다 운동장을 한 바퀴 함께 걸으며 반 아이들을 상담하고, 종례 후에는 함께 교실을 청소하며 하루하루 추억을 쌓았다. 그 사이 실습교 선생님들의 도움과 배려로 교사의 업무에 대해서도 배워 갔다. 실습 마지막 날에는 축구를 사랑하던 그 당시 학생들과 함께 뛰었는데, 유니폼을 맞춰 입고 난생 처음 실전 축구에 투입된 선생님이 슛을 한번 차 볼 수 있게 비켜 주는 모습에 함께 웃으며 실습을 마무리했다. 평생 선생님이라 불린 적 없었던 내게, 4주간 중3 학생들의 '쌤'이 되었던 경험은 교사가 되어 보겠다는 결심의 원동력이 되었다.

→ 2014년 봄, 교육실습교에서

● 두 번째 행운

그사이 찾아온 두 번째 행운은 대학 생활 덕분에 얻은 해외 경험이었다. 내 생애 최초의 미국 여행은 우리 대학 미주 총동문회의 초청으로 가게 된 9박 10일의 연수였다. 뉴욕, 워싱턴, LA의 주요 명소들을 탐방하며 견문을 넓혔다. 선배님들 덕분에 LA에서는 DreamWorks 사옥, 뉴욕에서는 UN 본부 내 안전보장이사회 회의장 내부 등, 일반 견학으로는 발이 닿기 어려운 곳까지 경험해 볼 수 있었다. 이는 작은 도시에서 자라 대학교에 가면서 겨우 타지 생활을 시작한 나에게 더 넓은 세상을 일깨워 주는 경험이 되었다.

한 학기의 해외 대학 경험 또한 영어 교사의 중요한 자질인 영어 실력을 키울 수 있는 계기가 되었다. 특히, 장학 유지를 위한 성적 취득이 중요했던 내가 교환 학생 준비를 하면서 걱정한 것 중 하나는, 해외 학교에서의 성적 유지였다. 사회학 및 커뮤니케이션학 수업을 주로 수강하며 새로운 개념을 배우는 것은 물론, 원어민 친구들과 경쟁하여 성적을 취득해야 한다는 부담이 컸다. 이에 교수님의 허락을 구해 맨 앞자리에서 강의 내용을 영상으로 담았고, 수업 후에는 도서관에서 영상 전체를 다시 보며 필기를 정리한 뒤 이해가 가지 않는 것은 다음 시간에 질문했다. 덕분에 사회학 시간에는 능력주의(meritocracy)를 주제로 발표에 나서기도 했는데, 해당 학기에 수강한 모든 과목에서 4.5의 평점을 받았다. 한국에 돌아온 뒤에야 해외 유학의 경우 이전 국내 학기 성적으로 장학 여부를 산정한다는 것을 알게 되었다.

국내 학비로 교환 학생을 다녀올 수 있다는 장점 때문에 선택한 SDSU(San Diego State University)에서, 외국인 학생을 대상으로 멘토링 프로그램을 운영하신 Gigie and Larry Price와의 만남 또한 미국 생활의 큰 힘이 되었다. 두 분께서는 책으로는 배우지 못한 미국을 가르쳐 주셨다. 함께 좋은 식당에 가서 테이블 매너를 배우고, 인디언 보호구역에 찾아가 그 역사와 이면을 경험했으며, 할아버지 가족의 모습을 통해 유대인의 역사에 대해서도 알게 되었다. 고작 몇 개월 그곳에 머무르다 떠날 나에게 왜 이렇게 잘해 주시냐는 질문에 할머니는 "Your eyes are talking."이라고 답하셨는데, 배움을 즐기고 그 과정에 감사하는 진심이 전해졌다는 의미라 생각해 본다.

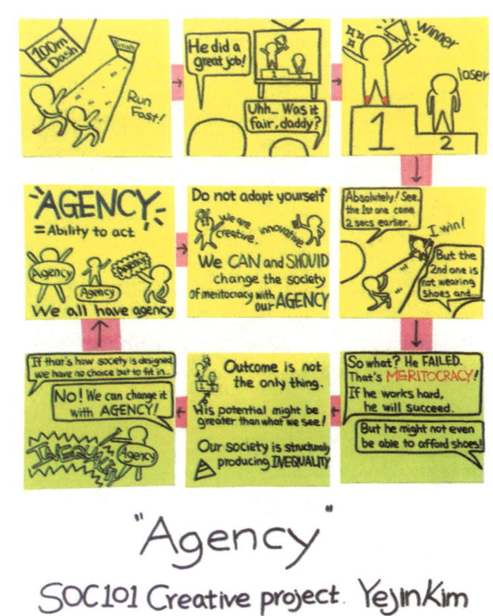

"Agency"

SOC101 Creative project. YeJinKim

⬆ Sociology 101 발표 자료

외국인 학생들에 대한 멘토링 프로그램에 열정을 가진 분들이 계신 학교로 교환 학생을 가게 된 것, 총장님과의 대화에서 우리나라 교환 학생 대표로 선발되어 만 나이 통일법 이전의 우리나라 나이 문화를 소개했던 일, 미국 내 타 지역에서 공부하고 있던 친구와의 미서부 여행 경험, 현지 수업을 들으며 친해진 멕시코 친구네 집으로 여행을 갔던 추억, 모두 좋아하는 분야로 전공을 선택한 덕분에 찾아온 행운이었던 것 같다.

02 영어 교사이기에 행복한 나

선생님의 하루

대학을 졸업하고 본격적으로 임용고시 공부를 시작했다. 영어교육을 전공하지 않았기 때문에 먼저 교직에 입문한 학부 선배의 추천을 받아, 노량진 고시촌의 유명 강사진 커리큘럼을 수강했다. 자신과의 싸움에서 당근과 채찍을 활용해 가며 나름대로의 규칙에 따라 일 년 간의 치열했던 수험 생활을 마치고, 다음 해에 선생님이 되었다.

수업은 기본

좋은 수업을 하겠다는 굳은 의지로 첫 학교에 발령 받은 지 얼마 되지 않아 깨달은 사실은, 교사에게 수업 역량은 이미 갖춰져 있어야 하는 자질이고, 학교생활에서는 업무를 배워야 한다는 것이었다. 수업만 열심히 하면 되는 줄 알았는데, 수업 외의 업무라는 것이 존재했다. 모든 선생님이 크고 작은 톱니바퀴처럼 연결되어 학교라는 기관이 운영되는 모습을 신기하게 바라보며 나에게 주어진 일을 배우는 것에 집중했다.

학교 선생님들은 교장, 교감 선생님을 통칭하는 관리자와 부장 교사, 담임 교사, 교과 교사, 비교과 교사로 구분된다. 각 선생님이 담당하는 세부 업무를 업무분장이라 부르는데, 학교의 상황과 업무분장 희망원을 통해 수합한 각 선생님의 의사를 반영해 각 선생님의 역할이 정해지고, 그에 따라 교과 내에서 담당 학년 및 과목을 편성하게 된다. 대부분의 경우 업무분장 희망원에는 희망 학년을 3순위까지 선택하게 되어 있기 때문에, 어느 학년에 배정되어도 자신이 희망한 학년이라고 말할 수밖에 없는 웃지 못할 상황도 있다.

인사 결정의 실무는 교감 선생님께서 업무분장 희망원을 바탕으로 필요시 교원 상담을 병행하여 담당하시고 이후 교장 선생님의 최종 결재를 받는 구조이다. 그리고 학교의 각 부서를 이끌어 가는 부장단을 꾸린 뒤 부서의 구성원인 계원을 배정하게 된다. 고등학교에서 담임 선생님은 대체로 학년 부장 선생님 아래 학년부라는 부서에 일괄 배치되는데, 중학교에서는 담임 선생님이라 해도 일부 선생님만 학년부에 배정되고 다른 담임 선생님들은 타 업무 부서에서 일을 하는 경우가 많다. 또한, 부장 및 담임 교사를 제외한 교과 교사를 비담임이라고 아울러 지칭하기도 한다.

담임 선생님의 하루

신규 첫 해 3월의 어느 날, 수업을 다녀온 나에게 우리 반 반장이 반 친구 한 명이 자리에 없다며 교무실로 찾아왔다. 3교시를 마치고 이미 12시가 거의 다 된 시간이었다. 생각해 보니 그 학생을 아침에 만난 기억이 없었다. 심장이 덜컹 내려앉는 것 같았다. 학부모님께 급히 연락을 드렸고, 아파트

계단에 앉아 있는 아이를 발견하셨다고 다시 연락을 받았다. 입학한 지 얼마 되지 않은 시점에 아직 학교에 마음을 붙이지 못한 아이가 학교를 간다고 나선 뒤 혼자 시간을 보내고 있었던 것이다. 책상 위 흐트러진 짐도, 정신없는 교실의 아침도 변명이 되지 못했다. 그때의 일을 계기로 나는 매일 아침마다 꼼꼼하게 출결을 확인하는 것을 담임 업무의 중요한 루틴으로 갖게 되었다.

담임 선생님의 주된 역할은 학급 관리이다. 담임 선생님이여도 학년부 또는 다른 부서에 소속되어 있기에 다른 행정 업무도 배정되기는 하지만, 가장 우선적인 업무는 학생 및 학부모와 상담하며 학급을 원활하게 경영하는 것이다. 그래서 학기 초에는 학급 경영 계획을 수립한다. 매일 학생 출결을 확인하고, 변동이 생기는 경우 서류를 챙기며, 학생 및 학부모와의 상담을 통해 다양한 갈등 상황을 중재하고, 필요시 위클래스, 학생부, 진로상담실

스승의 날 파티

등 별도 부서로 인계하기도 한다. 학급 특색 활동을 계획하고, 창의적 체험 활동 시간의 대부분을 맡아 지도하며, 이를 기반으로 학교생활기록부의 교과 외 대부분의 영역을 기록한다.

　담임 선생님도 다른 반에서 수업을 하며 많은 학생을 마주한다. 그렇지만 학급에서 매일 같이 눈을 맞추고 인사하며 상담과 학급 활동 등으로 함께 추억을 쌓다 보니, 담임 반 학생들을 마치 내 자식처럼 예뻐하게 되는 것 같다. 담임의 역할을 수행하는 데에 필요한 여러 가지 노력 중 한 가지를 추천한다면, 바로 따뜻한 관심이다. 조·종례는 물론 쉬는 시간에 교실과 복도를 순회하며 아이들의 표정을 살피고, 서로 주고받는 말이나 행동을 통해 관계 구도와 심리를 파악하는 눈치왕이 되어야 한다. 그러면 적재적소에 필요한 도움을 제공하여 학생들이 편안하게 생활할 수 있는 좋은 학급을 만들어 갈 수 있을 것이다.

체육대회를 앞두고 의기투합 단체샷

입학 백일 축하 파티

예진쌤의 담임 꿀팁

Part 1. 학기 초

*기초 정보 설문을 통한 학급 특징 파악하기

- 이전 소속 학교 또는 학급: 교우 관계 구도 예상

- 통학 방법과 소요 시간: 지각 우려 사전 확인 및 지도

- 관심 분야: 1인 1역할 배정 시 추천

*이름 외우기

- 예진쌤: 새 학년 5일 차에 우리 반 이름을 모두 외웠는지 학생들에게

  검사 받기

  학생들은 모두 자리에서 일어나고, 쌤이 이름을 맞추면 앉는 방식!

- 학생들: 제한 시간 동안 우리 반 친구들의 이름을 최대한 많이 나열해

  보는 '이름 쓰기 대회'에 참여하기

- 학기 초 세 차례 정도 운영해 교우 관계를 파악하고 인화 조성하기!

Part 2. 학기 중

*사전에 파악한 관심 분야 기반 정보 제공하기

*쉬는 시간, 점심시간에 교실 순회하며 학생 관찰하기

*학교 행사나 일정, 학생 상담 등 학부모와 소통하기

*1인 1역할 수행 독려와 칭찬하기

Part 3. 방학 중

*방학 미션으로 지속적인 관심 표현하기

  미션 예 생존 보고(근황 인증샷), 공부 노트(누적 페이지 수 채우기) 등

Part 4. 학년 말

*마지막 추억 쌓기(우리 반 장기자랑, 릴레이 편지 쓰기 등)

*생기부 꼼꼼히 기록하기

모두가 기여하는 학급 만들기, 1인 1역할

담임 학급에서는 항상 1인 1역할 제도를 운영하여, 모든 학생이 학급 운영에 책무성을 가지도록 실질적인 활동을 할 수 있는 역할을 고안하고 사전 제시한 뒤, 일정을 정해 역할을 배분했다. 1학기 역할은 중복 희망 시 가위바위보로 정하되, 2학기에는 자신이 우수하게 수행한 1학기 역할을 선점할 수 있는 우선권을 부여했는데, 활용할 수 있는 역할 예시는 다음과 같다.

종례 도우미	마지막 교시 시작 전 쉬는 시간에 선생님께 전달사항 쪽지를 받아 종례 전 칠판에 기록 후, 밴드 담당 친구에게 전달하기
밴드 알리미	종례 도우미에게 받은 전달사항을 학급 밴드에 올리기
청소 알리미	종례 전 당일 청소 담당자에게 맡은 역할을 상기시키고, 당일 청소 담당이 결석 · 조퇴 등으로 없으면 선생님께 알리기
우산 도우미	비 오는 날 일찍 등교해 미리 우산통을 꺼내 놓고, 종례 후 우산통 뒤집어 말려 둔 뒤 다음날 아침에 정리하기
격려 도우미	매주 일요일 저녁 밴드에 공부 자극 명언이나 글귀 올리기
스트레칭 요정	교탁에 나와 스트레칭 동작 알려 주기
힐링음악 DJ	아침 스트레칭 시간에 TV와 연결하여 배경음악 틀어 주기

담임 첫 해 종례를 들어가면 항상 빨리 집에 가고 싶은 학생들과 전달 사항 안내 및 청소 담당 학생 확인으로 바쁜 나의 대결 구도가 펼쳐지기에, 고민 끝에 역할을 나누어 보았다. 덕분에 종례를 하러 교실에 들어가면 이미 청소를 맡은 학생은 자신의 담당 구역을 알고 있으며, 칠판에는 전달할 내용이 기록되어 있었고, 밴드에는 학급 알림장이 업로드되어 있었다. 1교시

수업이 없어 아침에 여유가 있는 요일을 정해 학급에서 매주 스트레칭을 하기도 했는데, 교탁에서 동작을 보여 주는 학생을 스트레칭 요정이라고 불렀다. 우리 학급에서는 매주 스트레칭 후 그 주의 요정이 다음 주 요정을 지목하도록 했으나, 체육 및 보건 분야에 관심이 많은 학생이 있다면 전담하도록 제안할 수도 있다. 이처럼 학급의 인원과 필요에 맞게 변형하여 다채롭게 활용해 보는 것을 추천한다.

매년 새로운 담임 반 학생들의 이름을 한 주 안에 다 외웠던 것도 역할 덕분이었다. 처음에는 그 역할로 학생을 기억하고 자주 교실을 순회하면, 자연스레 한 두 명씩 이름이 기억에 남았다. 그리고 무엇보다도, 학생들을 아꼈다. 언제나 한 명 한 명이 소중한 아이임을 잊지 않고, 눈을 마주치며 이야기를 경청하고 따뜻한 응원과 진솔한 조언으로 마음을 나누었다.

● 부장 선생님의 하루

2024년 2월, 경기도교육청 영어과 신규임용 예정자 대상 연수에 강의를 가게 되었다. 영어과 프로젝트 수업에 관해 연수를 마친 뒤, 신규 선생님들의 기대감에 대해 들어 보는 시간을 가졌다. 마침, 발령교가 발표된 지 얼마 되지 않은 시점이라 선생님들의 반짝이는 눈에 기대와 설렘이 가득 묻어났다. 특히, 많은 부분에서 기대하는 것이 담임 학급과 관련되어 있었다. 체육대회나 생일 파티 같은 학급 활동 등, 우리 반과 함께하는 추억이 교직에 입문할 때 가장 기대되는 부분으로 손꼽힌다.

초임 및 저경력 교사 시기에는 담임을 맡는 경우가 많고, 경력이 좀 쌓인 뒤에는 학교 상황에 따라 부장을 맡기도 한다. 대개 관리자와 부장단을 중심으로 기획위원회를 조직하여 매주 정해진 시간에 기획 회의를 하고 차주의 안건을 논의한다. 이 과정에서 각 부의 부장은 담당 부서의 계획을 공유하고, 필요시 타 부서의 협조를 구하며, 논의한 주요 안건을 부서원에게 공유하여 교직원 모두가 학교의 비전과 운영 방향을 이해할 수 있도록 한다.

학교의 부서는 교무기획부, 교육과정부, 교육연구부, 각 학년부가 대부분의 학교에서 공통적으로 조직된다. 그리고 각 교과군을 대표하는 인문사회부, 자연과학부, 예체능부와 학생안전부, 교육정보부, 진로진학부, 특수교육부 등이 각 학교의 규모와 필요에 맞게 편성된다. 부서장은 부서의 연간 업무와 그에 따른 일정 및 예산 지출 계획을 수립하는데, 2월 신학기 준비 기간에 전 교직원이 내용을 공유할 수 있도록 주요 사항을 미리 파악해 두는 것이 좋다. 때문에 많은 학교에서는 새 학교에 발령을 받은 전입 교사보다는 기존 교사 중에서 차기 부장단을 꾸려 원활한 인수인계를 통해 학교 운영의 일관성을 확보하고자 하는데, 이 또한 학교 상황에 따라 차이가 크다.

학생들에게 우리 반이 당연한 것처럼, 특히 저경력 교사 시기에는 선생님에게도 우리 반이 당연하게 느껴지곤 한다. 교직 입문 9년 차인 2024년에는 인문사회부장을 맡아 처음으로 우리 반이 없는 어색한 한 해를 보내고 있다. 막내 부장으로 좌충우돌하고 있지만 현재까지 느낀 담임과 부장의 가장 큰 차이는 바로 업무의 영향력이다. 담임으로서 계획하는 학급 활동은 우리 반과 관련이 있고 그 영향력이 우리 학급 내에 머무르지만, 부장으로서 담당하는 업무는 학교 전체를 아우르는 경우가 대부분이다. 따라서 그 파급 효과가 학교 전체를 관통하기에 좀 더 신중하고 꼼꼼한 계획이 필요한 것 같다.

나의 성격은, 스스로 생각하기에도 설명하기가 쉽지 않은 것 같다. 새로운 수업 방법을 계속 연구하지만, 기존 방식을 고수하려는 관습적 성향도 가지고 있다. 고민 끝에, 특히 창의성에 관해서 나를 설명할 수 있는 좋은 방법을 찾았다. 누군가 아무 조건 없이 새 과업을 제시하면 나는 조금 막막함을 느끼지만, 종이 한 장을 주며 활용해 보라고 하면 종이를 접거나 자르거나 글을 쓰거나 하는 다양한 방법을 찾는 과정을 즐긴다. 그래서 나에게 수업 준비란 교실이라는 공간 속 맡은 학년과 가르쳐야 하는 내용, 학생 특성 및 학교 환경 등 다양한 제약 조건 아래에서 창의력을 신나게 발휘하는 과정이다.

●● 선생님의 최애 교과 활동: Acrostic Poem

수업에는 변수가 많다. 예상하지 못한 변수에 대응하는 것도 중요하지만 예상 가능한 문제 상황들은 사전에 대비할 필요가 있다. 대표적 예로는 학생들 간의 수준 차가 있다. 한 교실에 있는 학생들이 갖추고 있는 영어 실력과 자신감, 심리적 장벽의 정도 등이 천차만별이기에, 수업 활동을 계획할 때에는 이러한 차이를 반영할 수 있는 과업 설계가 필요하다.

수준 차를 유연하게 반영하면서도 학생들의 마음을 영어로 들어 보고 싶다면, 단연 'Acrostic Poem(이합체시)' 활동을 추천하고 싶다. 이합체시는 영어 단어의 각 철자가 '이별'했다가 다시 '합체'하는 형식의 시로, 흔히 말하는 삼행시 또는 세로 드립과 같은 형태이다. 각 철자가 문장의 시작일 수도, 단어의 시작일 수도 있다. 심지어는 단어의 중간에 들어 있는 변형도 가능하다. 분량 또한 긴 줄글도 가능하고, 단 한 문장으로도 의미를 전달할 수 있다.

영어로 글을 쓰거나 말하는 활동에 아직 익숙하지 않은 학생들이라면, 특히 과업 제시 과정에 주의를 기울일 필요가 있다. 수업 활동의 목적지를 알려 주되 단번에 목적지로 몰아가기보다는 단계적으로 과업을 제시하고, 필요한 경우 예시와 같은 도움을 제공한다. 이 과정에서 느낄 수 있는 어려움에 공감해 주고 언제든지 선생님이 함께한다는 정서적 지지도 필요하다. 이 활동을 진행할 때는 영어로 시를 쓴다는 큰 틀을 안내한 뒤, 예시를 보여 주며 형식과 분량의 부담을 낮추었고, 교실을 바쁘게 순회하며 학생들의 어려움을 세심하게 살폈다.

이합체시와 같이 한두 차시 내에 실행 가능한 수업이 익숙해지면, 보다 긴 호흡의 장기형 프로젝트 수업에도 도전해 볼 수 있다. 중학교 수업에서는 자유 학기 주제 선택을 활용해 영어 독서 수업을 1년 단위 프로젝트로 운영했고, 그 경험을 학술포럼에서 나누어 전국 시도 대표자 간 경합(제33회 한국중등영어교육학회 학술포럼 수업 발표)에서 1위를 수상하기도 했다.

⊕ 토닥토닥, 마음 보듬 영어 수업

중학교에서 자유 학기 주제 선택 수업으로 재미있는 수업 도전을 즐기다 고등학교로 옮겨 오게 되었다. 첫해부터 줄곧 고3 담임을 맡아 매년 학생들을 가르치고 졸업시키는 과정을 반복하다, 2023년에 처음으로 고1 담임을 맡게 되었다. 입시 지도와 진학 상담에 집중해 왔던 고3 담임 때와는 달리, 이제 막 중학생 티를 벗어나고 있는 1학년 학생들을 지도하며 고등학교 생활에 대한 이해도 간극을 좁혀 가고자 노력했다.

학생들에게 입시와 진학에 대한 정보를 채워 주는 동시에 나 또한 학생들에 대해 배워 가던 중, 5월 초 담임들에게 배포된 '학급 정서 행동 특성 검사 결과'라는 예상치 못한 정보를 받게 되었다. 초등학교에서는 1, 4학년, 중·고등학교에서는 1학년 때 실시하는 정서 행동 특성 검사는 학생들의 정서와 행동상의 발달 정도를 평가하고, 어려움이 있는 학생의 경우 적절한 도움을 받을 수 있도록 안내하기 위해 실시하는 검사이다. 관심 범위에 해당하는 경우 학교 및 전문기관을 통해 상담과 치료 지원을 받을 수 있는데, 우리 학급 전체 36명 중에 관심군으로 분류된 학생이 6명이나 있었다. 이러한 모습이 우리 반만의 문제는 아니었기에, 학년 전체 학급에 들어가는 교과 교사로서 책무성을 느끼며, 학생들의 마음을 보듬어 줄 수 있는 영어 수업을 계획하게 되었다.

마침, 교과서에 건강한 삶을 주제로 부정적 감정을 해소하는 방법을 다룬 지문이 있어, 이를 기반으로 교육과정을 재구성했다. 모둠별로 주요 감정을 느끼는 원인에 대해 발표하고, 부정적인 감정을 어떻게 해소하면 좋을

마음 보듬 수업 시간 모습

지 교과서 본문을 통해 배운 뒤, 자신의 마음에 위안을 가져다주는 요소(My Comfort Item)를 소재로 인공지능과 대화를 나누는 수업 과정이었다.

영작은 문장 단위로 시작하여 부담을 낮추었고, 발표 후에는 무한 칭찬과 긍정적인 피드백으로 자신감을 높여 주었다. 부정적 감정을 회피하거나 무시하기보다는 바람직하게 다루는 방법을 배우고 나누며, 청소년기의 감정 변화가 자연스러운 것임을 인정하고 존중하는 분위기를 조성했다. 아직 새 학교의 모든 환경이 편하지 않았던 시기에 마음을 헤아려 주는 선생님으로 통하게 된 덕분인지, 수업에 들어가면 학생들은 반짝이는 눈빛으로 수업 활동에 즐겁게 참여했고 그 모습이 예뻐 수업 준비에 더 공을 들였다.

> "이 수업은 나의 마음을 편안하게 만들어 주는 수업이었다. 지금 생각해 보면 나는 평소에 바쁜 활동들로 인해 나의 감정에 집중하지 못하고 감정에 무뎌질 때가 많았다. 하지만 이 수업에서 나는 스스로에 대해 더 알아갈 수 있었고 내가 어떤 것에 흥미를 느끼는지도 알게 되었다. … 중략 … 이 과정을 모두 영어로 해낼 수 있다는 점도 뿌듯했다. 어렵고 매 순간 긴장해야 해야 하는 학교생활에서 활력소가 되어준 마음 보듬 영어 교과 활동 덕분에 마음이 따뜻해졌다."
>
> – 2023년 1학기 수업 경험 돌아보기 학생 답변 발췌

🗨 수업, 자기효능감 향상의 기회로

영어 수업이 지식 전달에만 머무르지 않아야 한다는 생각은 고3 지도를 통해 확고해졌다. 수험 생활을 마무리하며 수능을 기점으로 썰물처럼 빠져나가는 학생들에게 졸업 인사를 건네다, 문득 내가 가르쳤던 영어 단어가

학생들 머릿속에 얼마나 남아 있을까 하는 생각이 들었다. 코로나 시기 학교 1층 중앙 현관에서 조심스레 졸업장만 건네 주는 워크스루 졸업식이라는 진기한 경험을 하며, 우리 학생들의 영어 지식뿐만 아니라 성인으로서의 삶을 향해 내딛는 걸음에 힘을 실어 주고 싶었다.

마음 보듬 수업으로 마음을 열어 준 1학년 학생들에게도 영어 교과의 지식이 수업 참여의 당위성을 항상 확보해 주는 것은 아니었다. 특히, 모든 활동과 수업의 기본이 되는 어휘 학습 단계에서는 공부의 의미를 찾지 못하는 학생들의 모습이 눈에 띄곤 했다. 영어는 하면 되는 과목이라고, 선생님이 안내해 주는 대로만 따라오면 너도 할 수 있다고 격려해도, 이유와 필요까지 설득할 수는 없었다.

이런 고민이 들 때면 학생들에게 교육학에서 배운 자기효능감 이야기를 하곤 한다. '어떤 과업을 성공적으로 수행할 수 있는 자신의 능력에 대한 믿음'이라는 이 개념을, 나는 학생들에게 '안 해 봤지만 하면 해낼 수 있을 것 같은 마음'이라고 설명한다. 처음으로 알바를 하기 위해 편의점에서 사장님과 면접 보는 장면을 상상해 보자. 돈 계산도 익숙하지 않고 알바라곤 해 본 적도 없다는 사실은 동일하지만, '그래도 배우다 보면 잘 해낼 수 있을 것 같다'는 생각과 '잘못해서 혼나기만 하다 짤릴 것 같다'는 생각을 한다면 둘 중 누구나 전자의 경우를 선호할 것이다. 어른이 되어서 자신의 삶에 어떤 과업과 책임이 주어질지 모르지만, 새로운 일을 앞두고 전자와 같이 자기효능감이 있는 삶을 살아갈 수 있다면 얼마나 행복할까?

그런 자기효능감을 기를 수 있는 주된 방법이 '성공 경험'이라고 한다. 작은 성공을 여러 차례 경험하다 보면, 새로운 과업이 주어졌을 때 이번에도 성공할 것이라는 자신감이 생기는 것이다. 그런데 막상 성인이 되고 나면 성공 경험을 얻을 기회가 청소년기에 비해 훨씬 적은 것을 체감할 수 있다. 학교에서는 주기적인 지필평가와 모의고사, 각 교과의 수행평가와 과제 등 자신의 능력을 점검할 기회가 꾸준히 주어진다. 그에 반해 지금 나의 일상만 생각해 보더라도, 각종 연수나 가끔 마음먹고 도전하는 어학 시험 등이 훨씬 긴 주기로 돌아온다. 때문에 청소년기야말로 성공 경험을 하기에 딱 좋은 시기이다.

청소년기는 성인으로서의 삶을 위한 경험치를 쌓는 시기이다. 달성해야 하는 과업을 자신의 능력과 남은 시간 및 자원 등을 기반으로 가늠해 보고, 나름대로 계획을 세워 실천한 뒤 결과를 얻으며 나라는 캐릭터를 키워 가는 것이다. 그렇게 영어 공부의 이유를 찾아 주었다. 학습지로 배부한 단어를 외워 영어 지식을 쌓는 것뿐만 아니라, 선생님의 안내에 귀를 기울여 시험

> "선생님을 처음 뵈었을 땐 너무 예쁘시고 저희를 많이 예뻐해 주시는 것 같아 너무 좋았어요. 수업을 하다 보니 선생님께서 해 주시는 모든 말과 조언이 정말 공감되고 위로 받는다는 걸 알았고요. 항상 저희를 먼저 생각해 주 시니 지금 이 나이 때 필요하고 듣고 싶은 말들을 아낌없이 해 주시는 것 같아 선생님이 너무 좋고 영어를 배우는 것도 즐겁습니다. 교무실에서 선생님을 마주치고, 인사드리면 항상 웃어 주시고 반갑게 맞아 주셔서 감사합니다. 누구에게나 다 친절하고 상냥할 순 없다고 생각했던 제가 부끄러울 정도로 선생님은 정말 좋은 선생님이세요. 포기하고 싶을 때가 많지만 오늘도 해 보자고 다짐하는 건 다 예진쌤 덕분입니다."
>
> — 2023년 수업 반 학생의 편지

일정을 파악하고 소요 시간을 가늠해 세부 계획을 세우고 달성해 보라 했다. 그 경험이 나중에 어른이 되어 어디에서 무슨 일을 하더라도 시간 관리와 목표 달성의 토대가 될 것이라고, 그러니 모두 못 외우더라도 최선을 다해 보라고 격려했다.

세상을 교실로 삼아, 국제 교류

세계인과의 소통 그 중심에 영어가 있기에, 영어 교사라면 한번쯤 국제 교류에 도전해 볼 만하다. 하지만 한 장의 종이 속 창의력을 좋아하는 나에게 국제 교류는 종이 밖의 일이었다. 불확실성이 가득한 해외 파트너와의 협업은 나의 성향과 맞지 않다고 생각했고 기회를 찾아보려 하지도 않았다. 그러던 중 동교과 선배 선생님의 제안으로 코로나 시기에 우리 학교 선생님들과 팀을 이루어, 교육부 주관 다문화 가정 대상 국가와의 교육 교류 사업에 참여하게 되었다. 태국 선생님들과 소통하며 태국 학생들을 대상으로 수업했던 경험을 시작으로 국제 교류 역량을 쌓아 나갔다.

● 최초의 대면 교류: 해외 교류 학교 초청 행사

선배 선생님이 교류하고 있던 대만 학교에서 국제 교류 파트너를 구하고 있다는 소식이 들려왔다. 마침, 오랜 고3 담임을 마치고 보다 자유로운 1, 2학년 동아리 지도를 앞두고 있어 오롯이 혼자 이끌어야 하는 국제 교류에 처음 도전해 보기로 결심했다. 대만 파트너 선생님과 수시로 연락하며 활동을 구상하고 리허설을 거친 뒤 첫 실시간 교류를 진행했다. 충분히 준비했다고 생각했는데도 시행착오가 많았다. 교실에서 교탁 위 노트북 방향을 돌려 스무 명 학생들을 내장 캠으로 담으니 얼굴을 보기도 힘들었고, TV로 여러 화면을 송출하는 환경이나 기술적 문제에도 대비가 부족했다. 양 국가 교사 모두 영어가 모국어가 아닌 데다, 실시간으로 소통하며 조율할 부분이 생기는 것도 쉽지 않았다.

다행히도 파트너 선생님과 소통이 원활했던 덕분에 몇 차례 실시간 교류를 진행하며 점차 부족한 부분을 보완해 나갔다. 또한, 국제 교류를 시작하기에 앞서 학생들에게 우리 모두가 민간 외교관임을 인지시키고, 주의해야 하는 부분에 대해 단단히 교육해 두어 서로 존중하며 예의를 지키면서도 즐겁게 교류했다. 서로에게 편지를 쓰고 간식 선물을 담아 국제우편을 보내고 실시간 언박싱 시간도 가졌는데, 아이들의 얼굴에 번지는 기대와 설렘에 나 또한 보람을 느꼈다.

첫 국제 교류 도전을 마무리할 때쯤, 파트너 선생님께서 내년에 우리 학교에 방문해도 되는지 의견을 구했다. 차년도에는 어떤 학년에서 어떤 업무를 맡을지 알 수 없는 시점이었기에 동교과 선배 선생님들께 조언을 구하고, 파트너 선생님께는 세부 사항이 정해지는 대로 공유해 주면 학교에서 논의해 보겠다고 답했다. 그리고 겨울이 다가올 때쯤 차년도 업무로 인문사회부장을 맡게 되었고, 대만 교류 학교 초청 행사는 내가 부장으로서 스스로 기획하는 첫 행사가 되었다.

전년도 자료와 인수인계 문서를 통해 파악할 수 있는 일반적인 부장 업무와 달리, 개교 이래 역사에 없었던 행사를 학교 단위의 큰 규모로 운영하는 것에 대한 부담이 컸다. 비슷한 경험을 했을 법한 타 학교 선생님들께 자료를 요청해 보았으나, 주로 코로나 이전 시기의 운영 사례라 동떨어진 감이 있었다. 무엇보다도 외국어 및 국제화 특화 등 그 학교의 특색이 듬뿍 묻어나 차용하기가 쉽지 않았다. 형식과 틀 위주로만 참고하면서 이 행사의 기획자로서 어떤 부분에 중점을 두어야 할지 따져 보며 계획을 구체화했다. 또한, 이 과정을 혼자만의 힘으로는 해낼 수 없다는 생각에 국제 교류 TF팀을 꾸려 선생님들과 협업했다.

교육청에서 발간한 각종 자료를 찾아 읽고 연수를 들으며 교류 활동에 대한 이해를 높였다. 특히, 연수에서 기억에 남는 부분은, '그들만의 잔치'라는 불만이 국제 교류에 대한 대표적인 선입견이라는 것이었다. 이에 교육과정 내 창체 동아리를 통해 인연을 맺어 온 학교라는 맥락을 기반으로 학생 중심의 활동을 구성하고, 대만 방문단 학생들과 직접적으로 교류하는 본교 학생의 수를 최대화할 수 있는 방향으로 계획을 수립했다.

매 교시 본교 4개 학급이 방문단 학생들의 동행 학급으로 함께하여, 전일정에 걸쳐 2학년 8개 학급 전체와 1학년 4개 학급, 일부 3학년 학생들을 포함해 총 12개 학급의 약 440명 학생들이 대만 학생들과 직접 소통하도록 프로그램을 구성했다. 학생들은 꾸준한 교류 협력을 약속하는 MOU 체결식의 순간을 함께하고, 사전 교육을 바탕으로 모둠을 이루어 교정을 누비며 직접 방문단을 이끌고 학교 투어를 진행했다.

대면 교류의 교육적 의미를 높이기 위해 교류 수업은 문화 체험과 학술 교류로 구성했는데, TF팀 선생님들께서 다채로운 주제로 유익한 수업을 준비하셔서 대만 선생님들께서도 수업 참관에 여념이 없으셨다. 내가 준비했던 문화 교류 수업에서는 '무궁화 꽃이 피었습니다' 놀이에 관해 학생들과 사전 조사 및 자료를 준비해 두고, 당일에는 모둠별로 놀이 방법을 설명한 뒤 농구장에서 놀이 실습을 했다.

학술 교류 수업에서는 'Second Language Learning: Difficulties, Efforts and Goals'를 주제로 영어라는 외국어를 배우는 과정에서 느낀 어려움에 대해 공감대를 형성한 뒤, 서로 도움이 되었던 학습법을 공유하고 목표를 소개하며 학습 의지를 함양하도록 했다. 모둠 편성과 에듀테크 도구를 활용하여 사전 준비를 철저히 해 두었던 것은 물론, 토의에 적극 참여하며 서로의 사례 발표를 경청하는 학생들 덕분에 걱정했던 것 이상으로 학습 목표를 우수하게 달성할 수 있었다.

학생들이 4교시 수업반 친구들과 점심 모둠을 이루어 함께 밥을 먹고 교정을 누비는 동안, 나 또한 방문단 선생님들과 함께 점심을 먹으며 서로의 교육 제도와 학교 근무 환경에 관해 이야기를 나누었다. 그렇게 반나절 남짓의 일정을 마무리하며 학교 중앙 광장에서 단체 사진을 촬영하고, 떠나는

→ 대만 교류 학교 초청 행사 모습

버스에 힘차게 손을 흔들며 다음을 기약했다. 2024년 5월 17일 금요일을 위해 지난 겨울부터 준비해 온 과정이 주마등처럼 스쳐 갔다.

학교 단위 업무 수행 비법 노트

- **모든 것을 혼자 할 수는 없어요** – 부서원, TF팀 등과 협업 필수! 소통하지 않으면 나는 혼자 일하는 느낌이고, 주변 사람들은 도와주고 싶어도 무엇을 도와주면 좋을지 몰라요. 함께 고민하면 더 좋은 아이디어도 얻을 수 있어요!

- **부서 간에도 소통이 필요해요** – 강당 사용(체육과 선생님), 식단 편성(영양 선생님), 사전 교육(각 학년 담임 선생님), 식비 수납(행정실장님과 주무관님) 등 행사나 업무는 부서가 나뉘어 있어도 진행 과정에서 협조를 구할 일이 많아요. 계원이라면 부장님을 통해, 부장이라면 기획 회의 등을 통해 미리 취지와 목적, 일정을 공유 드리고 협조를 요청해 보세요!

- **보도 자료는 미리 작성해 두세요** – 유종의 미를 거두고 뿌듯한 행사를 오래 기록해 두려면 보도 자료나 기사화를 추천해요. 교육지원청 보도 자료는 행사 3일 전까지 제출해야 하고, 행사 직후 사진을 제출합니다. 지원청 발 홍보 요청 절차 공문을 참고해 양식과 사진 촬영 가이드를 확인해 보세요!

사실, 방문단이 처음 학교에 도착해 강당에서 국민의례를 하던 순간부터, 사회자 연단에 선 나는 눈물이 핑 돌았다. 지금은 울 타이밍이 아니라고 혼자 마음을 다독였다. 계획에 계획을 거듭해도 손 가는 일은 끝이 없었고, 빈

문서에서 시작한 아홉 장의 영문 시나리오를 쓰고 또 고치며 행사 진행을 머릿속에 그렸던 그간의 노력의 결실이 눈 앞에 펼쳐지자 감동이 차올랐다. 경험해 본 적 없는 일을 현실에 옮긴 내가 기특했고, 나의 창의력 종이는 한 뼘 더 커진 듯했다. 무엇보다도 학교 단위 대규모 업무 수행 방법을 톡톡히 배운 값진 경험이었다.

☺ 삶에서 출발하고 삶으로 향하는 KTX 영어 수업

2024년 1학기 모든 수업반의 첫 시간에 학생들에게 "올해는 여러분의 손과 입에서 나오는 영어가 많은 한 해가 될 것"이라 공표했다. 그 실천으로 5월에는 해외 학교 친구들을 학교에 초청했고, 수업 시간에는 KTX 프로젝트를 진행했다.

나의 목표는 학생들을 KTX에 태우는 것이었다. 먼저 지식(Knowledge)을 길러 주고자 어휘를 시작으로, 듣·말·읽·쓰의 다양한 활동 경험을 제공해 영어 교과 지식을 차곡차곡 채우도록 지도했다. 문장 쓰기 연습과 발표를 반복하며 인공지능 기반 도구를 활용해 말하기 학습을 병행했다.

영어 단어를 알아도 글을 쓰거나 말을 하기 어려운 이유가 말할 내용이 없기 때문이 아닐까 하는 고민을 바탕으로, 진로 분야의 책을 주제(Topic)로 설정하고 책에 대해 이야기하는 환경을 만들었다. 책의 내용을 한글로 먼저 설명한 뒤, 배운 교과 지식을 활용해 영어로도 소개해 보았다.

또한, 언어 사용의 목적을 부여하기 위하여 국제교류 파트너(eXchange partners)를 연결해 주고, 실제 해외 친구들에게 편지를 써 보도록 했다. 말을 하는 이유가 있고, 나의 이야기를 듣고 읽을 친구가 존재하는 것만으로도 학습 동기 부여가 될 것이라 생각했다.

이 과정을 함께한 학생들은 이미 지난 해 마음 보듬 수업으로 레포를 형성한 상태였고 선생님은 우리를 이해해 주신다는 믿음이 있어, 나 또한 보다 자신감 있게 긴 호흡의 프로젝트 수업에 도전해 볼 수 있었다. 이러한 프로젝트 수업을 계획할 때에는 아래 학생의 말에서 느낄 수 있듯, 단계적 과업 제시와 정서적 지지가 동기 부여에 큰 원동력으로 작용한다.

> "수업을 시작할 때 선생님께서 모르는 걸 알려 주지도 않고 하라고 하지 않겠다고 하시며 차근차근 다 알려 주시겠다고 하셨는데, 그 말씀을 듣고 막막했던 활동이 해 볼 만하다는 생각이 들었다. 동시에 수업에 더욱 집중할 수 있었다. 활동을 진행하며 어려운 점은 선생님께 말씀드려 도움을 구했고, 하나하나 수업을 따라간 결과 어느새 결과물이 완성되어 있었다."
>
> – 2024년 1학기 수업 경험 돌아보기 학생 답변 발췌

'가르치지 않은 것을 요구하지 않는다'는 원칙 아래, 단 하나의 정답을 누가 가장 빠르게 말하는지가 아니라 각자의 속도대로 각자의 답을 말할 수 있는 수업을 만들어 가고 싶었다. 이에 단어를 가르친 뒤에는 해당 어휘의 빈출 조합(Collocation)을 활용해 문장을 써 보도록 했고, 영작과 발표가 익숙해진 뒤에는 주제 영역을 부여해 과업의 난이도를 조금씩 높여 갔다. 작성한 문장은 글의 일부가 되었고, 완성한 글은 캐나다 친구에게 보내는 편지가 되었다.

다수 앞에서 발표하는 과정이 익숙하지 않은 학생들을 위해 발표 피드백

의 핵심은 칭찬에 두었다. 나의 수업을 "틀려도 부끄럽지 않은 분위기"라고 묘사한 한 학생의 말처럼, 학생들의 영작 결과를 학생들의 입장에서 고민해 보며 노력과 과정을 인정하고 격려했다. 동시에 교사 역시 외국어 학습자로서 정답을 알려 주는 사람이 아니라, 더 나은 발화를 위해 함께 고민하는 동반자로 인식할 수 있도록 했다. 덕분에 발표와 피드백은 일방적 평가가 아니라, 개선과 발전을 위한 양방향 소통의 과정이 될 수 있었다.

● 국제 교류 파트너, 어떻게 구해요?

감사한 기회로 2023년 여름, 경기도교육청 국제교육원 영어심화연수 대상자로 선발되어 캐나다에 3주간 체류하며, 현지 학교에서 한국 문화 수업을 실습하고 다채로운 교수법을 배워 왔다. 국외 연수 과정에서 일과 후 저녁 시간과 주말은 개인 활용이 가능했기에, 실습 준비와 담임 학급 관리 및 수업으로 바쁜 와중에도 다가올 나의 여름을 상상하곤 했다.

내가 방문한 지역은 캐나다 온타리오의 주도인 토론토 서부의 미시소가라는 도시였다. 캐나다 방문이 처음이고 이번 방문 이후로 조만간 또 방문할 기회가 쉽게 찾아오지는 않겠지만, 광역 토론토 일대의 유명한 장소를 방문하는 것에는 마음이 크게 동하지 않았다. 무언가 특별한 추억을 남기고 싶었고, 문득 3주간 같은 숙소에 머무른다는 것이 곧 3주만큼은 나도 현지인의 삶을 살아 볼 수 있는 기회라는 생각이 들었다.

이에 로컬의 삶을 목표로, 온라인 검색을 통해 알아본 현지 러닝 크루에 합류해 출국 한 달 전에 간단한 자기소개와 함께 인사를 남겼다. 숙소로 머물렀던 토론토 미시소가 대학(University of Toronto Mississauga) 캠퍼스

인근에서 러닝 번개를 제안해 보았는데, 출국 날까지 아무도 답해 주지 않았다. 아쉬운 마음을 뒤로 하고 다가온 대망의 출국 날, 체크인과 출국 수속을 모두 마치고 비행기에 탑승하려는 순간 손에 들고 있던 휴대폰에서 알림이 왔다. "환영해! 함께 하자!"

역대급 짜릿함이었다. 너무 신이 났는데 곧 스마트폰을 비행기모드로 전환해야 했기에 급히 답장을 남겼다. "나 지금 비행기 타거든! 월요일 저녁에 만나자!" 그렇게 캐나다 생활 첫날 저녁부터 현지 모임 친구를 만나 캠퍼스 런을 즐겼다. 혹시나 위험하진 않을까 하는 걱정을 덜 수 있었던 건, 운 좋게도 현지에서 만난 친구 Tim이 섬세하고 꼼꼼한 친구인 덕분이었다. 러닝에 진심이었던 Tim은 자신의 러닝 기록 앱 계정을 공유해 주며 캠퍼스에서 차량 이동 없이 바로 달릴 수 있는 경로를 미리 보내 주었고, 자신의 직업 포트폴리오 링크를 공유해 주어 음악 학원을 운영하고 있다는 사실도 알게 되었다.

Tim과의 인연은 연수 기간 내내 이어졌다. 첫 러닝 이후에는 연수생 선생님들과 함께 크루의 정규 런에 참여하며 러닝을 즐기는 다양한 친구들

캐나다 현지 학교에서의
수업 실습

을 만났다. 온타리오 호수를 끼고 크루와 함께 달리며, 여행자로서는 해 보기 어려웠을 현지 경험을 누렸다. 함께 한 연수생 선생님들이 모두 영어 교사였기 때문에 종종 학교 이야기를 하곤 했는데, 문득 Tim이 본인도 학교에서 음악을 가르치려고 계획 중이라 말했다. 이에 학교 근무를 하게 되면 꼭 알려 달라고, 우리 두 학교가 국제 교류를 해 보자고 신이 나서 말했는데 2024년 새 학기 시작 전 Tim에게 메일이 왔다. "나 학교 가!"

그렇게 2024년 KTX 영어 수업에서는 Tim이 근무하는 학교의 학생들을 eXchange partners로 삼아, 자신의 진로 분야 도서를 소개하는 편지를 보내는 프로젝트를 수행했다. 두 학교 학생들을 1대 1로 연결하고 우리 학교 학생들에게 편지 받을 친구의 이름을 꼬리표처럼 나눠 주었는데, 지구 반대편에 자신의 편지를 기다리는 친구가 있다는 생각에 기쁜 미소와 설렘이 가득했다. 나 또한 친구와 협업하는 것이라 소통 과정이 훨씬 수월했다.

Tim과의 신기한 만남이나, 선배 선생님의 소개로 만나게 된 대만 선생님과의 관계 모두 다시 얻기 어려운 흔치 않은 소중한 인연이다. 이런 우연과 행운이 따라야만 국제 교류를 시작할 수 있는 걸까? 그렇지만은 않다.

본격적인 경험을 이제 겨우 일 년 남짓 쌓아 가고 있는 나에게 아직 국제 교류는 새롭고 어렵다. 교실이라는 테두리 밖의 다양한 요소를 고민해야 하고, 기술적 문제나 소통 오류 등으로 예상치 못한 문제가 찾아오곤 한다. 하지만 영어 의사소통 역량 강화는 물론 글로벌 리더십 함양과 다문화 이해, 국제적 유대 형성과 협력 도모 같은 가치를 실현할 수 있는 국제 교류 활동은 영어 교사라면 꼭 한번 도전해 볼 만한 과제로 추천한다.

4 영어의 매력에 빠져 봐!

초등학교 시절에 영어 일기를 쓰기 시작하며 영어의 매력에 흠뻑 빠져들었다. 새로운 언어는 새로운 세상과 같았다. 같은 의미를 다른 말과 소리로 표현해 보는 일이 즐거웠고, 그렇게 할 수 있는 내 모습이 좋았다. 마침, 3학년 때부터는 학교에서도 영어를 배우기 시작했고, 점차 영어는 나를 설명하는 중요한 한 부분이 되어 갔다.

외국어 학습 과정은 새로운 자아를 형성하는 것과 같다. 때로는 언어 자아가 방어 기제를 발휘하여 자신의 취약한 모습을 감추려 할 수도 있다. 자아 보호를 위한 방어적 태도를 자연스럽게 받아들이며 새로운 언어를 구사하는 나를 '부캐'라고 생각해 보면 어떨까? 차곡차곡 경험치를 쌓는 나의 부캐를 토닥이고 격려하며, 나의 부캐 형성에 도움이 되었던 몇 가지 공부법을 소개하고자 한다.

● 입력, 그 다음 출력

현재 자신의 영어 실력을 기준으로 영어를 듣고 읽는 입력 기능은 그 수준보다 조금 높은 단계를 소화할 수 있으나, 읽고 쓰는 출력 기능은 그 수준 아래에서 가능하다고 한다. 그렇기 때문에 출력 과정에 어려움을 겪는 것은 당연한 것이고, 기대한 만큼 출력이 되지 않는다고 해서 자신을 과소평가할 필요는 없다.

교환학생을 준비하는 나에게 교수님께선, 가서 배우려고 하기보다는 가서 배운 것을 써 보려 해야 한다며 좋은 입력이 좋은 출력으로 이어진다고 조언해 주셨다. 따라서 출력을 기대하기 전에 풍부한 고품질의 입력이 선행되어야 한다. 아직 말을 배우지 못한 어린 아기가 주변 사람들의 말과 소리를 듣고 따라 하는 것처럼, 따라 해도 될 만한 좋은 자료를 보고 듣는 과정이 반드시 필요하다.

입력은 출력에 비해 단조롭고 일방적인 상황이 많기 때문에, 온전히 입력에만 집중하려 하면 오히려 생각이 다른 곳으로 흘러 집중력이 흐트러지기 쉽다. 그래서 흘러가는 시간 속에 입력 루틴을 만들어 보는 방법을 추천한다. 등굣길에 나서기 전 교과서 본문 음성 파일을 들으며 소리에 집중하다 보면, 어느 날 나도 모르게 들었던 어구를 중얼거릴 수 있다. 관심 분야의 영상을 영어 자막과 함께 시청하거나, 팝송을 들으며 가사를 떠올려 보는 것도 좋은 방법이다. 나 또한 고등학교 내내 Mika, Jason Mraz, Maroon 5의

음악을 들으며 자연스레 발음과 억양, 문장 구조를 배울 수 있었다.

● 영어 공부, 어디서부터 시작할까?

영어 공부법에 대해 물으면, 단연코 가장 먼저 추천하는 일은 단어 암기이다. 단어라는 조각이 모여 문장을 만들고 글을 구성하기에 가장 먼저 어휘 학습을 추천한다. 내신을 위한 공부라면 교과서와 시험 범위의 단어를, 수능을 위한 공부라면 자신의 수준에 맞는 단어장을 외워 탄탄한 토대를 만들어야 한다.

공부법은 시기에 따라 달리 접근할 필요가 있다. 어휘 학습 역시 저학년일수록 보다 근본적이고 총체적인 방식으로 접근하되, 이는 상대적으로 시간적 여유가 있기에 가능하다. 반면, 고학년의 경우 모의고사에서 틀린 지문의 어휘를 외우는 것과 같이 보다 세부적이고 분석적인 접근법이 필요하다. 영어 공부에 있어 마음에 밟히고 걱정이 되는 부분은 어떤 방식으로든 반드시 다루어야 자신감을 잃지 않을 수 있다.

특히, 어휘 공부에서는 발음을 알아두는 노력이 꼭 필요하다. 어느 날, 매학기 치르는 전국 단위 영어 듣기평가에서 난생처음 듣는 단어가 나왔다. 도저히 무슨 뜻인지 몰라 시험을 마치고 찾아보니 최근에 외운 'muscle'이라는 단어였다. 철자와 의미는 알고 있었지만, 당연히 끝소리가 [kl]이겠거니 하고 발음도 찾아보지 않았던 단어였다. 그 경험 덕분에 단어를 외울 때는 쉬워 보이더라도 발음을 꼭 듣고 따라 해 보는 습관이 생겼다.

한글을 읽고 쓸 줄 아는 초등학교 저학년 정도만 되어도 배운 적 없는 한글 단어의 소리만 듣고 정확하게 쓰거나, 쓰여 있는 한글 단어를 정확한 소리로 읽는 것이 대부분 가능하다. 그러나 한글과 달리 영어는 그 단어의 정확한 발음을 알기 위해서 반드시 배우고 확인하는 과정이 필요하다. 영어 실력이 향상될수록 경험치 덕분에 발음을 정확하게 추측해 낼 가능성이 높아질 수 있지만, 같은 철자라도 강세나 환경에 따라 다르게 발음하는 경우가 많다. 따라서 철자와 의미를 공부할 때 발음을 함께 공부해 두어야, 나중에 다시 발음을 공부하는 번거로움과 비효율을 예방할 수 있다.

공부하다 발견한 어휘의 특이한 발음을 어떻게 기억하고 기록하면 좋을까? 한글로 발음을 써 놓기보다는 발음 기호를 활용해 보는 것을 추천한다. 알파벳 철자와 비슷하게 생긴 영어 발음 기호는 그 환경에서 해당 철자가 어떤 소리를 내는지 정확하게 기록할 수 있는 유용한 도구이다. 각자 선호하는 학습 방식에 따라 다를 수 있겠지만, 발음 기호는 귀납적 방식으로 배우면 조금 더 효율적인 것 같다. 이미 정확한 발음을 알고 있는 몇 개의 단어를 사전에서 찾아보면, 단어 아래 대괄호 또는 빗금 사이에 제시된 발음 기호를 확인할 수 있다. 이를 기반으로 대부분의 기호가 내는 소리를 파악해 둔 뒤, 익숙하지 않은 몇 개의 발음 기호는 그 소리를 배운 뒤 해당 기호가 포함된 단어를 몇 개 찾아보는 연역적 접근으로 보완할 수 있다.

어휘를 쌓아 가는 동안 할 수 있는 좋은 영어 공부법으로 혼잣말을 추천한다. 나는 새 영어 단어를 배우면, 그 단어의 의미를 학생들에게 영어로 설명하는 것처럼 혼자 상황극을 해 본다. 물론, 주로 혼자 있을 때 한다. 한동안 출퇴근 시간이 꽤 길었던 시기에는 운전하는 동안 학교에서 있었던 일을 외국인 친구에게 설명하는 상황극을 하며 영어로 혼잣말을 하곤 했다. 내가 모르는 것이 무엇인지를 아는 메타인지를 발휘할 때 공부의 효율을 높일 수 있는데, 혼잣말을 하다 말문이 턱 막히는 순간 그 부분을 채울 수 있는 단어나 문법을 찾아보면 영어 실력을 좀 더 탄탄하게 쌓아 올릴 수 있다.

● 모든 공부를 위한 시간 관리: 플래너 사용하기

플래너를 쓰기 시작한 건 고등학교 1학년 4월쯤이었다. 중학교와는 달리 고등학교에 오니 과목도 다양하고 하루 일과가 훨씬 길어졌다. 같은 과목인데도 선생님이 두 분 들어오시기도 하고, 선생님마다 주시는 과제와 진행되는 수업 흐름이 다양해 정신이 없었다. 그러던 어느 날, 사회 선생님께서 수업에 들어오셔서는 쪽지 시험을 보자고 하셨다. 그 순간 기억이 났다. 지난 시간에 쪽지 시험 볼 거라고 말씀하셨지?

중학교와 달리 고등학교는 과목이 다양하고, 같은 과목 내에서도 여러 선생님이 들어오시는 경우가 많기 때문에 기억에만 의존해 일정을 관리하는 것에는 한계가 있었다. 여러 과목에서 동시다발적으로 진행되는 과제와 수행평가는 물론, 자율적으로 참여하는 각종 프로젝트 활동과 방과후 개인 일정 등 고등학생의 일과는 기록이 필요하다.

플래너를 처음 사용하는 학생들이 가장 많이 하는 실수 중 하나는 바로 플래너를 일기장처럼 사용하는 것이다. Plan이라는 단어가 의미하는 바와 같이, 플래너는 할 일을 계획해 두는 공간이다. 무엇을 했는지 떠올려 기록하는 일기와 달리, 플래너에는 해야 하는 일을 생각해 목록을 만들어 두고 실천 여부를 기록해야 한다. 오늘 해야 하는 공부는 이미 어제 계획을 세워 플래너에 기록해 놓았고, 아침에 학교에 와서 플래너를 열어 보면 이미 오늘 할 일이 정해져 있다. 무슨 공부를 해야 할지 고민하지 않아도 된다.

플래너를 사용할 때 빈번하게 발생하는 두 번째 실수는 바로 정성적으로 계획을 세우는 것이다. 관심을 기울이고 애써 정성스럽게 계획을 세운다는 의미가 아니다. 어떤 연구를 할 때 정성적으로 접근한다는 것은 직관이나 통찰을 활용해 질적 수준을 평가하는 것을 의미한다. 이와 달리 수치를 활용해 양적으로 접근하는 것을 정량적이라고 표현하는데, 플래너에 기록하는 할 일은 정량적으로 표현해야 한다.

플래너에 '영어 공부 열심히 하기'라는 계획을 기록했다면, 달성 여부를 어떻게 판별할 수 있을까? 누군가에게 30분만 교과서를 보면 되는 것일 수도 있고, 한 단원을 전체 복습해야 공부한 것일 수도 있다. 정성적인 목표의 달성 여부는 개인 판단에 달려 있어서 타협하거나 거짓을 기록하기 쉽다. 기분이나 상태에 따라 다르게 판단하고 이 정도면 되겠지 하며 타협하면 양심의 가책이 느껴지고, 결국 스스로에 대한 믿음과 자신감이 동나게 된다.

반면, 정량적 목표는 누가 봐도 달성 여부를 똑같이 판별할 수 있다. 교과서 본문 한 번 옮겨 쓰기, 단어 서른 개를 철자만 보고 뜻을 모두 쓸 수 있을 때까지 외우기, 시험 범위 모의고사 지문 다섯 개 소리 내어 읽기 등 숫자로 표현한 목표는 달성 여부가 명확하다. 언제나 누구라도 똑같이 판단할 수 있기에 목표 달성이라고 체크하는 손에는 자신감이 실리고, 진실하게 기록해 온 노력을 잘 알기에 자신을 더 믿게 된다.

양적 목표를 수립할 때는 그 목표의 크기에도 주의를 기울일 필요가 있다. 할 일을 너무 큰 단위로 기록하게 되면 포기하기도 쉽다. 한 시간 반 정도 걸리는 어떤 과업이 있다면, 이를 45분짜리 두 개로 나눠 볼 수 있다. 하루 일과가 지체되거나 예상치 못한 상황이 생겼을 때, 해야 하는 일은 한 시간 반짜리인데 남은 시간이 한 시간 정도라면 그 일을 통째로 포기하기 쉽다. 하지만 45분짜리 과업 두 개가 남아 있다면 하나쯤은 해낼 수 있으니 다른 하나만 미뤄도 된다.

플래너를 사용하는 것뿐만 아니라 공부에 시간을 쏟는 것이 아직 어색한 학생이라면, 짧은 목표를 세우는 것을 추천한다. 한 시간짜리 목표보다는 20분짜리 계획을 세 개 세워 보자. 해냈다는 체크 표시도 세 번 할 수 있어 세 번 기분 좋을 수 있다. 좋은 기분은 동기를 부여하고 꾸준히 할 수 있는 힘이 된다. 처음부터 영어 모의고사 70분 1회를 한 번에 풀려 하지 말고, 듣기와 독해 두 파트 정도의 세 부분으로 나누어 도전해 보자. 점차 익숙해지면 계획의 단위를 조금씩 늘릴 수 있고, 그러다 보면 언젠가 모의고사를 한 번에 풀어도 집중할 수 있게 될 것이다.

플래너 사용 원칙

1. "한" 일이 아니라 "할" 일을 "했는지" 기록하기

2. 수량화할 수 있는 계획 수립하기

3. 작은 단위로 계획 세분화하기

마지막으로, 혹시 플래너에 계획한 모든 일을 매일 다 해내고 있다면, 세운 계획이 자신의 가용시간에 비해 다소 부족한 것은 아닌지 의심해 볼 수 있다. 내일 하루를 머릿속에 그리며 할 일을 계획하되, 너무 많은 계획을 세워 미루거나 너무 적은 계획을 세워 시간을 낭비하는 일이 없어야 한다. 너무 많거나 적지도 않은 적절한 수준은 어떻게 판단할 수 있을까? 플래너를 꾸준히 작성하며 반복적으로 경험하면 체득할 수 있을 것이다.

"무엇보다 공부를 시작할 때마다 엄습하는 불안감이 가장 힘들었던 것 같아요. 그럴 때마다 선생님께서 주신 플래너를 보며 선생님을 떠올렸어요. 포기하지 않고 하면 된다고 단호하게 해 주신 말씀을 생각하면 먼 미래에 대해 막연히 불안해하지 않고 천천히 한 발짝씩 나아갈 수 있었어요. 선생님께서 알지 못하셨던 순간에도 저는 선생님을 생각하며 단단해지고 조금씩 앞으로 나아갔습니다."

– 2024년 수업 반 학생의 편지

● 공부는 자신과의 밀당: 당근과 채찍 사용하기

초등학교 시절 처음 사용해 본 컴퓨터의 모니터는 정면 가로보다 앞뒤로

더 길었다. 그 두꺼운 모니터를 뚫어져라 쳐다보며 아버지께 배운 ☆크래프트 게임을 즐겼다. 지금 생각해 보면 뜻도 모르는 영어 단어를 주문처럼 외워 치트키를 입력하고, 적군의 공격에 조마조마하며 게임을 했던 모습이 참 웃기다. 그런 게임 사랑은 쑥쑥 자라 킬링타임 명작 청룡열차타이쿤으로 이어졌고, 고등학생이 되어서는 한동안 게임을 못 할 때마다 게임 화면이 어른거렸다.

가끔씩 게임을 켜면 그 순간이 너무 소중한데 왠지 모르게 가족들의 눈치를 보게 되고, 또 게임을 신나게 하고 나면 죄책감이 몰려오기도 했다. 그렇지만 고등학교 3년 내내 게임을 안 하고 살 자신도 없었다. 그렇게 나만의 규칙을 만들었다. 토요일 오전은 게임 시간! 평일에는 단호한 채찍으로 꾹 참았다가, 토요일에는 아침에 눈 뜨자마자 컴퓨터를 켰다. 평일에 열심히 공부하는 것과 마찬가지로 토요일 오전에 열심히 게임을 하는 것도 나와의 약속이기에 성실하게 지켰다. 그리고 12시에는 컴퓨터를 끄고 점심을 먹은 뒤 독서실로 향했다.

성인이 되고 보니 게임 말고도 재미있는 게 많고, 또 바쁘게 살아가는 삶 속에 오롯이 아무 생각 없이 보낼 수 있는 시간이 생각보다 많지 않아 이제 게임은 과거의 즐거웠던 추억으로 남았다. 하지만 게임이 너무 소중했던 그 당시 누군가 "나중엔 시간이 있어도 게임에 손이 안 갈 걸.", "어른 되면 하고 지금은 공부에 집중해."라고 말했다고 해도 마음에 와닿지 않았을 것 같다. 사람은 자율적인 선택을 내릴 수 있을 때 더 큰 책임감을 느끼며 더 우수한 성취와 결과를 내고, 무엇보다도 더 행복하다. 행복한 수험생활을 위해 여러분 스스로와의 밀당에서 당근과 채찍을 사용해 보기를 추천한다.

교사가 보여 주는 관심과 사랑만큼이나, 학교생활과 성취에 대한 객관적 지표인 성적도 학생들에게는 아주 중요하다. 특히, 대입을 앞둔 고등학생들에게 영어 수업이 재미있고, 편안하고, 기다려지는 것은 일상의 기쁨과 활력이 되지만, 영어 교과에서 좋은 성적을 거두는 것은 입시에서의 필요와 직결되는 문제이기에 때로는 더 큰 가치로 느껴지기도 한다.

평가는 단순히 그 결과의 높낮이를 넘어 학생과 교사 모두에게 유익한 정보를 전달한다. 학생들에게는 수업 내용을 얼마나 잘 소화해 냈는지 확인할 수 있는 지표가 되고, 교사에게는 가르친 내용이나 방식에 대한 피드백이 된다. 교수평기의 각 영역에 고루 전문성을 발휘하는 것이 교사의 역할이지만, 성적으로 대표되는 평가 결과에서 학생과 학부모, 때로는 교사까지 교육의 모든 주체가 교육활동의 의미를 찾기도 한다.

💬 가르친 것을 평가하는 것

지필평가 대비 공부로 학생들이 힘들어하는 만큼, 출제 역시 교사에게 쉽지 않은 과정이다. 학기 초 수립한 평가 계획에 근거하고, 수업에서 가르친 내용을 평가하면서도 학생들을 변별할 수 있으며, 논란의 여지가 없는 문항을 개발하고자 출제 기간에는 신경을 바짝 곤두세우곤 한다. 다른 학년 영어과 선생님들과 교차로 검토하는 것은 물론, 시험 시간 중에도 기민하게 반응하며 채점과 변별까지 마무리한 뒤에야 안도의 한숨을 내쉬곤 한다.

수행평가 또한 평가 요건을 충족하면서도 지필평가보다는 다양한 형식과 방법을 시도하며, 유의미한 수행의 과정과 결과를 모두 아우르는 평가를 계획하고자 노력하고 있다. 지필평가에 비해 평가 운영 과정의 긴장도는 덜하지만 단번에 결과를 확인하는 지필평가와는 달리, 과정을 관찰하고 피드백을 통해 더 나은 결과를 도출할 수 있도록 돕는 과정 또한 그만큼 고되다.

평가의 형식과 관계없이 중요하게 생각하는 원칙은, 바로 가르친 것을 평가하겠다는 다짐이다. 초임 교사 시절 논술형 수행평가를 공지하고 시험 날 학생들의 모습을 보니, 학원이나 과외에서 제공 받은 모범답안을 외워 와서 옮겨 쓰고 있었다. 글쓰기가 아니라, 누가 잘 외웠는지를 평가하는 것 같았다. 수업의 의도와 평가의 방향이 와르르 무너지는 느낌이었다.

그래서 평가에 다다르기까지의 준비가 수업 중에 충분하게 진행되었는지 역으로 고민했다. 사교육의 도움 없이 혼자 공부하는 학생들도 수업을 통해 단계적으로 준비해, 주어진 주제에 대한 글을 쓸 수 있는 구조와 틀이 필요했다. 이에 논술형 평가를 계획할 때는 항상 모델링을 통해 직접 학생의 입장에서 작성해 본 글을 기반으로 사고 과정과 필요한 고민을 명확하게 전달했다. 또한, 각 단락을 구성하기에 앞서 문장 단위의 학습을 선행하고, 학생들이 교사와의 중간 점검을 통해 보완할 수 있는 피드백 시간을 가졌다.

이러한 접근은 지필평가에서도 마찬가지였다. 시험 문제를 보고 '아, 수업 때 했던 활동이 이렇게 시험으로 나왔네!' 하는 반가움을 느낄 수 있길 바란다. 수업을 잘 들으면 지필과 수행평가를 준비할 수 있고, 수업에 집중하는 것이 곧 시험 대비라고 느낄 수 있는 시험을 만들고자 노력하고 있다.

03

나의 꿈,
나의 **새로운 인생**

학생들을 가르치는 교사에게도 끊임없는 배움의 노력이 필요하다. 교과 영역은 물론 학급 관리나 다문화, 안보 등 다양한 분야의 강의를 수강하는데 이를 연수라고 부른다. 연수는 일정 기간 내 일정 시간 이상을 이수해야 하는 법정 의무 연수와 특정 자격을 얻기 위해 이수해야 하는 자격 연수, 직무 수행 능력 함양을 위한 직무 연수 등이 있으며, 각 연수 과정의 필요에 따라 원격이나 집합 연수로 운영된다. 또, 평일 야간이나 방학 또는 휴직을 통한 학기 중 대학원 과정 이수를 통해 배움의 깊이를 더할 수도 있다.

🙂 소속 학교 선생님과 하나 되어, 학교 안 전문적 학습 공동체

학교에서는 선생님들과 '전학공'이라 부르는 팀을 꾸려 꾸준히 만나며 선정한 주제로 함께 공부한다. 학교마다 보통 매주 특정 시간을 정해 시간을 확보하며 연간 15시간 정도를 필수로 운영하는데, 같은 교과 선생님들끼리 모이거나 학교 자율과정을 함께 운영하는 선생님들끼리 한 팀을 만들기도

하고, 특정 주제에 관심 있는 선생님들끼리 모이기도 한다.

선정한 주제로 함께 공부하며 책을 읽거나, 필요한 경우 외부 강사를 모셔 특강을 듣고, 다른 연수에서 수강한 유익한 내용을 공유하기도 하는 등 다양한 방식으로 전학공을 운영할 수 있다. 특히, 전학공의 중요한 역할 중 한 가지는 바로 소통 창구 기능인데, 특정한 주제로 매달 정해진 시간에 모여 서로의 의견을 나누는 과정에서 서로의 수업 고민과 주제에 관한 발전적 고찰을 공유할 수 있다.

● 학교 밖 선생님들을 만나는 곳, 학교 밖 전문적 학습 공동체

전학공은 학교 밖에서도 이루어진다. 학교 안 전학공이 모든 교사에 대해 의무적으로 자율성을 발휘하도록 하여 제도적으로 다소 모순적인 상황이 생기기도 하는 것과 달리, 학교 밖 전학공은 연구회라는 이름으로 교사들의 자발적 참여를 기반으로 운영되는 자생적 조직이다.

연구회의 영역은 특정 교과 및 교과 간의 융·복합을 아우르는 교과와, 미래교육·IB·디지털시민·고교학점제·진로직업교육 등 교과 외 교육 주제를 다루는 범교과, 지역 정책의 현장 적용 가능성을 모색하고 일반화하며 정책을 실현하는 목적을 가진 정책실행 연구회로 구분된다. 또한, 위계 상으로는 지역 교육지원청 산하의 지역 연구회와 도 교육청 산하의 도 연구회가 있는데, 도 연구회의 경우 연계한 지역 연구회가 있는 경우 연계형, 없는 경우 독립형으로 구분한다.

보통 매년 3월 초 연구회 공모 신청 알림 공문이 내려오면 신청서를 작성해 제출하는데, 일괄 부여되는 공통 과제와 연계한 자율 연구 과제를 설정해야 한다. 심사 결과는 4월 초 정도에 발표되며, 주로 11월 정도에 연구 활동 보고서를 제출한다.

● 평행선 영어교육연구회

신규 교사 첫해였던 2016년 어느 겨울날, 한 선배 선생님께서 연구회 활동을 제안해 주셨다. 당시 평택에는 현 경기도교육청 국제교육원의 전신인 경기도 언어교육연수원이 있었는데, 소속 연구사님께서 기틀을 마련해 주신 덕분에 '평택의 행복한 선생님들의 모임'이라는 '평행선 영어교육연구회'가 2017년 평택 지역 신규 연구회로 만들어졌고 간사로 함께하게 되었다.

연구회 활동은 영어 교사로서의 성장에 가장 큰 힘이 되었다. 다채로운 수업 자료와 노하우를 얻을 수 있는 것은 물론, 무엇보다도 더 나은 수업을 위해 고민하고 연구한 바를 함께 나눌 수 있는 든든한 동료 선생님들을 만날 수 있어 행복했다. 학교 일과를 마치고, 게다가 신규 첫해 여름 방학에 면허를 겨우 땄기에 초보 운전 실력으로 초임지인 동탄에서 평택으로 가는 길이 쉽지는 않았지만, 고된 일정에도 자리해 주신 열정 있는 선생님들로부터 수업을 발전시킬 수 있는 더 큰 동기 부여를 받곤 했다.

새로운 수업 자료와 에듀테크 도구를 배워 적용해 보고 나의 경험을 나누기도 하며 연구회 활동은 내 수업을 채우는 힘이 되었다. 유익한 연구 활동들이 몇 년간 이어졌는데, 코로나 여파로 교육 활동에 많은 제약과 어려움이 따랐던 2020년에는 비대면 모임을 통해 온라인 수업의 문제점들을 상황극으로 풀어 보며 현장의 문제를 개선하기 위해 함께 머리를 맞대었다. 그리고 2021년부터는 전임 회장 선생님의 지역 이동으로 평행선 연구회를 화성·오산으로 가져와 신규 연구회로 출범하며, 회장직을 맡게 되었다.

우리 연구회는 언제든 수업 고민이 있을 때 찾아올 수 있는 편안한 연구의 장이라는 정체성 아래, 정기적인 수업 사례 나눔을 통해 교과 전문성을 높이고 수업 아이디어를 나누고 있다. 연구회의 문턱을 낮추어 연구 활동 결과를 연구회 밖으로도 널리 공유해 협력적 교과 연구 문화를 조성하고 있으며, 특히 신규 및 저경력 교사의 유입이 많은 지역적 특성을 고려해 2023년부터는 연구회 내 자체 멘토링을 운영하기 시작했다. 연구회원 중 멘토와 멘티를 지원 받아 조건에 맞게 배정하고, 나 또한 멘티 선생님과 소통하며 올해 연구 목표인 '학생 참여 기반 미래형 영어 수업 모델 개발 및 교사 간 멘토링을 통한 성장 지원 시스템 구축'을 실천하고자 노력하고 있다. 자생

연구회에서 영어 심화 연수 후기를
나누는 모습

력을 바탕으로 꾸준히 성장한 우리 연구회는 지역 우수연구회로 지정되기도 했으며, 지역 내 탄탄한 교과 연구 커뮤니티로 자리 잡고 있다.

다른 지역의 영어과 연구회와도 교류하며 성장의 동력을 얻고 있는데, 그러한 교류의 구심점 역할을 하는 것이 바로 도 단위 연구회인 경기도중등영어교육연구회(GETA)이다. 하계 및 동계 세미나를 통해 도 단위 연수 및 전국 단위 학술 포럼에 참여하고, 영어과 선배님들의 조언과 격려에 힘을 얻을 수 있었는데, 교사의 학교 밖 활동 중에서는 이러한 연구회 활동을 가장 추천하고 싶다.

2 ▶ 앞으로의 목표

교사 경력 9년 차인 2024년에는, 해를 거듭할수록 익숙해지고 편해질 것이라는 초임 교사 시절의 기대와는 달리 매년 새로운 도전 과제가 눈앞에 찾아와 어렵고 힘들기도 했다. 출장으로 경기도교육청 광교 신청사에 처음 방문했던 날, 언제나 교과 수업 역량 계발은 물론 교직 생활 전반에 대해 가르침과 조언을 해 주시는 장학사님께서는 청사 내부를 소개해 주시며 이런 나의 고민이 "경력에 맞는 일을 하게 되기 때문"이라고 말씀해 주셨다.

숫자를 읽고 쓸 줄 알게 되면 더하기를 배우고 곱셈과 나눗셈을 배우듯 배움에는 순서가 있고, 교사 또한 성장 주기에 따라 쌓이는 경험과 역량만큼이나 기대와 요구 또한 커진다는 것을 깨달으며, 남은 교직 인생에서는 다음의 목표들을 이루어 나가고 싶다.

☻ 함께 성장하는 교직 문화 실천하기

교직에 입문하며 얻은 가장 큰 행운 중 하나는 좋은 선배 선생님들을 많이 만났다는 것이다. 지역 연구회 활동의 시작을 닦아 주신 연구사님과 간사로 함께 하게 해 주신 회장 선생님, 연구회에서의 인연으로 같은 학교에 근무하며 국제 교류를 알려 주신 선배 선생님, 도 연구회의 든든한 버팀목이 되어 주시며 도 대표 전국 학술 포럼 준비를 든든하게 도와주신 부장님, 교직 인생 설계에 조언을 나눠 주신 연구사님까지, 그저 선배라는 이유로 후배 교사를 이끌어 주신 감사한 분들이 많았다.

받은 사랑을 후배 사랑으로 실천하는 것이 이제 10년 차가 된 나에게 필요한 역할이라는 생각이 든다. 대단한 역량과 열정을 가진 후배 선생님들로부터 때로는 좋은 아이디어와 동기 부여를 얻기도 하는데, 소속 학교와 교과 연구회를 거점으로 나의 경험을 나누고 함께 동료로서 성장하는 일이 지금 경력에 맞는 일이 아닐까 생각해 본다.

☻ 일방적 가르침이 아닌, 서로 배우는 삶

2024년 여름날 수원에서 출발해 경상도로 가는 장거리 여정 중 환승을 하며 선행 열차에 가방을 놓고 내렸다. 가방이 없어진 걸 알았을 때는 어디에 뒀는지조차 떠오르질 않아 정말 당황스러웠다. 발을 동동 구르다 후행 열차에서 만난 친절한 승무원님 덕분에 다행히 며칠 만에 가방을 되찾았다.

심장이 철렁하는 경험을 하고 보니 학생들이 문득 떠올랐다. 수업을 마치고 교무실 자리에 앉으면 쪼르르 찾아와 교실에 두고 온 스톱워치를 가져다주는 모습, 텀블러는 다반사이고 종종 스마트폰까지 두고 오는데 학생들이 챙겨서 교무실로 가져다주던 모습이 그려졌다. 완벽하지 않은 줄은 알았지만 나름 완벽을 추구하며 살고 있다고 생각했는데, 학생들이 나의 부족한 부분을 채워 주고 있었다는 것을 새삼 깨달을 수 있었다.

학생들의 말이나 행동에도 새삼 놀랄 때가 많다. 내가 고등학생 때라면 저렇게 할 수 있었을까 싶은 멋진 태도에 박수를 보내고 싶은 경우도 많았다. 학생들에게 교사는 본보기가 될 수 있어야 하고 언제나 그들 앞에서는 어른이지만, 학생들이 가르치기만 하는 대상은 아닌 것이 확실하다. 한 학생은 학교 행사에서 나를 '우리의 이야기를 경청해 주시는 선생님'이라고 소개했는데, 나의 경청하는 태도는 학생들에게서 배울 점이 있다고 생각하기 때문에 나온 것 같다. 남은 인생을 선후배 동료뿐만 아니라 우리 학생들로부터도 좋은 가르침을 얻어 채워 나가고 싶다.

😀 누구보다도 나를 아끼고 사랑할 것

수업을 잘하고 싶어 노력하다 보니 각종 연수에 강사로서 강의도 다니고, 여러 주제의 지원단으로 자료집 제작에도 참여하게 되었다. 입시 지도법을 잘 몰라 배우려고 다니다 보니 도 교육청 및 지역 교육지원청 진로진학 리더 교사도 하게 되었다. 배울 것은 많고 시간은 부족한데 외부 활동에 앞서 언제나 학교 일이 최우선이라는 선배님의 조언을 기억하며 학급 관리와 주어진 학교 업무에 최선을 다하다 보니, 때로는 퇴근 후에도 머릿속 업무 스위치가 꺼지지 않는 것 같아 과부하가 오기도 했다.

사적인 삶과 공적인 삶에는 경계가 있고, 한쪽의 행복이 반드시 다른 한쪽의 행복을 보장해 주지는 않는 것 같다. 공적 삶에서의 성취와 보람만큼이나 사적인 삶도 만족스러워야 비로소 나의 삶이 완성될 수 있다고 생각한다. 학생들에게 베푸는 친절과 사랑을 학교 밖 내 가족과 소중한 사람들에게도 실천하고, 라켓만 허우적거리던 내가 급수를 따질 만한 실력을 얻은 것처럼 새로운 도전을 즐기며, 누구보다도 나의 행복을 진정으로 바라는 내 삶을 그려 가고자 한다.

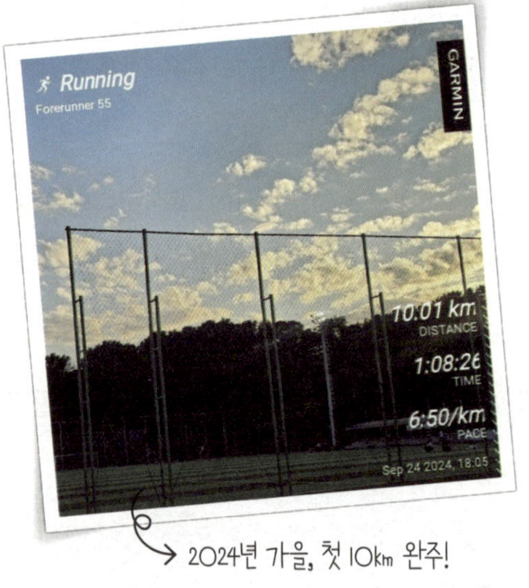

2024년 가을, 첫 10㎞ 완주!

계열 선택으로 고민을 거듭하던 학생이 최종 결정을 내리며 기존과는 다른 목표를 세워 걱정과 고민이 많았던 때, 마침 쉬는 시간 교탁에서 얼굴을 마주하게 되어 "넌 어디서든 잘 해낼 수 있을 테니 걱정하지 마."라고 말해 주었다. 나중에 학생이 편지로 그 한마디의 격려가 많은 힘이 되었다고 감사한 마음을 전했을 때, 교사라는 직업의 무게와 힘을 느꼈다. '언제나 마주치면 내 이름을 불러 주고 인사해 주시는 선생님'이라는 수업반 학생의 표현처럼 눈을 마주치고 미소를 보내거나, 따뜻한 표정으로 기분 좋은 인사를 건네거나, 가볍게 어깨를 두드리는 작은 행동이 학생들의 마음에는 오래도록 남는 기억이 될 수도 있기 때문이다.

그래서 교사를 꿈꾸는 여러분이 있어 든든하고, 특히 영어를 공부하는 즐거움을 알려 줄 동반자가 되고 싶다는 여러분에게 감사하다. 청소년기를 한참 지나 대학을 몇 년이나 다니고서야 교사가 되겠다는 결심을 했던 나로서는 중·고등학교 시기에 진로 희망을 찾고 이렇게 진로 서적을 찾아보는 여러분이 참 대견하다. 영어 교사가 나에게 잘 맞는 직업일지 고민하는 여러분에게 해 주고 싶은 이야기를 적어 본다.

● 영어 공부만큼은 즐거운 공부라면

공부는 어쩔 수 없이 고되고 지치는데, 진부하게 들렸던 "피할 수 없으면 즐기라."는 말이 공부하는 동안 피부로 와 닿았다. 내가 싫어하고 모른 척해도 정해진 시험 날은 다가오고 입시의 일정은 시곗바늘이 움직이듯 그 속도 그대로 가까워지기에, 늦은 저녁 공부를 마무리한 뒤 피곤한 몸을 이끌고 집으로 걸어가는 길에 느끼는 뿌듯함을 기쁨으로 삼을 수 있어야 고등학교 시기 수험 생활을 버텨낼 수 있다.

초등과 달리 중등교사는 담당 교과가 있으므로 맡은 교과를 공부하는 과정이 재미있고 그 과정을 즐길 수 있다면, 교원 임용고시 합격은 물론 행복한 교사 생활을 위한 탄탄한 토대가 만들어진다. 특히, 영어 공부가 좀 더 재밌다면 영어 교사가 될 만한 충분한 자질을 가진 학생이라고 생각한다. 영어 단어와 듣기, 문법과 독해, 작문과 말하기 등 영어 공부의 다양한 측면에서 직접 부딪히며 얻은 깨달음과 노하우는 수업 시간에 학생들에게 풀어 줄 수 있는 재미있는 이야기보따리가 된다. "혼동하기 쉬운 단어니까 외워!"라는 말보다, "선생님도 이 단어가 어려워서 이렇게 외웠어!" 하는 이야기를 들려 줄 때가 기억에 더 잘 남았던 경험이 있을 것이다. 공부하는 과정에서 느낀 재미와 기쁨, 고통과 노력이 여러분을 훗날 '우리 마음을 잘 알아 주는 선생님'으로 만들어 줄 것이다.

● 공부한다는 핑계

공부는 벼슬이 아니다. '공부하느라'를 핑계 삼아 학교 규칙을 어기거나, 부모님께 예의를 지키지 않거나, 옳지 못한 행동을 하는 것을 두둔해서는 안 된다. 공부는 자신의 발전과 미래를 위한 일이고, 학생이라는 시기에 주어진 삶의 과업이다. 어른이 되면 그 시기의 삶을 살아가기 위해 해야 하는 다른 일이 주어지므로, 중·고등학교 시기처럼 이유 모를 다양한 과목을 공부하고 시험도 보는 청소년기의 과업은 성인이 되고 나면 해야 할 이유를 느끼지도, 누군가 내게 요구하지도 않는 일이 된다.

모든 사람이 삶 속에서 제각기 다른 자신의 과업을 수행하며 살아간다. 그런데 청소년기에는 마치 나에게만 공부라는 과업이 주어진 양 학업 성취를 빌미로 무언가를 요구하기도 하고, 고된 과정의 스트레스를 예의 없는 행동으로 분출하는 때도 더러 생기는 것 같다. 때로는 주변의 칭찬과 보상이 단기적이지만 강한 동기를 유발하기도 한다. 하지만 내면에서 뿌듯함을 느끼며 공부의 즐거움을 찾아간다면, 그 소소하지만 오래가는 동기가 청소년기 학업이라는 장기 레이스의 페이스메이커가 되어 줄 것이다.

이 책을 통해 시작할 나의 교직 생활 2막에 함께 할 그날을 기대해 보며, 교사라는 꿈을 품고 묵묵히 걸어가는 그 길에 힘을 얻고자 이 책을 펼쳤을 독자 여러분 모두에게 응원을 보낸다.

문득 하루 중 대부분을 보내는 학교에서의 시간이 행복해야 인생이 행복하지 않을까 하는 생각이 들었다. 하루를 세 조각으로 나눠 보면 한 조각은 잠을 자고, 한 조각 넘게 학교에서 보내고, 한 조각이 채 되지 않는 그 남은 조각은 앞선 두 조각을 위한 준비와 이동에 많은 부분을 쓰게 된다. 그래서 남은 겨우 반 조각 정도를 온전히 나 개인의 삶을 위해 쓰는 것 같다.

얼마 전 같은 교무실의 한 선배 선생님께서 정년까지 남은 날을 계산해 보니 아직 10여 년이 남았다고 말씀하시기에 나도 찾아봤는데, 무려 29년 하고도 200여 일이 남았다. 아직은 교사로서의 삶이 한참 남았지만, 교사이기 이전에도 이후에도 나라는 개인의 삶이 있는 것은 물론, 교사로서의 삶에 어쩔 수 없이 찾아올 크고 작은 고난을 이겨내는 힘을 얻으려면 사적인 삶에서의 행복이 얼마나 중요한지는 너무나도 명확하다.

자신과의 싸움 끝판왕, 러닝

운동의 즐거움은 역설적이게도 코로나 시기를 겪으며 깨닫게 되었다. 학교를 옮기고 생활은 익숙하지 않은데 코로나로 일상생활에도 많은 제약이 따르게 되어 가족과 친구는 물론 친한 선생님들과도 만나기가 쉽지 않았다. 동네와 주변 공원을 그냥 걸으며 혼자 사색하는 일이 잦아졌고, 발걸음이 가벼워지자 한번 뛰어 볼 수도 있지 않을까 하는 자신감이 생겼다.

그렇게 시작한 러닝은 자신과의 싸움이 무엇인지 가르쳐 주었다. 진짜 힘든 러닝은 바로 혼자 하는 러닝인 것 같다. 언제라도 마음만 먹으면 그 순간 멈출 수 있기에 목표에 도달할 때까지 반 바퀴만, 저기 저 앞까지만 가 보자고 다독이는 것이 정말 쉽지 않다. 오롯이 나에게만 집중하며 그렇게 목표한 거리

캐나다 크루와 함께
온타리오 호수런

에 닿는 순간 느끼는 희열은 학교에서는 느껴 보지 못한 성취였다.

러닝 채비를 하며 나가기 전 거울을 보면, 나가서 얼마나 힘들지를 알기에 잘 해낼 수 있을지 긴장과 걱정이 되면서도 그 길을 나서는 내가 멋있고 좋다. 그리고 재미있게도 달리기 시작하면 처음 얼마간은 너무 힘들지만 어느 순간 갑자기 발걸음이 가벼워지고 그 속도와 강도에 적응이 되며 이대로 한참은 더 갈 수 있을 것 같은 자신감이 차오르는 때도 있다. 그게 바로 러닝의 매력인 것 같다. 최근에는 속도를 높이기보다는 거리를 늘리고 싶은 욕심이 생겼다. 이 글을 다짐으로 삼아 조금 더 달려 봐야지!

새롭게 시작한 운동 취미, 배드민턴

우연한 기회로 러닝 후에 운동장 옆에서 배드민턴을 치다 배드민턴에도 레슨이 있다는 것을 알게 되었다. 코치님께 기본 스텝과 동작을 배우며 몸이 마음대로 움직이지 않을 때는, 영어가 도저히 잘 맞지 않는 학생들이 수업 시간에 이런 기분일까 상상해 보며 아등바등했다. 본격적으로 규칙을 배워

2024년 사제동행 배드민턴 축제 봉담고 대표 선수단

경기에 돌입했을 때에는 로테이션이라 불리는 자리 선정이 어려웠다. 파트너와 공수에 따라 제 위치를 잘 지켜야 득점하기도 좋고 무엇보다도 서로 부딪혀서 생기는 부상을 방지할 수 있는데, 아직도 어디로 이동해야 하는지 감이 잘 서지 않을 때가 많다.

러닝처럼 배드민턴 역시 마음을 다스리는 일이 가장 어렵다. 특히, 혼자와 다르게 복식 경기에서는 25점이라는 점수에 도달할 때까지 긴장을 늦추지 않고 파트너와 서로 격려하며 기운을 북돋아야 한다. 점수를 얻지 못하더라도 경기의 흐름을 우리 것으로 가져오면 마지막 한 점까지 최종 승패를 알 수 없기 때문에, 한 경기 한 경기에서 느끼는 희열이 색다르고 참 즐겁다.

마음을 채우는 길, 독서

동료 교사들도 있지만, 교사로서 마주하는 상대방의 대다수는 어린 학생들이다. 그래서 어른이기에 먼저 이해하고 또 참아야 하는 일이 다른 직업에 비해 많은 것 같다. 이러한 직업적 환경은 배려심을 꾸준히 기를 수 있게 해 주었다. 덕분에 나보다는 마주 앉은 상대방의 입장에서 그 감정을 먼저 헤아리는 일이 익숙해졌다.

동시에 나의 마음을 살피는 일에도 소홀하지 않아야겠다는 깨달음이 문득 찾아왔다. 바쁜 하루의 움직임이 옳은 삶의 방향으로 향하고 있는지, 내 마음은 건강한지 성찰하려면 나에게도 선생님이 필요했다. 그제야 책장에 놓여만 있던 책들이 눈에 들어왔다.

시작하면 반드시 끝내야 한다는 부담은 접어 두고, 처음부터 읽어야 한다는 고정관념도 버리고, 기억하고 싶은 문구는 고쳐 쓰기 편한 태블릿 노트에 메모하며 책을 읽기 시작했다. 힘들 때 누군가의 가벼운 한마디가 용기를 주고, 같은 조언도 듣는 사람의 이해와 상상 속에서 더 큰 가치를 갖는 것처럼, 책을 옆에 두는 것은 최고의 선생님과 함께하는 것과 같다.

말수가 적고 낮을 가리는 편이나, 신뢰 관계가 형성되면 자신의 생각과 감정을 진솔하게 표현함. 스스로에 대한 기준이 높고, 성장 욕구가 커서 자기 발전을 위해 다방면에서 꾸준히 노력함. 책임감이 뛰어나 맡은 일을 정확하고 완벽하게 해내기 위해 많은 시간을 할애하며 정성을 기울임. 외국어 및 타 문화에 대한 호감도가 높으며, 여행을 통해 다양한 경험을 쌓는 일에 큰 흥미를 지님. 영어 교사로서의 삶에 대한 만족도가 상당히 높으며, 자존감을 잃지 않고 오래도록 행복한 영어 교사로 교단에 설 수 있는 방안을 끊임없이 모색함.

친절한 영어 교사
김정현

빛나는 길잡이

내 교실 속 아이들이 먼훗날 내 영어 수업을 돌이켜 보았을 때, 따뜻하고 행복한 기억을 떠올릴 수 있기를 소망함. 그래서 나는 오늘도 조금 더 친절한 모습으로 아이들에게 다가가고 있음.

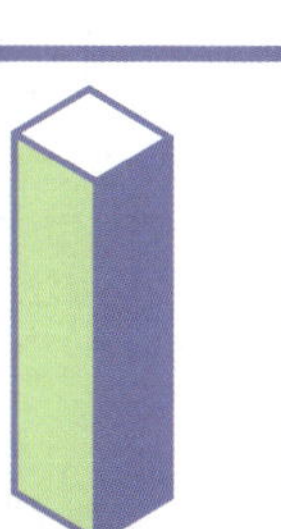

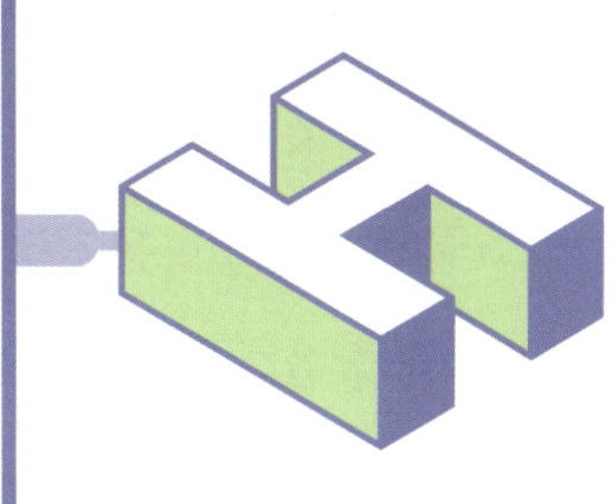

01

영어 교사가 되기까지의 날갯짓

☻ 학생이 나의 수업 멘토 교사?

"선생님, 제가 선생님께 수업 관련하여 조언을 좀 해 드려도 될까요?"

수업 내용 중 질문이 있어 교무실로 찾아와 관계대명사에 대해 한참 이야기를 나누었던 우영이는, 자리에서 일어나기 전 잠시 머뭇거리다 내게 말을 건넸다. 수업에 성실한 태도로 참여하는 모범생으로 학업에 대한 의지도 확고한 학생이다.

"그래, 좋아!"

22년 전의 나는 지금과 마찬가지로 위엄도 없고, 권위도 없고, 오직 유연함만 있었나 보다.

"수업을 하실 때 말씀이 너무 빠르세요. 뭔가를 적으려고 하면 벌써 다른 이야기를 하고 계셔서 필기가 어려워요. 그리고 수업 시간 중에 활동이 많아서 가끔 좀 산만할 때가 있어요. 마지막 정리는 꼭 필요한 것 같아요."

예의 바르게 조목조목 나의 문제점을 짚어 주는 우영이의 이야기를 들으며 부끄러움보다는 고마운 감정이 일었다.

"정말? 내가 올해 처음 발령을 받았잖아. 일대일 과외가 아니라 이렇게 많은 40여 명 학생을 앞에 두고 가르쳐 본 것은 교생 실습 때 몇 번의 수업을 제외하고는 처음이거든. 또 어떤 것을 고치면 좋을까?”

2002년 월드컵에 대한 기대감으로 충만했던 봄날에, 나는 내 수업에 대한 고민과 성찰을 그렇게 시작했다.

😊 남산 도서관에서 수업 관련 활동을 정리하며 수업을 준비했던 신규 교사

피상적으로 그려 오던 멋진 영어 교사의 삶은 실제와 그 간극이 꽤 컸다. 한 학급 내 아이들의 수준 차이가 매우 커서, ‘huge’를 제대로 발음하지 못하는 학생과 국내에서 발간되는 영자 신문을 무리 없이 이해하는 학생들이 공존했다. 임용고시를 준비하며 대학 4년 내내 꿈꿔 왔던 학습자 중심의 영어 교육을 구현하고자 다양한 과업을 제시해 보았으나 과제 완수도가 높지 않았고, 수업의 참여자가 아니라 관찰자 또는 방관자로 보이는 학생들이 많았다. 그러면서 교사로서 내 수업에서 꿈꾸는 가장 이상적인 모습이 무엇인지 떠올려 보았다. 나는 모든 학생들이 묵언수행하며 표정 없이 교사만을 응시하는 교실보다는, 조금은 느긋하고 이완된 교실 환경에서 서너 명의 학생들이 모둠을 이루어 함께 과업을 해결하며 소통하고, 또 그 안에서 웃음이 피어나는 모습을 원했다.

당시 전국 영어 교사 모임에서는 한 달에 한 번씩 발간되는 회지에 협동학습 관련 자료를 매월 실어 주었는데, 과월호까지 모두 구해 잔뜩 짊어지고 주말에 남산도서관까지 갔다. 그곳에서 2002년 발령 동기였던 주미 언니와 협동학습을 할 때 적용할 수 있는 다양한 활동을 영어의 네 가지 기능인 듣기, 말하기, 읽기 및 쓰기로 구분하여 정리를 했다. 시원한 그늘 아래 앉아 언니와 나는 어떤 활동을 교실 수업에 적용하면 좋을지 이야기했다. 수업의 일관된 전체 흐름을 잡기 위해 체계를 세우는 것, 그리고 그 안에서 각각의 학습 내용과 학습 목표에 맞게 수업 활동을 선정하기 위해 고민했다.

그때 내가 그것들을 수업에서 완성도 있게 구현해 냈느냐고 묻는다면, 주저 없이 "예"라고 답할 자신은 없다. 그러나 아무도 엎드리지 않는(실은 엎드리도록 허용하지 않는) 내 수업 안에서 아이들은 영어를 배우고, 영어를 매개로 교사인 나, 그리고 옆자리 친구들과 스스럼없이 소통을 했다. 실수해도 괜찮은, 안전하고 유쾌한 분위기 속에서 아이들이 영어에 대한 긍정적 시각을 견지하며, '지금은 내가 영어를 못해도 언젠가는 잘 해보고 싶다'고 생각하기를 소망했다.

1 나는 행복한 영어 교사

● 해외 연수를 가고 싶어 영어과 수업 경선에 나간 2년 차 교사

나는 교사가 되기 전까지 단 한 번도 해외여행을 가 보지 못했다. 어학연수를 가기 위해 과외 아르바이트를 하며 열심히 공부하던 대학교 때 IMF 금융 위기가 있었고, 해외에서 목재를 수입하던 아버지의 사업이 정리 수순을 밟았다. 얼른 임용고시에 합격하여 경제적으로 자립하는 것을 최우선 순위로 두었기에, 나는 그 시절 많은 욕망을 꼭꼭 눌러 가며 공부를 했다. 영어권 국가로 연수를 다녀오는 친구들이 너무 부러웠고, 나도 그들처럼 유창한 영어를 구사하고 싶었다. 그때, 영어 교수법을 담당하셨던 교수님께서 "요즘이 어떤 세상인데 영어를 배우러 외국에 가서 그 많은 돈을 쓰는가? 우리보다 앞서 있는 학문과 기술을 배우러 가는 것이면 그나마 낫지만…. 어학연수로 다질 수 있는 영어 실력은 국내에서도 본인의 노력으로 충분히 얻을 수 있어."라고 힘주어 말씀하셨다. 그 조언이 내게는 위로가 되었고, '영어를 매개로 뭔가를 배우러 가야지.'라고 다짐하는 계기가 되었다.

발령을 받고 동료 교사로부터, 영어과 수업 경선에 참여하여 좋은 성적을 거두면 한 달간의 해외 연수 기회가 주어진다는 이야기를 들었다. 남들 앞에 서는 것을 즐기지 않는 내향형 인간이지만, 부상으로 주어지는 해외 연수에 눈이 멀어 영어과 수업 경선 대회에 신청서를 제출했다. 교장 선생님께서는 당시 100여 명이 넘는 교사들이 모인 교직원 회의에서 "이제 갓 발령을 받은 교사가 수업 연구를 위해 대회에 나간다"며 나를 칭찬하셨는데, 그 칭찬은 공짜 연수에 눈먼 내 흑심과는 거리가 멀어 마음이 불편했다.

어떤 주제로 참여했는지 이제는 기억조차 나지 않는 그 경선에서 심사위원들을 앞에 두고, 나는 수업을 완전히 '말아먹었다'. 50분 계획이었던 수업을 30분도 채 되기 전에 다 끝내 버린 것이다. 너무 당황해서 "That's all for today. Thank you."라고 황급히 인사를 하자, 참관 교사와 심사위원 모두 크게 웃음을 터뜨렸다. 지금의 경력으로는 상상도 할 수 없는 일이다. 시간을 점검하며 수업의 완급을 조절했을 테고, 준비한 활동이 일찍 끝났다면 학생들이 배운 내용을 복습할 수 있는 활동을 즉석에서 제공했을 것이다. 결과적으로 나는 그 경선 참여로 해외에는 가지 못했다.

그런데 그것이 계기가 되어 좀 더 재미있는 기회들이 주어졌다. 경기도가 주관하는 전국 영어 듣기 평가 시험의 출제위원, 영어 의사소통 능력 시험의 출제위원으로 위촉되어 활동을 했고, 다음 해 수업 경선의 심사위원으로 정말 훌륭하신 선생님들의 수업을 참관하러 갔다. 당시 경기도 외국어교육연수원에서 제작했던 영어 잡지 발행에도 참여했고, 중학교 영어 교과서의 지도서를 집필하기도 했다.

예전에 강사 김미경 씨의 Talk&Show 오프라인 강의를 들은 적이 있는

데, 그녀는 인생이 꼭 계획대로 짜 맞춘 것과 같이 진행될 수는 없다고 말했다. 오늘 내가 관심과 열정으로 던지는 많은 화두와 질문, 그리고 내가 행하는 노력들은 차곡차곡 내 인생의 밑거름이 된다. 시간이 흘러 10년 뒤쯤, 내가 던진 그 많은 것들은 서로 시너지 효과를 내며 발전된 모습으로, 내가 미래에 내디딜 그 길 어딘가에서 나를 기다리고 있다. 적절한 시점에 그것들을 집어 들게 되면, 그때가 바로 나의 Golden Time이 된다고 한다. 오늘의 나는 10년 전의 내가 이룬 모습이고, 오늘의 나는 10년 뒤 내가 꽃피울 그 무엇의 씨앗이기 때문이다. 돌이켜 보면 나는 도전도 많이 했고 실패도 많이 했던 사람이다. 나의 작은 시도와 경험들이 후에 나를 어디로 인도해 줄지 모르니, 두려움을 갖지 말고 도전해 보자. 나도 계속 그러할 것이다.

● 공부하는 것이 좋아요. 잘하지는 못하지만

지금까지도 정말 좋아하는 사진이 있다. 새벽의 하버드 대학교 도서관 풍경이라고 인터넷에서 돌던 사진인데, 이 사진을 처음 보았을 때 가슴이 콩닥콩닥 뛰었다. 예쁘게 출력해서 교무실 책상 위에 붙여 두고, '이렇게 밤새워 공부하면 좋겠다'고 소망했었다. 갓 돌이 지난 아이를 키우며 출퇴근을 할 때여서, 가질 수 없는 것에 대한 열망 때문에 더 그랬는지도 모른다. 몇 년 뒤 석사 논문을 쓰면서, 내가 도서관에 가만히 앉아서 저널 아티클을 읽고 페이퍼 쓰는 것을 좋아하는 사람이라는 것을 알게 되었다. 실제로 탁월한 결과물을 내놓을 수 있을 만큼의 뛰어난 인지 능력을 갖추지는 않았기에 논문 쓰는 과정에서 시행착오도 많았다. 나는 스스로가 원하는 수준의 진전을 이루지 못할 때 컨디션 난조를 보여서 주변 사람들을 많이 힘들게 하는 스타일이라서, 당시에 남편이 마음고생을 많이 했다.

그때 논문을 지도해 주셨던 한국교원대학교의 김희숙 교수님께서는 남편과 나, 이제 막 네 살, 그리고 백일이 지난 아이까지 우리 가족 모두를 초대하여 근사한 저녁을 사 주시면서 나의 석사 학위 취득을 축하해 주셨다. 교수님께서는 남편에게 "부군께서 5~6년 정도만 정현이를 뒷바라지해 준다면 미국에 가서 박사 학위를 받고 대학에 자리를 잡을 수 있을 것이다."라고 제안을 하셨다. 공부를 좋아하는 나로서는 무척 가고 싶은 길이기도 했지만, 남편과 아이들을 두고 갈 만큼 열망이 크지는 않았던 것 같다.

수 년 뒤, 경기도 교육청의 교원 장기 해외 유학 프로그램에 지원하여 최종 면접을 보게 되었다. 내가 합격을 하게 된다면 열 살과 일곱 살 딸, 남편과 함께 미국으로 갈 생각이었다. 교사 세 명 중 한 명만 가게 되는 그 최종 문턱에서 결국 떨어졌다. 아쉬움은 있었지만 합격하신 선생님이 나와는 비교도 안 될 만큼 영어 수업 장학 분야에서 유능한 분이셨기에, 내가 해당 프로그램에 지원하여 최종 면접을 볼 수 있었던 것만으로도 감사했다. 내가 정말 원한다면 기회가 올 때, 다시 도전하면 된다고 생각했다.

● 내가 좋아하는 공부를 하며 월급을 받을 수 있다니

사각거리는 연필 소리와 간간이 들리는 키보드 자판 소리만이 공간을 채우는 3학년 교무실은 그 어떤 스터디 카페보다도 조용하다. 액체의 등방성에 대한 지문을 읽다가 태어나서 처음 들어 보는 등방성 개념에 대해 좀 더 공부한 후 수업 관련 자료를 찾아보며 노트에 메모하는 중에, 기쁨과 뿌듯함의 긍정 정서가 내 몸을 살포시 감싼다. 영어 교사를 하면서 가장 행복한 순간이다. 내가 좋아하는 공부를 하면서 다양한 분야의 새로운 개념과 이론들을 배우며 익히고 그것을 학생들과 나누는데, 월급까지 받을 수 있으니 말이다. 특히나 영어는 교과 특성상 늘 다양한 분야의 텍스트를 접하게 된다. 정치, 경제, 문화, 역사, 과학, 심리, 예술, 체육 등 여러 분야의 텍스트를 읽으며 수업을 준비하기 위해 내용을 천천히 곱씹어 보게 된다. 내가 수업을 준비하며 느끼는 앎의 기쁨을 학생들 또한 느낄 수 있기를 간절히 바라며 진심을 담아 본다. 실제로, 한 해가 끝나 수업 평가를 받다 보면 내가 수업에서 중심을 두었던 그 목적을 달성했구나 싶게 만드는 소회를 밝히는 학생들이 있다. 진심이 전해지는 순간이다.

　남의 돈을 받는 일은 힘들지 않을 수 없다는 것을 신규 발령 첫해에 배웠다. "이렇게 열심히 일했는데, 이 돈 밖에 못 받는다는 것이 이해가 안 가요."라고 말하자 교무실 뒷자리 선생님께서 말씀하셨다. "액수에 상관없이 남의 돈 받는 것은 늘 어렵답니다." 23년 차가 되는 지금 나는 그분의 말씀에 격하게 공감한다. 경력이 쌓여 호봉이 오르는 만큼, 경력 교사에게 요구되는 업무와 부담도 늘어나기 마련이다. 학교 관리자나 교육 전문직 등 승진의 길을 택하지 않았다 해도, 수업 지도 이외에 더해지는 담임 업무, 기획 부서의 굵직한 업무, 또는 보직 업무 등을 맡아 많은 시간과 에너지를 쏟게 된다. 교직의 여건과 현실이 녹록지 않은 요즘이지만, 그래도 영어 교사여서 행복하다. 행복이란 오래도록 지속되는 '상태'가 아니라 일상에서 경험하게 되는 '순간'이라는 것을 인지한다면, 새로운 것을 배우고 아이들과 나누며 월급을 받는 나는 분명히 행복하다. 내가 좋아하는 일을 하기 위해 하기 싫은 조금은 힘든 일을 하며 버텨내는 것, 그 또한 의미가 있을 것이다.

◉ 아이들과 함께 영어책을 읽는 아침

올해 만난 고등학교 2학년 학생들과 함께 영어 원서 『Nexus』(Yuval Noah Harari)를 읽는 독서 모임을 조직했다. 자발적으로 모인 총 7명의 학생들과 함께 매달 첫째 주 목요일 아침, 학교 일과가 시작되기 전에 만나서 한 시간가량 이야기를 나눈다. 숏폼 형태의 자극적인 영상에 익숙해진 학생들과 함께 400페이지 비문학 원서 읽기가 가능할까 나 자신도 의문을 가지고 시작한 활동이었다.

학교 예산으로 아이들의 책을 구입한 후 한 달에 1~2 챕터씩 분량을 정해 읽고, 의문이 생기는 부분이나 인상깊은 구절 등을 함께 나누는 시간을 갖는다. 이른 아침에 학교 내 작은 공간에 모인 우리는 객관적 진실과 주관적 진실, 알고리즘이 야기하는 진영의 단순화에 대해 이야기하며, 책 속 한 구절 한 구절을 꼼꼼하게 읽으며 그 의미를 헤아린다. 영어 어휘력은 내가 더 낫겠지만, 이해력과 사고력은 아이들의 수준이 나보다 훨씬 높은 경우가 종종 있다. 정신없이 몰아치는 일상의 분주함 속에서 잠시 시간을 내어 반짝반짝 빛나는 훌륭한 아이들과 함께 민주주의와 전체주의를 이야기하는

순간이 다소 비현실적이라고 느껴질 만큼 행복감이 크다.

나는 매년 정규 수업 시간 이외에도 시간을 꼭 내어 아이들과 영어 원서를 읽어 나갈 생각이다. 아이들과 함께 나도 성장해 가는 그 시간이 매우 소중하기 때문이다.

● 국제화 시대에 영어는 나의 경쟁력

2024년 1월 기준으로 전 세계 온라인상에서 영어는 대략 60% 정도의 점유율을 차지하고 있다고 한다. 비영어권 국가의 온라인 활용도가 높아지면서 몇 해 전에 비해 다소 수치가 내려갔지만, 영어는 사회 여러 분야에서 국제어로서 가장 확고한 지위를 지니고 있는 언어임이 분명하다.

비영어권 국가로 교환 학생을 가더라도 대학에서 영어 강의를 듣게 될 가능성이 높고, 자신의 학문적 성과물도 국제 학계에서는 영어로 발표한다. 무역 업무를 위해 중동 지역의 바이어와 만나게 되는 상황에서도 상호 업무를 위한 대화는 영어로 진행된다. 사실 내 지갑을 열어 돈을 쓰는 상황에서 유창한 영어 실력이 필요한 것은 아니다. 그러나 나에게 여러 좋은 기회를 열어 주고, 수익을 창출하는 영어는 높은 수준이어야 한다.

파파고와 구글 번역기, 생성형 인공 지능의 발전 속도가 놀라운 지금 시대에도 영어 문해력을 갖는 것은 중요하다. 내가 표현하고자 하는 의미를 더 정갈하고 세련된 표현으로 다듬기 위해 프로그램을 활용하는 것과, 번역을 위해 무조건적으로 의지하는 것 사이에는 큰 차이가 있다. 그리고 실제 의사소통 상황에서는 말을 하는 것 이상으로 상대방의 말을 잘 이해해야 무리 없이 대화가 진행되는 경우가 훨씬 많기에, 잘 들을 수 있는 것이 무엇보다 중요하다.

　아직도 나의 영어는 갈 길이 멀지만, 영어 전공자로 늘 영어를 가까이 하며 나 또한 혜택을 많이 보고 있다. 경기게임마이스터고에 근무할 때는 학교 홍보물 제작을 위해 어몽어스 게임 개발 제작사인 InnerSloth에 이메일을 보내, 게임 개발자를 양성하는 학교의 홍보 자료로 학생의 해당 게임 팬아트를 활용해도 되는지 질의하여 허락 메시지를 받았다. 당시 영어 이메일 쓰기 수업을 할 때라 내가 직접 보낸 메일과 답신 받은 메일을 보여 주며 영어 학습의 필요성을 강조하기도 했다. 또 그 학교에 근무할 때는 4차 산업혁명의 큰 흐름을 주도하는 문화 콘텐츠로서의 게임 산업을 이해하려는 외국인 방문객들도 많았다. 말레이시아 정부 공무원들, 러시아 게임 산업계 사람들을 대상으로 영어로 학교 소개를 하고 학교 투어를 진행하면서, '나의 영어로 의미 있는 일을 할 수도 있구나.'라는 긍지를 갖게 되었다.

2

더 좋은 교사가 되기 위한 노력

영어 교육 전공자라면 모국어와 목표 언어 사이의 스펙트럼 안 중간언어(interlanguage)에 대해 잘 알고 있을 것이다. 우리의 모국어는 한국어, 우리가 공부하는 외국어는 영어이고, 우리가 구사하는 영어는 한국어와 영어의 그 중간쯤 어딘가 위치한 interlanguage인 것이다. 영어권 국가에서 십수 년을 살았다 해도 완벽하게 원어민 화자의 영어를 구사할 수 있을지에 대해서는 회의적이다.

가질 수 없어 더 애틋하고, 애달팠던 것일까? 영어를 전공하며 공부하던 초기에는 공부해도 늘 모르는 단어가 나타나는 현실이, 내가 하고 싶은 말을 명료하게 표현해 내지 못할 때의 답답함이 나를 많이 위축시켰다.

그런데 어느 날 대학 시절 공부했던 '중간언어'가 생각났다. 나는 그 길고 긴 스펙트럼 안 어딘가에 좌표를 찍고 있을 것이다. 그리고 지금 노력을 하는 만큼 내일의 나는 목표 언어에 조금 더 가까워질 것이라는 확신을 갖게 되었다. 그 뒤부터는 학생들이 불시에 물어보는 단어의 뜻을 모르는 경우가 있어도, 내가 구사하는 영어가 원어민의 영어와 큰 차이가 있어도, 나 자신을 혹독하게 몰아붙이지는 않기로 했다. 오늘 하루를 충실히 살면 내일 또는 내년의 나, 그리고 10년 뒤의 나는 더 발전해 있을 테니 말이다.

● 혼자서, 그리고 함께하는 영어 공부

말을 좀 잘하고 싶어서 영어 표현을 외우기 시작했다. EBS 입이 트이는 영어 교재를 사서 통으로 외우고, 친구와 전화로 점검을 했다. 우리 주변의 많은 대상물과 문화, 풍습 등을 영어로 표현하는 법을 익힐 수 있었고, 말하기뿐만 아니라 영작의 기본기도 자연스럽게 다질 수 있었던 점이 좋았다. 육아 휴직 중에는 지역 사회 맘까페에 글을 올려 함께 공부할 사람들을 모았다. 12개월도 되지 않은 아이를 업고, 입트영 본문을 외우며 버스를 타고 스터디를 하러 가던 시절이 있었다.

나보다 더 학구적이고 성장 욕구가 컸던 친구 H와는 코로나가 시작되던 해부터 무려 3년 가까이 매주 영국의 시사잡지 이코노미스트의 기사를 한 개씩 읽고, 온라인 미팅 프로그램인 줌에서 만나 한 단락씩 외운 내용을 서로 점검해 주었다. 이코노미스트의 기사는 깊이가 있고 문체도 어려웠으나, 글의 첫 시작을 여는 수사 의문문이나 비유 등이 돋보이는 세련됨이 있었다. 입트영과는 또 다른 수준의 텍스트를 입에 쉽게 붙을 때까지 외우니 영어 글쓰기가 조금 더 편안하게 느껴졌다.

고등학교로 다시 옮기면서 영어 어휘의 수준을 올려야겠다는 생각이 들어서, 함께 심화 연수를 받던 선생님들과 영어 단어를 외우기 시작했다. 10월쯤 만나 약 15주 정도 단어를 외우는 스터디를 무려 10년째 계속하고 있다. 그 사이 멤버가 나가고 또 충원이 되기도 했지만, 우리는 모두 경기도 지역에 근무하는 영어 교사라는 공통점을 지니고 있다. 돌아가며 시험지를 만들고, 긴장한 모습으로 벼락치기 공부하며 단어를 외우는 우리는 교실 안에서 단어 시험을 준비하는 여느 학생들의 모습과 다를 바가 없다. 함께 하는 시간이 켜켜이 쌓이며 우리는 학교 이야기, 수업 이야기, 그리고 사는 이야기를 하며 소통한다. 좋은 친구가 될 수 있는 두 가지 조건은, 하나는 물리적으로 가까운 거리에 있는 것, 다른 하나는 어떤 일을 함께 하는 것이라고 했다. 우리는 1년 중 무려 넉 달 가까운 기간 동안 매주 만나 단어를 외우고, 다 읽은 영어 원서를 교환하기도 하며 좋은 인연을 이어나가고 있다.

◉ 영어 말하기도 연습이 필요해

수년째 출근 전 새벽에 영어 학원에서 회화 수업을 듣고 오셨던 존경하는 선배 교사분의 권유로, 나도 오랜만에 회화 학원에 나가기 시작했다. 대학 시절, 그리고 교직 초창기에 수강했던 영어 회화 학원에 대한 추억이 나의 기억 저편에 자리하고는 있었다. 그 이후 시간적, 공간적 제약으로 인해 전화영어나 화상영어만 수강하다가 학원에 가니 여러모로 새로웠다. 퇴근 후 일주일에 두세 번씩 학원에 가서 90분간 원어민 선생님이 고른 기사를 읽고 다양한 질문을 주고받다 보면, '내 실력이 이렇게 늘었구나'를 절감하는 순간보다는 '나는 여전히 부족하구나'를 깨닫게 되는 순간이 많다. 집에 돌아와서는 영어 표현을 찾아보기도 하고, 관련 기사를 더 찾아 읽어 본다. 그날 수업 시간에 배운 새로운 표현들로 온라인 단어장을 만들어 복습을 하기도 한다.

영어 회화 학원 수강의 또 다른 좋은 점 중 하나는, EFL 환경에서는 습득하기 쉽지 않은 문화적인 콘텐츠를 접할 수 있다는 것이다. 영미권 화자들 사이에서 인기를 끌고 있는 유튜브 콘텐츠를 소개받기도 하고, 원어민 선생님의 다양한 경험담을 들으며 간접적으로 목표 언어권의 문화를 체험하기도 한다.

무엇보다도 영어 회화 학원에 가서 가장 좋았던 것은, 다양한 사람들을 만나 소통할 수 있는 즐거움을 누릴 수 있었던 것이다. 두바이의 국제학교에 다니며 잠시 방학 동안 귀국했던 고등학생 S는 국왕의 자녀가 다니는 옆 학교에 대한 흥미로운 이야기를 해 주었다, 또, 귀가 시간을 엄격하게 통제하는 엄마에 대한 불만을 토로하기도 했는데, 덕분에 나는 더 엄격히 통금 시간을 적용하는 부모로서의 나 자신에 대해 돌아볼 수 있었다. UX 디자이너나 대형 게임 회사의 마케팅 디렉터들은 가장 주목받는 산업의 한 축을 담당하며 자신이 어떻게 일하고 있는지 알려 주었고, 도로 및 교량 시공을 담당했던 전문가는 기술 전수 및 감독을 위해 동남아 지역으로 자주 출장을 다니며 자신의 영역에서 전문적 지평을 넓혀 가는 모습을 보였다.

다른 사람의 이야기를 듣는 것뿐만 아니라 나 또한 내 이야기를 할 수 있어 좋았다. 학교에서 아이들이나 동료 교사들과 끊임없이 부대끼다 보면 나 또한 에너지가 고갈되고, 때로는 상처 가득한 마음을 안고 학원 교실을 들어서는 경우도 있었다. "How are you today, Kim?"이라는 질문에 오늘 속상했던 일을 사실 그대로 구술하는 것만으로도 생각이 정리되고, 마음이 진정되는 순간이 많았다. 지금은 개인적인 다른 일정으로 몇 달째 잠깐 쉬고 있지만, 어서 다시 학원으로 돌아가고 싶다.

☻ 영어를 잘 가르치기 위해서 공부가 필요해

영어 교사에게 영어를 공부하는 것이 자기 연찬의 한 축이라면, '어떻게 영어를 가르칠 것인가'를 고민해야 하는 교수법 및 교수·학습 전략에 대한 고민 또한 중요한 축이다. 영어 교사가 되면 참여할 수 있는 연수들이 정말 많다. 내가 발령을 받았던 2000년대 초반 경기도의 경우, 모든 영어 교사가 정기적으로 한 달씩 외국어 교육 연수원에 가서 영어 교수법 등을 원어민 교수님들께 배우는 기회가 있었다. 대체 인력 고용의 불편함으로 인한 학교 현장의 민원 때문에 그 제도가 없어지기는 했으나, 영어 교사 본인으로서는 잠시 학교를 떠나 영어 및 교수법 공부에만 매진할 수 있어서 매우 좋았다.

방학 한 달 동안 영어권 국가를 가는 연수도 있었는데, 나는 하와이대학교로 첫 연수를 다녀왔다. 하와이대학교는 ESL 관련 연구가 잘 진행되고 교수진이 매우 훌륭한 학교 중 하나였는데, 그곳에서 다독(Extensive Reading) 연구의 대가 Richard D.Day 교수님의 강의를 한 달간 들었던 것은 매우 큰 자극이 되었다. 경기도 전역에서 모인 여러 영어 선생님들과 한 달간 시간을 보내며 내가 배우고 느낀 점은, 어떤 영어 선생님이든 자신만의 강점이 있다는 것이었다. 어떤 분은 하와이대학교에 가자마자 치룬 영어 듣기 테스트에서 지금까지 참여했던 ESL 학생들을 통틀어 가장 높은 점수를 받으셨다. 방대한 양의 영어책을 꾸준히 읽는 선생님은 고급 영어 단어를 많이 알고 계셔서 수업 중에 그분의 어휘력에 깜짝 놀라곤 했다. 학생들과 함께 하는 수업에 대한 아이디어가 빛나는 분도 계셨고, 대학 시절부터 참여해 온 다수의 해외 봉사 프로그램 덕분에 편안하고 자연스러운 영어 구사력을 갖고 있는 분도 있었다. 당시 교직 6년 차를 앞두고 있던 나에게는, 내 강점은 무엇으로 만들어야 할지 생각해 볼 수 있는 좋은 계기가 되었다.

6개월 단위로 진행되는 심화 연수에도 두 차례 참여했는데, 한 번은 주말에 온라인 또는 오프라인으로 강의를 듣고, 방학 중 한 달간 영어권 국가의 대학에 가서 공부를 하는 프로그램이었다. 뉴저지 Kean University의 프로그램 구성은 다소 기대에 못 미치기는 했으나, 오후 3시경 수업이 끝나면 매일 한 시간 거리의 뉴욕 중심부로 나갈 수 있었던 큰 장점이 모든 것을 너 그렇게 수용할 수 있게 해 주었다. 책과 영화, 드라마 등에서 접했던 뉴욕 명소 곳곳을 직접 내 두 발로 밟으며 누렸던 한 달은 영어권 문화에 대한 이해에도 큰 도움을 주었다. 뉴욕의 센트럴파크가 뉴요커들에게 어떤 의미를 갖는지, 늦은 시각 뉴욕의 지하철은 어떤 분위기인지, 그렇게 맛있어 보였던 피자가 도저히 삼킬 수 없을 만큼 얼마나 짠지, 그리고 브로드웨이의 뮤지컬이 얼마나 큰 감동을 주는지 등을 내 눈으로 직접 보며 헤아릴 수 있었다.

전염병의 여파로 해외 연수가 취소되긴 했지만, 6개월간 파견 휴직을 한 후 경기도 외국어 연수원 및 숙명여자대학교에서 공부한 시간도 의미가 있었다. 지금은 경기도 교육청 국제교육원으로 이름을 바꾼 평택의 외국어 연수원에서 2개월간 공부를 했고, 숙명여자대학교의 Tesol 프로그램을 4개월간 이수했다. 더 좋은 수업에 대한 아이디어가 고갈되는 시점에 택한 연수라서 신선한 자극이 되었고 즐거웠다. 무엇보다도 숙명여대 프로그램을 통해 Dr. Moore 교수님을 만나게 된 것이 가장 의미가 있었는데, 교수님께 배운 영어 글쓰기는 그 어떤 곳에서도 배워 보지 못한 내용이라서 애정을 갖고 열심히 공부했다. 교수님께 인정받고 싶어, 출퇴근 연수를 하는 와중에도 저녁 시간에 카페에 가서 내가 쓴 글을 읽고 또 읽으며 고쳤다. 덕분에 중등부 1등을 하며 졸업할 수 있었다. 이 경험을 통해 내가 타고난 재능을 갖춘 사람은 아니지만, 스스로의 노력으로 일궈낼 수 있는 부분이 꽤 크다는 것을 깨닫게 되었다.

학교에 다니면서 종종 학기 중, 또는 방학 중에 연수를 받으며 내 수업을 점검하고, 업그레이드할 수 있는 기회들이 많다. 전국영어교사모임의 연수들은 늘 만족도가 높았는데, 정사열 선생님의 ICT 활용 연수나 메타버스 연수, 고효완 선생님의 연수도 도움이 되었다. 고효완 선생님께서는 "네 개 반을 가르치면 한 개 반에서 수업이 잘되고, 두 개 반은 평범하고, 나머지 한 개 반은 여러 다양한 이유로 수업이 잘 되지 않을 수 있다"고 말씀해 주셨는데, 잘 되지 않는 수업을 끝내고 와서 심하게 자책하는 나의 마인드 관리에 큰 도움이 되었다.

또한, 수업 중 우리의 인내심을 특별히 시험하는 학생들을 어떤 마음가짐으로 대하시는지에 대한 경험을 나눠 주셨다. 교실 속 다양한 어려움을 제공하는 그 친구들을 봉사하는 마음으로 대하며, 우리가 따로 시간을 내서 봉사활동을 하지 못하는 그 부채감을 변제해 나가신다고 했다. 존재 자체가 큰 기쁨과 위로가 되는 학생도 있고, 비록 그 첫 시작은 직업인으로서의 책무감에서 비롯된 애정과 관심이라 해도 이후 더 많이 아끼고 사랑하게 되는 학생도 있다. 우리가 교실에서 만나는 아이들은 하나하나 다르고 또 특별하기에, 조금은 여유로운 마음으로 다가가려고 늘 결심한다. 나 역시 노력이 필요한 영역이다.

3 나의 수업 이야기

영어 교수법 수업을 수강하던 대학교 3학년 우리들에게 민찬규 교수님은 말씀하셨다. 수업을 한다는 것은 연극을 한 편 올리는 것과 같다고. 교사는 연극 속 배우일 수도 있고, 연극을 올리기 위한 연출가, 극작가, 캐스팅 디렉터 그 무엇의 역할도 가능해야 한다고 하셨다. 수업 성패에 영향을 미치는 요소들도 정말 다양하다. 수업 자료의 매력도, 운용 방식, 학급 구성원의 수준, 교사와 학생들 간의 공감대, 학생들의 목표 의식 등 아주 작은 차이 하나도 큰 변화를 만들어낼 수 있다. 좋은 쪽으로든 나쁜 쪽으로든 말이다.

● 선생님, 오늘 활동은 재미있었어요!

발령 첫해에 평촌고에서 1학년을 가르쳤던 나는, 수업을 위해 교실에 들어가는 것이 주인공이 되어 연극 무대에 오르는 것만큼이나 설레고 떨렸다. 종 치기 전 교실 앞에 미리 서 있다가 교실에 들어가곤 했는데, 학생들은 "사물함에서 책 가져올 시간은 주셔야죠!"라고 귀여운 불평을 하기도 했다. 밤새 공들여 준비한 수업이 어떻게 전개될지 너무 궁금해서 얼른 들어가 확인해 보고 싶은 마음이 컸고, 나는 늘 형성평가의 결과를 확인하는 학생이 된 것처럼 수업 하나하나의 결과와 학생들의 반응에 일희일비했다.

활동이 생각보다 단조로워 쉽게 끝나는 날도 있었고, 시간이 많이 소요되어 계획했던 학습 내용을 모두 다루지 못한 경우도 있었다. 단순한 활동인데 아이들이 나름의 재미를 찾아 즐겁게 과업을 완수할 때도 있었고, 예상보다 절차가 복잡하고 까다로워서 재미가 반감되는 경우도 있었다. 첫 문장에 가장 공을 많이 들인다는 내가 좋아하는 김경욱 소설가님처럼, 나 역시 무엇보다도 수업의 도입부가 가장 중요하다고 생각했기에, 수업의 시작을 여는 활동을 계획하고 적용하는 데 많은 시간을 할애했다. 여기에서는 아이들에게 조금 더 가까이 다가서기 위해 활용했던 몇 가지 활동을 간략히 소개해 보려고 한다.

1) 수영장 비치볼을 활용한 말하기 활동

나는 학생들의 스몰 토크(small talk)를 이끌어 내기 위해 매시간 비치볼을 갖고 교실에 들어가며 학교 복도에서부터 주목을 받았다. "정환!"이라고 크게 이름을 부르고 학생과 눈을 맞춘 뒤 "How are you today?"라고 질문을 하면, 정환이는 "I'm fine, thank you"라고 대답한 뒤, 다른 친구의 이름을 부르며 질문을 이어나간다. "What did you do last weekend?", "Did you go to the school cafeteria today?"와 같은 질문을 던졌고, 아이들은 서로 "Did you copy Minseok's homework right before this class?" 같은 귀여운 고발 목적의 질문도 서슴지 않았다. 대화를 나누는 과정에서 공을 던지고 받는 신체 활동이 추가되니 활동적인 성향의 남학생들이 좋아했고, 자신의 일상 및 신변과 관련된 이야기를 주고받으며 아이들과 공감대를 쌓을 수 있었다. 또한, 교실 한구석에 웅크리고 있는 친구에게도 사뿐히 공을 건네며 대화를 이어갈 수 있는 장점도 있다. 그러나 공 던지기 자체에 지나치게 몰입하거나, 공을 받을 친구가 준비가 안 되어 있는데 공을 던지는 것은 지양하도록 반드시 안내를 해야 한다.

2) 숫자 빙고판

지금은 많은 학교에서 시행 여부를 자체적으로 결정하기도 하는 전국 영어 듣기 평가는, 당시에는 한 학기에 한 번씩 있는 중요한 학교 행사였다. 시간을 묻거나 돈 계산을 해야 하는 문제가 나오면 영어 숫자를 듣는 것에 익숙하지 않은 학생들이 어려움을 토로했는데, 그 친구들을 위해 숫자 빙고판을 만들었다. 교생 실습을 나갔을 때 선배 언니가 알려 준 방법이었는데,

당시에 빙고판을 들고 나를 기다리던 아이들의 모습이 떠올랐고, 이번에도 효과가 좋을 것이라고 확신했다. 아래와 같이 숫자, 돈, 시간, 분수 등 다양한 종류의 수가 포함된 똑같은 빙고판을 학생들 모두에게 나눠 준다. 영어 숫자를 익히는 목적으로 빙고판을 제작했지만 우승자는 가려야 하는 법이니, 다음과 같은 규칙과 절차로 진행했다.

① 빙고판에서 자신이 원하는 숫자 세 개에 미리 빨간색 펜으로 동그라미를 치도록 한다.

② "three hundred fifty eight", "six dollars twenty cents", "ten to five" 등 숫자가 사용되는 다양한 표현을 부르면 학생들은 검정 펜으로 해당 숫자를 지워 나간다.

③ 이때, 미리 빨간색 펜으로 동그라미 친 숫자는 교사가 부르지 않아도 지워진 것과 같다. 즉, 자신이 미리 동그라미 친 숫자를 교사가 부르지 않아야 빙고 게임의 우승자가 될 확률이 높아진다. 게임 도중 빨간펜으로 동그라미를 치는 친구들이 있을 수 있으니, 시작 전 "빨간 동그라미 쳤는지 짝꿍끼리 서로 확인하세요."라고 한 마디 해 주면 좋다.

④ 이 숫자 빙고의 좋은 점은 교사가 교실에 들어서자마자 바로 부를 수 있어 단 몇 분 이내에 끝날 수 있고, 다음 시간에 숫자를 부를 친구를 미리 정해 학생이 직접 부르게 할 수도 있다는 것이다. 친구들 앞에서 큰 소리로 다양한 숫자를 읽는 것도 좋은 공부가 될 것이라 생각해서, 빙고 숫자를 부르는 학생에게는 도장을 한 개씩 찍어 준다. 숫자 빙고를 워드 빙고 등으로 변형해서 사용할 수 있다. 그 단원에서 학습하고 있는 어휘나 숙어, 반의어, 유의어 등을 채워 두고, 그 영어 단어를 한국어로 부르는 것이다. 단어 시험을 보는 것만큼이나 어휘 복습에 효과적일 수 있다.

3) 팝송 부르기

학생들과 함께 하는 팝송 부르기는 늘 흥겹다. 이달의 팝송을 정해 두고, 수업 종이 치면 영어 부장이 해당 팝송을 CD플레이어(추억의 물건이다. 요즘은 소형 블루투스 스피커를 미리 준비해 두고 휴대폰에 연결한다.)로 틀고 떼창을 시켰다. 내가 교실에 들어가면 노래를 마무리하고, 자연스럽게 수업이 시작된다. 의외로 가사가 교육적이고 멜로디도 아름다운 곡들이 많고, 관계대명사·간접 의문문·비교급·감탄문 등의 언어 형식을 가르치기에 알맞은 팝송들이 많다. 물론, 그즈음 아이들이 가장 좋아하는 노래 중에서 선택하는 것이 아이들의 호응도를 높일 수 있는 가장 좋은 방법이다. 나는 아주 오래전부터 유료 음원 사이트의 이용권을 구매해서, 팝송을 많이 듣는 친구들에게 추천곡을 받아 플레이리스트에 저장해 두고 있다. 그렇게 학생들에게 추천 받은 노래들은 수년이 지나도 그 추천 학생의 얼굴을 떠올리게 해 준다. 노래 한 곡 한 곡을 보관함에 담으며 학생들과의 추억도 쌓을 수 있다.

5교시 수업 종료를 알리는 종이 울리자 오늘도 어김없이 승원이가 도장판을 들고 느릿느릿 걸어 나온다. "선생님, 오늘 활동은 신박하고 재미있었어요!" 엄지척 칭찬을 받으니 기분이 좋다. 그러나 내일은 또 "활동이 너무 복잡하고 집중도가 떨어져요, 선생님!"이라고 꾸중을 들을지도 모르겠다.

◉ 따로 또 같이 하는 모둠 수업

내 영어 수업의 가장 큰 기조는 협동 수업이다. 협동 수업, 모둠 수업, 모둠 활동 등 용어는 제각각 다르고 정의가 달라질 수 있으나, 수업 중 친구들과 함께 협력하며 과업을 수행하는 것이 그 핵심이다. 물론, 수업의 모든 시간 내내 협력이 필요한 경우는 드물 수 있다. 그럼에도 불구하고 나는, 꼭 모둠원들끼리 함께 자리에 앉도록 지도한다. 교사의 짧은 강의 또는 수업 내용 관련 영상 시청을 하는 경우라고 해도, 친구의 반응을 살피고 서로 소통하는 과정이 꼭 필요하다고 생각하기 때문이다.

실제로 모둠 수업을 하다 보면 여러 효과가 나타나는데, 학습자 수준이 다른 이질 집단을 편성하여 서로 가르치고 배우는 학습 효과가 일어나는 것이 가장 큰 장점이다. 사춘기 학생들에게 '영어는 중요한 과목이다.'라는 당위성만으로 접근하기가 쉽지 않은데, 학습 활동을 함께 하는 동료들의 시선과 무언의 압력(?)은 학습 의욕이 낮은 학생들에게 큰 영향을 미친다. 다른 교과 시간에 늘 엎드려 있는 '저를 건드리지 마세요' 부류의 학생들이 내 시간에는 모두 깨어 있는데, 이는 결코 교사인 나의 역량 때문이 아니고, 그 친구에게 긍정적인 영향력을 행사할 수 있는 모둠원이 있기 때문이다. 우리는 관계 속에서 성장하고, 내 자존감을 확인해 가는 사회적 존재가 아닌가.

물론, 강의로 금방 끝낼 수 있는 내용에 상당한 시간을 할애하며 모둠원

들과 함께 소통하고 정답을 찾아가는 과정은, 학습자 성향에 따라 다소 비효율적이라고 생각할 수도 있다. 그러나 수업에 참여하는 한 학급의 학생 25명을 기준으로 볼 때, 대다수의 학생들이 가장 많은 것을 얻어 갈 수 있는 수업 형태라고 생각한다. 상위권 학습자는 자신이 아는 것을 정확하게 말로 표현해 보며 자신의 지식을 점검하고 공고히 할 수 있으며, 중위권 학습자는 문장 해석이나 문제 풀이 등의 과정에 적극적으로 참여하며 영어 학습에서의 효능감을 얻을 수 있다. 하위권 학습자는 모둠원들과의 유쾌한 교류 및 교사와의 유의미한 긍정의 대화를 통해 영어에 대한 부정적 인식을 상당 부분 상쇄하며 조금씩 자신감을 쌓아갈 수 있다.

상위권 학습자를 위한 배려는?

상위권 학생들은 고난이도 어휘나 영어 논술형 대비를 위한 표현력 향상에 관심이 높은 편이다. 학습지 속에 텍스트 관련 심화 어휘나 영작, 요약문 작성을 위한 꼭지 등을 만들어 두면 적절한 도움을 제공할 수 있다. 텍스트의 배경 지식 관련 자료를 간단히 요약하고 빈칸을 뚫어 두면 독해와 스키마 형성이라는 두 마리 토끼를 다 잡을 수 있다.

모둠 구성은 어떻게 해야 하나?

2002년 발령 받은 이후부터 늘 모둠 수업을 해 온 나는 모둠 구성을 위해 정말 다양한 방법들을 써 왔다. 이질 집단 편성을 위해 영어 성적을 기준으로 각 모둠별로 1, 2, 3, … 등의 순서로 배치해 보기도 하고, 무작위

뽑기를 진행한 적도 있으며, '2명 이상 4명 이하'로 자유롭게 팀을 구성하라고 안내한 경우도 있다. 최근 10년간 내가 정착하여 사용하고 있는 방법은 교사들이 모인 커뮤니티에서 국어 또는 사회과의 토론팀 구성을 위해 활용된다고 추천을 받은 것인데, 다음과 같이 진행한다.

먼저, 빈 종이를 학급 구성원들에게 나눠 주고, 영어 시간의 리더로 세우고 싶은 친구들을 2명 이상씩 적게 한다. 이때 중요한 것은, '나와 함께 모둠을 하고 싶은 친구'가 아니라 '영어 모둠의 리더로 적합한 친구'를 적는 것이다. 다 적은 뒤 이름이 나오는 대로 칠판에 바를 정자를 표시해 간다. 그리고 각 학급에 필요한 만큼의 모둠 리더를 다득점자 순으로 뽑는다. 24명 학급이라면 4명씩 6개 모둠이 되니 6명의 리더가 필요하고, 25명의 학급이라면 4명 모둠 4개, 3명 모둠 3개가 되니 총 7명의 리더가 필요하다.

이제 25명 학급에서 7명의 리더가 다 정해지면, 리더에게 본인이 믿고 의지할 수 있는 파트너를 1명씩 선택하도록 한다. 물론, 이미 선정된 리더를 골라서는 안 된다. 이때 파트너는 거부권이 없다. 영어 모둠의 리더는 많은 책임을 지며 팀원들을 하드캐리(?) 해야 하는 경우들이 종종 있는데, 그럴 때 자신이 사랑하는 친구 한 명이 모둠에 존재한다면 심적 위안이 꽤 클 수 있다. 그러면 25명 중 7명의 리더와 7명의 파트너가 정해졌다.

교실을 둘러보면 리더도 파트너도 아닌 친구들이 시무룩하게 앉아 있는 모습이 눈에 들어올 것이다. 이제 그 친구들을 위한 시간이다. 남아 있는 친구들의 숫자만큼 쪽지를 만든다. 25명에서 14명이 소속을 정했으니 11명이 남아 있다. 1부터 11까지 쪽지에 번호를 적고 접어 둔다. 주의할 것은, 종이 위 숫자는 모둠의 번호가 아니라 '내가 들어갈 모둠을 고르는 순번'이라는 것이다. 11명의 친구들은 번호를 뽑고, 칠판 위에 적힌 리더+파트너 조합을 둘러본다. 그리고 빠른 번호대로 내가 원하는 모둠을 골라 들어간다. 이때 리더와 파트너는 거부권이 없다. 4명을 모둠 최대 인원으로 정했으니 학급의 인싸들이 모인 모둠은 인원이 빨리 차고, 더 이상 학생을 받을 수가 없다. 뒷번호 학생들은 남는 자리에 들어가게 되는데, 비교적 큰 불만이 제기되는 일은 없었다. 숫자 11을 뽑은 것 또한 내 책임이니 말이다.

☻ 나의 수업 1 - 영어 문화 수업

원어민 교사가 학교에 들어오기 시작했던 2000년대 초반에는, 원어민 보조교사와 어떻게 수업을 만들어 갈지에 대한 협의가 활발히 진행되었다. 평촌고등학교에 첫 발령을 받은 나는 마음이 맞는 좋은 동료 교사들과 재미있는 콘텐츠로 영어 문화 관련 수업을 시도해 보고자 했고, 우리의 시도에 조용히 힘을 보탰던 괜찮은 역량의 원어민 교사 덕분에 수업도 잘 진행되었다.

할로윈 무렵에는 할로윈의 유래에 대한 글을 아이들과 함께 읽고, 나쁜 악령과 영혼을 물리치는 바람을 담아 Dream Catcher를 아이들과 직접 만들어 보았다. 사실, 영어권 거주 경험이 없었던 나 또한 그 의미를 잘 알지 못했는데, 원어민 선생님과 함께 아이들이 각자의 Dream Catcher를 완성할 수 있도록 도왔다.

매우 창의적인 분이었던 동료 정지현 선생님은 할로윈 호박도 직접 제작해 보자고 제안했고, 우리는 아이들에게 호박과 초를 준비물로 가져오라고 안내했다. 학생들은 몹시 신기해하면서 각양각색의 호박을 가져왔고, 원어민 선생님이 호박의 윗부분을 살짝 잘라 주시면 숟가락으로 속을 파냈다.

각 학급마다 만들어 낸 결과물들을 예쁘게 세팅하고 그 안에 초를 밝혔다. 평촌 할로윈의 막이 오르는 순간의 그 열기가 지금도 생생한데, 이제 마흔이 되었을 당시의 고3 학생들에게도 그 기억이 여전히 존재하는지 모르겠다.

☻ 나의 수업 2 – 영어 소설 수업

소설을 좋아하는 나는 내가 읽는 소설을 수업의 소재로 사용해 보고 싶었는데, 접근법에 대한 어려움, 동교과 교사와의 협력 등의 문제로 늘 주저하고 있었다. 이때 친한 동료 선생님께서 정규 교과 수업이 아닌, 방과후 수업으로 소설을 다뤄 보라고 조언해 주셨고, 선생님께서 직접 시도해 본 여러 방법들과 학습지를 공유해 주셨다. 나는 그 선생님께서 장시간에 걸쳐 전화로 설명해 주신 내용을 받아 적은 노트를 보고 또 보며 용기를 내어, '영어 소설 Wonder 읽기'를 여름 방학 방과후 수업으로 개설했다.

열흘간 매일 두 시간씩 소설을 읽는 수업에 아이들이 올까 싶었는데, 대략 10명의 학생들이 모였다. 자유롭게 친분에 따라 모둠을 구성하도록 안내하니 세 개의 모둠이 편성되었다. 각 모둠 안에서 Word Master, Summarizer, Artist, Comprehension Checker 등으로 역할을 정하게 했다. 수업 시간 중 한 시간은 자유롭게 모둠원들끼리 책을 읽으며 내용을 공유했는데, 나는 수시로 모둠을 돌며 필요한 도움을 제공했다. 나머지 한 시간은 Readers' Theater 형태로 다양한 활동을 진행했다. 교실 중앙 의자에 앉아 극 중 한 인물이 되어 사람들의 질문에 답하며 감정을 이입해 보는 Hot Seat 활동, 인상 깊은 장면 하나를 선정해서 스틸컷 이미지로 표현하는 활동, 모두가 참여하는 역할극 등을 통해 우리는 함께 읽은 내용을 꼭 꼭 씹어 먹으며 각자의 방식으로 소화를 해 나갔다.

세찬 여름 소나기가 내리던 어느 날, 우리는 조용히 교실에 앉아 책을 읽고, 인상 깊은 구절을 나누고 있었다. 구글 검색을 통해 도서별로 영어 북클럽에서 활용할 수 있는 질문들이 많이 제시된 사이트를 찾았고, 질문들을 선별하여 질문 상자에 넣었다. 학생들은 하나씩 질문을 뽑아 대답을 하며 자신의 생각을 나누었다. 그 여름의 소설 수업은 그 해 내게 가장 큰 기쁨과 위로를 주었던 수업이었다.

입시 교육과 치열한 내신의 압박감에서 자유로울 수 있었던 마이스터고등학교에서는 소설 읽기를 내 영어 수업의 큰 축으로 삼았다. 이공계 성향의 친구들은 말랑한 정서의 책보다는 미스터리 탐정류의 소설을 좋아했고, 다양한 지식을 얻을 수 있는 논픽션(Non-fiction)도 선호하는 편이었다. 온라인 독서 프로그램의 빅캣 퓨처팩을 영어과 예산으로 구입하니 총 603권의 도서 이용이 가능했는데, 수업 시간에 진행되는 모둠 독서와 학생 개인이 방과 후 시간을 활용해 스스로 읽는 개인 독서로 구분하여 진행했다.

각 모둠에서는 매 분기마다 읽고 싶은 책을 함께 골랐고, 모둠 수준에 맞게 책을 읽고 토의한 후, 리딩 로그를 작성했다. 매 수업이 끝나기 15분 전에는 정리(Wrap-up) 시간을 가졌는데, 모둠에서 한 명씩 나와 읽은 내용 중 일부를 공유하는 시간이다. 영어 표현을 소개하기도 하고, 간단히 줄거리를 언급하기도 한다. 인상 깊은 장면을 그림으로 표현하기도 하고, 간단한 액팅을 시도하는 경우도 있었다. 성취 수준이 높고, 학습자 간 편차가 크지 않았던 마이스터고 학생들은 인문계 고등학교 학생들에 비해 진로 성숙도가 높고 적극적인 편이었기 때문에 수업은 늘 재미가 넘쳤고 흥미진진했다.

경기게임마이스터고등학교에 근무하면서 어떤 콘텐츠로 수업을 해 나갈 것인지 늘 고민이 많았다. 한 학년에 70여 명씩 전교생이 200명 남짓이니 영어 교사도 단 두 명이었는데, 대체로 학년을 나누어 맡다 보니 나 혼자 교과 운영 계획과 평가 계획을 수립하는 경우가 많았다. 첫해에는 지금은 퇴직하신 L 선생님께서 당신의 모든 수업 자료를 공유해 주시면서, 대학에 진학하지 않는 학생들이 공부하는 특수 목적 고등학교에서의 영어 수업 준비를 물심양면으로 도와주셨다. 두 번째 학기부터는 차차 내가 좋아하는 것들을 수업에 녹여낼 수 있었는데, 그중 하나가 영어로 신문을 읽거나 뉴스를 시청하는 것이었다.

학생들은 3학년 2학기 10월경부터 게임 회사나 IT 관련 회사로 현장 실습을 나간 후, 해당 회사에 정식 취업을 하게 되는 경우가 많았다. 그래서 이제 겨우 스무 살에 취업을 한 학생이 회사의 교육용 소프트웨어 제품을 가지고 중국 출장을 가서 바이어를 만나야 하는 경우들이 있었다. 모든 영어 공부의 기본은 듣고, 말하고, 읽고, 쓰는 것이지만, 어떤 콘텐츠로 이러한 학생들에게 동기를 부여할 수 있는지도 중요했다. 나는 학생들이 관심을 두고 있는 온라인 게임 및 게임 회사에 대한 뉴스 기사부터 검색했다. 마이크로소프트의 블리자드 인수에 관한 해외 게임 저널의 깊이 있는 분석 기사나, 해외 유명 주간지에서 선정한 '올해의 게임'을 다루는 기사, 유튜브 프리미엄 서비스 우회 접근 가입에 대한 기사 등을 다룰 때 학생들은 큰 흥미를 보였다. 게임 시장의 규모가 큰 중국 관련 경제 기사나 전시 및 공연 등 문화 콘텐츠를 다루는 기사도 창의성 돋보이는 게임 개발을 해야 하는 학생들에게 좋은 자극이 될 수 있지 않을까 기대하며 수업에서 다루었다.

종종 10대 청소년들을 대상으로 하는 틴타임즈나 NE타임즈 등의 기사를 선택할 때도 있었지만, 영국의 시사 주간지 Economist나 우리나라의 영자 신문 코리아 헤럴드, 또는 아리랑 뉴스를 활용할 때도 있다. 아리랑 뉴스를 온라인으로 검색해 보면 1분 또는 2분의 적절한 길이에, 학생들이 흥미를 가질 만한 최신 이슈들을 보도하는 영상들을 쉽게 찾을 수 있었다.

전체 학생들을 대상으로 짧은 뉴스 클립을 제시한 후, 무엇에 대해 다루는 내용인지 모둠원들끼리 대화를 나눈 후 공유하도록 한다. 난이도가 높은 콘텐츠를 다룰 때에는 학생을 바로 지목하기보다는, 모둠 내에서 답을 공유할 수 있는 시간을 잠시라도 가지면 심리적 부담감이 줄어들기 때문이다.

두 번째 단계에서는 기사 속에서 들은 표현들을 간단히 메모하게 한 후, 공유한다. 이 활동을 통해 자신이 알고 있는 단어만을 들을 수 있다는 것을 학생들은 깨닫게 되고, 어휘 학습의 중요성을 재인지한다.

세 번째 단계에서는 기사 스크립트를 바탕으로 제작한 리딩 학습지를 배부하고, 모둠별로 해석을 한다. 마이스터고 학생들은 강도 높은 전공 공부와 프로젝트 등으로 영어 수업 시간 이외에는 따로 영어 공부를 할 수 있는 시간이 적고, 전공 과목에 비해 영어 교과의 학습이 우선순위에서 많이 밀리게 된다. 아무래도 인문계 고등학교에서 대학 진학을 염두에 둔 학생들에 비해서는 어휘력이 약한 편이라 따로 영단어를 정리해 주었다. 모둠별 해석이 끝나면 이해 점검 질문을 다루고, 교사가 전체적으로 간단히 주요 구문 및 키워드 등을 정리해 준다. 그 이후의 학습 마무리를 어떻게 하면 좋을지 고민하다가, 나는 말하기 활동을 도입했다.

성공적인 말하기 과업을 설계하려면 반드시 말을 할 수 있는 주제가 있어야 하고, 그 주제는 읽기 또는 듣기의 형태로 제공되는 것이 효과적이라고 판단했다. 그래서 영어 뉴스를 읽거나 청취한 후, 일반적인 학교 현장에서 소홀히 다루어지기 쉬운 말하기와 쓰기를 수업에 적용해 보고자 했다. 마이스터고 학생들에게는 게임 개발에 최적화된 최고 사양의 노트북이 지급되어 있었다. 또한, 일과 중 휴대폰 사용이 비교적 자유로운 분위기였기에 영어 수업 중 언제든 스마트 기기를 활용할 수 있었다. "What did you learn from class today?"와 같은 간단한 질문부터 "Do you agree or disagree with the ~ ?"와 같이 자신의 견해를 정리할 시간이 요구되는 질문을 사전에 준비하여 학습지에 포함시켰다. 학생들은 자신의 수준에 따라 번역기를 활용하거나 자신이 직접 영작한 후, 교사에게 표현 점검을 요청하는 경우도 있다. 이 모든 과정을 휴대폰 음성 녹음으로 담아 그 파일을 구글 클래스룸에 제출하도록 했고, 매 시간 학생들이 녹음하여 제출한 음성 녹음 파일들이 차곡차곡 쌓이기 시작했다.

그 모든 파일을 하나하나 점검해야 했던 나는, 집에서 빨래를 갤 때도 블루투스 이어폰을 끼고 학생들의 녹음 파일을 들었다. 반복되는 오류는 댓글로 정리해서 피드백을 주었고, 성의 있고 진솔한 태도로 녹음을 한 아이들에게는 칭찬과 격려의 코멘트를 남겼다. 본인의 이야기를 담담하게 영어로 전달하는 학생들에게서는 개개인의 성장이 엿보여 대견했다. 그 학년에서 가장 게임 개발을 잘한다고 평가받던 학생은 최고 정예 팀원들로 개발팀을 꾸려 졸업 과제를 진행하고 있었는데, 다소 예민한 기질과 유연하지 못한 태도에 대해 게임 개발자 출신이셨던 개방형 공모 교장 선생님께 따끔한 충고를 들었던 모양이다. 각자 녹음을 하느라 시끌벅적했던 그 교실에서, 파트너의 앞에서 그 아픈 서사를 담담한 태도로 이야기하고 있었다. 현명하고 성숙한 학생답게 "처음엔 많이 속상했지만, 결국 내가 받아들여야 더 좋은 개발자로 성장할 수 있을 것이라고 생각한다. 감사하게 여긴다."라고 말하는 학생의 그 발언을 들으며 그 친구가 사용한 영어 표현이나 어법의 오류 등은 자취를 감추고, 묵직한 감동만이 남았다. 50분 수업 시간 속에서 나의 이야기를 영어로 단 몇 분이라도 할 수 있는 시간을 가졌던 것이 학생들에게도 조금이나마 의미있는 일이었기를 기대해 본다.

한참 학생들과 이러한 말하기 활동을 하고 있을 때, CNN의 앵커 리차드 퀘스트가 'Quest's World of Wonder'라는 여행 프로그램 촬영차 한국을 찾았다. 방송인 재재씨와 함께 여러 한국 문화들을 체험하는 장면을 볼 수

대화 파트너를 정하는 방법은?

아이들은 어떤 활동을 하는 경우든, 파트너를 정할 때 항상 긴장하고 설레는 모습을 보인다. 문화 이해 자료로도 활용하기 위해 여러 쌍의 이름 카드를 준비해 보았다. Romeo 카드를 뽑은 학생은 Juliet을 찾아야 하고, Batman을 뽑은 학생은 Robin을 만나야 한다. Tristan을 뽑은 학생이 고개를 갸웃거리며 내게 다가오면, 중세 유럽 전설 속 기사라고 설명해 주며 Isolde를 찾도록 한다. 이를 응용하여 유명한 인용구의 문장을 둘로 나누어 'Better late'을 뽑은 학생은 'than never' 카드를 손에 쥔 학생을 만나 어떤 의미인지 설명해야 오늘의 학습지를 배부하기도 한다.

있었는데, 당당하고 편안하게 소통하는 재재씨의 영어 구사가 인상적이었다. 문법 등의 언어 형식에 얽매이지 않고, 상대방과 교감하며 나름대로 메시지를 잘 전달하는 모습을 보니 나의 학생들이 떠올랐다. 휴대폰 음성 녹음 어플을 켜고 종알종알 쉬지 않고 떠드는 학생들의 영어에는 자신만의 스토리가 담겨 있었고, 재재씨 못지않게 자기표현을 할 수 있는 역량도 엿보였다. 원어민 화자와 좀 다르게 말해도 되는 영어, 소통하고 교감하는 '나'를 담아내는 영어를 구사할 수 있도록 가르쳐야겠다고 다짐했던 순간이었다.

☻ 나의 수업 4 - 영어 프로젝트 수업

프로젝트 수업은 마이스터고 발령을 받고 나서야 제대로 시작해 볼 수 있었음을 고백한다. 각 교과에서 게임 개발을 하는 학생들을 위한 프로젝트 수업을 1년에 한 차례 이상 계획했는데, 나는 선배 교사이신 L 선생님의 조언대로 학기별로 한 차례씩 진행을 했고, 선생님께서 만들어 주신 양식을 토대로 첫해 수업을 진행하며 차년도에는 내 방식대로 조금씩 변형을 해 나갔다. 게임을 기획하고 개발을 하는 학생들은 게임 산업을 소재로 하는 프로젝트 수업을 선호했다. 다음과 같은 주제로 진행했던 네 번의 프로젝트에서 학생들은 풍부한 배경지식과 높은 진로 성숙도 및 관련 분야에 대한 열정을 바탕으로 탁월한 결과물을 완성해 냈다.

프로젝트 수업을 진행하다 보면 통상적인 영어 수업을 할 때는 잘 보이지 않던 학생들의 모습을 엿볼 수 있다. 영어 문해력은 다소 부족해서 자신감이 없는 학생이었는데, 누구보다도 게임 산업에 대한 폭넓은 배경지식을 지니고 있어 프로젝트를 주도하기도 한다. 반면, 영어의 모든 영역에서 우수한 성취를 보이는 학생인데, 공동의 결과물을 만들어 내야 하는 모둠 프로젝트에서는 유난히 스트레스를 많이 받는 학생도 있다. 나의 강점과 약점을 분명하게 인지하되, 보완의 노력을 기울이면서 서로 협력하고 합을 맞춰 갈 수 있는 역량을 키워 나간다는 측면에서도 프로젝트 수업은 분명 의미가 있었던 활동이었다고 자평해 본다.

<프로젝트 주제 예시>

		2022년	2023년
주제	1학기	우리나라 게임 산업의 문제점과 해결책	게임 산업 해외 진출 전략 수립
	2학기	게임 회사 분석 영상 제작	우리 모둠의 새로운 게임 기획

<프로젝트 수업 절차>

프로젝트 차시	내용	예시
1	모둠 주제 선정 및 브레인스토밍	미국, 유럽, 중국, 일본, 라틴 아메리카 등 다양한 나라 중, 관심 국가를 선정 – 모둠원들끼리 협의하여 국가를 선정해도 되고, 특정 국가에 관심이 있는 친구들끼리 모여 모둠을 구성할 수도 있음. 단, 인원을 3~4명으로 제한 – 자유롭게 해당 국가 관련 자료를 수집
2	모둠 내 자료 조사 및 내용 정리 공유	게임 시장 분석과 진출 전략 수립의 두 축으로 구분하여 각자 자료 조사 후, 내용 공유 (이때, 해외 신문 기사 및 게임 전문 매체를 활용할 수 있도록 사전 안내 및 필요한 도움 제공)
3	발표 자료 구상 및 정보 수집, 영어 원고 쓰기	한 학생당 슬라이드 1장 또는 2장을 맡아 발표 자료 제작에 필요한 도표 등 자료를 수집하고, 최종 영어 말하기 원고 작성
4	발표 자료 제작 및 영어 프레젠테이션 준비	학생 개인 노트북을 지참하여 직접 발표 자료 제작 후, 모둠 자료를 최종 제출하도록 안내 영어 프레젠테이션을 위해 대본을 충분히 숙지할 수 있도록 안내하고, 발음 및 억양 등 지도
5	모둠 발표 및 평가	

학교에서 만나는 아이들

교실에서 아이들을 만날 때, 내가 잊지 않기 위해 되뇌이는 말이 있다. "Kids can't learn from people they don't like." 십여 년 전, TED TALK에서 지금은 고인이 된 교사 출신 강연가였던 Rita Pierson이 했던 말이다. 당시 중학생을 가르치고 있었던 나는 어둡던 시야가 맑게 개인 것 같은 '아하 모먼트'를 경험했다. 물론, 실제로 어떤 맥락에서 적용되는가에 따라 인기주의에 영합한다는 비판이 있을 수 있다는 것을 잘 알고 있다. 그러나 가르치고 배운다는 것은 반드시 두 사람 이상이 필요한 행위이고, 서로의 상호작용이 요구된다. 그 상호작용 안에 지식 전달과 수용만이 존재할 수는 없다. 인간의 감정과 이성은 우리가 기대하는 것 이상으로 그 경계가 모호하고, 서로 영향을 주고받는다. 내가 내린 결정이 감정에 의한 것인지, 이성에 의한 것인지도 불명확한 순간들이 많다. 그래서 나는 내 수업에서 '존중'과 '수용'을 가장 큰 가치로 삼게 되었다.

3개의 인문계 고등학교, 2개의 중학교, 1개의 직업계 고등학교에서 근무했던 나는 다양한 연령대의 아이들을 만나 가르치고, 또 그들에게서 많은 것을 배웠다.

● 청출어람, 내게 배움과 성찰을 주는 아이들

맹자의 군자삼락 중 일락이 좋은 제자를 만나 가르치는 기쁨이라고 한다. 가르치는 것이 곧 배우는 것이라고도 한다.

중학교 2학년 수린이는 방송부 활동을 열심히 하고 학교 축제의 댄스 무대에도 올라 마음껏 재능을 펼치면서, 항상 최상위 성적을 유지하는 아이였다. 그해에는 방과후 라면 상담을 진행하고 있었다. 방과후, 학생 개인의 학원 시간 등을 고려하여 미리 희망일자 신청을 받고, 아이가 다양한 컵라면 중 하나를 고르면 커피포트에 물을 끓이며 천천히 대화를 나눈다.

수린이는 열 다섯 살 또래에 비해 매우 어른스러웠고, 메타인지가 발달한 학생이었다. 최상위 수준의 학업 성취를 위해 어떤 노력을 기울이는지 들려주었을 때의 놀라움이 아직도 잊혀지지 않는다.

"제가 늦게까지 공부하며 건강을 해칠까 봐 부모님께서 걱정이 많으세요. 그래서 새벽 한 시에 불을 다 끄고, '안녕히 주무세요'라고 인사를 해요. 부모님께서 잠드신 것을 확인하면 차 한잔을 끓여 공부를 다시 시작해요."

인생에서 단 한 번도 그렇게 치열하게 공부해 본 적이 없는 나는 '이렇게 의지가 굳건하고, 훌륭한 학생을 가르칠 수 있다니….'라고 생각하며, 어떤 열정을 갖고 내 인생을 마주해야 할지 반성해 볼 수 있었다.

인문계 고등학교에 있는 학생들은 대학 진학이라는 확실한 목표가 있고, 매 분기마다 나오는 내신 성적과 모의고사 성적 등으로 끊임없이 자신을 평가하고, 점검하며 3년을 보낸다. 그 고된 진학 준비의 과정에서도 자신의 빛을 잃지 않고, 한 걸음씩 나아가는 훌륭한 학생들이 있다. 현집이도 그렇게 뛰어난 학생 중 하나였다. 고3 담임으로 만난 현집이는 과학중점 과정을 이수하고 있었지만, 언어학자가 되고 싶은 아이였다. 언어학을 공부하는 데 요구되는 정보처리 역량을 키우는 것에도 관심이 있었고, 무엇보다 과학적 현상을 탐구하는 것을 진심으로 즐기는 학생이었다. 어떤 교과에서든 원리와 현상을 탐구하며 깊이 있게 분석하고, 폭넓게 사고하는 모습을 보였다.

또한, 영어뿐만 아니라 일본어, 러시아어, 아랍어 등 다양한 외국어를 탐구하며 언어학자로서의 역량을 키우는 데 한 걸음씩 다가서고 있었다. 현집이의 담임 교사이면서 영어 교사이기도 했던 나에 비하여, 현집이는 단연코 인지능력과 사고력이 뛰어난 학생이었다. 교사로 학생들을 만나다 보면 이런 순간을 종종 마주한다. 그리고 현집이가 가진 겸양의 미덕은 그 아이의 출중한 능력을 더 빛나게 했다. 고등학교 내신 성적만으로는 설명할 수 없는 학생의 반짝임과 탁월함이 있었다. 교수진이 훌륭한 대학의 영문학과에 진학한 현집이가 노암 촘스키(Noam Chomsky)만큼이나 훌륭한 언어학자로 성장할 수 있기를 바란다. 언어학자가 아니면 또 어떤가. 그 어떤 분야에서든 묵묵히 자신의 길을 가며 뛰어난 성취를 보일 학생이니 말이다.

마이스터고등학교에서 근무했던 2년간 지금껏 보지 못했던 매우 특별한 학생들을 만날 수 있었다. 대학을 졸업하고도 진로에 대해 갈피를 잡지 못하는 성인들이 많은데, 열여섯의 나이에 벌써 '게임 개발자'라는 목표를 가지고 전국에서 모인 학생들은 진로 주체성이 있었고, 졸업 이후 자신들이 마주할 현실이 어떠한 모습일지 비교적 정확히 인식하고 있었다. 게임을 좋아해서 게임 개발을 공부하는 친구들이, 이 학교에 진학한 후에는 게임 개발 공부를 하느라 게임할 시간이 거의 없다는 것이 아이러니이기도 했다.

게임마이스터고에서는 입시 영어 교육의 한계를 벗어나 다양한 시도를 할 수 있었고, 아이들의 수준도 높고 균일한 편이라 오히려 인문계 고등학교에서의 수업보다 더 잘 진행된다고 생각했다. 그러나 내가 맡은 영어 과목의 성적은 아이들의 취업에 영향력이 거의 없었다. 영어 수업 시간에는 열의를 갖고 임했으나, 일주일에 두 시간 배정된 수업 시간 이외에는 영어를 더 공부하기가 쉽지 않을 만큼 전공 공부의 양이 많기도 했다. 전공 포트폴리오로 이미 취업을 해서 게임 개발 회사에 근무하는 학생들은 "선생님, 영어가 정말 중요해요. 더 열심히 할 걸 그랬어요."라고 말했지만, 일단 취업의 문턱을 넘어야 하는 학생들에게 영어는 우선순위에 있는 교과가 아니었다. 마이스터고 근무 2년 차가 되며 나는 내 과목이 학교에서, 또 학생들에게 갖는 미미한 영향력과 좁은 입지를 실감하게 되었다. 그리고 교사로서의 자존감이 급격히 떨어졌다. 그러다 아이들과 수업 시간에 함께 읽은 영어 문장을 보고, 당시 내가 느꼈던 슬픔의 원인을 찾을 수 있었다.

> The key to a great work place is feeling wanted and important.

아이들에게 'feeling wanted'가 무슨 뜻인지 설명하면서 영어 교사로서 내가 학생들에게 충분히 사랑받지 못하고, 존중받지 못한다고 여기는 상황이 힘들었다.

그때 수현이를 만났다. 수현이는 초등학교 때부터 줄곧 전교 학생회장을 도맡을 만큼 리더십이 있고, 외향적인 학생이었다. 어떤 상황에서든 분위기를 주도할 수 있는, 요즘 언어로 '핵인싸' 학생이었다. 나는 수현이가 구사하는 유머가 좋았고, 캐나다 1년 거주 경험을 바탕으로 영어 시간에 적극적으로 참여해 주어 고마웠다. 학급의 그 누구와도 공감대를 형성하며 즐거운 분위기를 만들 수 있는 포용력이 부럽기도 했다. 전교생 모두 기숙사 생활을 하는 그 학교에서 수현이는 나를 "잉티(English Teacher의 줄임말)" 또는 "장모님"이라고 부르며 자주 교무실을 찾았다. 전체 교사 중 정보 컴퓨터 교사가 반 이상이 되는 학교였다. 대부분의 선생님들은 아이들이 좋아하는 다양한 온라인 게임을 즐겨 대화가 잘 통했고, 공모전이나 각종 대회 준비를 하는 학생들을 위해 방과 후나 주말 시간까지 할애하여 열심히 지도해 주시는 훌륭한 분들이 많았다. 그 학교에서 40대 아줌마 영어 교사가 그나마 존재감을 가질 수 있었던 것도 수현이의 관심 덕분이었다고 생각한다.

수현이와 플로깅 동아리도 함께 조직하여, 매번 동아리 날에는 학교 밖을 나가 다양한 활동을 했다. 나는 그 해, 수현이와 함께 했던 플로깅 동아리가 있어서 내 자신의 효용감을 잃지 않고 한 해를 마무리할 수 있었다. 지역 사회와 연계하여 생태 탐방을 갔고, 역사와 환경 보호를 접목한 활동도 했고, 자원순환센터에도 방문했다. 무더운 여름날에는 대형 서점에 가서 다양한 분야의 책도 읽으며 머리를 식혔다. 나는 아이들과 무료로 각종 프로그램을 이용하기 위해 예약 신공을 발휘했고, 유관기관의 담당자들과 자주 통화했다. 일곱 명의 플로깅 동아리 친구들은 모두 반듯하고 유쾌한 친구들이어서 어디를 인솔해 가더라도 예의를 갖춰 인사를 잘했고, 활동에도 성실히 임해 주었다. 리더였던 수현이가 아니었다면 조직되지도 않았을 동아리였다. 그

해에는 영어 교사로 자존감이 바닥을 치며 계속 침잠해 가던 나를 수현이가 살렸다. 그리고 나도 누군가를 살릴 수 있는 사람이 되어야겠다고 생각했다. 학교에서 만나는 내 도움이 필요한 그 누구라도 말이다.

> Whoever you are, I have always depended on the kindness of strangers.
> – A Streetcar Named Desire 中

작은 친절과 도움이 한 사람의 인생을 바꿀 수도 있을 만큼 큰 영향력을 미칠 수 있다고 하는데, 굳이 거창한 사명을 갖지 않더라도 교사는 사람을 상대하는 사람이니 가급적 학교에서 만나는 아이들에게는 친근하게, 그리고 따뜻하게 말을 건네기 위해 노력한다. 교실에서 내 눈에 예쁜 학생들은 그 어떤 교과 선생님이 보셔도 예쁘고, 아이 본인도 가정에서 부모님과 긍정적인 상호작용을 하며 높은 자존감을 갖고 성장한 아이일 확률이 높다. 그 아이들은 타인의 밝은 표정과 따뜻한 격려에 익숙하고 언제나 사랑스러운 모습을 보여 준다. 반면, 뾰족한 가시로 날을 세우고 있는 아이들, 모든 일에 심드렁한 표정으로 응수하는 아이들의 마음을 열기란 쉽지가 않다. 이 아이들과 좋은 관계를 맺기 위해서는 교사의 노력이 정말 많이 필요하다.

십수 년 각자 다른 가정 환경과 경제적, 사회적 배경을 갖고 성장한 아이들에게 고작 1년 남짓한 인연으로 만나는 내가 대단한 가르침을 줄 수 있을 것이라고 생각하지는 않는다. 그 아이를 지나쳐 갈 수많은 인연 중 하나뿐인 나는, 그 만남이 서로에게 상처가 되지 않기를 바라고, 조금 더 욕심을 낸다면 따뜻한 온기가 남는 형태였으면 좋겠다. 내 경험상, 상처가 많고 날카로운 친구들은 교사의 말투에 민감한 경우가 많았다. 질책하거나 추궁하는 말투 대신, 아이가 본인 이야기를 꺼낼 수 있도록 격려하는 말투였으면 좋겠다. 잘못을 지적할 때는 최대한 짧고 간결하게 전달하되, "자, 이제 네 이야기 들어 볼까?" 또는 "지금부터는 네가 이야기할 시간!"이라고 발언 기회를 주어도 좋다. 내 이야기를 들어 주겠다는 사람에게 차갑게 등을 돌리는 사람은 많지 않다.

귀여운 중학생들과의 상담 때는 막대사탕 하나를 각자의 손에 쥐고 이야기하기도 하고, 머리 굵은 고등학생들에게는 "커피 한 잔 할래?"라고 묻기도 한다. 음식이 있으면 분위기가 조금 더 말랑해진다. 실제 어떤 학생부장님께서는 생활교육이 필요한 학생들이 학생부에 찾아오면, 교무실 안쪽 탕비실의 1인 인덕션 위에 웍을 올리고 양파를 볶는다고 하셨다. 슈퍼에서 쉽게 구할 수 있는 짜장라면에 볶은 양파만 곁들여지면 학교에서 먹을 수 있는 최고의 짜장면이 완성된다고 하셨는데, 음식으로 대화를 시작하고 생활지도가 이루어지는 것이다. 너무 멋지지 않은가. 음식을 나누는 사이, 밥을 같이 먹을 수 있는 사이는 신뢰가 바탕이 되지 않을 수 없다.

물론, 이러한 노력에도 불구하고 소통이 어려운 학생도 있다. 중학교 2학년이었던 J는 늘 담임 교사인 내 말에 대답조차 잘 하지 않았다. 반 친구들과는 잘 어울렸고, 다른 교과 선생님들에게는 그만큼 적대적이지 않았던 것 같은데, 유독 담임 교사인 내게만 가혹했다. 참을 인(忍)을 수십 번 쓰며 노력하던 나는 어느 날, 그 학생과의 라면 상담 때 물었다.

"너 나 싫어하지?"

아이는 순간 당황함을 감추지 못하며 물었다.

"어떻게 아셨어요?"

그 명쾌한 답이 다소 얄미웠지만 기죽지 않고, 내가 왜 싫으냐고 다시 물었다. 아이가 잠시 망설이더니 대답했다.

"우리 엄마랑 말투가 너무 똑같아서요. 엄마가 너무 싫거든요. 엄마랑 몇 달째 말도 안 하고 있어요."

학생의 어머니는 심한 사춘기를 앓는 아들이 집에서 밥도 안 먹고, 엄마와 대화도 전혀 하지 않는다며 담임 교사인 나와 전화로 이야기를 할 때마다 우시는 분이었다. 아이가 말하는 귀찮은 엄마의 잔소리와 억압이 어머니의 입장에서는 관심과 사랑의 표현이었을텐데, 그 거리가 서로에게는 참 멀게 느껴지나 보다. 우리는 한 해를 마무리하는 시점까지도 그리 살가운 사이가 되지는 못했지만, 나는 내 나름의 방식으로 그 아이를 받아들였다. 더 이상 마음이 많이 괴롭지는 않았다. 당연히 나를 싫어하는 학생도 있을 수 있다는 것을 수용하게 되었다. 관계 개선을 위해 내가 나름대로 많이 노력하더라도 잘 안 되는 경우도 있다는 것을 깨달았다.

5 나의 평가 이야기

나는 인문계 고등학교에서 12년, 중학교에서 8년, 직업계 고등학교에서 2년을 근무하며 각 학교급에서 요구하는 다양한 평가를 담당해 보았다. 교직 23년 차를 앞두고 있는 내가 아직도 많이 두려운 것이 있다면 평가, 그 중에서도 치열하게 등급을 갈라야 하는 인문계 고등학교의 내신 성적 산출을 위한 지필평가이다. 작은 오류나 실책으로 정답이 없거나, 정답이 두 개 이상 나오는 경우가 있다. 내가 맡은 학년 또는 내가 출제한 문제에서 오류가 나면 그야말로 지옥문이 열리게 된다.

원점으로 돌아와 다시 평가를 바라본다. 평가는 독립된 행위가 아니다. 교수·학습 이후에 학습자가 성취 수준에 잘 도달했는지를 파악하기 위해서 꼭 필요한 과정이다. 1등급 학생을 변별하는 시험이 되지 않을까 봐 어휘의 수준을 높여야 하는지 이리저리 뒤적여 보고, 텍스트 변형을 위해 원전을 찾아 읽고 또 읽는 과정은 타당도와 신뢰도 높은 평가를 위한 노력의 과정일 뿐 평가의 본질일 수는 없다. 학생들이 잘 배울 수 있도록 돕고, 그 배움이 잘 일어났는지를 평가하고, 그 과정을 기록하는 행위의 매력에 흠뻑 취해 볼 수 있었던 것은 대학 입시를 위한 내신 산출과 생활기록부 작성의 부담이 적었던 직업계고에 근무할 때였다.

마이스터고에 근무할 때는 수업 구성에 대한 자유도가 높았기에, 한 학기가 끝날 때마다 늘 학생들에게 다음 학기에는 무엇을 배우고 싶은가에 대한 설문을 받았다. 예상 외로 학생들 대다수가 문법을 정리하는 기회를 갖기를 원했다. 나는 문법 요소별로 총 80여 개의 예문을 준비했다. 그리고 학생들이 맡고 싶어 하는 문법 요소를 직접 고르게 하고, 학생 각자가 해당 문법 요소를 급우들에게 직접 가르칠 수 있도록 디딤돌 영상을 사전에 제작하여 구글 클래스룸에 탑재했다. 매시간 수업을 여는 꼭지로 활용했던 활동이었고, 문법 시험도 꽤 어렵게 출제해서 열심히 공부한 학생들에게 성취감을 안겨 주는 평가로 마무리 될 수 있었다.

또, 다양한 문화 콘텐츠를 즐기는 학생들은 실생활에서 활용할 수 있는 영어 표현을 배우고 싶어 했다. 여름 방학이 끝나고 내가 좋아하는 영화나 미드 속 한 장면을 가지고 듣기 활동도 하고, 영어 구어 표현을 소개하니 학생들이 흥미를 보였다. 그래서 이제는 학생들이 직접 다양한 매체 속 영어 표현을 찾아서 맥락 안에서 소개하고, 그 표현을 학생들이 익히고 평가까지 하는 수업을 계획했다. 절차는 다음과 같다.

첫 번째 시간, 학생들은 자유롭게 자신이 좋아하는 영어 콘텐츠를 선별한다. 김씨네 편의점, 코넌 오브라이언 쇼, 게임 출시 영어 트레일러, 영화 '노인을 위한 나라는 없다', 어린 시절 즐겨 보던 애니메이션 영화, 또는 다양한 팝송 등이 등장한다.

두 번째 시간에는 영어 매체 속 표현을 소개할 수 있는 3분 가량의 발표 자료를 만든다. 대사를 직접 타이핑하기도 하고, 반 친구들의 이름을 넣어 표현을 익힐 수 있는 예문도 만든다. 발표 자료를 제출한 후, 교사는 수정 사항 등을 정리하여 피드백을 제공한다.

아이들이 직접 고른 날짜 순번에 따라 매시간 수업 시작 전, 학생들은 자신의 노트북을 미리 연결해 두고 교사가 교실에 들어서면 발표를 한다.

이 수업의 백미는 평가였다. 각 반별로 소개한 표현들이 다를 수밖에 없었는데, 반별로 구글 시트를 따로 만들어 소개된 표현을 정리했고, 그 반에서 소개된 표현으로 평가를 진행했다. 물론, 반별 표현의 개수와 난이도 등은 사전에 잘 조정해 두었다. 내가 소개한 표현, 친구가 열정을 갖고 소개했던 영어 표현을 직접 익혀 말해 보고 써 보는 평가는 학생들에게 긍정적인 피드백을 받았다.

03

나의 꿈,
나의 새로운 인생

● 내가 공부하고, 시도해 본 것들을 나누는 기회 갖기

　2015년 영어 교사 심화 연수 프로그램의 담당 교수였던 Bala는 연수가 끝난 뒤 내게, 중학생 학습자를 위한 쓰기 모형을 개발하는 공동 연구를 해 보자고 제안했다. 나는 연수를 통해 배운 내용을 학교로 돌아와 직접 적용해 보는 일이 매력적이라고 생각했고, 한국인 영어 학습자들이 가장 어려움을 느끼는 영역 중 하나인 쓰기를 소재로 한다는 것이 가장 마음에 들었다.

　나는 부끄럽게도 이전에 영어 글쓰기를 제대로 가르쳐 본 적이 없었다. 영어 쓰기 수행평가를 위해 주제를 제시하고, 아이들이 글을 써 오면 어법의 오류나 글의 흐름 등을 살펴보며 피드백을 준 후, 정해진 시간에 완벽히 외워서 쓰게 하는 형식으로 한 학기에 한 번 이루어지는 수행평가를 급히 마무리했다. 물론, 정성 어린 교사의 첨삭은 그 어떤 글쓰기 강의보다 개별화된 피드백을 제공하니 의미 있는 성장을 촉진할 수도 있다. 그러나 '아이들이 글을 쓰기 전에 글을 어떻게 써야 하는지 가르쳐야 하지 않을까?'라는 너무나 당연한 질문을 스스로 던지게 되었다.

　우리는 영어 글쓰기를 보다 잘 가르치기 위해 중학생 영어 학습자를 대상

으로 한 맥락에 맞는 글쓰기 커리큘럼 생성을 주제로 연구를 진행했고, 24

회 Korea TESOL International Conference에서 'Creating Context

Appropriate Writing Curriculum for Middle School'이라는 주제로

발표를 했다.

Secondary teachers often skip or reduce the writing section. This workshop uses examples from one Korean middle school English teacher's practices after completing an in-service teacher training program. In this teacher's previous practice, writing was restricted to only opinion based essays due to time constraints and lack of emphasis on writing skills development. Working with the researcher, this teacher developed a more systematic structure to her writing curriculum. Key elements of this curriculum redesign include the addition of context specific rubrics and peer editing leading to greater learner autonomy. Examples will be shown from the journals and classroom writing samples collected by the teacher. Participants in this session will leave with new ideas for developing context specific writing curriculum and assessment using student peer editing.

– From the Course Overview, The 24th Korea TESOL International Conference, Oct. 15–16, 2016

참가자들은 내가 교실에서 했던 글쓰기 수업에 높은 관심을 보였고, 지도

방법 및 학생들의 반응, 성취에 대해 많은 질문을 했다. 많은 원어민들 앞

에서 영어로 더듬더듬 내 생각을 표현하는 과정이 쉽지는 않았지만, 내게는

매우 신선한 경험이었다. 나는 지금 하는 영어 수업과 나의 영어 이야기를 소재로 Tesol International Conference에 다시 서고 싶은 소망이 있다. 첫 시작은 나를 가르쳤던 Bala가 열어 주었으니, 그 다음은 내 힘으로 이루어 갈 수 있을 것이다.

◉ 다문화 가족을 위한 상담사에 도전

교사가 되어 다양한 학생과 학부모를 만나고, 그들의 이야기를 듣는다. 마이스터고에서 교무부장을 처음 맡아 인수인계를 받을 때, 전임 교무부장님께서 말씀하셨다.

"교무부장이 하는 일 중에서 정말 많은 시간을 할애하는 것 중 하나가 입학 상담이예요."

나는 인문계 고등학교에 근무하다가 처음 직업계고에 간 것인데, 중학생 학부모의 고등학교 입학 상담을 당장 어떻게 해야 하는지 걱정이 앞섰다. 입학 담당 업무를 하는 선생님이 계셨지만 매일 엄청난 양의 전화 문의가 이어지고 있었기에, 서로 나누어 전화를 받아야만 했다. 그런데 계속 전화를 받다 보니 내가 고3 담임으로 대입 진학 상담을 하는 것과 큰 차이는 없었다. 고3 담임으로 대학에 보내기 위해 아이와 머리를 맞대고 진학 관련 이야기를 하는 것이나, 중학교 3학년 학부모님 또는 학생과 고등학교 진학에 대해 이야기하는 내용이 같은 선상에 존재한다는 것을 깨달았다. 결국 진로와 진학이란, 정확한 학생 자신에 대한 이해를 바탕으로 스스로의 행복을 추구해 가는 길 위에 있는 것이기 때문이다.

가끔 어떤 어머니께서는 "입학 상담을 위해 전화를 했는데, 제가 선생님께 상담을 받은 것 같아요. 위로가 되는 시간이었습니다. 감사합니다."라고 말씀해 주셨다. 그 1년간 수많은 전화를 받으면서 상대방이 하는 이야기를 어떤 자세로 들어야 하는지를 배웠고, 친절하고 따뜻한 어조를 기본으로 때로는 단호함을 지니고 말하는 법을 체득했다. 사춘기 자녀를 키우는 같은 부모로서 공감할 수 있는 지점을 정확히 이해하고 있었고, 그 부모님께 어떤 위로가 필요한지도 내 경험을 통해 알고 있었다. 결국 얼굴도 모른 채 통화를 하면서 교감을 이룰 수 있었던 핵심은 '역지사지'의 마음이었다.

나는 내 삶에서 위기라고 여겼던 순간에 심리 상담을 받으며 고비를 넘겼던 경험이 있다. 내 앞에서 마음을 열어 보이며 눈물 짓고 위로를 받았다고 이야기하는 사람들을 보며, 내가 영어 교사를 더 이상 하지 않게 되는 시점이 오면 다른 이들의 이야기를 들어 주는 일을 해 보면 어떨까 상상해 보았다. 나는 영어로 소통할 줄 알고 한국 사회도 다문화 인구의 비율이 높아지고 있으니, 다문화 가족을 위한 상담 분야가 나에게는 블루오션이 되지 않을까? 시간과 비용을 절약할 수 있는 방송통신대학교에서 가족복지상담학을 전공하고, 임상 경험도 쌓아야 할 것이다. 기대가 된다. 학생들에게 영어를 가르치다 퇴직한 후, 우리 사회의 소수자로 서 있는 다문화 가족을 위해 상담 일을 하고 있는 나의 모습이라니…. 영어 교사로 오늘 하루를 열심히 살면서 나는 또, 후일을 위한 씨앗을 뿌려 두고 싹을 틔울 준비를 해야겠다.

영어 교사 지망생에게 들려주는 소중한 한마디

☻ 영어 교사의 미래는?

내가 영어 교사로 교직에 첫 발을 디딘지 벌써 23년의 시간이 흘렀다. 앞으로 내 직업의 향방은 어떻게 될까? 지금 우리가 활용하고 있는 생성형 인공지능을 넘어서 인간의 언어에서 드러나는 감정과 숨겨진 의도까지 파악해 낼 수 있는 프로그램을 합리적인 가격에 이용할 수 있다면, 외국어를 가르치는 교사는 버스에서 토큰을 받던 차장이나 전화교환원처럼 사라지고 말 것인가?

아니다. 나는 교사의 역할은 반드시 존재할 것이라고 생각한다. 코로나 시기를 겪으며 우리 사회는 '학교'라는 공간이 왜 아이들에게 꼭 필요한 곳인지 확인할 수 있었다. 공감과 이해, 정서 지도에 기여하는 영어 교육은 새로운 방향을 모색해야 할 것이다. 나는 문화 콘텐츠로서의 기능을 수행하며 학생들을 외국어에 충분히 노출시키고, 동시에 소통과 감정 교류를 이끌어 낼 수 있는 영미 문학 작품 읽기가 우리의 영어 수업에 더 큰 발전을 가져올 것이라 확신한다.

직업인으로서 자존감을 잃지 않고 현장에 남으려면 내가 흥미를 갖고 오래도록 좋아할 수 있는 일을 열심히 하되, 유연한 태도를 지닌 전문가가 되어야 한다고 생각한다. 지금 내가 발을 딛고 서 있는 이곳은 교실이고, 내 주변에는 학생들이 있다. 내 궤도 안에서 지금 내가 가장 잘할 수 있는 것이 무엇인지 돌아보며, 영어 교사로서 나만의 브랜드를 구축하는 과정이 필요할 것이라 생각한다.

● 언어만큼이나 중요한 문화

나에게 미국은 꽤 오랜 시간 애증이 교차하는 나라였다. 대학에 들어와서 이런저런 책들을 읽으며 미국을 무척 혐오하게 되었다. 세계의 경찰로 군림하며, 특히 우리나라에 들어와 무소불위의 권력을 휘두르는 그 나라가 참 미웠다. 그런데 나의 전공이 영어라는 것이 늘 딜레마였다. 언어라는 것은 문화를 구성하는 매우 큰 축이고, 우리가 사용하는 언어는 문화를 반영할 수밖에 없다. 그런데 미국 문화를 가까이하는 것은 문화 사대주의이고, 나 자신이 미국 사대주의자가 되는 것 같았기에 나의 가치관에도 혼란이 왔다.

2007년에 처음으로 한 달간 미국에 갔을 때 이러한 마음의 부담을 조금 덜 수 있었다. '미국을 좋아하는 것'과 '미국을 잘 아는 것'에는 분명한 구별이 있다는 것을 깨닫게 되었고, 꽁꽁 닫힌 마음을 열어갔다. 2011년에 두 번째로 미국에 가서 한 달간 지낼 때는 좀 더 성숙하고 바람직한 태도로 차이를 인정하고, 목표 언어 국가의 장점을 수용하고, 잘못된 점에 대해서는 적극적으로 비판하자고 편안히 마음을 먹을 수 있었다. 시간이 훌쩍 지난 지금은 어린 시절의 그 감정들이 많이 옅어졌다.

당신이 만약 영어 교사를 희망하고 있다면 영어 구사력 향상에 노력을 기울이는 것 이상으로, 영어권 문화에 대한 이해를 위해 시간을 많이 할애하기 바란다. 영미 문화권 아이들이 어릴 때 즐겨 보던 만화, 파자마 파티 때 즐겨하는 게임, 학교 문화, 팟럭 파티 등 눈여겨 볼 것들이 많다. 알고 있는 것이 많을수록 대화는 더 부드럽게 흐르고, 언어와 문화는 상호 영향을 미치는 관계이기에 영어와 늘 함께하는 당신은 풍요로운 경험을 쌓아가게 될 것이다. 번역기와 생성형 인공지능 시대의 영어 교사는 번역과 해석의 역량을 넘어서, 목표 언어권의 문화 지도 영역에서 차별화된 역할을 수행할 수 있을 것이라 생각한다. 반드시 영어권 국가에 다녀오지 않아도 된다. 넘쳐나는 콘텐츠 속에서 옥석을 잘 가려내기를 바란다. 나도, 당신도 건투를 빈다.

☻ 영어 원서 읽기를 할 때, 100페이지를 넘겨 보기를

　책 읽기에 큰 취미가 없는 사람이라 해도 영어 교사가 되기를 마음먹었다면, 영어 원서 읽기를 지금이라도 시작해 보면 좋겠다. 영어책 읽기는 영어 문해력 향상에도 도움이 되고, 직업 특성상 수많은 글을 읽고 또 읽어야 하는 영어 교사에게 단단한 읽기 근육을 만들어 줄 수 있는 좋은 방법이다. 또한, 앞서 언급한 영미권 문화를 이해하는 데도 큰 도움이 된다. 고2 전국연합학력평가 영어 모의고사에서 60점 정도 받는 학생들도 무난히 읽을 수 있는 『Tales of a Fourth Grade or Nothing』(Judy Blume)과 같은 재미있고 쉬운 소설로 시작해도 좋고, 학구적인 사람이라면 『Guns, Germs and Steel』(Jared Diamond)을 한 챕터씩 천천히 읽어도 된다.

　나처럼 소설을 좋아하는 사람이라면 아마존의 베스트셀러 또는 영화 배우 리즈 위더스푼이 운영하는 북클럽에서 추천하는 책, 오프라 윈프리가 추천하는 책들 중, 플롯이 마음에 들고 평이 좋은 책들을 선택해도 좋다. 나는 본격적으로 원서를 읽기 시작한 지 10년 정도가 되었는데, 한동안 나에게 100페이지는 마의 구간이었다. 작가의 문체도, 이야기 전개 방식도, 소재도, 어휘마저도 이전 책과는 다른 상황들이, 더듬더듬 어둠의 동굴 안에서 손으로 벽을 만져 가며 앞으로 전진하는 것과 같았다. 그렇게 100페이지를 돌파하면 대부분의 경우, 나는 작가가 안내하는 그 여행의 동반자가 된다. 여행이 다소 따분하고 지루할 수도 있고, 온 것 자체를 후회하는 경우도 있지만, 열의 아홉의 경우 느끼고 깨닫는 바가 분명히 있다.

요즘은 휴대의 간편함 때문에 아마존 킨들을 이용해 책을 읽는다. 종이책이 주는 아날로그 감성이 있지만, 주로 이동할 때 책을 가지고 다니며 읽는 내 성향을 고려할 때 E북이 더 잘 맞았다. 요즘은 오디오북과 킨들을 병행해서 읽는데, 집에서 시간이 될 때는 킨들로 읽고, 저녁 산책을 하거나 운전을 할 때는 같은 책을 오디오북으로 들으며 진도를 뺀다. 사실, 가장 효과가 좋았던 방법은 눈으로는 킨들 E북을 읽고 귀로는 오디오북을 듣는 것이었는데, 어려운 형용사의 발음도 다시 한번 확인할 수 있어 좋았다. 특히, 성우가 3~4명쯤 등장하는 소설 오디오북의 경우, 그 옛날 라디오 연속극을 기다리는 어르신들의 심정이 이랬을까 싶도록 흥미진진하기도 하다. 영어 오디오북을 처음 들을 때는 정말 잘 안 들렸었는데, 눈으로 읽기와 함께 병행하다 보니 고비를 넘겨 비교적 잘 진행되고 있다. 아마존 킨들과 아마존 Audible 오디오북 서비스를 강력하게 추천한다.

● 모르는 것은 묻고, 새로운 것 배우기를 게을리하지 말기

나는 내가 배우고 싶고, 알고 싶은 분야가 있으면 자존심 따위는 슬쩍 내려 두고 솔직하게 묻는다. 영어과 출제를 들어간 적이 있는데, 영작 실력이 정말 독보적으로 뛰어난 선생님을 만난 적이 있다. 자판기 버튼을 누르면 음료수가 나오듯 신속하고 정확한 결과물 산출이 매우 놀라웠다. 나는 그분과 둘만 있을 때를 기다렸다 "선생님, 어떻게 영작을 그렇게 잘하세요? 알고 싶어요."라고 물었다. 지나가는 칭찬이라고 생각하셨는지 "아니예요"라고 응수하셨던 그분께서는 너무도 진지한 내 눈빛을 보시더니, 역시 진지한 태도로 "좋은 글을 찾아서 통째로 정말 많이 외웠어요."라는 답을 주셨다. 물론, 그 방법이 내게 맞지 않을 수도 있으나, 그분의 제안대로 좋은 글의 일부라도 조금씩 외우려는 시도는 여전히 진행 중이다.

8년간 중학교에 있다가 다시 인문계 고등학교로 왔을 때, 열심히 하고는 있으나 내 방향이 맞는지 묻고 싶었다. 그래서 말 한마디 제대로 해 보지 않았던 영어 선생님께 도움을 청했다.

"선생님 수업을 참관해도 되나요? 배우고 싶어요."

그분은 몹시 부담스러워 하시면서, 수업 참관보다는 수업 이야기를 같이 해 보자고 말씀하셨다. 한 학기 동안 수업을 하며 공들여 만든 학습지를 한 묶음 준비해 오셨는데, 한 시간 수업의 구조가 탄탄히 잘 짜여져 있었고, 늘 고민하며 수업 속 변화를 추구하는 모습에서 많이 배울 수 있었다. 친분이 쌓인 후 나를 본인의 수업에 초대해 주셨는데, 영시를 다루는 매우 돋보이는 수업 설계가 인상적이었다.

얼마 전, 고3 학생들의 수시 대입전형자료 생성을 위해 생기부 전체 점검을 하던 중이었다. 3학년을 담당하시는 영어 선생님의 과목별 세부능력 특기사항을 읽는데, 눈이 번쩍 뜨였다. 나도 과세특을 잘 쓰기 위해서 노력을 꽤 하는 편이고, 대부분의 인문계고 영어 교사들이 쓰는 과세특에는 일정 패턴이 존재한다. 그런데 그분은 우리와는 조금 다른 '문법'으로 특기사항을 기술하셨는데, 수업의 내용과 아이의 활동, 교사의 평가가 집약적으로 잘 드러났다. 무엇보다도 아이의 모습과 성취가 눈앞에 쉽게 그려지는 마법과 같은 일이 일어났다. 용기를 내어 그분에게 메시지를 보냈다.

"선생님의 과세특을 읽으며 너무 많이 배웠어요. 학생의 생기부라서 차마 사진을 찍지는 못했지만, 기회가 된다면 선생님께 좀 더 배우고 싶어요."

수업 참관 또한 언제나 도움이 된다. 다른 과목 교사의 수업에서도 배울 점이 있고, 동료 영어 교사, 특히 나와 같은 학년을 가르치는 영어 교사의 수업에서 가장 배울 점이 많다. 같은 교재를 가지고도 각 교사들은 자신의 특성에 맞게 지도를 하는데, 교재 내용을 충분히 숙지한 상태라 내가 그 분께 배워 갈 부분이 가장 빨리 눈에 띈다. 정교한 수업 설계에 능한 분도 있고, 편안한 유머를 구사하며 학생과의 라포 형성이 좋은 분도 있다. 매 시간 학습지를 제작하는 나로서는 학습지 활용을 하는 영어 교사의 수업에서 나와는 다르게 어떤 꼭지를 더 넣으셨는지 살펴보는 것도 도움이 되었다. 심지어 파워포인트 템플릿이 예쁜 경우에도 '시각적 효과와 학생 집중도를 위해서 나도 디자인에 신경을 써야지.'라는 점을 배우는 기회가 된다. 어떤 수업 참관도 시간이 아까웠던 적은 단 한 번도 없었다. 영어 교사의 꿈을 이루어 교사가 된다면 교육연구부에서 강제하는 수업 참관에만 수동적으로 응하지 말고, 적극적으로 보다 빈번하게 마음 맞는 동료들과의 수업 공개를 통해 자기 성장을 이루기를 바란다.

마지막으로 나는 당신이 '유연함'을 갖춘 교사가 되기를 당부한다. 학교 일에서 몇 가지를 제외하고는 '그럴까?'라고 내 선택지를 넓혀 상대의 의견을 수용하는 것이 때로는 좋은 결과를 가져온다. 어쩌면 우리 삶이 대체로 그러할지도 모르겠다. 이런저런 일들을 많이 겪어 담임 교사를 피하고 싶었던 해에 학교 사정상 또 담임을 맡게 되어 조금은 부루퉁한 모습으로 들어선 교실에서 만난 아이들이 가장 사랑스럽고 예뻐서 1년간 늘 웃고 다녔다. 특정 학년, 업무, 또는 시수를 두고 동료 교사 혹은 학교 관리자와 의견 다툼을 하는 경우들이 있는데, 나는 언제나 '지금 좋을 것이라고 생각한 것이 나중에 꼭 좋지 않을 수도 있다.'라고 생각하며 무리하지 않는 선에서 순리에 따르려고 한다.

학교에 머물렀던 그 시간만큼 나도 마주하기 싫은 나의 아집을 키워 가고 있겠지만, "제가 놓쳤나 봐요. 죄송합니다!", "선생님이 잘못했어. 미안해!"라고 신속하게 사과할 줄 아는 용기는 잃지 않으려고 노력하고 있다.

영어 교사라는 미래를 조심스럽게 그리고 있는 당신이 나의 동료가 되는 그날을 기다려 본다. 당신만의 빛나는 서사를 차곡차곡 담아 한발 한발 용기 내어 오는 그 길 어딘가에서 나 또한 행복한 영어 교사로서의 삶을 즐겁게 살아 낼 것이다.

　모든 것이 시들하고, 반복된 일과에서 의미를 찾지 못할 때가 있다. 출근하는 내 몸이 천근만근 무겁고, 눈꺼풀이 감긴다. 일주일에 4차시 진도를 나가는 학습지 제작도 밀리고, 교내 각종 부서에서 요구하는 제출물들도 마감 기한이 코앞에 닥친다. 아이들은 또 어떤가. 기대감으로 서로 조심하며 시작을 열었던 학생들과 나의 관계는 무미건조해졌다. 서로에게 긍정적 인상을 남기고 싶어 했던 초기의 노력은 온데간데 없고, 아슬아슬 선을 넘는 말과 행동 또한 난무하게 된다.

　매일 노트북을 싸들고 퇴근을 준비하지만, 집 현관에 들어서자마자 온몸에 힘이 빠져 쇼파로 직행한다. 집안일들도 여기저기 구멍이 나고, 철 지난 침구류가 눈에 들어온다. 간단한 계란말이나 콩나물 무침도 반찬 가게에서 사다 먹는 일이 잦아진다. 너무도 당연하게 이렇게 슬럼프가 올 때가 있다. 나는 이럴 때 학교 밖에서 다음과 같은 방법들로 나만의 행복을 찾아간다.

　첫째, 몸을 많이 움직인 후 충분히 휴식을 취한다. 나는 사람의 신체와 정신은 매우 밀접한 관련을 맺고 있다고 생각한다. 'A Sound Mind in a Sound Body'라는 표현을 중학교 때 처음으로 접했는데, 마흔을 훌쩍 넘어 인생의 여러 크고 작은 굴곡들을 지나며 내 온몸으로 터득한 지혜이기도 하다. 몸을 많이 움직이면 머릿속을 가득 채웠던 여러 무거운 생각들이 한결 가벼워지고, 땀과 함께 몸속 노폐물들이 배출되어서인지 몸 컨디션이 좋아져 기분도 덩달아 좋아진다. 나는 주로 헬스장에 가서 트레드밀에서 빠르게 걷기와 달리기를 병행하는데, 숨이 턱까지 차오르는 고통을 참아내며 달리고 난 뒤, 따뜻한 물로 샤워를 하고 집에 와 숙면을 취하면 다음 날의 세상은 한결 아름답다. 다시 시작한 수영도 큰 즐거움을 준다. 물 속에서 하는 운동은 관절에도 무리가 없고, 무엇보다도 상호작용이 많이 필요한 학교 생활로 너덜너덜해진 내 자신을 위로하는 시간이기도 하다.

둘째, 내 주변을 향해 있던 레이다를 잠시 접어 둔 후, '나'를 위한 시간을 갖는다. 하루에 한 시간 또는 단 30분이라도, 어떤 방해도 없이 나만이 누릴 수 있는 여유가 필요하다. 교무실 안에서는 쉴새 없이 쏟아지는 메시지로 몰입이 어렵고, 가정에 돌아오면 쌓여 있는 설거지 그릇과 바닥에 밟히는 먼지들로 집중이 힘들다. 아이들이 많이 커서 가능해진 일이지만, 노트북을 가지고 집 앞 스터디 카페에 간다. 마플 수학 문제집을 푸는 학생들 곁에서 '나'와의 시간을 보낸다. 마음이 어지러울 때 꼭 들러 보는 블로그 이웃의 글도 위안을 주고, 해커스 사이트에 탑재된 무료 학습 자료를 열람하며 토익 문제나 텝스 문제도 몇 개 풀어 본다. 해야 할 일을 작은 수첩에 메모해 두기도 한다. 학교에서는 학습지 하나 만드는 데도 방해 요소들이 많아서 효율이 떨어지는데, 에어팟을 끼고 Duke Jordan의 Jordu를 들으며 노트북 자판을 두드리다 보면 '여긴 어디, 나는 누구'의 무아지경 상태가 될 때도 있다. 이렇게 내 마음을 들여다보고 다독이며 갖는 짧은 시간들이 축적되면, 내 안의 고갈되었던 에너지도 다시금 충전이 된다.

셋째, 내가 좋아하는 클래식 음악 콘서트나 발레 공연을 보는 것도 뒤틀린 흐름을 바로 잡는 데 큰 도움이 되었다. 약 10년 전쯤 발레 관람에 입문했는데, 나에게 가장 큰 즐거움을 주는 취미 생활이다. 나는 예술의 전당 골드 회원을 신청해서 1년에 10만원 정도의 회비를 내고, 회원 선예약 제도를 톡톡히 활용하고 있다. 호두까기 인형의 경우에는 코로나로 공연이 중단된 시기를 제외하고는, 매해 크리스마스 즈음 온 가족이 관람하는 우리 식구만의 리츄얼이다. 발레 공연의 경우, 같은 작품도 해마다 보게 되면 N차 관람을 하게 되는데, 주역을 맡은 무용수가 달라지니 그 감동도 매번 다르다. 표현력이 돋보이는 무용수도 있고, 압도적인 피지컬로 무용수의 신체가 하나의 예술 작품 같다고 여겨지는 순간도 있다. 숨이 멎을 듯 아름다운 파드되는 메마른 내 마음을 촉촉하게 해 준다.

나는 클래식 공연이나 발레 공연을 보면 '연주자나 무용수가 저 수준에 이르기까지 얼마나 많은 노력을 기울였을까?' 싶어 가슴이 먹먹해진다. 항상 절제하며 완성을 향해 정진해 나가는 모습이, 흡사 수도자의 모습과 다르지 않다는 생각도 든다. 이러한 공연을 가까이 볼 수 있는 공연장 지척 거리에 살고 있다는 것이 행복하다.

나의 책 읽기와 공감, 그리고 소통

동생들과 나이 차이가 많이 났기 때문에 어린 시절부터 책 읽기는 내가 시간을 보내는 가장 좋아하는 방식 중 하나였다. 책장을 가득 채우고 있던 메르헨 전집과 이원수 아동문학 전집 등, 엄마는 내 성장 시기에 맞게 책을 적절히 공급해 주셨다. 도보 10분이 안 되는 거리에 있는 과천 도서관 출입이 허용되던 중학생 때는 뾰족하게 날을 잔뜩 세운 사춘기를 보내고 있던 터라, 꾸중을 듣거나 수틀리는 일이 하나라도 생기면 도서관으로 달려가 서가 앞에 섰다. 책들이 뿜어내는 특유의 향을 맡으며 읽지 못한 수많은 책들 앞에 서면, 원하는 청바지를 사지 못한다거나 사회 시험 점수가 나빠 혼난 일 따위는 일순간 하찮은 일이 되고 말았다. 내 마음에 찾아온 평화를 조용히 음미했다.

책과 도서관이 도피처와 위로의 장소가 되었던 시기를 지나 고등학교에서 보낸 3년간은 친구와 대화하기 위해 책을 읽었다. 야간 자기주도학습을 마치고 함께 걸어오는 길에 "도스토예프스키 책 읽어 본 적 있니?"라고 운을 떼는 친구의 박식함과 유창한 표현 능력에 매료되었고, 함께 이야기를 나누고 싶은 마음에 용돈을 모아 한 권씩 책을 샀다. 돌이켜 보면 서로 대화의 지분이 비슷할 정도로 내가 이해력과 표현력이 좋았던 것은 아니기에 읽은 책에 대한 짧은 감상이나 관련된 내 경험을 구술하는 것에 그쳤지만, 그 시간이 무척이나 행복했다.

나는 『리스본행 야간열차』의 그레고리우스처럼 책을 읽는 사람과 책을 읽지 않는 사람을 구분하는 능력은 없다. 독서가 언어 발달이나 사고력 및 문해력에 긍정적인 영향을 미치는 것은 분명하지만, 학교에서 만난 많은 아이들과 내 자녀, 또한 나 자신의 경험으로 볼 때 절대적인 지표도 아니고, 고려되어야 할 다른 요인들도 무척이나 많다. 그러나 나의 삶은 책, 특히 소설을 읽기 전과 읽은 후로 명확히 구분되는 것은 분명하다.

소설이 주는 위로, 그리고 다양한 인간 군상을 바라보는 나의 렌즈

좋아하는 작가의 신간을 손에 쥔 기분은 형용할 수 없을 만큼의 행복감을 준다. 기발한 스토리텔링이 돋보이는 작가, 따뜻한 공감대를 만들어 내는 작가, 사고의 깊이와 어휘의 고급스러움이 느껴지는 작가, 짧은 호흡의 문장들이 다소 아쉽지만 신선한 시각이 돋보이는 작가 등 그 누구라도 좋다. 세상에는 정말 재미난 이야기꾼들이 많다.

내 독서의 8할은 소설이 차지한다. 작가들만의 고유한 문체에 온전히 내 모든 것을 맡기고, 다양한 배경과 사고 방식을 지닌 화자의 시점에서 전개되는 이야기를 빠른 속도로 읽다 보면 때로는 행복하고, 가끔은 마음이 언짢기도 하다. 마주하기 싫었던 나의 치부를 맞닥뜨려서 불편했고, 나는 이야기 속 어떤 인물에 가까울까 저울질하며 나도 늘 '내가 바라는 나'를 '나'라고 생각하고 있을 뿐이라는 냉혹한 진실을 직시하게 된다. 김영하 작가의 말처럼 주인공들이 겪는 아픔과 갈등을 마주하며 내 안의 작은 아픔과 슬픔을 기억해 낸다. 왜냐하면 소설 속 여러 인물들은 모두 조금씩 나를 닮아 있기 때문이다.

『잠실동 사람들』(정아은)을 읽을 때는 서영이가 유달리 아프게 다가왔다. 그 가녀린 여자아이가 감당하고 있는 삶의 무게가 지나치다 여겨져서 곁에 있다면 그냥 아무 말 없이 안아 주고 싶었다. 그저 손목을 잡아끌고 인심 좋은 아주머니가 운영하는 백반집에라도 들어가 따뜻한 밥 한 끼를 사 주고 싶기도 하고, 진심으로 고개 끄덕이며 그 작은 몸 안에 갇힌 독기가 다 빠져나가도록 이야기를 들어 주고 싶기도 했다. 그녀의 욕망을 이해할 수 있고 공감할 수 있으나, 꼭 그렇게 길을 가야만 하는 것은 아니라고 토닥이고 싶기도 했다.

나도 그녀와 비슷한 나이였을 때, 돈 만 원이 없어서 밤새도록 울어 본 적이 있다. 도서관에서 복사 카드를 구입해서 논문 일부를 복사하고 기말 과제를 해야 하는데, 그 돈을 차마 누군가에게 빌려 달라고 할 수 없어 며칠을 끙끙 앓았다. 돈을 빌리더라도 언제 갚을 수 있을지 기약할 수 없어서 쉽게 누군가에게 도움을 청하지 못했다. 시장에서 산 5천 원짜리 통굽 슬리퍼가 허옇게 속살을 보여 기숙사 방에 쪼그리고 앉아 유성 매직으로 색칠을 해 본 적이 있다. 아침 아홉 시에 집을 나서 과외 네 개를 마치고 집에 열 한 시에 돌아와, 베개에 얼굴을 파묻고 울기도 했다. 시간이 훌쩍 지나 책 속에서 서영이를 만난 나는, 스물둘 어린 나이에 울고 있던 나를 위로할 수 있었다.

그래도 서영이와 내가 달랐던 것은 과외비가 든 돈 봉투를 불쑥 내게 내밀며, “너 나중에 선생님 되고 나서 갚아. 그때 내가 꼭 받을 거니까 부담 갖지 말고.”라고 이야기하던 친구 지영이가 있었던 것이다. 그녀는 내가 울 때 나를 위로하지 않았다. 다만 이렇게 말했다.

“내가 단 한 번도 돈이 없어 울어 본 적이 없는데, 지금 네 마음을 어떻게 알 수 있겠니. 얼마나 힘들까 감히 짐작만 할 뿐이다.”

그녀의 '위로하지 않음'은 이제 나이 50을 앞둔 내 인생에서 최고의 위로가 되었다. 그녀는 내 인생의 굽이굽이 험난한 길목에서 가만히 손을 잡아 주었고, 지금도 여전히 나에게 가장 소중한 친구이다.

소설을 읽으며 나는 타인에 대해 보다 너그러워졌다. 이야기 속에서 만나는 그 많은 인간 군상들의 속내를 여과 없이 엿보게 된 나는, 어쩐지 각각의 인물들에게 감정 이입이 된다. 소설 속 그 인물들은 내 삶 속 어디에서나 마주칠 수 있는 이들이다. 그 어느 하나 같은 모습, 같은 속내를 갖고 있지 않은 새로운 학생들을 매해 만나는 교사로서 나는 분명 소설 읽기의 덕을 톡톡히 보고 있다. 서울대학교의 신형철 교수님은 위로의 핵심이 '인식'이라고 말씀하셨고, 노력과 질문이 필요한 인지적 공감은 소설 읽기를 통해 길러질 수 있다고 강조하셨다. "Why, not?" 내가 한 번도 걸어 본 적 없는 길이 아니면 어떤가. 위법의 상황이 아니라면 조금 여유로운 마음으로 그저 지켜봐 주는 것만으로도 충분한 경우가 많이 있다.

한국어책과 영어책 중 난 뭘 읽어야 하지?

유난히 영어가 눈에 잘 안 들어오고 버벅이는 시기가 있는데, 몸이 피곤하거나 정신적으로 피폐할 때 주로 그러하다. 이때는 나의 외국어 구사 수준이 내 사고 수준에 미치지 못하며, 한없이 나 자신이 가엾고 바보같이 여겨져 많은 자책을 한다. '대체 몇 년 간 영어를 하는데, 아직도 이 모양인 거니?'

외국어를 가르치는 교사로서 늘 마주하는 딜레마가 있다. '한국어책을 읽을까? 아니야 지난번에 사 둔 영어 원서도 있잖아. 영어책 읽어야지.' 여가 시간에 책 읽는 것을 가장 좋아하는 나 또한 어떤 언어로 책을 읽을지 고민하는 순간들이 있다. 실제로 내 주변의 많은 영어 선생님들은 한국 드라마를 보거나 국문 소설책 등을 읽으면 죄책감이 밀려온다고 고백하는 분들이 있다. 나 또한 그 시기를 지나왔다.

그러던 중 마음 맞는 몇 분의 선생님들과 온라인 공간에서 2년 정도 독서 모임을 진행하면서, 모국어로 책을 읽고 생각하는 과정에서 영어책 읽기와 견줄 수 없는 기쁨과 스스로의 성찰을 이끌어낼 수 있다는 것을 경험하게 되었다. 또, 하루 종일 영어로 수업을 듣고 영어로 토의를 하다 보면, 영어 구사 능력 그 자체만큼이나 내가 지닌 모국어 사유 능력이 어느 수준인지가 정말 중요하다는 것을 깨닫게 된다. 내게 영어가 모국어만큼 편안해지는 일정 수준에 이르면(그런 날이 과연 올까?) 또 다른 생각이 슬며시 고개를 들 수 있겠지만, 지금 현재로서는 한국어책과 영어책 읽기를 병행하고자 노력하고 있다.

소중한 나의 북톡 모임

　나에게는 햇수로 10년이 넘은 오래된 북톡 모임이 있다. 우리는 경기도교육청 국제교육원의 한 반에서 만난 영어 교사들이었다. 내 인생에서 그만큼 많이 웃었던 적이 있을까 싶도록 행복했던 두 달을 보내고, 헤어지기가 아쉬워 내가 북톡 모임을 제안했다. 영어 원서를 읽으며 함께 영어 실력을 갈고 닦자는 대의를 가지고 모이기 시작했다.

　기본적으로 영어 원서를 읽지만, 방학 때는 아주 가끔 국내 소설도 한두 권씩 읽곤 한다. 구성원들의 취향에 따라 문학과 비문학에 대한 서로의 호불호가 갈리긴 하지만, 3대 1 정도의 비중으로 소설을 더 많이 읽는다. 젊은이들 넘실대는 강남에서 맛있는 것을 먹고, 시원한 바람을 맞으며 카페의 야외 테이블에 앉아 오래오래 책 이야기, 서로의 사는 이야기를 한다. 어떤 날은 사정이 있는 두 사람이 못 오고 넷만 모이지만 괜찮다. 두 달 뒤 어느 토요일에 우린 또 만날 거니까.

　나는 내 삶의 도피처로 책 읽기를 택하는 경우가 많아서 매우 공격적으로 짧은 시간에 빨리 많이 읽는 경향이 있는데, 이 북톡 멤버들과는 책 하나를 두고 길게 이야기하니 참 좋다. 배가 고파서 늘 허겁지겁 급하게 밥을 먹는데, 이분들과는 천천히 프랑스식 식사를 즐기는 느낌이랄까. 나는 대부분의 경우 사람을 만나면 에너지를 많이 빼앗기는 편인데, 이 모임에서는 긍정적인 에너지를 흠뻑 받고 온다. 오래도록 함께 하고픈 사람들, 그리고 나의 소중한 책 모임이다.

학생들에게 영어는 의사소통의 도구이며, 삶의 경험을 풍부하게 해 줄 수 있는 재미있는 과목이라는 것을 알려 주기 위해 지속적으로 노력함. 말로만 도전과 열정이 필요하다고 주장하는 입만 살아 있는 교사가 되지 않기 위해 스스로 끊임없이 새로운 영역에 도전하고 배우는 모습이 타의 귀감이 됨. 앞으로 더 많은 학생들을 만나며 영어 교사로서 지속적으로 성장해 나갈 모습이 기대됨.

도전이 즐거운 영어 교사

송종민

별명

네오쌤

영화 〈매트릭스〉에서 가상의 세계를 뚫고 나와 진정한 현실을 마주하는 주인공 네오의 모습에 깊은 감명을 받아, 스스로 '네오'라는 별명을 붙임. 네오가 가상 세계에 갇혀 있던 사람들을 깨우고 그들에게 진실을 보여 주는 것처럼, 학생들이 언어의 벽과 제한된 사고에서 벗어나 더 넓은 세계를 탐구할 수 있도록 돕고 있음.

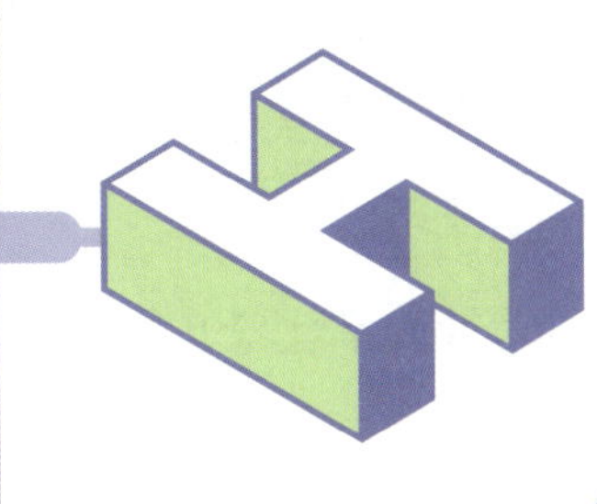

01

영어 교사가 되기까지의 날갯짓

영어, 내 자신감의 원천

자연스럽게 영어를 배우게 된 꼬마

'아이가 하기 싫다고 하는데 억지로 가르치는 것은 오래 가지 못한다. 놀면서 즐겁게 배우게 해야 한다.' 내가 어렸을 때부터 어머니가 교육에 대해 가지고 계셨던 철학이다. 어머니도 영어 교사로 교육계에서 일하고 계셨기 때문에, 자녀의 교육에 대한 나름의 소신을 가지고 계셨던 모양이다. 어린 시절 집에서 동생과 함께 이런저런 놀이를 하고 있을 때면, 항상 영어 동요나 이야기 테이프가 배경음악으로 흘러나왔다. 우리를 억지로 앉혀 놓고 테이프 소리에 집중하게 했다면 오히려 거부감을 느꼈을 것이다. 하지만 어머니는 한 번도 그러지 않으셨다. 그러다 보니 인형 놀이를 하면서도 자연스럽게 영어 동요를 흥얼거리게 되고, 무슨 뜻인지도 모른 채 영어 구절을 중얼거리게 되었다.

초등학교 무렵 영어 학원을 다니게 되었을 때도 마찬가지였다. 당시의 영어 학원은 크게 두 스타일로 나눌 수 있었다. 첫째는 앞으로의 입시를 대비한 시험으로서의 영어를 한국어로 가르치는 학원, 둘째는 모든 수업을 원어민 수업으로 진행하며 생활 회화를 가르치는 학원이었다. 어머니의 소신에 따라 나는 후자의 학원에 다니게 되었다. 여느 초등학생과 같이 공부하는 것을 싫어하는 꼬마였음에도, 영어 학원에 가는 것은 크게 싫지 않았던 것 같다. 선생님, 친구들과 영어로 놀다 온다는 느낌이 더 많이 들었기 때문이다. 영어에 대한 흥미를 유지하면서도 자연스럽게 영어 실력을 늘릴 수 있었다. 어머니의 교육 철학이 어느 정도의 성과를 거둔 셈이다.

● 영어 캠프에서 홀로 서기

초등학교 4학년에 올라가던 1월, 겨울 방학을 맞아 미국 조지아주 애틀랜타로 두 달간 영어 캠프를 떠나게 되었다. 처음으로 밟는 미국 땅이었다. 심지어 부모님은 한국에 남아 계시고, 두 살 터울인 동생과 나만 낯선 나라로 가는 것이라 어린 마음에 몹시 두려웠다. 두 번의 환승을 거쳐 태평양을 건너는 긴 여정 동안, 동생이 멀미 때문에 많이 괴로워했던 기억이 난다. 우여곡절 끝에 도착한 애틀란타에서 나와 동생은 도시 근교의 작은 초등학교에 다니게 됐다.

나는 한 반에 10명 남짓한 작은 교실에 배정 받았다. 학교에 동양인이 거의 없었고, 반에서는 내가 유일한 한국인이어서 친구들의 관심을 한 몸에 받았다. 급식이 따로 제공되지 않아 점심을 직접 싸 갔어야 했는데, 하루는 아시안 마트에서 산 간편 조리 해물볶음밥을 가져갔다. 전자레인지에 볶음밥을 데워서 크게 한 숟갈 먹으려고 하는데, 근처에 앉았던 친구들이 "으…

그게 뭐야?"라고 묻는 것이었다. 볶음밥에 작은 바지락 살이 들어 있었는데, 조개 먹는 것을 생전 처음 본 아이들에게는 그 생김새와 향이 굉장히 낯설었던 모양이다. 조개의 일종이라고 대답해 주면서 아무렇지 않게 크게 한입을 먹었는데, 마치 내가 괴물을 먹는 듯한 표정으로 바라보던 친구들의 모습이 여전히 생생하다. 기분이 나빴다기보다, '이렇게 문화가 다르구나'라는 생각이 들었던 기억이 난다.

부모님이 보고 싶어 잠자리에서 베개를 적셨던 날도 적지 않았지만, 즐거운 추억도 많이 만들었다. 하키 경기를 처음으로 관람하기도 하고, 애틀랜타 시내에 있는 코카콜라 본사의 박물관에 방문해서 온갖 종류의 탄산음료를 원 없이 마시기도 했다. 가장 기억에 남는 순간은, 처음으로 두발자전거를 탔을 때이다. 당시 나는 보조 바퀴가 달린 자전거만 탈 수 있었고 두발자전거를 타는 법은 배우지 못했었다. 홈스테이 가정의 아저씨가 그 이야기를 듣더니 자전거 타는 법을 가르쳐 주겠다고 하셨고, 그렇게 집 뒷마당에서 자전거 교습이 시작됐다. 아저씨가 자전거 뒤를 잡아 주실 때는 비틀거리면서 앞으로 나아갈 수 있었지만, 손을 떼면 금방 중심을 잃었다. 그렇게 수없이 넘어지기를 반복하고 있었는데, 페달 밟기에 온 신경을 집중하고 있던 순간, 등 뒤에 있어야 하는 아저씨의 웃음소리가 저 멀리서 들리는 것이 아닌가. "Haha! Look, you did it!" 아저씨가 손을 놓았는지도 모른 채 페달을 밟고 있던 것이었다. 내가 해냈다는 뿌듯함과 아저씨의 따뜻한 응원이 섞여 굉장히 행복했던 순간으로 기억에 남아 있다.

초등학교 5학년 여름에는 필리핀으로 한 달간 영어 캠프를 떠나게 되었다. 필리핀의 한 주립대에서 운영하는 여름 캠프였다. 대학교 기숙사에서 지내면서 필리핀 대학생 선생님들에게 영어를 배울 수 있었다. 당시에 가장 좋았던 것은, 부모님의 통제에서 벗어나 내가 하고 싶은 것을 마음껏 할 수 있다는 것이었다. 어릴 적 내가 탐냈던 어른의 상징 중 하나가 바로 믹스 커피였다. 아버지가 드시던 믹스 커피를 우연히 맛본 적이 있었는데, 달짝지근한 풍미가 내 입맛에 쏙 맞았다. 하지만 부모님은 커피에 대한 접근을 원천 차단하셨다. 그런데 필리핀 캠프에 와 보니 식당에 자유롭게 타 먹을 수 있는 믹스 커피가 준비되어 있는 것이 아닌가?! 고삐가 풀려 잔뜩 신이 난 나는, 마치 그동안의 설움을 풀 듯이 설탕을 듬뿍 넣은 믹스 커피를 하루에 네다섯 잔씩 마셨다. 행복하긴 했지만 부작용도 있었다. 카페인의 각성 효능을 몰랐던 것이다. 밤마다 가슴이 두근거려 잠이 오지 않는 것을, '내가 영어 캠프에 온 것이 너무 신이 나서 그런 건가'라고 생각했던 웃지 못할 기억이 있다.

돌아보면 미국과 필리핀 영어 캠프를 다녀왔던 것이 영어 실력 성장에 큰 밑거름이 되었다고 생각한다. 낯선 환경에서 새로운 사람들과 영어로 소통하면서, 영어가 공부해야 하는 지루한 과목이 아니라 의사소통의 도구라는 것을 몸소 느낄 수 있었다. 영어 말하기에 대한 자신감도 얻게 되었다. 영어 캠프에서 외국인과 대화했을 때를 떠올려 보면, 영어가 너무 나오지 않아서 의사소통이 답답했던 기억은 거의 없다. 나의 꼬마 시절 영어 실력이 너무나 뛰어나서 그랬을까? 그건 아닐 것이다. 너무 오래 전이라 기억이 확실하진 않지만, '모로 가도 서울만 가면 된다' 식으로 아는 단어들과 손짓 발짓을 총동원해서 하고 싶은 말을 표현했을 것이다. 중요한 것은 그게 잘 통했다는 사실이다. 나의 영어가 비록 완벽하진 않을지라도, 영어 원어민들과 소통하는 것에는 전혀 지장이 없었다. 영어교육론에서는 초기 학습자에게 있어서 정확성(Accuracy)보다 유창성(Fluency)이 중요하다고 강조하는데, 나도 모르는 사이에 초등학교 시절부터 이것을 체득한 셈이다.

☻ 내가 제일 좋아하고 자신 있는 과목

학생이 어떤 과목을 좋아하게 되는 것에는 선생님의 영향이 적지 않다. 고등학교 시절에 가장 기억에 남는 영어 선생님을 꼽으라면 두 분이 떠오른다. 한 분은 2학년 담임 선생님(이하 A 선생님)이시고, 다른 한 분은 심화반 영어 보충 수업을 맡아 주셨던 선생님(이하 B 선생님)이시다.

A 선생님은 굉장히 특이한 남자 선생님이셨다. 장난치는 것을 좋아하고, 수업 시간에 종종 재미있는 이야기를 들려주셨다. 한번은 지필평가가 모두 끝난 학기 말에 우리 반 친구들이 영화를 틀어 달라고 졸랐더니, 〈파이널 데스티네이션〉이라는 영화를 보여 주셨다. 별생각 없이 영화를 보고 있었는데, 알고 보니 등장인물들이 차례로 불의의 사고를 당해 한 명씩 죽어 나가는 공포 영화였다. 무서운 장면이 나올 때마다 소리를 지르는 학생들을 보고 깔깔 웃으셨던 선생님의 모습이 아직도 기억난다. 아마도 선생님은 상당히 짓궂은 유머 감각을 가지고 계셨던 것 같다.

이렇게 특이한 선생님이셨지만, 나에게 칭찬을 정말 많이 해 주셨다. 영어 본문을 읽게 하신 후 "종민이는 역시 영어 발음이 진짜 좋다."라거나, 시험 성적표가 나오는 날 "이번에도 송종민이 영어를 이렇게 잘 봤다."라고 반 아이들 앞에서 이야기해 주셨다. 돌이켜 보면 나를 재수 없어 하는 친구들도 있었을 것 같지만, 선생님의 칭찬 덕분에 나는 영어 실력에 대해 남다른 자부심을 가질 수 있었다.

B 선생님은 고등학교 2학년 시절 심화반 영어 보충 수업을 맡으셨던 분인데, 이름을 따서 별명이 실버스타이셨다. 실버스타 선생님이 기억에 남는 이유는 역시 나를 많이 칭찬해 주셨다는 점과, 또 새로운 영어 수업을 보여 주셨다는 점 때문이다. 당시 심화반 영어 수업에서는 정규 교과 수업과 다르게 영어로 토론하기, 영어로 영화 찍어서 상영회 하기 등 다양한 활동을 진행해서 더 재미있게 수업에 참여할 수 있었다. 처음으로 틀에 박힌 교과서 수업에서 벗어나 친구들과 함께 실제로 영어를 사용하는 기회를 가질 수 있던 것이 좋았다. 칭찬도 아끼지 않으셨는데, 한번은 내가 영어 발표를 하다가 말 중간에 다음 할 말이 생각나지 않아 "Uhhhmm….."이라는 추임새를 넣었다. 별생각 없이 한 행동이었는데, 발표가 끝난 후 실버스타 선생님께서는 이렇게 말씀해 주셨다.

"방금 종민이가 중간에 썼던 추임새는 Filler라고 하는 건데, 말과 말 사이의 침묵을 채워 주는 역할이야. 종민이가 영어 말하기를 아주 잘하는 걸 다시 한번 느낄 수 있네!"

이 칭찬들이 10년이 넘게 지난 지금도 내 머릿속에 좋은 기억으로 남아 있는 것을 보면, 교사가 학생에게 하는 칭찬의 힘이란 정말 대단한 것 같다. 두 선생님을 비롯해 내가 만난 많은 선생님들께서 해 주신 칭찬은 내 안에 차곡차곡 쌓여, 긍정적인 자아효능감을 만드는 것에 큰 도움이 되었다. 이 글을 읽는 누군가도 언젠가 교사가 된다면 학생들에게 아낌없는 칭찬을 주길 바란다. 당신이 뿌린 칭찬이 희망의 씨앗이 되어 학생들의 마음속에서 조금씩 피어날 것이다.

⦿ 어쩌다 보니 영어 교사

영어를 항상 좋아하긴 했지만, 영어 교사가 항상 되고 싶었던 것은 아니었다. 학창 시절 장래 희망을 써서 내라고 하면 외교관이나 교수, 혹은 펀드 매니저를 적어 냈었다. 각 직업에 대해 깊이 있게 고민했다기보다는, 무엇인가 폼나고 멋져 보였기 때문이다. 그렇게 시간이 흘러 고등학교 3학년이 되어 수시 원서 접수를 할 시기가 되었다. 총 6장의 수시 카드를 쓸 수 있었는데, 4장은 평소 막연히 동경했던 상경 계열의 학과로 원서를 썼다. 그런데 제일 높은 대학 2장을 상경 계열로 쓴다면 나의 성적으로 합격이 어려울 것 같았다. 요즘도 그렇지만 당시에도 문과에서는 상경 계열 학과가 가장 컷이 높았기 때문이다. 어느 학과를 쓸까 고민하다가, 내가 평소에 좋아했던 영어 관련 학과로 지원해 보자고 마음을 먹었다. 내가 지원하려는 학교에는 영어영문학과와 영어교육과 두 곳이 있었다. 어느 곳을 지원할까 고민하다가 주위에 자문을 구했다. 영어 교사이셨던 어머니께서 "영어교육과를

삼성 드림클래스 활동 중 학과 박람회에서
영어교육과 부스를 운영하던 모습

졸업하면 교원 자격증이 나오니까, 혹시라도 취업이 안 되면 교원 자격증을 활용해서 백수는 면할 수 있다."라고 조언해 주셔서 영어교육과로 지원하게 되었다. 결과는 합격. 상경 계열 학과도 같이 합격하긴 했지만, 최종적으로는 영어교육과에 등록하게 되었다.

막상 대학교에 들어오니 진로에 대한 고민이 많아졌다. 교직, 사기업, 공기업, 전문직 시험 등 다양한 길 중에서 어떤 길을 선택하는 것이 나의 적성에 가장 맞고 후회가 없을지 혼란스러웠다. 그러다 보니 최대한 다양한 경험을 하며 선택지를 하나씩 줄이는 것에 집중했다. 경영학 관련 교양을 찾아 들어 본 후 이 분야는 내가 기대했던 것과는 다르다는 것을 깨닫기도 했고, 한 번도 배운 적이 없었던 독일어를 배우고 싶어져 독어독문학과 이중 전공의 길을 선택하고 독일로 훌쩍 교환학생을 다녀오기도 했다.

가장 결정적이었던 경험은 학생들을 직접 가르쳐 보는 경험이었다. 삼성 드림클래스라는 대외 활동을 통해, 중학생들과 3주간 함께 생활하며 영어를 가르치는 경험을 했다. 또, 사범대 학생이라면 필수로 이수해야 하는 교육 봉사를 통해 왕십리의 한 고등학교와 청량리의 아동센터에서 많은 학생들을 만나기도 했다. 이 과정에서 확실하게 느낀 것은, 나는 사람들을 만나 소통하는 것을 좋아하고 그 과정에서 그들의 성장에 도움을 주는 것에 보람을 느낀다는 점이었다. 그렇게 교직의 길을 걷고 싶다는 확신을 얻을 수 있었다.

대학교 4학년 1월부터 본격적으로 중등교사 임용 시험을 준비하기 시작했고, 운이 좋게도 이듬해 졸업과 동시에 경기도 평택에서 첫 근무를 시작하게 되었다. 영어를 좋아하던 꼬마가 어쩌다 보니, 영어 교사가 된 것이다.

02

영어 교사이기에 행복한 나

1 더 큰 세상과 만날 수 있다는 매력

● 온 세상이 수업 소재

"배움은 결코 정신을 고갈시키지 않는다(Learning never exhausts the mind)." 르네상스 시대의 위대한 학자인 레오나르도 다빈치가 남긴 말이다. 새로운 것을 배우면 그것이 정신을 피로하게 만드는 것이 아니라 더욱 강하게 만든다는 뜻이다. 다빈치에 비할 바는 아니지만, 나도 매우 다양한 분야에 흥미를 가지고 있다. 처음부터 그랬던 것은 아니었고, 한때는 나도 지식 편식쟁이였다. 나에게 친숙한 주제의 지식만을 쏙쏙 골라 먹고, 내가 잘 모르는 분야에 대해서는 '이게 살면서 무슨 도움이 되는데?'라는 생각으로 멀리했다. 책도 쉽게 읽히는 말랑말랑한 책과 소설 위주로 읽었다.

그러나 어느 순간부터 내가 배우고 습득한 모든 지식이 나의 삶에 도움이 될 수 있음을 깨닫게 되었다. 어렵다고 지나쳤던 과학 원리는 일상생활의 현상을 이해하는 것에 도움이 되고, 지구 반대편의 나라에서 일어나는 일도 나의 삶에 영향을 줄 수 있음을 알게 된 것이다. 그 이후로 낯선 분야의 지식에 대해서도 열린 마음을 가지게 되었다. 인터넷 백과사전을 읽어 보는 취미도 생겼다. 예를 들어, 급식을 먹다가 햄버거를 포장한 유산지가 보이면, '왜 이름이 유산지일까?'라는 의문을 가지고 유산지의 어원에 대해 검색해 본다. 그러면 유산지의 '유산'이 유황의 '유'와 산성의 '산'에서 비롯된 것이고, 유산지의 정확한 정의는 '진한 황산 용액으로 처리한 종이'라는 것을 알게 된다. 그러면 또 황산은 무엇인지 궁금해져 황산을 검색하고 그 문서를 읽기 시작한다. 이렇게 계속 지식을 습득해 나가는 것이다.

이 과정에서 결국 세상의 모든 학문과 지식은 서로 연결되어 있다는 것을 어렴풋이 느끼게 되었다. 이걸 깨닫고 나니 다양한 분야를 공부하는 것이 더 재미있어지는 선순환을 경험했다. 그리고 문득, '나는 내 적성에 맞는 직업을 잘 골랐구나!'하는 생각이 들었다.

영어 교과의 매력 중 하나는, 바로 다양한 소재를 바탕으로 수업을 구성할 수 있다는 점이다. 현재 학교에서 적용이 시작된 2022 개정 교육과정에 명시된 영어 교과의 목표를 간단 요약하면 다음과 같다.

- 영어 의사소통 능력 기르기
- 영어에 대한 흥미와 자신감 유지하기
- 국제 사회와 다문화 이해 능력 기르기
- 정보의 진위 및 가치 판단을 하는 영어 정보 문해력 기르기

위 네 가지의 목표를 달성하기 위해서 세상의 모든 소재를 수업에 활용할 수 있다는 것이 영어 교과의 가장 큰 장점이다. 특히, 지금 당장 우리가 사는 세상에서 일어나고 있는 일을 수업에서 다루는 것이 더욱 바람직하다. 예를 한번 들어 보자.

예전에 2학기 영어 수업에서 어떤 수행평가를 진행하면 좋을지 고민하고 있었다. 그때 문득 최근에 본 뉴스 기사들과 유튜브 동영상들이 떠올랐다. 미국 대통령 후보가 상대 후보를 헐뜯기 위해 자신의 SNS 계정에 인공지능이 만든 허위 이미지를 업로드 했다는 소식, 영국에서 가짜 뉴스로 인해 이슬람 이민자들에 대한 혐오와 폭동이 지속되고 있다는 소식, 딥페이크 기술로 인해 많은 피해자가 발생하고 있다는 소식 등 모두 디지털 리터러시와 관련이 있었다. 그래서 '미디어 리터러시로 가짜 뉴스 판독하기'를 주제로 수행평가를 기획했다. 수행평가를 준비하는 과정에서 내가 봤던 기사와 유튜브를 같이 공유하니 학생들이 더욱 집중하는 것을 느낄 수 있었다. 얼마 전 뉴스에서 봤던 내용을 다시 수업 시간에 다루니 신기하기도 하고 더욱 이해가 잘 된다는 반응이었다. 현재 일어나고 있는 문제에 대해 고민해 보고 해결책을 생각하는 과정이 매우 의미 있었고, 그 과정에서 위에 언급한 영어 교과의 목표도 자연스럽게 성취할 수 있었다.

나는 지금 고등학교 3학년 수업을 2년째 담당하고 있다. 입시를 대비하는 수업의 특성상 수능 유형의 영어 지문을 많이 접한다. 영어 지문에서는 경제, 문학, 심리학, 철학, 물리학, 생명과학, 물리학 등 정말 다양한 주제를 다루고 있기에, 자연스럽게 해당 분야의 지식을 습득하게 된다. 물론, '지문이 그렇게 길지도 않은데 수박 겉 핥기 식으로 해당 분야를 다루는 것이 아니냐?'고 반문할 수도 있다. 틀린 말은 아니다. 하지만 그 지문을 해설하기 위해서는 지문에서 다루는 내용보다 더 깊은 내용을 찾아서 공부하는 경우가 많다. 내가 이미 알고 있는 배경지식과 새로 배운 내용을 결합하면, 학생들에게 더욱 재미있고 이해하기 쉬운 설명을 제공할 수 있다. 이러한 과정이 쌓이다 보면, 나의 지식은 더욱 깊어지고 수업을 준비하는 것이 즐거워진다. 새로운 것을 배우고 적용하는 것을 좋아하는 나에게는 온 세상이 수업 소재가 된다는 것이 큰 장점이다. 나도, 학생들도 수업을 통해 더 큰 세상을 만날 수 있는 것이다.

● 평생 가 보지 못할 곳을 가 보다

교사 생활 3년 차이던 작년, 나는 영어 교사로서 큰 행복을 느낀 좋은 기회를 얻었다. 여름 방학 때 학생들을 인솔하여 미국 아이다호주에서 한 달간 홈스테이를 하고 온 것이다.

사건의 발단은 이렇다. 나는 전인교육을 목표로 하는 4-H라는 청소년 교육 단체의 지도 교사로 활동하고 있다. 밴드부 동아리 담당 교사를 하던 시절 우연히 학교로 온 공문을 보았는데, 4-H에 가입하고 학교 지원 사업을 신청해 통과하면 동아리 지원금을 받을 수 있다는 것이었다. 처음에는 동아리 예산을 넉넉하게 사용할 마음에 부풀어 4-H에 가입하고 활동을 시작했다. 그런데 활동을 이어가다 보니 지식 습득뿐만 아니라 신체 건강과 정신 건강, 도덕성과 리더십 함양을 목표로 하는 4-H의 이념에 매료되어 보다 적극적으로 활동에 참여할 수 있었다.

어느 날 학교로 온 공문을 확인하던 중, 여름 방학 4주 동안 미국에서 홈스테이를 하며 문화 체험을 하는 프로그램의 학생 인솔 지도 교사를 모집한다는 소식을 알게 되었다. 설렘으로 가슴이 두근거렸다. 학생들과 함께 미국에서 즐거운 추억을 만드는 모습이 벌써 상상되었다. 그런데 선발하는 인원은 전국에서 단 3명. 희박한 확률이었다. 기회를 꼭 잡고 싶다는 간절한 마음으로 자기소개서를 준비하고, 운 좋게 면접까지 올라가게 되었다. 면접 예상 질문을 만들어 외우면서도 '설마 내가 되겠어?'라는 마음이 있었다. 면접 당일, 생각보다 답변을 잘한 것 같다는 좋은 느낌이 있었다. 결과는 합격! 나는 중학교 2학년부터 고등학교 2학년까지 10명의 학생을 데리고 미국의 아이다호주에 4주간 파견되었다. 그렇게 미국에서 보낸 한 달은 내 인생의 잊을 수 없는 추억이 되었다.

아이다호는 미국 북서부에 위치한 주로, 면적은 대한민국의 약 3배이지만 인구는 약 180만 명 정도에 불과하다. 아이다호로 파견이 결정되고 난 후 설레는 마음에 이것저것 정보를 찾아보려고 했지만, 감자의 생산량이 많아 '감자주'라고 불린다는 것 외에는 많은 정보를 얻지는 못했다. 실제로 아이다호주는 농장과 방목지들이 주의 5분의 1 이상을 덮고 있다고 한다. '한 달 동안 감자 농장에서 지내다 오게 되는 것일까?'라는 걱정 반, 새로운 환경에 대한 기대 반으로 아이다호로 출발하는 비행기에 몸을 실었다.

공항에 도착해서 홈스테이 가정까지 이동하는 과정에서 느낀 강렬한 첫인상 두 가지는 '정말 뜨겁다', 그리고 '정말 넓다'였다. 우리나라의 여름처럼 습한 무더위는 아니었지만, 한낮에 35도에서 40도까지 올라가는 뜨거운 날씨는 숨이 턱 막힐 정도였다. 다행인 점은 습도가 낮아 직사광선에서 벗어나면 더위를 피할 수 있고, 일교차가 커 아침과 저녁에는 한국의 가을 날씨처럼 선선한 편이었다는 것이다. 고속도로 주위로 펼쳐진 지평선도 인상적이었다. 버스 창문 밖을 내다보면 끝없이 이어진 농작지와 넓은 평원 위에서 풀을 뜯는 소들이 보였다. 새삼 미국이 얼마나 큰 나라인지를 실감할 수 있었다.

한국에서 출발해 초청 가정에 도착하기까지 이동 시간이 워낙 길다 보니 체력적으로 힘들기도 했다. 인천에서 샌프란시스코 공항까지 장거리 비행을 하고, 공항에서 5시간 정도 대기한 뒤 또다시 미국 국내선으로 환승하고, 공항에서 초청 가정이 있는 도시까지 버스로 6시간 정도 이동했으니, 꼬박 36시간 정도를 길 위에서 보낸 셈이다. 잠도 제대로 자지 못하고 이리저리 실려 다니다 보니, '괜히 미국에 온다고 해서 사서 고생하고 있는 게 아닐까?' 하는 생각도 들었다. 하지만 초청 가정에 도착해 함께 시간을 보내다 보니, 이런 걱정은 기우에 불과했다는 것을 깨달았다. 새로운 사람들, 새로운 풍경, 새로운 음식, 새로운 문화, 새로움이 주는 즐거움에 흠뻑 빠져 행복한 시간을 보내다 보니 어느새 4주간의 시간이 훌쩍 지나갔다. 그중 가장 인상적인 것을 꼽아 보자면, 다음의 두 가지이다.

첫째, 아이다호 사람들의 친절함이다. 내가 머물렀던 집의 호스트 부부는 맞벌이임에도 불구하고 항상 맛있는 음식을 대접해 주었고, 나에게 새로운 풍경을 보여 주겠다며 장시간의 운전을 마다하지 않고 이곳저곳에 데려다 주었다. "이곳이 네 집이라고 생각하고 당당하게 지내! 필요한 것이 있다면 언제든지 꺼내서 사용해도 돼."라고 말해 준 초청 가정의 가족들 덕분에 조금의 불편함도 없이 파견 기간을 온전히 즐길 수 있었다. 가족들 이외에도 미국에서 만난 모든 사람들이 항상 밝게 웃으며 인사해 주고 따뜻하게 환대해 준 것 또한 인상 깊었다. 한번은 가게에서 물건을 사고 계산하는데, 점원이 먼저 'How are you?'라고 물어봐서 대화를 이어 나갈 수 있었다. 내가 한국에서 왔다고 하니, 남편도 한국에서 군 복무를 한 적이 있다며 한국은 음식도 맛있고 사람들도 친절하다고 들었다고 한 것이 아직도 기억에 남아 있다. 낯선 사람과도 서로의 안부를 물으며 스몰토크를 이어가는 미국의 문화에서 친절함과 따뜻함을 자주 느낄 수 있었다.

둘째, 아이다호의 아름다운 자연환경이다. 사람들이 빽빽하게 모여 사는 회색빛 도시에서 지내다가, 드넓은 자연이 펼쳐진 아이다호에 오니 정말 다른 세상에 왔다는 것을 실감할 수 있었다. 산악용 사륜 오토바이를 타고 울퉁불퉁한 산길을 오르내리며 자연을 탐험한 것도 너무나 재미있었고, 한 시간 정도 떨어진 가족 소유의 오두막 별장에 놀러 갔던 기억도 여전히 생생하다. 전화 신호도 터지지 않는 깊은 산속에서 졸졸 흘러가는 개울 소리를 들으며 모닥불에 소시지를 맛있게 구워 먹은 후, 밤이 되자 정말 놀라운 광경이 펼쳐졌다. 한국에서는 대기 오염과 빛 공해로 인해 별을 보는 것이 정말 어려웠는데, 산속 오두막 앞에서 위로 시선을 옮기자 하늘에서 아름답게 빛나고 있는 수많은 별을 볼 수 있었다. 온 우주가 나를 내려다보는 것 같은 그 신비로운 경이로움은 평생 잊지 못할 것 같다.

귀국 전날, 홈스테이 가정의 마당에서 호스트 가족과 함께 찍은 사진

내가 만약 영어 교사가 아니었다면, 이런 기회를 얻을 수 있었을까? 아마도 쉽지 않았을 것이다. 심지어 아이다호주는 한국인이 자주 여행을 가는 곳이 아니기에 평생 가 볼 일이 없었을지도 모른다. 그렇기에 학생들과 함께 보낸 4주간의 아이다호 생활은 내가 영어 교사라서 행복하다는 것을 다시금 일깨워 주었다.

한국으로 돌아오기 전날, 아이다호의 뜨거운 태양에 그을린 까무잡잡한 학생들의 얼굴에는 환한 미소가 가득했다. 미국에 도착한 첫날에는 한눈에 봐도 걱정이 산더미인 울상이었는데, 홈스테이 생활이 어땠냐고 물어보니 인생에서 잊지 못할 즐거운 추억이 되었다고 했다. 한국으로 돌아가고 싶지 않다고 하는 학생들도 많았다. 인솔 지도자로서 학생들을 무사히 부모님께 다시 데려가야 하는 책무가 있기에 방긋 웃기만 했지만, 속으로는 나도 같은 마음이었다.

아이다호주에서 보낸 4주는 짧은 시간이었지만 그곳에서 얻은 배움과 경험, 추억은 한결같이 아름답고 소중하다. 아마 지금도 학생들의 마음속에는 그 시간이 행복한 기억으로 남아 있을 것이다. 평생 가 보지 못했을 곳에서, 학생들과 나는 더 큰 세상을 만나고 왔다.

2 도전하라, 그러면 문이 열릴 것이다

신규 교사의 살아남기

"저 합격했어요!" 이 말을 사랑하는 사람들에게 전하는 순간을 얼마나 기다려 왔던가. 중등 교사 임용 시험 최종 합격 통보를 받은 2월, 또 하나의 삶의 관문을 통과했다는 생각에 엄청난 성취감과 기쁨을 맛볼 수 있었다. 그러나 합격의 기쁨도 잠시, 이내 현실적인 고민이 나를 덮쳤다. '당장 2주 뒤에 새 학기 시작인데, 수업을 어떻게 준비하지?' 막상 합격을 하고 나니 내가 수십 명의 아이들 앞에 서는 교사가 된다는 생각에 걱정이 앞섰다.

기간제 교사나 시간 강사 등 이미 학교에서 일했던 경험이 있는 것이 아니라면, 대부분의 신규 교사는 갑자기 야생에 내던져진 아이처럼 학교 현장에 투입된다. 물론, 사범대의 교육과정에 다양한 교육학 과목과 교육 봉사 등이 있긴 하지만 이론과 실전은 항상 다른 법이다. 그나마 4주간의 교생 실습이 학교 현장을 직접 경험할 수 있는 기회인데, 나는 조금 상황이 달랐다. 코로나19로 인한 사회적 거리두기가 극심하던 시기에 실습을 나간 것이다. 원래 4주로 운영되는 실습도 2주로 줄어들고, 심지어 그 기간 중 절반은 학생들이 등교하지 않는 주여서 실질적으로는 학생들의 얼굴을 3일밖에 볼 수 없었다. 실질적인 학교 수업과 업무를 체험해 볼 기회가 거의 없었던 것이다. 따라서 나는 대학 수업과 임용 시험 준비 과정에서 공부한 이론 지식만을 가지고 당장 학교 현장에서 1인분을 해내야 하는 상황이었다.

다행이었던 점은, 내가 발령 받은 고등학교가 신규 교사가 많이 발령 받는 곳이었다는 것이다. 발령 첫해에 1학년을 맡게 되었는데, 내가 소속된 1학년부 교무실에는 총 11명의 교사 중 4명이 신규 교사였다. 백지장도 맞들면 낫다고 하는 속담이 있지 않던가. 나 말고도 처음부터 배워 나가야 하는 사람들이 또 있다는 것은 큰 힘이 되었다. 모르는 것은 선배 교사에게 물어보고, 다 같이 힘을 합쳐 헤쳐 나가니 학교생활 적응이 조금 더 수월했다.

그러나 수업 측면에서는 금방 한계에 봉착하게 되었다. 같이 수업을 들어

가는 선배 교사에게 도움을 받긴 했지만, 내가 잘하고 있는 것인지 알 수가 없었다. 첫 몇 달은 아무것도 모르는 상태에서 어떻게든 다른 교사와 진도를 맞춰 수업을 진행해야 했기에, 선배 교사의 수업 방식을 그대로 따랐다. 정신없던 학기 초가 지나고 어느 정도 학교 업무에 적응하고 나자 더 좋은 수업, 나만의 수업을 하고 싶다는 열망이 피어올랐다. '어떻게 하면 학생들에게 영어라는 과목의 재미를 느끼게 만들 수 있을까?', '같은 교실에도 영어를 잘하는 친구와 어려워하는 친구가 같이 있는데, 어떻게 하면 모두에게 의미 있는 수업을 할 수 있을까?' 이러한 질문이 내 머릿속을 떠나지 않았다. 그러나 어디에서 해답을 찾아야 할지는 알 수 없는 상황이었다.

● 함께 나누고 성장하는 즐거움

그 무렵, 학교로 오는 여러 가지 공문을 읽어 보다가, 우연히 교사 연구회의 신규 회원을 모집한다는 소식을 접하게 되었다. 배움에 열정이 있는 선생님들이 모여 더 나은 수업을 위해 교류하는 인근 지역의 영어 교육 연구회였다. 연구회 활동에 관심이 생기기 시작했다. 한편으로는 연구회는 경력도 많고 수업을 잘하는 분들이 모여 있는 곳일 것 같은데, 신규 교사인 내가 가입하여 활동해도 괜찮을지 걱정이 되었다. 또한, 새로운 일을 시작하는 것인 만큼, 연구회 활동으로 인해 시간적 여유가 부족해지는 것은 아닐까 하는 고민도 있었다.

하지만 더 좋은 수업이라는 목표를 위해 도전해 보고 싶다는 마음이 들었고, 연구회 첫 모임에 참여한 후 괜한 걱정이었음을 깨달았다. 나 이외에도 몇 명의 신규 교사가 함께 가입했다는 사실을 알게 되었고, 교직 첫해부터 연구회에 가입한 우리에게 많은 선배 교사들이 칭찬과 격려를 아끼지 않았다. 칭찬은 고래도 춤추게 한다고 하지 않던가. 아직 연구회에서 많은 것을 배우지는 않았지만, 신규 회원을 환영해 주는 분위기에 벌써 잘한 선택이었다는 생각이 들었다.

연구회 활동을 하면서 놀랐던 두 가지 사실이 있다. 첫째는 많은 영어 교사들이 비슷한 고민을 한다는 것이었다. 학생의 흥미를 유발하는 영어 교수법, 교실 내 격차 해소 방법, 독해와 문법 교육에서 벗어난 다양한 수업 장면 만들기 등 이야기를 나누다 보니 서로 공감할 수 있는 고민의 지점이 많았다. 각 학교와 교실에서 이루어지는 수업의 현실이 비슷하다고 느껴졌다.

둘째는 더 좋은 수업을 위해 애쓰는 열정 넘치는 능력자가 많다는 것이었다. 영어 교사로서 하는 고민은 비슷하지만, 그 고민을 해결하고 수업에서 풀어내는 방법은 각양각색이었다. 천편일률적인 독해 수업을 개선하기 위해 영어 원서를 선정해 토론 수업을 진행하기도 하고, 수능 연계 교재 강의에만 치중하는 고3 영어 수업을 재미있게 바꾸기 위해 그래픽 조직자(graphic organizer)를 활용한 모둠 수업을 진행하는 등 당장이라도 나의 수업에 적용하고 싶은 새로운 수업 방법들을 많이 배울 수 있었다.

월 1회의 정기 연구회 모임을 통해 많은 것을 배우던 도중, 연구회 회장 선생님께서 한 가지 제안을 하셨다. 11월 연구 모임에서 수업 사례 발표를 해 줄 수 있냐는 것이었다. 제안을 수락하기에 앞서 걱정부터 들었다. 앞선 발표자들은 모두 노련한 수업 구상과 매끄러운 사례 나눔을 보여 주었기 때문이다. 나의 발표 때 청중은 대부분 경력이 훨씬 많은 교사들일 것이 분명했다. 내가 그들에게 도움이 되는 발표를 할 수 있을지 부담이 컸고, 이러한 심정을 회장 선생님께 솔직하게 전달했다. 그러자 선생님께서는 이렇게 조언을 해 주셨다. "선생님! 저희 연구 모임은 누가 수업을 더 잘했나 뽐내는 장소가 아니에요. 그저 자신이 준비했던 수업의 모습을 함께 공유하고, 그 과정에서 생긴 고민에 대해서 다 같이 이야기를 나누는 자리에요. 선생님이 신규 교사로서 영어 수업을 진행하며 느꼈던 것들에 대해서 솔직하게 이야기해 주세요. 그러면 많은 분의 공감을 얻을 수 있을 거에요."

이 조언이 나의 마음을 움직여서 당차게 제안을 수락하고, 열심히 발표를 준비한 후 발표 당일이 되었다. 코로나 19가 유행하던 시기라 온라인으로 모임이 진행됐음에도 불구하고, 그날 발표를 앞두고 떨리던 심정을 잊지 못한다. 발표가 시작되고 내가 근무하고 있는 학교의 특성, 읽기 수업 진행 방식 및 학생 피드백 방법을 공유했다. 지금 글을 쓰면서 그 당시 사용했던 발표 자료를 다시 살펴보니, 미숙한 부분이 많이 보인다. 하지만 어찌어찌 발표를 마치고 수업을 하며 느낀 나의 고민에 대해 다 같이 이야기를 나누고 나니, 굉장히 뿌듯한 마음이 들었다. 그 당시 고민 중 하나는 '지난 수업 시간의 내용을 함께 복습하는 좋은 방법이 있을까요?'였는데, 많은 선생님들께서 Plickers, Quizlet과 같이 복습 과정에 활용할 수 있는 에듀테크 도구를 추천해 주셔서 큰 도움을 얻을 수 있었다.

연구회에서 수업 사례 발표를 하며 느낀 장점 두 가지가 있다. 첫째는, 내가 가진 고민을 나누고 함께 해결 방안에 대해 토의하는 과정에서 실질적 도움과 마음의 위안을 동시에 얻을 수 있다는 것이다. 연구회에 참여하는 교사들 대부분이 더 좋은 수업을 하고 싶다는 열정을 가지고 있는 만큼, 모두가 머리를 맞대면 혼자서는 생각하지 못했을 유용한 해결책이 나오는 경우들이 많았다. 또한, 비슷한 고민을 함께 나누는 과정에서 '나만 이런 어려움을 겪고 있는 것이 아니구나'라는 동질감을 느끼고, 공감을 받을 수 있기에 뜻깊었다.

둘째는 지금까지 내가 해왔던 수업을 돌아보며 성찰할 수 있다는 것이다. 그때그때 주어진 일을 해결하기 위해 이리 뛰고 저리 뛰다 보면 어느새 한 학기가 훌쩍 지나있는 경우가 많다. 그동안 어떤 수업을 해 왔는지 돌아볼 기회가 많지 않다. 그런데 수업 사례 발표를 준비하다 보니 자연스럽게 나의 지난 수업을 되돌아보고, '다음에는 이런 식으로 수업을 개선해야겠다'라는 생각을 하게 되었다. 또한, 내가 했던 수업의 기록이 휘발되지 않고 차곡차곡 쌓여, 수업 자산이 되는 선순환을 경험했다.

지금은 어느새 연구회에서 4년째 활동을 하며, 간사의 직책을 맡아 연구회의 운영을 돕고 있다. 매년 꼭 한 번씩은 수업 사례 발표도 맡아서 하고 있다. 때로는 연구회 운영을 돕고 발표를 준비하는 일에 시간을 많이 투자해야 할 때도 있다. 하지만 그게 버겁지 않은 것은, 그 과정에서 내가 한 단계씩 성장하고 있음을 느끼기 때문이다. 게다가 나 혼자만 성장하는 것이 아니라, 연구회 안에서 서로 협력하며 다양한 수업의 모습을 나누고 다 같이 성장하는 것이기에 즐거움이 배가 된다. 신규 교사 시절에 당차게 연구회의 문을 두드렸던 도전이 정말 최고의 선택이었음을 다시금 느낀다. 이 글을 읽는 누군가도 기회가 된다면 꼭 배움의 공동체에 가입하길 권유한다. 함께 나누며 성장하는 즐거움을 느낄 수 있을 것이다.

● 기회는 또 다른 기회를 물고 온다

연구회 활동을 병행하며 수업과 업무, 학생 지도 측면에서 성장하고자 노력하다 보니 생각지도 못한 기회를 얻게 되는 경우가 생겼다. 연구회에서 수업 사례 발표를 듣다가 국제 교류 활동에 관심이 생기게 된 것이다. (국제 교류에 대한 자세한 이야기는 바로 다음 장에서 다루도록 하겠다.) 내가 근무하고 있던 학교에서는 영어 국제 교류 프로그램이 운영되고 있지 않았지만 도전하고 싶다는 생각이 들었다. 국제 교류 경험이 많은 선생님께 직접 조언을 구하며, 국제 교류의 불모지였던 우리 학교에 조금씩 싹을 틔워 나갔다.

영어 국제 교류 프로그램이 안정적으로 정착되어 갈 즈음, 내가 겪었던 시행착오를 다른 선생님들과 함께 나누고 국제 교류 시작의 첫 발걸음을 돕고 싶다는 생각이 들었다. 이를 실현하기 위해 경기도 차원의 연구회에서 국제 교류 소모임을 맡아 운영하기 시작했다. 소모임을 운영하는 과정에서 정말 많은 선생님께서 국제 교류에 관심은 있지만 정보 부족으로 인해 망설이고 있었다는 것을 알게 되었고, 이분들께 작은 도움이나마 드릴 수 있어 뿌듯함을 느낄 수 있었다. 꾸준히 활동을 이어 나가다 보니 좋은 기회를 얻어, 평택교육지원청에서 주최하는 외국어교육 워크숍에서 '누구나 할 수 있다! 정말 쉬운 국제 교류 A to Z - 운영 방법과 사례'를 주제로 대표 강연을 진행하기도 했다.

또한, 글쓰기 수행평가에서 에듀테크를 활용하는 과정 중에, 다른 교사들도 수업에 쉽게 적용할 수 있는 에듀테크 활용 교수·학습 자료를 직접 개발해서 나눔을 실천하고 싶다는 소망이 생겼다. 이 소망을 바탕으로 에듀테크 활용 교수·학습 자료 개발위원에 지원하여 활동을 시작했다. 과정형 글쓰기 수행평가를 진행했던 경험을 토대로, 학생들의 실제적인 배움이 있는 글쓰기 활동을 개발하고자 하는 목표를 세웠다. 바쁜 학기 중에도 시간을 쪼개고 여름 방학도 반납하며 자료를 개발하는 과정이 힘들 때도 있었지만, 결국 인공지능 뤼튼(wrtn)을 활용한 '희망 진로에 대한 설득하는 글쓰기' 수업을 완성할 수 있었다. 그리고 공문으로 배포된 2023 에듀테크 활용 교수·학습 자료개발 안내 자료에 직접 개발한 내 수업이 담긴 것을 보고 큰 성취감을 느낄 수 있었다.

다양한 활동에 참여하는 과정에서 느낀 것은, 기회는 또 다른 기회를 물고 온다는 것이었다. 활동 과정에서 알게 된 선생님께서 새로운 활동에 참여하지 않겠냐고 제안을 해 주시는 경우가 많았다. 적극적인 태도로 성장하고자 하는 마음만 가지고 있다면 기회는 무궁무진하다는 것을 알게 되었다. '하늘은 스스로 돕는 자를 돕는다'라는 말의 의미를 몸소 느낄 수 있었다.

● 특목고에서도 근무해 보고 싶어!

첫 발령지에서 근무한 지도 어느덧 3년째. 나는 3학년 담임을 맡고 있었다. 1학년 때부터 3학년까지 같이 올라오면서 정들었던 아이들을 졸업시킬 날이 얼마 남지 않은 상황이었다. 자연스럽게 미래의 거취에 대해서도 고민이 생기기 시작했다. 내년에는 어느 학교에서 근무해야 할까? 지금의 학교에서 더 근무할까, 아니면 새로운 학교로 옮겨 볼까?

공립 중등학교의 교사는 일반적으로 한 학교에서 최소 2년, 최대 5년을 근무할 수 있다. 이미 3년을 근무했으니 학교를 옮길 수도, 옮기지 않을 수도 있는 상황이었다. 지금 학교에서 계속 근무하는 것도 충분히 매력적인 선택지였다. 3년간 근무하며 학교가 돌아가는 모습을 많이 이해하게 되었고, 함께 근무하는 선생님들과 많이 친해지기도 했다. 무엇보다 익숙한 환경을 떠난다는 것이 쉽지 않게 느껴졌다.

그러던 어느 날, 동탄국제고등학교에서 내년에 근무할 교사를 선발한다는 공문을 읽게 되었다. 국제고등학교는 특목고로 분류되기 때문에, 전체 교사 중 일부는 경기도 전체에서 공모를 통해 모집하는 것이었다. 문득, 특목고에서 근무하는 것은 어떨지 호기심이 생겼다. 인터넷을 뒤지고, 주변 지인들에게 수소문하며 국제고등학교에 대한 정보를 수집하기 시작했다. 학교에 대해 알면 알수록, 매력이 많다는 느낌을 받았다. 기존에 근무하던 학교는 일반고였던 만큼 교실 내 학생 간의 영어 실력에 편차가 있었고, 이 부분이 수업을 준비하면서 항상 고민이 되었다. 그런데 국제고의 경우 학생들이 전반적으로 우수한 영어 실력을 갖추고 있기에 내가 하고 싶었던 수업을 마음껏 펼칠 수 있을 것 같았다. 또한, 국제 교류에 관심이 많은 나로서는 국제 교류 프로그램이 이미 체계적으로 운영되고 있다는 점이 큰 매력으로 다가왔다. 그래서 '붙든 떨어지든, 한번 도전해 보자!'는 마음을 먹었다.

며칠 밤을 지새우며 자기소개서를 준비하고 제출 버튼을 눌렀다. 떨리던 1차 발표날, 운 좋게도 면접 기회를 얻게 되었다는 문자를 받았다. 교사 임용 시험도 2차는 면접이었기에 다시 임용 시험을 준비하는 기분이었다. 1차에 합격하니 꼭 최종 합격까지 하고 싶다는 열망이 생겨, 예상 질문과 답변을 작성하고 모의 면접을 수도 없이 반복했다. 후회는 남기고 싶지 않았다. 면접 당일, 열심히 준비한 덕분인지 예상 질문과 상당히 유사한 질문을 받아 순조롭게 답변할 수 있었다. 면접장을 나오면서 이 정도면 후회는 남지 않겠다는 생각이 들었다. 그리고 며칠 뒤, 함께 근무할 수 있게 되어 참 기쁘다는 문자를 받았다. 그동안의 노력이 헛되지 않은 순간이었다.

3년간 근무하며 정들었던 첫 학교를 뒤로하고, 올해부터는 국제고의 영어 교사로 근무하고 있다. 예상했던 것처럼 수업에 항상 열심히 참여해 주는 학생들이 참 예쁘고, 열정 넘치는 동료 교사들로부터 많은 것을 배우고 있다. 근무 첫해이기에 특목고에서의 나의 도전은 이제부터 시작이라고 생각한다.

지금까지의 길지 않은 교직 생활에서 느낀 것은, 더 좋은 교사가 되기 위해 계속해서 도전하며 문을 두드리면 새로운 기회가 열린다는 것이다. 앞으로의 교직 인생에도 수많은 도전이 나를 기다리고 있다. 나는 설레는 마음으로 그 문을 두드리며 성장하는 교사가 될 것이다.

3 나의 수업 이야기 - 영어는 의사소통의 도구

● 영어를 많이 듣고 문화를 함께 배우는 수업

나는 영어 교사로서 수업의 큰 목표를 가지고 있다. 재미있는 수업을 통해 학생들의 의사소통 역량과 영어 문해력을 키워 주는 것이다. 영어는 의사소통의 도구임과 동시에, 대학 교육에서 많은 학문의 기초가 된다. 그렇기 때문에 학생들에게 의사소통 역량과 영어 문해력을 동시에 길러 주는 것이 중요하다는 것이 나의 신념이다. 학생들의 영어에 대한 흥미와 의사소통 역량을 높이기 위해서는 영어와 문화를 접목해 재미있는 수업을 만들고, 꾸준히 영어에 노출되는 환경을 만드는 것이 중요하다고 생각했다.

이러한 목표를 위해 첫 번째로 노력하는 부분은, 나의 경험을 활용하는 것이다. 나는 학창 시절 짧게나마 미국과 필리핀에 체류한 경험이 있다. 또한, 대학교 시절에는 한 학기 동안 독일로 교환학생을 다녀왔다. 작년 여름에는 학생들과 함께 미국 아이다호주에서 여름을 보내며 홈스테이 가정에서 아이다호의 삶을 직접 체험하기도 했다. 이러한 경험을 최대한 생생하게 녹여 영어 수업 내용을 재미있게 전달하기 위해 노력하고 있다.

예를 들어, 나는 학기 초 첫 영어 수업 시간에 OT를 진행하며 학생들과 함께 왜 영어 공부가 필요한지에 대해 토론하는 시간을 가진다. 학생들에게 질문을 던지면 "세계 공용어이니까요.", "대학 갈 때 필요하니까요." 등 다양한 답변들이 나온다. 학생들의 의견을 듣고 난 후에는 내가 왜 영어를 좋아하는지 이야기해 준다. 그 이유 중 하나는 다양한 문화적 배경을 가진 사람들과 소통할 때 영어가 도구로 사용된다는 것이다. 이 이유를 그냥 이야기하면, 너무 당연한 말이라 학생들에게 크게 와닿지 않을 수 있다. 그럴 때 독일 교환학생 시절의 경험을 같이 들려준다.

"내가 독일에 도착한 첫날 기숙사에 배정이 됐어. 한국에서도 기숙사에 살았던 경험은 없어서 기대 반 걱정 반이었지. 기숙사는 6개의 개인 방과 공용 부엌 겸 거실이 있는 구조였고, 총 6명이 같이 살았어. 특이한 점은 남녀 구분이 없이 모두 다 같은 집에서 산다는 것이었어. 처음 룸메이트들을 만나서 저녁을 같이 먹었는데, 한국의 맛을 느끼게 해 주고 싶어서 불닭볶음면을 끓여 줬어. 나머지 5명의 친구는 각각 독일, 인도, 미국에서 온 친구들이었어. 이건 그때 찍었던 사진이야!

내가 이 친구들이랑 이야기하면서 무슨 언어를 썼을까? 맞아, 바로 영어를 사용했어. 이렇게 다양한 문화적 배경을 가진 사람들과 영어를 쓰면서 소통하니 영어가 정말 세계인의 소통 도구라는 생각이 들더라구!"

　이런 이야기를 전해 주면 학생들이 눈을 반짝거리며 집중하는 모습을 볼수 있다. 이런 식으로 나의 경험을 적극적으로 활용하며 다른 나라의 문화와 수업 내용을 재미있게 전달하기 위해 노력하고 있다.

　두 번째로 노력하는 부분은, 수업 시간에 영어를 자주 사용하며 학생들에게 영어 노출을 늘려 주는 것이다. 언어 학습에 있어서 그 언어에 자주 노출되는 것은 정말 중요하다. 내가 독일에서 교환학생을 하며 인상 깊었던 점이 있었다. 독일어 실력이 부족했던 나는 초보자를 위한 독일어 수업을 들었다. 수업을 듣기 전에는 당연히 영어로 설명을 병행할 것이라고 생각했는데, 모든 수업을 100% 독일어로 진행하는 것이었다. 처음에는 당황스럽기도 하고, 선생님의 이야기가 잘 이해되지 않을 때가 많았다. 하지만 계속해서 수업을 듣다 보니, 어느 순간 귀가 트이는 경험을 할 수 있었다. 꾸준한 언어 노출이 있다면 초보자의 듣기 능력이 빠르게 향상될 수 있다는 사실을 깨닫게 된 계기였다. 이러한 깨달음을 바탕으로, 교사가 된 지금도 수업 시간의 많은 부분을 영어로 진행하기 위해 노력하고 있다.

　특히, 프로젝트 수업을 진행할 때는 100% 영어로 수업을 진행한다. 요즘 대부분의 학교에서는 학기 말 지필고사가 모두 끝나고 방학을 하기 전 기간에, 교과 융합 프로젝트 수업을 진행한다. 평가에 대한 부담이 없어서 평소

에 하고 싶었던 수업 방식을 마음껏 펼칠 수 있다는 장점이 있다. 나는 두 번의 프로젝트 수업에서 모두 물리 교과와 융합 수업을 진행했다. 평소에 물리 선생님과 친하게 지내기도 했고, 연관점이 별로 없는 언어 교과와 과학 교과의 만남을 학생들에게 보여 주고 싶었기 때문이다. 수업의 주제는 '다양성의 나라 미국 파헤치기: 미국의 물리학자와 미국의 문화'였다. 내가 '다양성'을 키워드로 미국의 문화에 대한 수업을 진행한 후, 물리 선생님이 미국 출신의 물리학자들과 그들의 이론을 소개하는 수업이었다.

수업 자료를 찾던 도중 미국의 문화에 대한 다양한 퀴즈를 풀며 뉴욕 곳곳의 명소를 탐방하는 보드게임 형식의 교구를 발견해, 이를 수업에 활용했다. 수업을 모두 영어로 진행하고 학생들도 게임을 하며 영어를 사용하는 것이 규칙이었다. 학생들이 흥미를 느끼는 게임이라는 요소를 사용해서 수업하고 영어를 자유롭게 쓸 수 있는 환경을 조성하니, 학생들의 입에서 영어가 술술 나오는 것을 볼 수 있었다. 영어로 진행하는 수업도 학생들에게 큰 호응을 받을 수 있다는 것을 알게 된 수업이었다.

● 고교학점제: 학교 수업에서도 영미 문학과 영어권 문화를 배울 수 있다

최근 고등학교 현장에서는 고교학점제가 도입되고 있다. 고교학점제는 학생이 기초 소양과 기본 학력을 바탕으로 진로·적성에 따라 과목을 선택하고, 이수 기준에 도달한 과목에 대해 학점을 취득·누적하여 졸업하는 제도이다. 지금까지 고등학생들은 주어진 교육과정에 따라 수업을 들었지만, 고교학점제가 시행되며 자신의 진로에 따라 원하는 과목을 선택하여 수업을 들을 수 있게 된 것이다.

고교학점제의 도입에 따라 영어 교과에도 다양한 과목이 개설되었다. 내가 고등학교에 다니던 시절만 해도 영어 교과목 이름은 그냥 '영어'였는데, 이제는 학생들이 '미디어 영어', '실생활 영어 회화' 등 다양한 과목을 배울 수 있는 것이다. 처음으로 근무했던 학교가 고교학점제 선도 학교였기 때문에, 나도 '영어권 문화'와 '영미 문학 읽기'라는 새로운 과목을 가르치게 되었다.

영어권 문화와 영미 문학 읽기 수업을 맡으면서 교과서를 사용할 것인가, 아니면 다양한 자료를 종합해서 나만의 수업 교재를 만들어 사용할 것인가를 가장 먼저 결정해야 했다. 기존의 교과서를 그대로 사용한다면 수업 준비에 대한 부담이 많이 줄어들 것이지만, 나는 교과서를 사용하지 않기로 했다. 교과서는 이미 기존 영어 교과에서 많이 활용하고 있기에, 학생들에게 새로운 영어 수업을 경험하게 해 주고 싶었다. 그리고 학생들이 영어의 재미를 느끼려면 새로운 시도가 필요하다고 생각했다. 대학 시절에 교사는 각 학교의 상황과 학습자의 특성에 맞춰 교육과정을 재구조화할 수 있는 존재라고 배웠는데, 이제 배운 내용을 실제로 적용해 볼 시간이었다.

영미 문학 읽기의 경우 『Wonder』(R. J. Palacio)라는 작품을 학생들의 수준에 맞게 재구성한 자료를 교재로 활용했다. 이 책은 안면 기형을 지닌 소년 August가 중학교에 입학하면서 겪는 도전과 친구들, 가족, 그리고 자신과의 관계 속에서 성장해 가는 이야기를 담은 작품이다. 개인적으로 해당 작품의 영화 버전을 굉장히 재미있게 봤었고, 차별과 편견, 진정한 용기와 친절의 의미에 대해 생각을 나눌 수 있어 좋은 작품이라고 판단했다. 수업은 기본적으로 '조별 해석 + 토의 학습지 작성 및 모둠 토의 + 후속 활동'으로 진행했다.

• **조별 해석**

  책에서 해석할 부분을 나눠 주고 조별 협동을 통해 내용을 해석하는 단계이다. 이 과정에서 직소(Jigsaw) 활동의 방식을 사용했다. 책의 내용을 4인 1조의 소그룹으로 나누어 각 학생이 특정 부분을 담당하고, 그 후에 자신이 배운 내용을 다른 학생들에게 설명하는 방식이다. 한 사람마다 맡은 부분이 있다 보니 모두가 책임감 있게 학습에 참여하게 되는 장점이 있다. 또한, 조원들끼리 서로 내용을 설명해 주는 과정에서 협력적인 의사소통의 모습이 드러났다.

• **토의 학습지 작성 및 모둠 토의**

  책의 각 장마다 다루고 있는 주제가 있다. 그 주제에 대한 토의 학습지를 각자 작성해 본 뒤 모둠 안에서 의견을 나누는 단계이다. 예를 들어, 'Your deeds are your monuments'라는 구절이 나오면, 이 구절의 의미에 대해 토의하고 해당 구절을 뒷받침하는 예시를 생각해 본다. 이후 자신이 지금까지 했던 자랑스러운 행동과 부끄러운 행동에 대해 이야기를 나눈다. 평소 수업에서는 학생들이 자신의 의견을 이야기할 기회가 별로 없었는데, 막상 기회를 주니 자신의 의견을 적극적으로 표현하며 열정적으로 참여하는 모습을 볼 수 있어 즐거웠다.

• **후속 활동**

  토의를 모두 마친 후, 토의 주제와 관련된 후속 활동을 하는 시간이다. 학생들에게 제시하는 활동은 최대한 재미있고 창의적인 것으로 구상하기 위해 노력했다. 예를 들어, 학생들이 지금까지 자신의 행동에 대해 돌아보는 토의를 마친 후, 자신이 기억되고 싶은 모습을 담은 묘비를 직접 그리고 그 의미를 설명해 보는 활동을 진행했다. 동교과 선생님이 준비해 주신 아이디어를 빌린 활동인데, 학생들이 굉장히 재미있게 참여했다. 죽음에 대해 진지하게 고민해 보고, 자신이 생각한 삶의 지향점을 창의적인 묘비 그림으로 표현하는 모습이 귀여웠다.

이외에도 책의 한 부분을 정해서 짝을 지어 영어 역할극을 해 보기도 하고, 자신이 가장 좋아하는 장면을 골라 시나리오 형식으로 재구성하고 2~3분 정도의 영상을 제작하는 활동도 진행했다. 영어권 문화 수업의 경우도 위와 비슷한 학생 참여형 수업으로 구성했다. 학교 생활·여행·음식 등의 주제에 학생들이 흥미를 느낄 수 있는 미디어 매체를 접목하여 재미있는 수업을 만들기 위해 노력했다. 그중에서도 미국에서 퓨전 한식 푸드트럭을 운영하는 재미교포의 사례 영상을 시청한 후, 학생들이 한식을 접목한 자신만의 햄버거를 직접 개발하고 홍보 포스터를 제작해 갤러리 워크(gallery walk)를 진행했던 활동이 특히 기억에 남는다.

'교과서를 사용하지 않아도 재미있고 알찬 수업을 만들 수 있다!' 내가 위의 두 수업을 진행하면서 내린 결론이다. 우리 학교 학생들이 제일 좋아할 만한 수업을 고민하고 직접 수업 자료를 제작하니, 학생들의 수업 집중도가 부쩍 늘어나는 것을 느낄 수 있었다. 그 과정에서 나도 교사로서 많이 성장할 수 있었다. 어쩌면 아이들뿐만 아니라 나도 정해진 교과서만 천편일률적으로 따라가는 수업에 지루함을 느끼고 있었는지도 모른다. 매시간 수업을 준비하는 과정이 쉽지는 않았지만, 진정한 교육과정 재구조화가 무엇인지를 느낄 수 있었던 소중한 경험이었다.

● 국제 교류를 통해 영어 사용과 문화 학습 두 마리 토끼 잡기

많은 영어 교사들이 재미있게 영어 수업을 하는 방법에 대해 고민할 것이다. 흔히 학습 효과를 높이려면 동기 부여가 필요하다고 하지만, 한국에서 영어 학습의 동기 부여를 하는 것은 쉽지 않다. 또, 언어를 가르칠 때 문화를 같이 가르치는 것이 중요하다고 하는데, 이것도 현실적으로 쉽지 않다. 영어 교사는 결국 한국에서 살아가는 한국인이기 때문이다. 해외 체류 경험이 있는 교사라면 조금 사정이 나을 수 있겠지만, 그마저도 외국인으로서 단편적으로 그 나라에 짧게 체류한 경험이 대부분일 것이다. 이런 상황에서 영어권 국가의 문화에 대해 가르친다는 것은 어려운 일이다.

이 두 가지 문제를 해결할 수 있는 아주 좋은 수업이 있다. 바로 국제 교류 수업이다. 국제 교류 활동은 학생들에게 언어가 의사소통의 도구라는 것을 알려 주고 영어에 대한 흥미를 키우는 것에 큰 도움이 된다. 실제로 존재하는 해외의 친구와 소통하는 것이기에 동기 부여도 되고, 친구로부터 그 나라의 문화를 배울 수도 있다. 그래서 나는 국제 교류 활동을 운영하고 싶은 열망이 늘 있었는데, 첫 학교에서는 영어 국제 교류 활동이 따로 진행되고 있지 않았다.

두드리면 문이 열린다고 하지 않던가. 이듬해 1월에 공문을 살펴보던 중, 외국어교육 내실화 사업의 일환으로 국제 교류 운영 예산을 지원한다는 소식을 알게 되었다. 당시에는 교류 학교부터 프로그램 운영 방식까지 아무것도 정해진 것이 없는 상황이었지만, 국제 교류를 진행하고 싶다는 열정 하나로 해당 사업을 신청해 예산을 받게 되었다.

기존의 자료가 전혀 없는 환경에서 새로운 사업을 진행하는 것이 쉽지는 않았다. 경기도교육청 외국어교육 내실화 사업 담당 장학사님께 무작정 전화를 걸어, 교류 학교 선정에 도움을 주는 프로그램이 있는지 문의하고 조언을 구하기도 했다. 다행히 장학사님께서 국제 교류에 조예가 깊은 선생님 몇 분을 소개해 주셔서, 그분들과 교류하며 국제 교류 운영 방법의 뼈대를 잡을 수 있었다. 다음은 교류 학교를 구할 차례였다. 전 세계에서 국제 교류를 희망하는 교사들이 모인다는 'Mystery Skype' 페이스북 페이지를 활용했다.

글을 올린 다음 날, 두근거리는 마음으로 댓글을 확인했다. 18명의 교사가 우리 학교와의 국제 교류에 관심이 있다고 댓글을 달았다. K-Pop과 K-드라마의 영향 때문인지, 한국 학교에 대한 관심이 대단했다. 시차가 그렇게 크지 않고 우리 학생들과 나이가 비슷한 학생들을 찾는 과정에서 대만의 한 고등학교를 알게 되었다. 학생들도 한국과의 교류를 굉장히 원하고 있다고 하고, 국제 교류 담당 교사에게서도 열정이 느껴졌다. 그렇게 대만 신북 시립 삼중고등학교와의 교류가 시작되었다.

첫 활동은 스무고개 같은 질문을 통해 서로의 국가를 맞히는 Mystery Skype로 기획했다. 양국의 학생들은 상대국이 어디인지 모르는 상황이었다. "너희 나라는 북반구에 있어?", "너희 나라는 젓가락을 사용해?" 등의 질문을 미리 영어로 준비하고, 예상되는 답변에 대한 연습도 마쳤다. 드디어 첫 활동 당일, 온라인 플랫폼에서 두 나라의 학생들이 모두 모였다. 카메라는 꺼놓은 상태로 서로의 목소리만 들으며 상대방이 어느 나라인지를 맞혀 나갔다.

"쌤, 어느 나라인지 너무 기대돼요!"

"나중에 친해져서 서로 나라에 놀러 가고 싶어요!"

교류 활동에 대한 기대감에 벌써 들떠 있는 학생들의 모습이 귀여웠다. 서로의 국가가 공개된 후 처음으로 카메라를 켜고 서로의 얼굴을 확인하는 순간, 양국 아이들의 얼굴에는 웃음이 가득했다. 비록 화상 회의를 통해 만

262

나고 있긴 하지만, 마치 한 장소에서 다 같이 수업하고 있는 기분이 들었다.

이렇게 대만 학교와의 본격적인 교류가 시작되었다. 디지털 리터러시를 주제로 한 문화 소개 활동, 서로를 위해 준비한 간단한 선물을 주고받는 Culture Box 활동 등을 진행했다. Culture Box 활동을 할 때는 그냥 물건만 보내면 재미가 없을 것 같아서, Flip이라는 플랫폼을 활용해 자신이 준비한 물품을 상대 친구에게 영어로 소개하는 영상을 제작해서 나누기도 했다. 특히, 교과서에 제시된 '고민 상담 글쓰기' 활동을 기반으로 양국 학생들이 손 편지를 교환하며 서로의 고민에 대해 따뜻한 위로와 조언을 주고받았던 활동이 기억에 남는다.

2년간 국제 교류 활동을 진행하는 과정이 쉽지만은 않았다. 정규 수업 시간이 아닌 방과 후 시간을 따로 활용해 수업을 진행하다 보니 활동 준비에 시간과 노력이 많이 필요하기도 했다. 하지만 너무나 재미있게 국제 교류 활동에 참여하는 학생들을 보면, 그 모든 땀과 노력이 보상 받는 느낌이었다. 학생들의 활동 후기에서 공통으로 확인할 수 있는 내용이 있었다. 본인의 영어 실력이 부족해서 영어로 대화하는 것이 두려웠는데 상대 친구를 알아가기 위해 대화를 이어가다 보니 어느새 영어 대화를 즐길 수 있었다는

⬆ 줌을 통해 만난 한국과 대만의 학생들

것, 그리고 잘 알지 못했던 대만이라는 나라의 삶과 문화에 대해 자세히 알 수 있어 유익하고 즐거운 시간이었다는 것이었다. 힘들게 여러 번 이야기하지 않아도 나의 수업 목표를 아이들이 저절로 습득한 것이다. 영어가 의사소통의 도구이자 새로운 친구를 만들 수 있는 다리가 된다는 것을 자연스럽게 알려 주는 국제 교류 수업을 계속해서 이어 나가고 싶다. 세계 구석구석의 학생들과 모두 함께 연결되는 날을 꿈꾼다.

4 가슴 속에 담는 한 명 한 명의 이야기

 팬데믹을 통해 느낀 소중함

교사와 학생은 떼려야 뗄 수 없는 관계이다. 학교라는 공간에서 하루의 많은 시간을 함께 보낸다. 수업을 매개로 소통하기도 하고, 쉬는 시간에 교실이나 복도 또는 교무실에서 시시콜콜한 이야기를 나누기도 한다. 상담을 진행하며 웃고 울고, 이렇게 맺어진 인연이 졸업 후까지 이어질 때도 있다. 학생이 없으면 학교는 존재 의미를 잃게 된다. 이를 명확하게 경험할 수 있었던 것이 코로나19로 인한 팬데믹 시기였다.

대학교 4학년 시절, 사범대 생활의 꽃이라고 할 수 있는 교생 실습을 나가게 되었다. 그동안 교과서로만 배운 것을 직접 현장에서 적용해 보고, 잠시나마 '대학생'이 아닌 '선생님'이 되어 학생들과 만나는 기회. 선배들로부터 교생 실습이 대학 생활의 잊지 못할 추억이 되었다는 이야기를 많이 들었기에 설레는 마음을 감출 수 없었다. 그러나 내가 교생 실습을 나가던 2020년 1학기에, 전 세계의 사람들은 익숙했던 일상을 멈추게 되었다. 사회적 거리두기가 시작되었으며, 학교 현장도 예외는 아니었다. 개학이 연기되는 사상 초유의 일이 발생했고, 학생들로 가득 차야 할 학교에는 썰렁한 분위기만 가득했다. 나의 교생 실습도 4주에서 2주로 줄어들었다. 상황이 조금 나아져 전면 비대면 수업에서 격주 등교 수업으로 바뀌었지만, 학생을 자주 볼 수 없는 건 마찬가지였다. 결국 나는 2주간의 짧은 교생 실습 동안 단 3일 동안만 학생들을 만날 수 있었다. 기대했던 교생 실습의 모습이 아니었기에 아쉬움이 컸다.

이듬해에 신규 교사로 교직 경력을 시작할 때도 상황은 마찬가지였다. 한 주는 원격 수업, 한 주는 대면 수업이 진행되었다. 처음으로 담임을 맡은 학생들과 얼른 친해지고 싶었지만, 학생들의 얼굴에 익숙해질까 싶으면 다시 학교에 나오지 않는 날들이 반복되었다. 일주일 동안은 아이들이 학교에서 와글와글 이야기를 나누는 소리에 생기가 도는데, 그다음 주에는 교사들만 덩그러니 남은 고요한 학교에서 적막을 느끼며 원격 수업을 진행하는 극심한 대비를 느꼈다. 또한, 학생들이 학교에 나올 때도 대부분 마스크를 쓰고 있어 얼굴을 외우는 것이 쉽지 않았다.

지금 생각하면 재미있는 일화도 있었다. 등교 수업 주간에 처음으로 급식 지도를 맡았다. 급식실에서 학생들이 서로 거리를 두고 앉아 밥을 먹을 수 있게 지도하는 역할을 하면서, 처음으로 학생들의 마스크 쓰지 않은 얼굴을 확인하는 순간이었다. 내가 담임인 1학년 8반 학생들이 앉아 있는 곳을 봤다. '오잉, 저게 우리 반 학생들이라고?' 나름 며칠을 함께 보내며 얼굴을 익혔다고 생각했는데, 마스크를 벗은 얼굴이 너무나 낯설었다. 이마와 눈까지만 보면 분명히 아는 얼굴인데, 평소에 보지 못한 코와 입까지 합쳐지니 전체적인 인상이 확 달라졌다. 학생들도 내가 밥을 먹는 모습을 보며 비슷한 생각을 했을 수도 있다. 서로의 얼굴이 낯설어서 눈알만 굴리며 밥을 먹던 그날의 점심시간이 기억에 남는다.

사상 초유의 학생 없는 학교를 경험하며, 학생들이 등교해 교육 활동에 참여하는 평범한 일상이 참으로 소중하다는 것을 모두가 알게 되었다. 나 또한 텅 빈 교실에서 얼굴을 잘 볼 수 없는 아이들과 원격 수업을 진행하면서 학교는 학생들이 있어야만 완성된다는 것을 여실히 느끼게 되었다. 팬데믹은 학교의 모든 구성원에게 서로의 소중함을 알려 준 시간이었다.

● SOS, 위기의 학생 구출하기

'영어 교사면 영어 수업만 잘하면 되는 거 아니야?' 교사에 대해 잘 모르던 시절, 나는 이렇게 생각했었다. 그런데 막상 교사가 되어 보니, 수업은 교사가 해야 하는 수많은 일 중 하나일 뿐이라는 것을 알게 되었다. 교사의 중요한 업무 중 하나는 학생의 생활지도이다. 학교는 학생이 사회의 일원으로서 책임감 있고 건강한 성인으로 성장할 수 있도록 돕는 곳이다. 특히나 고등학생들은 학업 외에도 친구 관계, 스트레스, 진로 고민 등 다양한 문제에 직면하게 된다. 교사가 생활지도를 통해 이러한 문제들을 함께 고민하고 해결해 줄 수 있다면, 학생들이 학교생활에 더 잘 적응할 수 있다.

3년간 담임 교사를 맡으며 생활지도 측면에서 중점을 두었던 점은 학생에 대한 공감적 이해이다. 문제 행동을 징벌의 개념으로 접근하면 학생이 오히려 반발심을 느끼고, 교사의 조언을 수용하지 않는다는 것을 깨달았다. 지도가 필요한 부분을 확실하게 짚고 넘어가되, 학생이 어떤 마음으로 그런 행동을 했는지 먼저 물어보고 공감해 주면 학생의 마음을 움직일 수 있다는 것을 느꼈다.

또한, 학생과의 심층 상담을 통한 라포 형성도 중요하다. 형식적인 상담을 넘어서 이야기에 진심으로 귀를 기울이면 학생의 고민과 생각을 파악하는 것에 크게 도움을 얻을 수 있었다. 한번 라포가 형성된 학생들은 수업 시간에도 집중력이 좋아진다는 것도 배우게 되었다.

생활지도 사례 중 가장 기억에 학생이 있다. 2년 연속으로 담임을 맡았는데, 2년간 몰라보게 성장한 모습으로 나에게 큰 울림을 준 남학생 A이다. A를 처음 만난 건 2학년 7반 담임을 맡은 시절이다. 얼핏 보기에는 여느 아이들과 다를 바 없는 것처럼 보였지만, 자세히 살펴보면 언제나 얼굴 어디엔가 그늘이 진 모습이 신경쓰였다. 학기 초에 진행하는 심리 정서 검사 결과를 확인해 보니, 자존감이 부족하고 우울증의 의심된다는 것을 알 수 있었다. 방과 후에 단둘이 남아 조용한 상담을 시작했다.

"A야, 요즘 학교 다니면서 마음이 좀 어때? 내가 보기에는 어딘가 걱정이 있어 보이기도 하고, 가끔 학교에서 힘들어 보일 때가 있어서 걱정되네."

A가 꺼낸 이야기는 이랬다. 초등학교 시절부터 잦은 이사와 전학으로 학교에 적응하는 것이 쉽지 않았다. 중학교 시절에는 학교 폭력으로 인해 학교에 가는 것이 두려웠고, 비만이었던 기간이 길어서 자존감도 부족한 것 같다. 누나 두 명이 있는데, 누나들과의 관계가 좋지 않아 여자를 대하는 것이 무섭다. 부모님은 이런 나를 잘 이해해 주지 못하신다.

이야기를 들은 누구라도 A의 심리상 태가 위태롭다는 것을 알 수 있을 정도였다. 고등학교 1학년 때도 좋은 담임 선생님을 만났지만 여자분이셔서,

누나들로 인한 여자에 대한 두려움 때문에 이런 이야기를 편하게 털어놓을 수 없었다고 했다. 몇 번의 상담을 더 진행하던 와중에, 심지어 손목에 있는 상처 여러 개를 발견했다. 최대한 침착하게 A에게 손목에 있는 상처는 어쩌다 생긴 거냐고 물어봤다.

"직접 상처를 냈어요. 상처를 바라보고 있으면 잠깐이나마 마음이 편해져요. 수업 시간에도 가끔 해요. 선생님 수업 시간에도 한 적 있어요."

수업 도중에도 필통으로 시야를 가리고 눈에 띄지 않게 자해하고 있다는 것이었다. 특히, 내 수업 시간에도 그런 적이 있었다는 것이 상당한 충격이었다. 나름 열정적으로 아이들과 소통하는 수업을 하려고 하고, 수업 시간 중 몇 번이나 교실 곳곳을 순회하는데 이걸 발견하지 못했다니…. 누군가의 관심을 애타게 필요로 했던 A의 외침을 알아 주지 못해 너무나 미안했다.

A에게는 도움이 필요했고, 내가 할 수 있는 모든 방법을 동원해 보기로 했다. 우선 학교 상담실과 연계해 위기관리 위원회를 개최했다. A는 전문적인 심리 상담을 받기 시작했고, 나 또한 상담실에서 상담 선생님과 함께 A의 부모님과 여러 차례 이야기를 나누며 가정에서의 도움도 요청했다. A의 부모님은 A가 그저 사춘기가 와서 학교에 가기 힘들어하는 정도로만 생각하고 계셨다. A의 이야기를 부모님께 전달하니 그제야 아들이 얼마나 힘들어하고 있었는지를 알게 되셨다.

A는 긍정적인 모습도 매우 많은 친구였다. 배려심이 깊었고 주위에 어려움을 겪는 사람이 있다면 주저 없이 먼저 나서서 돕는 따뜻한 마음을 가지고 있었다. 체육대회를 할 때 가장 늦게까지 남아 청소를 도와준 것도, 같은 반이던 브라질 다문화 친구의 학교 적응을 돕고 항상 곁에서 친구가 되

어 준 것도 A였다. 수업 태도도 굉장히 좋았다. 수업 시간만큼은 의기소침한 모습을 벗어 던지고 교사의 질문에 적극적으로 대답했다. 특히, 영어 수업 시간에는 항상 나와 눈을 맞추며 수업에 제일 열심히 참여하는 학생 중 한 명이었다. 이런 긍정적인 모습을 볼 때마다 칭찬을 아끼지 않았다. 나는 있는 모습 그대로를 말해 줄 뿐이었는데, 하루가 다르게 자존감이 올라가는 A의 모습을 확인할 수 있었다.

"선생님, 저 합격했어요!"

훨씬 밝아진 모습으로 대학 합격 소식을 전하는 A를 보며 말로 표현할 수 없는 큰 뿌듯함을 느꼈다. 함께 상담하고 눈물 흘리기도 했던 모든 시간이 헛되지 않았음을 알 수 있었다. A는 지금도 안전 공학자라는 꿈을 향해 하루하루 조금씩 나아가고 있다. A는 분명 일어설 힘이 있는 학생이었다. 다만 처음 땅을 딛고 일어설 약간의 도움이 필요했던 것이었다. 학생의 이야기에 귀 기울이고, 있는 그대로의 모습을 칭찬하는 것만으로 도움을 줄 수 있다는 것을 A가 나에게 가르쳐 주었다. 이 가르침을 소중히 여기며, 앞으로 만날 수많은 A에게도 손을 내밀어 주는 교사가 되고 싶다.

● 밴드부에서 만난 아이들

"선생님, 밴드부 한번 맡아 보실래요?"

2학년 담임을 맡았던 해에, 뜻밖의 제안을 받게 되었다. 밴드부 동아리 담당 교사를 맡아 보겠냐는 음악 선생님의 권유였다. 음악 선생님은 클래식 전공이어서 밴드 음악에 대해 잘 알지 못하시는데, 마침 내가 밴드부에 관심이 있다는 이야기를 들어서 제안하신다는 것이었다.

'나'라는 사람의 정체성에 대해 생각해 볼 때, 적지 않은 부분을 차지하고 있는 것 중 하나가 바로 밴드이다. 중학교 2학년, 처음 해외 락 음악을 알게 되었을 때 새로운 세상에 눈이 번쩍 뜨이는 기분이었다. Linkin Park, Green Day, Slipknot 같은 밴드들의 노래를 MP3에 저장해 놓고 반복해서 들으며 영어 가사를 중얼거리던 것이 영어 실력 향상에도 큰 도움이 되었다. 중3 때는 드럼을 치던 친구가 멋있어 보여서 나도 따라 배우기 시작했다. 교회에서 드럼 반주를 하기도 하고, 대학 시절에는 같은 과 친구들과 함께 4년 내내 밴드부 활동을 했다. 나의 10~20대 시절을 밴드를 떼놓고 이야기한다는 것은 마치 팥 없는 찐빵과도 같았다. 그런 나에게 밴드부 담당 교사 제안이라니? 놓칠 수 없는 기회였다.

"너무 좋죠! 밴드부 담당 교사 하고 싶어요!"

'밴드는 모두가 함께 꾸려 나가는 것이다!' 대학 시절 짧지 않은 밴드 활동을 하면서 배운 교훈이다. 교사로서 학생들을 관리하고 지도한다는 느낌으로 다가가면 딱딱하고 형식적인 동아리 활동이 될 것 같았다. 내가 또 다른 밴드에 가입했다는 느낌으로 학생들과 함께 밴드를 꾸려 나가고 싶었다. 학생들이 동아리 시간만큼은 모든 스트레스를 날려 버리고 합주가 주는 즐거움을 누리게 하는 것이 나의 목표였다.

오디션을 보고 선발된 학생들과 함께 밴드부 활동을 하면서 가장 놀랐던 점은, 아이들의 끼가 무궁무진하다는 것이었다. 수업 시간에는 항상 엎드려 자거나 시큰둥하던 학생도 밴드 합주실에서는 눈을 반짝이며 악기 연습에 구슬땀을 흘리는 모습이 귀여웠다. 한편으로는 안타깝다는 생각도 들었다.

'이렇게 끼가 많은데, 교실에서는 그걸 보여 줄 기회를 얻지 못했던 거구

나. 학생들의 다양한 장점이 골고루 드러날 수 있는 수업을 만들고 싶다.'

함께 밴드부 활동을 했던 학생들 중 B는 기타를 치며 성격이 확 바뀐 재미있는 남학생이다. 처음 오디션을 보러 왔을 때가 생각이 난다. 처음에는 보컬로 지원했는데, 오디션 노래를 부르며 어찌나 긴장하던지 목소리가 덜덜 떨려 듣는 나까지 안타까울 지경이었다. 아쉽게도 자신의 기량을 다 보여 주지 못해 합격의 기회를 얻지 못했는데, 이 학생이 나를 찾아왔다.

"선생님… 저 정말 밴드부가 하고 싶어요. 제가 노래 실력이 부족했던 것은 알고 있어요. 보컬이 어렵다면, 기타라도 칠 수 있을까요? 누구보다 열심히 할 자신 있어요."

마침 기타 지원자가 부족해서 한 자리가 남는 상황이었는데, B도 이 이야기를 듣고 전략적으로 기타 자리를 노린 모양이었다. 밴드 활동을 하고 싶다는 간절한 열정이 느껴졌다. 그렇게 보컬로 지원했던 B는 꿩 대신 닭으로 기타를 치게 되었다.

첫 연습을 진행했던 날이 떠오른다. 아직 부족한 기타 실력 때문인지, 원래 내성적인 성격 때문인지 B는 합주 내내 말이 없었다. 말을 할 기회가 있을 때도 목소리가 기어 들어가길래, '원래 사람들 앞에 서는 걸 어려워하는 친구구나.'라고 생각했다. 그런데 웬걸, 날이 갈수록 B가 달라졌다. 처음에는 기본 코드 잡는 것도 어려워했는데, 어느 순간부터 능수능란하게 코드를 잡는 것은 물론이고, 어려운 솔로 파트까지도 문제없이 해내는 것이었다. 어느 날 너무 놀라서 B에게 어떻게 실력이 많이 늘게 된 건지 물었다.

"헤헤… 요즘 기타 학원도 다니고 시간 날 때마다 집에서 계속 기타 연습해요. 기타 치는 거 너무 재밌어요."

나를 찾아와 밴드부에 가입하고 싶다고 말했던 간절함이 기타 연습에 대한 열정을 불러일으킨 듯했다. 급상승하는 실력만큼이나 성격도 눈에 띄게 밝아졌다. 실력에 자신이 있으니 합주 시간에 더 당당해진 것은 물론이고, 밴드부 활동을 통해 합주실 밖에서도 큰 인기를 얻게 되었다. 학교 축제에서 공연하고 난 후 B의 멋있는 모습에 많은 친구가 관심을 준 모양이었다. 기타 가방을 멘 채로 마스크를 쓰고 의기소침하게 걸어 다니던 학기 초의 모습은 온데간데없이 사라지고, 항상 웃는 얼굴로 친구들과 즐겁게 어울리는 B의 모습을 볼 때마다 나도 빙그레 웃음이 지어졌다.

C는 밴드부에서 베이스를 치며 학교에 대한 끈을 놓지 않은 여학생이다. B와 마찬가지로 항상 마스크를 끼고 다니고 말수가 없던 친구였다. 오디션에 베이스로 지원했는데, 키도 작고 체구도 조그마한 여학생이 자기만큼 큰 베이스 기타를 짊어지고 들어오는 모습이 재미있었다. 이제 막 베이스를 배우기 시작한 학생이었다. 실력은 조금 부족했지만 베이스는 워낙 지원자가 없다 보니, 그대로 오디션에 합격해서 같이 활동을 시작했다.

조용한 모습이었지만 언제나 자신이 맡은 부분을 열심히 연습해 오고, 실력도 나날이 느는 모습이 기특한 아이였다. 그런데 어느 날 C의 담임 선생님을 만나서 뜻밖의 이야기를 듣게 되었다. C가 학교에도 잘 오지 않고, 수업 태도도 좋은 편은 아니라는 것이었다. 내가 항상 동아리 시간에 밴드 합주실에서 보았던 모습과는 전혀 다른 모습이었다. C의 가정사 이야기도 듣게 되었다. 어머니가 돌아가시고 아버지와 함께 살고 있는데, 아버지와의 관계가 그렇게 좋지 않은 모양이었다. C의 담임 선생님께 개인적으로 들은 이야기인 만큼 내색할 수는 없었지만, 밴드부에 있는 시간만큼은 C가 편안하고 즐겁게 해 주고 싶었다. 내가 할 수 있는 것은 칭찬밖에 없었다.

"이 곡 처음에는 어려워하더니 이제는 진짜 잘 치는데?"

"연습 정말 많이 했나 보다. 방금 너무 좋았어!"

"이 곡은 베이스가 돋보이는 노래야. 열심히 연습해서 멋지게 해 보자!"

칭찬의 효과가 있었는지, C는 밴드부 활동만큼은 성실하게 참여하는 모습을 보였다. 어느 날은 C가 학교에 오지 않았다는 이야기를 다른 친구에게 전해 들었다. '오늘은 베이스 없이 연습해야겠구나' 생각하고 있었다. 그런데 동아리 시간이 있는 6~7교시에 갑자기 C가 나타났다. 어찌 된 일인지 영문을 물어보니, 밴드 합주는 하고 싶어서 늦게라도 학교에 왔다고 배시시 웃는 모습에 나도 웃음이 터졌다.

학기가 끝나갈 즈음, C가 나에게 찾아왔다. 할 이야기가 있다고 했다.

"선생님, 밴드부 맡아 주시고 항상 저한테 좋은 말 많이 해 주셔서 감사해요. 저 사실 학교 오기가 너무 싫어서 자퇴를 고민한 적도 있어요. 근데 밴드부 활동하면서 베이스 치고 합주하는 게 너무 재밌어서 버틸 수 있었어요. 이제는 그래도 학교가 조금 더 좋아진 것 같아요."

대학 때 '전인교육'의 중요성에 대해 배운 적이 있다. 전인교육의 목표는 학생들이 각 분야에서 균형 잡힌 인간으로 성장하여, 지식뿐만 아니라 인격, 사회성, 창의성, 그리고 도덕적 판단력을 갖춘 성숙한 성인이 되게 하는 것이라고 한다. 지도 교사가 되어 학생들과 함께 밴드를 하다 보니, 전인교육을 실천하는 어떤 거창한 방법보다도 좋은 전인교육이라는 생각이 들었다. 음악을 통해서 자신을 표현하고 심리적 안정을 찾으며, 서로의 역할을 이해하고 조율하는 과정에서 협동심과 배려를 배운다. 연습과 공연에 참여하며 책임감과 목표를 위해 끈기 있게 노력하는 자세도 배우게 된다.

이외에도 함께 밴드부 활동을 했던 많은 학생들이 떠오른다. 다음날 있을 공연을 위해 밤 11시가 넘어서까지 구슬땀을 흘리며 합주하던 추억도 잊지 못할 것이다. 학창 시절에 학교 축제 무대에 올라 공연해 보고 싶었던 나의 못 이룬 꿈을, 졸업식 무대에서 학생들과 함께 이루기도 했다. 교사와 학생이라는 관계를 뛰어넘어, 모두가 좋은 무대를 만들겠다는 공동의 목표를 향해 달려가는 팀원이 되는 소중한 경험을 했다. 교사와 학생이 함께 성장하는 교학상장(敎學相長)의 가치를 실현할 수 있었던 밴드부 활동, 그리고 그 과정에서 만난 아이들 한 명 한 명의 이야기를 오랫동안 기억할 것이다.

학생들과 함께 참여했던
졸업식 축하 공연

03 나의 꿈, 나의 새로운 인생

●● 앞으로의 교직의 길에서 도달하고 싶은 이정표가 있다면

대학교를 갓 졸업하고, 수험 기간에 그토록 바라던 '송종민 선생님'이 되었던 순간을 되돌아본다. 3월의 첫날, 조회를 위해 교실 문을 열고 들어가던 때가 생각이 난다. 고등학교 1학년으로서 새로운 시작을 맞이하는 52개의 떨리는 눈이 오롯이 집중되던 탓에 내 마음마저 떨렸다. 이렇게 학생들과 나의 첫 만남이 시작되었다.

그 이후로 벌써 3년이 지나고, 나는 4년 차 교사가 되었다. 3년의 교육 경력을 채워야 받을 수 있는 1급 정교사 연수도 이번 여름 방학에 수료하게 되었다. 알에서 갓 깨어나 깃털마저 젖어 있는 병아리에서, 이제는 조금씩 날개를 펼쳐 하늘로 나아가야 하는 사춘기 병아리 정도가 된 셈이다. 앞으로 여전히 교직에서 보내야 하는 나날이 많이 남았기에 나의 꿈과 목표를 정확히 설정해야 하는 때가 왔다. 길을 헤매다가도 저 멀리 보이는 큰 나무를 이정표 삼아 나아갈 수 있듯이, 앞으로 걸어갈 교직의 길에서 도달하고 싶은 이정표를 공유하고자 한다.

3년이 조금 넘은 짧은 교직 경력이지만, 나에게 큰 자극을 주는 멋진 선생님들을 많이 만났다. 세계의 많은 학교와 적극적으로 교류하며 국제 교류의 노하우를 아낌없이 나누는 선생님, 수업 연구 대회에 나가 상을 받고 배움의 공동체를 만들어 선한 영향력을 미치는 선생님, 수업에서 느낀 가려움을 자신만의 수업으로 풀어내는 뛰어난 기획력과 실천력을 가진 선생님, 고3 입시 지도를 수년간 해 오며 대입 전형 전문가가 된 선생님 등 셀 수 없을 정도이다. 또, 항상 나보다 경력이 많은 선생님만 있는 것이 아니었다. 영어 교육 학술 포럼에서 유창한 영어로 자신의 열정 넘치는 수업을 똑 부러지게 전하는 과 후배 선생님을 만나서 큰 영감을 얻기도 했다.

그 선생님들을 보며 나의 지난 교직 생활을 돌아보았다. 스스로 칭찬해 주고 싶은 점은, 새로운 도전을 두려워하지 않으며 다양한 경험을 쌓았다는 것이다. 영어 교육 연구회에 가입해 선생님들께 배운 다양한 수업을 시도해 보고, 맨땅에 헤딩하는 느낌으로 국제 교류에도 도전해 보았다. 인근 중학교에 우리 학교를 소개하는 고입 홍보 TF팀에도 들어가 수없이 많은 중학생들에게 우리 학교의 장점에 대해 프레젠테이션을 진행하기도 했고, 교육청이나 대학에서 진행하는 자료 개발 프로젝트에 참여하며 밤새 머리를 싸매고 끙끙거리며 결과물을 만들어 내기 위해 노력한 날들도 있었다.

아직은 어떤 분야의 전문가가 되고 싶은지 마음을 정하지는 못했다. 최근에는 교육청에서도 적극적으로 사업을 추진하고 있는 IB(International Baccalaureate) 교육에 관심이 생긴다. 교육의 트렌드는 계속 변해 가기에, 변화에 발맞추어 나가면서도 수업과 내가 맡은 업무에 전문성을 인정받는 교사가 되고 싶다. 목표를 이루기 위해 하고 싶은 일들은 정말 많다. 지금 속해 있는 배움의 공동체를 지속적으로 발전시켜 나가고 싶기도 하고, 대학원에 진학해서 더 깊이 있는 학습을 하고 싶기도 하다.

한 가지 변하지 않는 것은, 나는 학생들에게 영어 학습의 즐거움을 알려주고 싶은 영어 교사라는 점이다. 영어는 의사소통의 도구이며, 삶의 경험을 풍부하게 해 줄 수 있는 재미있는 과목이라는 것, 이것을 전문적으로 학생들에게 전하는 교사가 되기 위해 꾸준히 노력 중이다.

내가 받은 따뜻한 마음 잃지 않고 나누기

처음으로 교사가 되어 담임 반 학생들을 만나는 첫 시간에, 당신이라면 어떤 말을 해 주고 싶은가? 자신의 교육 철학을 학생들에게 잘 전달되는 말로 풀어서 이야기해 주고 싶을 것이다. 나는 학생들에게 이런 말을 했다.

"우리 반 모두는 자신을 사랑할 줄 아는 사람이 되면 좋겠어. 나는 우리 모두가 사랑받기 위해 살아간다고 생각해. 다른 사람에게 사랑을 주려면, 먼저 자신을 사랑할 줄 알아야 해. 올 한 해 1학년 8반에서 이 방법을 배워가는 너희가 됐으면 좋겠구나."

그때부터 1학년 8반의 급훈은 'Love What You Have'가 되었다. 내가 자신을 사랑하자는 간지러운 말을 아이들에게 전하는 이유는, 자신을 사랑하는 것이 곧 세상을 살아가는 힘이라고 믿기 때문이다. 적어도 나는 자신을 사랑하기에 세상을 씩씩하게 살아가고 있다. 그리고 이렇게 세상을 살아가는 힘을 얻기까지는 많은 소중한 사람들의 따뜻한 마음이 있었다.

우선 고등학교 3학년 때 담임 선생님이 떠오른다. 수능을 앞두고 불안한 마음으로 하루하루를 보내던 나에게, 선생님은 이렇게 말씀해 주셨다.

"종민이는 분명 잘 해낼 수 있을 거야. 종민이 어머님은 어떻게 종민이 같은 아들을 키우셨을까? 선생님 아들도 꼭 종민이처럼 컸으면 좋겠다."

뻔한 칭찬일 수 있지만 고등학교를 졸업한 지 꽤 오랜 시간이 지난 지금도 생생히 기억이 나는 걸 보면, 나에게는 참 의미가 깊었던 것 같다. 졸업후 몇 년 만에 스승의 날을 맞아 다시 모교를 찾아갔다. 불쑥 찾아갔음에도 불구하고, 선생님은 너무나 반갑게 맞아 주시며 책을 한 권 선물해 주셨다. 이렇게 항상 나를 믿어 주셨던 선생님께, 선생님의 제자가 임용 시험에 합격해 동료 교사로 일하게 되었다고 전해 드리던 날에 얼마나 기쁘던지. 문자를 받고 가슴이 뭉클했다고, 동료 선생님들께 자랑도 하고 오전 내내 웃으며 일할 수 있었다는 선생님의 말씀에 나는 또 큰 힘을 얻을 수 있었다.

교무실에서 같이 일하는 존경하는 선생님들도 떠오른다. 신규 교사 1학기의 어느 날, 유난히 마음을 힘들게 하는 일이 있어 교무실에서 지친 얼굴을 숨기지 못하고 있었다. 다음 날 출근을 했을 때, 책상 위에 붙어 있는 알록달록한 메모지들을 보았다. '종민샘! 힘내세요. 파이팅!', '너무 스트레스 받지 말고 힘내세요! 달달한 거 먹고 기운 내세요~' 누구로부터 온 쪽지인지 적혀 있지는 않았지만, 한 장씩 읽을 때마다 글씨체와 말투만으로도 교무실 선생님들 한 분 한 분의 얼굴이 떠올랐다. 주위 선생님들께 위로를 받은 순간, 오랫동안 혼자서 품어 녹여야 하는 줄 알았던 근심과 마음의 짐을 많이 덜어낼 수 있었다. 그 후로 종종 힘이 들 때마다, 교무실 책상 한편에 예쁘게 붙여 놓은 그 쪽지들을 보며 힘을 얻곤 한다.

마지막으로 학생들의 얼굴이 한 명 한 명 떠오른다. 항상 되돌아보면 더 많이 챙겨 주지 못해 미안한 마음뿐인데도, 나를 믿고 응원해 주는 학생들에게 고마울 때가 많다. 이번에 시험을 잘 보지 못해 죄송하다며 익명의 사과 편지를 전하는 학생, 선생님께 가장 기억에 남는 학생이 되기 위해 열심히 하겠다며 스승의 날 편지를 전해 주는 학생이 있다. 평소 수업에 자주 늦으며 속을 썩이다가도, 항상 신경 쓰시게 해서 죄송하다며 마음을 전하는 학생도 있다. 늦은 밤 지친 몸을 이끌고 터벅터벅 걸어 퇴근하는 길에 이런 학생들을 생각하면, 몇 발자국 더 걸어갈 힘을 얻는다.

나는 이렇게 매일을 살아가고 있다. 가끔 내가 너무 작고 초라하게 느껴질 때도 낙담하지 않을 수 있었던 까닭은, 주위의 소중한 사람들이 내가 생각보다는 꽤 괜찮은 사람임을 종종 일깨워 주기 때문이다. 그래서 나는 자신을 조금 더 사랑할 수 있게 되었다. '지은보은(知恩報恩)'이라는 말처럼, 받은 만큼 베푸는 사람이 되고 싶다. 나에게 세상을 살아갈 힘을 주었던 모든 이들이 나에게서 또 힘을 얻어 갈 수 있다면 더할 나위 없이 기쁠 것 같다. 내가 받은 따뜻한 마음을 잃지 않고 계속해서 나누는 교사가 되고 싶다.

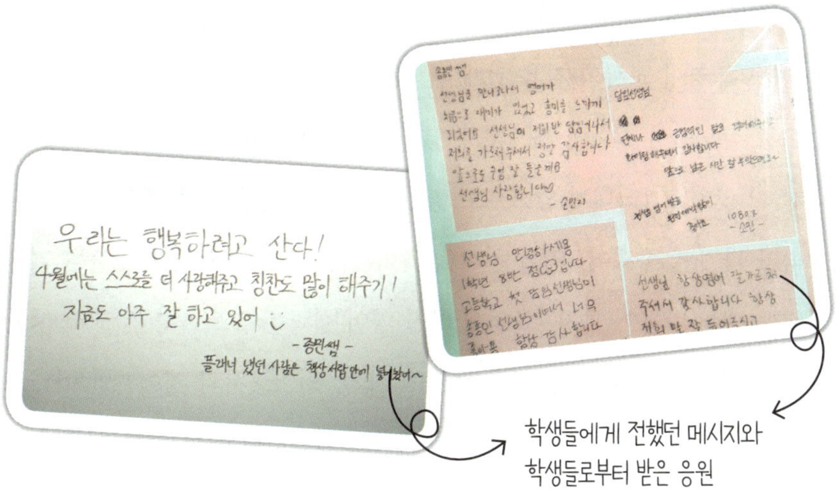

학생들에게 전했던 메시지와
학생들로부터 받은 응원

영어 교사 지망생에게 들려주는 소중한 한마디

● 보람찬 이 길에 들어온 여러분을 환영하며

이 책을 읽는 당신이라면, 분명 영어 교사라는 직업에 관심이 있거나 교단에서 영어를 가르치는 모습을 꿈꾸는 예비 교사일 것이다. 힘들 때도 있지만 보람찬 이 길에 들어온 여러분을 환영한다. 아직 4년 차의 영어 교사로서 여러분에게 거창한 조언을 하기는 부끄러운 마음이 든다. 그래서 스스로에게 하는 독백이자 다짐을 몇 가지 남기며 글을 마무리하고자 한다.

● 영어와 공부는 나의 평생 친구

종민아, 영어 교사의 길을 걷게 된 이상 너는 평생 영어를 가르치는 일을 업으로 삼으면서 살아야 해. 네가 영어를 좋아했기에 영어 교사의 길을 선택한 거 맞지? 그러니까 앞으로도 영어에 대한 흥미를 잃지 않고 실력을 갈고닦아 나가면 좋겠어. 영어 원서도 많이 읽고 스스로 영어에 노출될 기회를 계속해서 만들어 보자. 그렇게 다진 영어 실력은 앞으로의 긴 교사 생활에서 너에게 든든한 자신감을 심어 줄 거야. 언어로서의 영어뿐만 아니라 영어 교육을 잘할 수 있는 방법에 대해서도 끊임없이 고민해 보면 좋겠어.

네가 학생이라도 같은 수업 내용과 수업 방식을 몇 년째 똑같이 고수하는 선생님에게 배우고 싶지 않지? 너만의 수업 철학을 확고한 기둥으로 삼고, 더 좋은 수업을 위해 새로운 영역으로 확장해 나가는 모습을 기대할게.

☻ 너는 혼자가 아니야

혼자 모든 것을 해결하려고 하지 마. 동료 및 선배 교사들과 협력하고 조언을 구하는 것이 도움이 많이 된다는 거, 그동안의 교직 경력을 통해 많이 배웠잖아. 혼자서는 해결하기 힘든 부분도 경험 많은 선배의 도움이 있다면 쉽게 풀리는 경우가 많더라구. 지금처럼 각종 연수나 교육 연구회에 적극적으로 참여하면서 소통하고 배워 나가는 태도를 이어갔으면 좋겠어.

그리고 받은 만큼 돌려주는 것도 잊지 말자. 열심히 연구한 수업을 다른 선생님들과 나눈다고 해서 내 아이디어를 뺏기는 게 아니더라. 오히려 더 많은 학생들이 내가 고민해서 만든 수업의 혜택을 볼 수 있는 게 좋다고 생각해. 배움의 공동체를 꾸려 나가며 많은 선생님과 함께 더 좋은 수업, 더 나은 학교를 만들기 위해 노력해 보자.

☻ 경제 공부를 통해 교사의 장점 살리기

조금 현실적인 이야기를 해 보자. 교사의 길을 선택하는 과정에서 걸림돌이었던 부분 중에는 저경력 교사의 적은 봉급에 대한 고민도 있었어. 실제로 초임 교사 월급은 넉넉한 편은 아니야. 하지만 단점만 있는 건 아니지! 경제적 측면에서 교사의 장점을 꼽자면, 근무 안정성에서 비롯되는 생애 소득이 있어. 연차가 쌓일수록 급여가 차곡차곡 올라가고 근속 기간이 기니까,

전체 생애 소득을 놓고 보면 다른 직종에 비해 많이 적은 편은 아니야.

그런데 문제는 인플레이션으로 인해 화폐 가치가 점점 하락한다는 거지. 그러니까 꾸준한 경제 및 투자 공부를 통해서 나의 자산 포트폴리오를 구축하고, 인플레이션을 상회하는 수익률을 꾸준히 거두면서 복리의 마법에 올라타는 것이 중요해. 안정적인 경제생활이 든든하게 받치고 있어야 본업에 집중할 수 있겠지? 지금처럼 꾸준히 경제 문해력을 키워 나가자.

☻ 이 또한 지나가리라

생각해 보면 3년 반의 짧은 교직 생활에 참 많은 일이 있었지? 합격이 보장되지 않는 임용 시험을 시작하며 매일 불안한 마음을 달래기도 했고, 아무것도 잘 모르는 채로 덜컥 학교 현장에 떨어져서 수업 준비부터 다양한 업무까지 좌충우돌 부딪히기도 했어. 3년간 정든 학교를 떠나서 새로운 학교로 옮기고 나니 적응하기 힘들기도 했던 것 같아.

처음 시작할 때는 모든 것이 낯설고 벅찬데, 그래도 시간이 지나면 조금씩 익숙해지더라. 이때 제일 중요한 건 꾸준함인 것 같아. 하루하루 작은 목표를 세우고 그 목표를 향해 꾸준히 나아가다 보면, 어느 순간 스스로 성장해 있는 모습을 발견하게 될 거야. 교육 현장은 끊임없이 변화하는데 바뀌는 상황에 스트레스를 받거나, 처음부터 완벽하게 수업과 업무를 하려고 하면 너무 힘들어. 작게 시작해서 꾸준함을 가지고 계속해서 발전시키다 보면 어느새 그 과정을 즐기게 되더라. 첫 시작은 누구에게나 어렵나 봐. 지금처럼 너 자신을 믿고 작은 걸음이라도 꾸준히 걸어가 보자! 파이팅!

새로운 것을 배울 때 가슴이 뛴다

아침 8시 30분부터 밤 10시. 내가 신규 교사로 갓 발령을 받고 처음 근무했던 3월의 출근 시간과 퇴근 시간이다. 고등학교의 정규 근무 시간은 오전 9시부터 오후 5시까지이지만, 제시간에 퇴근하는 것이 쉽지 않았다. 하나부터 열까지 모르는 것이 너무 많았기 때문이다. 초과 근무 신청을 하면 식사 시간 1시간을 제외하고 총 4시간까지 수당을 받을 수 있기에, 처음에는 남아서 돈도 받고 밀린 일을 처리하는 것이 힘들지 않았다. 그렇게 집과 학교만을 오가는 단조로운 생활이 한 달 동안 이어졌다.

어느 날 오후 11시가 다 되어 집에 도착했을 때 문득 '이게 내가 바라던 삶의 모습인가?'라는 생각이 들었다. 일 자체는 좋았지만, 평일에는 집에서 밥을 먹으며 여유를 즐길 수도, 내가 좋아하는 운동을 할 수도, 친구를 만날 수도 없었다. 침대와 일터를 오가는 단조로운 일상이 반복되니 삶의 활력을 점점 잃게 되었다. 몸과 마음 모두 지쳐 가는 기분이었다. 그때 알게 되었다. 흔히 '워라밸'이라고 부르는 일과 삶의 균형이 정말 중요하다는 것을.

퇴근 이후의 시간도 나의 삶에서 큰 부분을 차지한다. 나는 학생들에게 말로만 '열정을 가지고 살아 보자.'라고 이야기하고 싶지 않다. 내가 먼저 나서서 열정을 가지고 삶을 살아가는 솔선수범을 보이면,

학생들도 그 에너지를 받을 수 있다고 생각한다. 그래서 나는 새로운 것을 배우고 도전하는 것을 좋아한다. 나의 퇴근 후 일상을 한번 같이 살펴보자.

열정크루와 함께하는 러닝

"종민쌤, 달리기 좋아해요?"

집과 학교를 오고 가는 단조로운 생활에 지쳐 가던 신규 교사 1학기의 어느 날, 동료 선생님이 물어본 질문이다. 마음 맞는 사람 몇 명끼리 모여서 정기적으로 달리기를 하고 있는데, 나도 관심이 있으면 같이 뛰자는 것이었다. 안 그래도 일상이 무료했기에 흔쾌히 제안을 수락했다. 이것이 나의 퇴근 후 삶에 큰 변화를 가져다 주었다.

내가 첫 발령을 받은 평택 지역은 경기도에서도 신규 교사가 많이 발령 받는 곳이다. 대부분의 신규 교사는 평택에 연고가 없기에, 평택에 집을 구해 홀로서기를 시작하게 된다. 가족, 친구들도 모두 멀리 떨어져 있는 타지에 있다 보면, 퇴근 후에도 집에만 있게 되는 생활이 이어지며 심심함과 외로움을 느끼게 된다.

열정크루 멤버들과 함께한 JTBC 마라톤

내가 가입한 러닝 크루

도 이런 사람들이 모인 곳이었다. 평택에 발령 받은 근처 학교의 신규 교사끼리 모여 소규모로 정기 운동 모임을 시작했다. 퇴근 후 주 1회 러닝을 시작으로, 시간이 맞으면 주말에도 갑자기 러닝화를 신고 뛰러 나가는 일이 잦아졌다. 모임의 이름은 '열정크루'. 삶에 대한 열정을 잃지 말고 살자는 의미에서 회장 선생님이 지은 이름이었다. 모임 이름을 따라가는 것인지 열정크루의 회원들은 모두 도전에 대한 열정과 활력이 가득한 사람들이었다. 이들과 함께하다 보니 나의 삶에도 다시 활력이 돌게 되었다.

5km를 시작으로 7km, 10km로 점차 달리는 거리를 늘려 나갔다. 땀이 뻘뻘 나는 한여름의 습한 저녁에도, 칼바람이 몰아치는 매서운 추위의 겨울밤에도 꾸준히 달리다 보니, 기록도 점차 좋아지고 뛸 수 있는 거리도 늘어나게 됐다. 무엇보다 달리고 있는 그 순간에 누구보다 살아 있음을 느낀다. 숨이 턱 끝까지 차올라 멈추고 싶다가도 조금만 더 참고 달리다 보면, 어느새 이전의 한계를 뛰어넘는 자신을 발견하게 된다. 달리기를 통해 느낀 깨달음을 매일 조회 시간에 우리 반 아이들에게 나눠 주기도 한다.

다 함께 마라톤에 참여해서 값진 완주 메달을 받고, 방학 때는 각자의 고향 동네에 놀러 가서 추억을 쌓기도 한다. 해가 지날 때마다 마음 맞는 신규 선생님들을 초대하다 보니, 모임의 규모도 많이 커지게 되었다. 친구 한 명 없던 타지에서, 매주 모여 각자 사는 이야기를 나누고 각자의 삶의 목표를 향해 나아가는 모습을 응원하는 가족 같은 사이가 되었다. 열정크루가 나의 퇴근 후 삶에 긍정적인 변화를 준 것이다. 내가 열정크루의 모든 회원에게 감사하는 이유이다.

방송 댄스와 필라테스로 Comfort Zone 벗어나기

'Comfort Zone'은 심리적으로 안정감을 느끼는 영역을 의미한다. Comfort Zone에 머물러 있는 것은 예측 불가능한 스트레스를 줄여 주지만, 그 안에만 머물러 있는 것은 성장과는 거리가 멀다. Comfort Zone에서 벗어나 약간의 스트레스를 느끼면 본인의 능력을 키울 수 있고, 이는 성장과 직결된다. 익숙하다고 해서 내가 아는 단원만 공부하면 성적이 오를 수 없는 것과 비슷한 이치라고 할 수 있다.

나는 어릴 적부터 춤과는 거리가 먼 사람이었다. 따로 춤을 배워 본 적도 없고, 춤을 잘 추는 사람을 보면 나와는 다른 사람이라고 느껴졌다. 그러던 어느 날, 근처 홈플러스의 문화센터에서 성인을 위한 K-POP 방송 댄스 교실이 열린다는 소식을 알게 되었다. 새로운 것을 배우는 걸 좋아하는 나였지만, 왠지 이번만큼은 망설여졌다. 어설프게 춤을 따라 하며 허우적거리는 나의 모습을 다른 사람들이 비웃을 것 같았다. 나의 Comfort Zone을 벗어나는 것이 두려웠다.

'혼자라면 두렵지만 같이 하면 해낼 수 있을 거야! 한번 해 보자!'

열정크루 멤버 중 방송 댄스에 관심이 있는 사람을 설득해 수강 신청을 했다. 춤과 인연이 없던 4명의 고등학교 교사가 K-POP 댄스에 도전하게 된 순간이었다. 수업 첫날, 걱정 반 설렘 반으로 거울 앞에 섰다. 춤을 배우겠다고 어정쩡하게 서 있는 우리의 모습에 어색한 웃음이 나왔다. 댄스 선생님은 우리 또래의 열정 넘치는 강사분이었다.

"다들 춤을 배우는 게 처음이신 거죠? 너무 걱정하지 마세요. 잘 따라오실 수 있도록 차근차근 알려 드릴게요."

선생님의 말씀을 듣고 '그래, 어차피 여기 있는 사람들 다 처음 춤을 접하는 거잖아. 나 여기 배우려고 온 거 아니야? 댄스는 자신감이라고 했어. 이왕 온 거 남 눈치 보지 말고 한번 제대로 배워 보자!'라는 마음가짐이 생겼다.

선생님이 몇 번이나 반복해 줘도 어떻게 하는지 몰라 삐걱거리는 순간도, 남들 모두 오른발을 내밀 때 왼발을 내미는 순간도 있었다. 하지만 포기하지는 않았다. 수업 회차가 거듭될수록 춤을 추는 모습도 자연스러워 보이고 동작도 곧잘 따라 하게 되었다. 배우고 싶은 곡을 먼저 선생님께 말씀드리고 적극적으로 배우는 자세도 갖추게 되었다.

일주일에 한 번씩 8회의 짧았던 수업이 끝나고 나서, 크게 변한 점이 두 가지 있다. 첫 번째는 나의 Comfort Zone에서 벗어나는 것에 대한 두려움이 많이 줄어들었다는 것이다. 시작이 반이라는 말이 있지 않던가. 얼굴이 빨개지도록 부끄럽고 어색했던 순간도 막상 지나고 나면 별거 아니었다. 앞으로도 여러 분야에서 Comfort Zone을 이겨낼 수

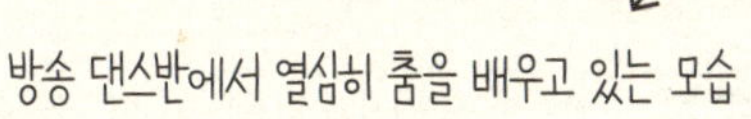

방송 댄스반에서 열심히 춤을 배우고 있는 모습

있을 것 같다는 자신감이 생겼다. 두 번째는 춤에 대한 거부감이 많이 줄었다는 것이다. 물론, 여전히 춤을 잘 춘다고 할 수는 없다. 그러나 나름 방송 댄스반 수강생이라고, 음악이 나왔을 때 출 수 있는 춤이 몇 가지 생겼다. 아는 노래가 나오면 반가워서 몸을 들썩이게 되고, 춤이란 게 참 재미있는 것이라는 깨달음을 얻기도 했다. 다음에도 기회가 된다면 계속해서 댄스를 배워 보고 싶다.

방송 댄스에 이어 필라테스에도 도전하게 되었다. 얼마 전 『당신도 느리게 나이 들 수 있습니다』(정희원)라는 책을 정말 인상 깊게 읽었다. 책에서는 심폐 지구력과 근력만큼이나 유연성도 중요한 영역이며, 어느 하나라도 취약한 요소가 있다면 그 취약한 요소가 나머지 영역의 성능을 끌어올린다고 했다. 그 책을 읽고 유연성을 늘려야겠다는 생각이 들었다.

어떤 방법으로 유연성을 늘려야 하나 고민하던 도중 반가운 소식을 들었다. 아파트 커뮤니티에서 주민 복지 사업의 일환으로 필라테스 강좌를 개설한다는 것이었다. 필라테스는 대부분 회원이 여성이고 남자는 많지 않다는 소문을 듣긴 했지만, 문제없었다. 이미 한 번 Comfort Zone을 벗어나 본 적이 있는데, 두 번이 어려울까. 교무실 옆자리에 앉은 남자 수학 선생님께 응원도 들었다.

"저도 필라테스 하고 있어요. 회원 10명 중에 저만 남자인데, 막상 해 보면 그런 거 신경 쓸 겨를도 없어요. 생각보다 진짜 힘들거든요."

망설임 없이 필라테스 강좌에 등록했다. 수업 첫날, 옆자리 선생님께서 왜 필라테스가 힘들다고 하셨는지 여실히 느낄 수 있었다. 평소에 꾸준히 헬스장을 다니며 몸무게를 훌쩍 넘는 무게로 운동을 해 왔기에, 내 몸무게만 이용해서 하는 필라테스는 크게 어렵지 않을 거라고 생각했는데 오산이었다. 수업을 시작한 지 20분도 되지 않아서 땀이 뚝뚝 떨어지고 온몸이 바들바들 떨리기 시작했다. 숫자를 천천히 세는 강사님이 원망스러울 때도 있었다.

하지만 막상 수업이 끝나고 나니, 오히려 온몸이 개운해지는 느낌이었다. 수업하는 순간을 제외하고는 대부분의 시간에 교무실 의자에 앉아 모니터만 바라보며 찌뿌둥해진 몸이 필라테스를 통해 확 풀렸다. 지금 이 순간 나의 몸에서 오는 느낌과 호흡에 집중을 할 수 있었다. 하루 종일 바쁜 업무로 정신이 없던 나의 마음도 차분히 가라앉는 기분이었다. 필라테스의 매력을 알게 된 것이다. 지금도 나의 필라테스 도전기는 현재 진행형이다. 아직은 여전히 뻣뻣한 나의 몸이지만, 언젠가는 손연재, 김연아보다 유연해질 날을 꿈꾼다.

Comfort Zone을 벗어나기 위해 했던 일련의 노력들은 학교에서 아이들에게 전해 줄 좋은 이야깃거리가 되었다. 처음 내가 방송 댄스와 필라테스를 한다고 이야기했을 때는 깔깔 웃으며 재미있어 하던 학생들도 이제는 수업 시간에 먼저 물어본다.

"종민쌤, 지난주에도 필라테스 다녀오셨어요?"

"방송 댄스에서 요즘 무슨 곡 배우세요?"

나의 도전기가 Comfort Zone을 벗어나 새로운 모험을 해 보려는 학생들의 마음을 자극할 수 있다면 더할 나위 없을 것이다.

주중과 주말을 가리지 않고 새로운 것을 배우며, 이를 교실 현장에 적용하려 노력하는 모습이 타의 귀감이 됨. 이러한 도전 정신은 학생들에게 학습에 대한 자발성과 성장 의지를 고취시키는 긍정적인 영향을 주고 있음. 특히, 에듀테크 활용 영어 표현 수업, 영어 동화책 수업, 국제 교류 수업에 많은 관심을 갖고, 학생들이 더 넓은 세계를 경험할 수 있도록 돕는 역할에 최선을 다하고 있음.

실천력 甲, 성장하는 영어 교사

이수진

별명

해피 바이러스

2024년 스승의 날 기념으로 학생들이 칠판에 적어 준 별명임. 항상 밝은 모습으로 학생들을 대했기에 생긴 별명이 아닌가 싶음. 내가 만나는 모든 학생들이 행복한 학교생활을 하기를 바라는 마음을 갖고, 항상 웃음을 잃지 않으려고 노력하고 있음.

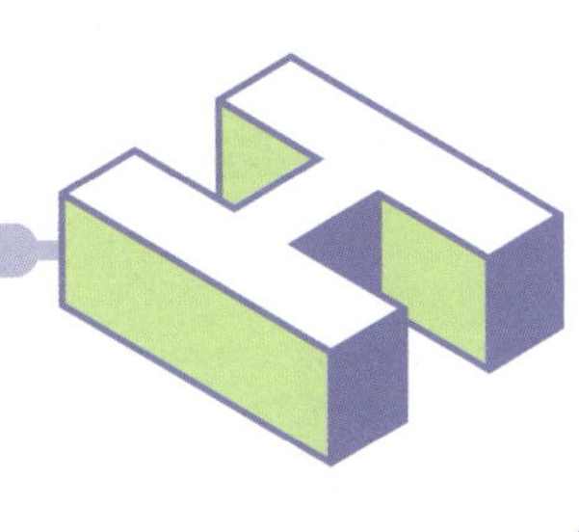

영어 교사가
되기까지의 날갯짓

01

☻ 조금은 특이한 이력

중·고등학교 영어 교사가 될 수 있는 방법은 다양하다. 사범대학교 영어교육학과에 입학하거나, 일반대학교 영어영문학과에서 교직 이수를 하거나, 교육학과에서 영어교육학을 교직 복수 전공하거나, 교육대학원 영어교육학과에 진학하는 방법이 대표적이다. 종종 사범대학교 타 교육학과 출신으로 영어교육학과를 교직 복수 전공하여 영어 교사가 되신 분들도 있다.

그런데 내 경우는 조금 특이하다. 원래 내 전공은 독어독문학이다. 독어독문학과에서도 영어 교사가 될 수 있다는 것을 알게 된 후, 독어독문학과 교직 이수 합격, 영어영문학과 복수 전공 합격, 영어영문학과 교직 복수 전공 합격을 거쳐 독일어와 영어 과목에 대한 중등학교 정교사 2급 자격증을 취득했다. 이후 영어 과목으로 임용고시를 보고, 영어 교사로 일하고 있다.

그러면 왜 독어독문학과 진학을 택했으며, 어떻게 영어 교사가 되었을까? 지금부터 아무에게도 말하지 않은 내 이야기를 해 보고자 한다.

● 성실하지만 줏대 없던 고등학생 시절

진로 선택 과정을 이야기할 때 빼놓을 수 없는 것이 나의 특별했던 고등학교 생활이다. 나는 그 당시 우리나라에서 서울대학교를 제일 많이 보낸다는 전국 단위 자율형 사립 고등학교에 다녔다. 초등학교 6학년 때에는 국제중학교 숙박 면접 전형까지 갔었고, 수원에 있는 중학교에서 한 번 전교 2등을 한 것을 제외하고는 쭉 전교 1등을 했었기에, 고등학교 생활을 잘할 수 있을 것이라는 근거 없는 자신감이 넘쳤다.

우리 고등학교에는 특별한 전통이 있었다. 2012학년도 1학년 7반 N번 선배와 2013학년도 1학년 7반 N번 후배를 번선배–번후배로 연결해 학교 생활에 도움을 주고받는 제도였다. 번선배–번후배 연결을 위해 1학년 7반 교실에 둥글게 앉아 자기소개를 했는데, 이때 친구들의 엄청난 기운에 정신을 차릴 수 없었다. 서울에서, 국제중학교에서, 심지어 외국에서 온 친구들과 비교했을 때 나는 너무나도 초라했기 때문이었다. 당시 인구 100만 명이 넘는 대도시인 수원 출신이라는 것은 아무런 스펙도 되지 않았다.

그때부터였다. 나름 단단하고 줏대 있는 학생이라고 불리던 내게 줏대가 사라진 것이. 단 한번도 경제·마케팅에 관심을 가져보지 않았던 내가, 친구들이 경제·마케팅 동아리에 앞다투어 지원하니 경제학 동아리에 지원했고(물론 떨어졌음), 심지어 작은 마케팅 동아리의 부장이 되기도 했다. 또, 대학 입시에 멘토링이 중요하다고 해 멘토링 동아리에 가입했다. 문과 학생에게는 영어, 라틴어, 시사 상식이 중요하다길래 영어 토론 동아리, 라틴어 연구반, 시사 상식 동아리에도 들어갔다. 제2외국어로 독일어를 선택했기에 독일어 연극 동아리에 들어가, 전국 독일어 연극대회에서 연극 사회자 역할로 상을 타기도 했다. 성실하게 열심히 학교생활을 했지만, 진정으로 원하는 것을 탐색하고 그것을 이루기 위해 노력하지는 않았다. 사람들이 말하는 더 명성 있는 학교, 더 있어 보이는 학과에 진학하기 위해 친구들이 좋다고 하면 줏대 없이 무작정 따라 했던 나였다.

☺ 고3, 독어독문학과에 진학하기로 결심하다

어느 학과에 진학할지에 대한 고민과 성찰이 없다 보니 다양한 활동을 했음에도 불구하고, 내 인생의 방향이 보이지 않았다. 고등학교 생활기록부를 발급해 보니, 환경, 경제, 광고 기획, 영어, 독일어, 멘토링, 도시락 배달 봉사 등 남이 보기에 있어 보이는 다양한 활동을 하느라 꽤 바쁘게 지냈던 것 같다. 다행인지 불행인지 성실했기 때문에 그 결과도 꽤 좋았다.

바쁘게 내신과 모의고사를 준비하고 다양한 비교과 활동을 하다 맞이한 고등학교 3학년. 고3이라는 무게감이 나를 강하게 짓눌렀다. 비싼 등록금을 내고 다닌 고등학교였기에, 좋은 대학에 가지 못한다면 나 자신에게도, 부모님에게도 정말 죄송할 것 같았다. 그렇지만 문제가 있었다. 내가 무엇을 좋아하는지, 무엇을 하고 싶은지 감을 전혀 잡을 수 없었다는 것이다. 고3 생활이 너무 고통스러워서, 힘든 생활을 빨리 마무리하고 싶을 뿐이었다.

그래서 내가 선택한 전공은 독어독문학이었다. 특별한 이유가 있는 것은 아니었다. 독일어를 공부하는 것이 싫지 않았고, 생활기록부에 독일어 관련 활동이 많았고, 독어독문학과 대학 입시 경쟁률이 다른 과에 비해 치열하지 않을 것 같다는 판단에서였다. 합격 가능성이 가장 높다고 판단했기에, 큰 동기나 꿈 없이 고등학교 졸업 이후의 향방을 정했다.

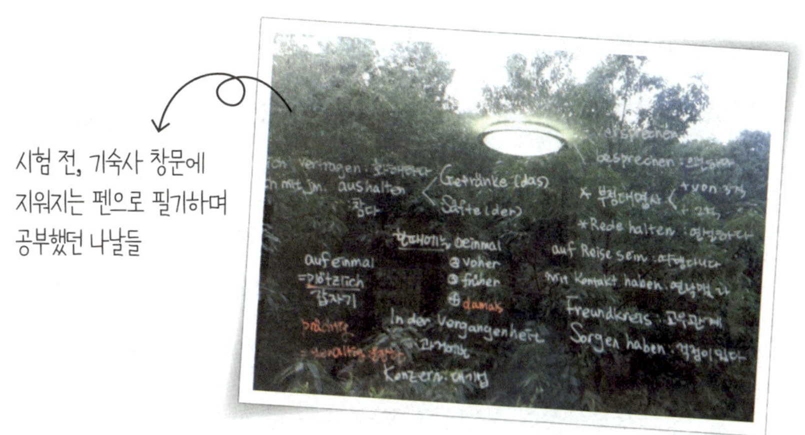

시험 전, 기숙사 창문에
지워지는 펜으로 필기하며
공부했던 나날들

☻ 독어독문학과 추가 합격과 함께 시작된 진로 고민

독어독문학과에 진학하기로 결정한 이후, 수시 전형으로 합격하기 위해 3학년 1학기 내신 성적을 챙김과 동시에, 영어 텝스 성적을 갱신하고, 독일 문학 관련 보고서를 작성하고, 독일과 관련된 책을 다양하게 읽었다. 수시 모집에서 실패할 것을 염두에 두고 수능 공부도 병행했다. 다시는 돌아가고 싶지 않은, 바쁘고도 정신적 스트레스로 힘든 시절이었다.

결국 내가 원했던 1순위 대학교는 아니었지만 2, 3순위 대학교 둘 다에 예비 1번으로 붙어, 독어독문학과 신입생이 되었다. 하지만 그때부터 나의 진로 고민이 다시 시작되었다. 대학에 합격했다는 기쁨이 채 가시지 않았던 12월 말, 인터넷에 '독어독문학과 진로'를 검색했더니 취업에 대한 비관적 전망의 글이 가득했기 때문이다. 좋은 대학에 진학했어도 인문학과에는 희망이 없다는 비관의 글들 때문에 대학 새내기가 되었다는 기쁨과 설렘보다는, 취업에 대한 두려움과 걱정을 가득 안고 대학 생활을 시작했다.

대학생이 되고 나서 다짐한 것이 있다. 줏대 없이 남들이 좋다는 것을 따라 했던 고등학생 때와는 다르게, 진정으로 원하는 것을 찾아 나의 삶을 주체적으로 영위하겠다는 것이었다. 나와는 달리 명확하게 원하는 바를 차근차근 이루어 나갔던 주변 친구들이 정말 부러웠기 때문이다. 그래서 새내기 대학생인 나의 목표는, 대학 생활을 즐기는 것에 있지 않았다. 대신, 내가 진정으로 원하는 것이 무엇인지 탐구하는 데 시간을 보냈다. 영어 교사가 되기로 결심하기까지, 1학년 1학기 때부터 정말 많은 경험과 시행착오들을 겪었다.

1) 대학 1학년 1학기: 주한미국대사관 유스코디네이터(Youth Coordinators) 활동

주한미국대사관 공공외교과에서 대학생 공공외교 홍보대사 활동을 했다. 외국어뿐만 아니라 외교에도 관심이 있었기에 외교 분야에서 일하는 것에 대한 막연한 동경심이 있었다. 유스코디네이터 활동을 통해 미국 외교관과 유명 인사를 뵙고 이야기 나누는 시간이 유익했지만, 외교는 내향적인 내 성격과 맞지 않는 분야일 수 있겠다는 생각이 들었다.

2) 대학 1학년 여름 방학: 모교 영어 캠프 담임 멘토 활동

모교에서 진행된 영어 캠프였기에 한번쯤 참여하고 싶었다. 모교에서 담임 선생님들과 선후배님들도 뵙고, 용돈을 벌겠다는 목적으로 참여했다. 초등학교 고학년 학생들의 담임 멘토가 되어 학생들을 관리했다. 영어를 열심히 공부하는 초등학생들의 모습이 너무 대견하고 예뻤는데, 이때까지만 해도 교사가 될 것이라고는 전혀 생각하지 못했다.

3) 대학 1학년 여름 방학: 환경 관련 대학교 프로그램 참가

중학교 3년 내내 나의 꿈이 '국제 환경 전문가'였던 만큼, 환경 문제에 관심이 정말 많았다. 그래서 호주 서부시드니대학 학생들과 함께 UN이 설정한 지속가능발전목표에 대해 토의하고 논의하기 위한 대학교 프로그램에 참여했다. 하지만 환경을 제대로 다루기 위해서는 환경 공학이나 이과 계열 공부가 필요하다는 생각이 들어 내 길이 아니라고 판단했다.

4) 대학 1학년 2학기: 대학교 상담센터에서의 집단 상담

대학교 곳곳에서 집단 상담을 진행한다는 포스터를 봤다. 진로에 대한 고민과 불안함이 가득했었기에, 한 달 넘게 집단 상담을 받았다. 상담 선생님께 내 고민을 털어 놓기도 하고, 함께 했던 내담자들과 미술 상담도 받으며 나에 대해 이해하는 시간을 보냈다.

5) 대학 1학년 2학기~1학년 겨울 방학: 국가공무원 5급 공채 선발 1차 시험 (일명 행정고시) 공부 및 응시

진로에 대한 고민으로 갈팡질팡하고 있을 때, 아버지께서 고위공무원을 뽑는 행정고시를 준비하는 것이 어떻겠냐고 제안해 주셨다. 주변에 행정고시 준비를 생각하는 친구들이 꽤 있었고, 나 또한 나쁘지 않겠다는 생각이 들었다. 1학년 2학기 때부터 행정고시 국제통상직 합격을 위해 PSAT(공직

적격성평가), 헌법, 경제학, 독일어, 영어 공부를 하며 1차 시험을 준비했다. 경제학과 전공 과목인 미시경제원론을 수강했고, 경제학과 학생들을 제치고 중간고사에서 2등을 해 경제학과 교수님과 면담하기도 했다. 또, 제대로 공부해 보겠다는 마음에 고시를 준비하는 학생들만 모여 있는 대학교 기숙사 고시동에 지원하여 합격까지 했다. 그리고 1차 시험에 응시했다.

처음 준비하는 시험이었기에 당연히 1차 시험에서 떨어졌고, 기분이 좋지 않았다. 하지만 시험에 떨어져서 기분이 좋지 않았던 것이 아니었다. 고등학교 때처럼 '성실하지만, 줏대 없는' 나의 모습이 또 보였기 때문에 기분이 안 좋았던 것이다. '정말로 내가 원해서 고위공무원이 되고 싶은가?'라는 의문이 생겼다. 이 시험에 합격하기 위해서는 기본적으로 3년은 공부를 해야 하는데, 내적 동기가 부족하다는 생각이 들었다. 가슴이 답답했다. 설상가상으로 행정고시 공부 겸 경제학과로의 전과를 다짐하고, 2학년 1학기 시간표를 경제학과 수업으로 가득 채운 이후였기 때문이다.

그때 이불을 뒤집어쓰고 며칠을 고민했던 나의 모습이 아직도 생생하게 생각난다. 행정고시를 준비한다고 했을 때 좋아하셨던 부모님의 모습이 눈에 어른거렸기에, 행정고시를 포기하겠다고 말씀드리는 것조차 두려웠다.

그러다 1학년 1학기 때 과에서 진행되었던 '선배로부터 듣는 대학생활 이야기'가 생각났다. 독일어를 잘할 뿐만 아니라, 독일로 교환학생 및 방문학생 프로그램을 다녀오는 등, 과 교수님들의 사랑을 듬뿍 받는 선배님이 오셨다. 선배님께서는 환한 미소를 띠며, 교직 복수 전공을 통해 영어 교사를 준비하고 있고 곧 교생 실습도 나간다고 말씀하셨다. 특강을 들을 때는 아무런 생각도 없었다. 하지만 진로에 대한 고민이 가득했을 때, 행복해 보이는 그 선배님의 모습이 머릿속에 어른거렸다. 왠지 모르게 영어 교사가 된다면 나도 그 선배님처럼 행복해질 것 같다는 생각이 들었다.

그 길로 우리 학교에서 교직 이수를 할 수 있는 방법을 이리저리 알아보았다. 2학년 때에만 독일어 과목 교직 이수를 신청할 수 있으며, '독일어 과목 교직 이수 합격 → 영어영문학과 복수 전공 합격 → 영어 과목 교직 복수 전공 합격'이라는 긴 여정을 거쳐야만 영어 정교사 자격증을 취득할 수 있다는 것을 알게 되었다. 모두 한 번에 합격한다고 하더라도 3학년 2학기가 되어서야 교원 자격증을 딸 수 있는 자격이 공식적으로 생기는 것이었다. 영어 교직 복수 전공까지 합격하기 위해서는 절대적인 시간이 필요하기에, 지금이 아니면 영어 교사가 될 수 없다는 생각이 들었다. 마음이 조급했다. 그 길로 부모님께 영어 교사가 되고 싶다고 선언하고, 수강 신청 변경 기간에 교직 이수에 필요한 과목으로 시간표를 가득 채웠다.

인생은 마음대로 되지 않지. 쉽지 않던 교직 복수 전공의 길

교직 복수 전공을 하면 대학을 5~6년 다니는 것이 당연시된다. 졸업을 위해 필요한 최소 이수 학점이 엄청나게 늘어나기 때문이다. 대학에서 '학점'이란 일주일에 듣는 수업 시간이라고 보면 된다. 1학점 수업은 일주일에 1시간 진행되는 수업, 3학점 수업은 일주일에 3시간 진행되는 수업이다.

우리 학교 문과 대학 학생들은 4년 동안 135학점을 이수하면 졸업할 수 있다. 즉, 한 학기 동안 대략 17학점, 다시 말해 하루에 3~4시간의 수업을 들으면 무사히 졸업할 수 있는 것이다. 그런데 나는 영어 교사가 되기 위해 영어영문학과 복수 교직 이수를 신청했기에 엄청나게 많은 학점을 이수해야 했다. 꼭 들어야만 하는 필수 과목만으로도, 졸업 학점이 다른 친구들에 비해 한참을 웃돌았다. 아래 표를 보자.

학생 유형	이수 필요 학점	졸업을 위한 최소 이수 학점
독어독문학과 단일 전공 학생	교양 39학점 + 전공 57학점 + 자유 과목 39학점 이상	135학점
독어독문학과 + 타 전공 복수 전공 학생	교양 39학점 + 전공 36학점 + 복수전공 36학점 + 자유 과목 24학점 이상	135학점
독어독문학과 교직 이수 학생	교양 39학점 + 전공 50학점 + 교직 과목 22학점 + 자유 과목 24학점 이상	135학점
독어독문학과 교직 이수 + 타 전공 복수 교직 이수 학생	교양 39학점 + 전공 50학점 + 복수 전공 50학점 + 교직 과목 22학점	161학점

〈졸업을 위해 필요한 최소 이수 학점〉

나는 최소 161학점, 즉 한 학기 동안 20학점 정도의 수업을 들어야 했다. 그런데 교직 이수 생각이 없던 1학년 때 20학점까지 수강하지 않았던 것과, 한 학기에 최대 19학점까지만 수강할 수 있다는 제한 규정이 문제였다. 하지만 다행히 직전 학기 성적이 4.3점 만점에 3.75점 이상이면 3학점을 초과로 수강할 수 있다는 예외 조항이 있었다.

당시 교사 인원을 감축한다는 뉴스가 연일 보도되었던 때였으므로, 임용 고시에 빠르게 합격해야겠다는 생각이 들었다. 성적 3.75점을 넘겨 매 학기 초과 학점을 듣고, 8학기 만에 칼 졸업하는 것을 목표로 공부했다.

하지만 인생은 마음대로 되지 않는 법. 여러 문제가 우후죽순으로 발생했다. 2학년 2학기 때 당연히 합격을 예상했던 영어영문학과 복수 전공에 불합격했다. 3학년 2학기 때엔 무리하게 짠 시간표로 인해 몸이 좋지 않아 몇

주 동안 수업에 결석했고, 그 결과 학점 평균 3.75점을 넘기지 못했다. 4학년 1학기 때엔 교직 이수를 위해 반드시 이수해야 하는 독어독문학 전공 과목이 학과 사정으로 인해 폐강되었다. 이에 따라 강제로 한 학기 더 대학을 다녀야 했다. 임용고시를 볼 수 있는 시기도 1년 미루어졌다.

계획대로 졸업할 수 없다는 것이 확정된 4학년 1학기 수강 신청 기간 이후, 마음이 좋지 않았다. 그렇지만 매일 오전 9시부터 저녁 7시까지 수업을 빽빽하게 듣고, 밤 10~11시까지 과제와 시험을 준비하고, 일주일에 한 번 교육 봉사 활동을 하며, 자투리 시간에는 틈틈이 임용고시를 준비했다. 그리고 총 175학점을 이수하고 무사히 대학을 졸업했다. 친구들보다 40학점가량 더 수강하느라 힘들기는 했지만, 이 모든 여정을 끝내고 졸업할 때 느낀 기쁨은 어마어마했다. 대학 때 열심히 준비한 것과 더불어 운이 크게 따라 주어 임용고시도 한 번 만에 합격할 수 있었다.

시기		계획	실제
2학년 (2017)	1학기	독일어 교직 이수 합격	독일어 교직 이수 합격
	2학기	영어영문학과 복수 전공 합격	영어영문학과 복수 전공 불합격
3학년 (2018)	1학기	영어 교직 복수 전공 합격	영어영문학과 복수 전공 합격
	2학기		영어 교직 복수 전공 합격
4학년 (2019)	1학기	교생 실습	
	2학기	졸업, 임용고시 합격	
5학년 (2020)	1학기	영어 교사 생활	교생 실습, 수료
	2학기		졸업, 임용고시 합격

〈임용고시 합격을 위한 대학 생활 계획과 실제〉

영어 교사이기에 행복한 나

1 영어 교사이기에 행복한 나

● 만년 고3 담임. 힘들지만 고3 담임이기에 느낄 수 있는 행복

70여 명의 선생님들이 시청각실에 모였다. 2월 새 학기 준비 기간 대망의 하이라이트, 담임 학급과 업무가 결정되는 시간이었다. 나는 같이 신규 발령을 받은 10명의 선생님과 함께 서로의 이름이 불리기만을 기다렸다.

"3학년 5반 담임 이수진"

드디어 내 이름이 불렸다. 하지만 이름이 불렸다는 반가움은 잠시, 이내 걱정이 밀려들었다. 학교가 돌아가는 상황을 알지 못하는 초짜 신규 교사인 내가 고등학교 3학년 담임이라니?! 학생들의 대입을 책임져야 한다는 생각에 마음이 무거웠다. 게다가 그해 신규 교사 10명 중 3학년 담임으로 배정된 사람은 내가 유일했다. 그 사실을 깨달은 순간, 잠깐 외로웠다.

고3 영어 교사에게는 많은 것이 요구된다. 학생들에게 영어를 가르치는 일은 물론, 학생들의 지난 3년 동안의 고등학교 생활을 마무리하고 진로와 진학을 대비시키는 일이 추가된다. 매년 바뀌는 입시 제도와 쏟아지는 자료

사이에서 우리 반 학생들에게 필요한 자료를 찾고, 학생들을 상담하고, 자기소개서와 면접을 대비시키는 일 등등. 영어를 잘 가르치고 싶다는 꿈과 희망에 부풀었던 신규 교사인 내게 주어진 진학 업무가 마냥 반갑지는 않았다.

하지만 현실을 받아들일 수밖에 없었다. 그도 그랬던 것이 내가 맡았던 3학년 5반 학생들은 내게, '영어'를 가르쳐 주기보다 '진학'에 도움을 주기를 더 바랐기 때문이다. 쓸쓸했지만 어쩔 수 없었다. 그래서 1년 차 신규 교사인 나는 내 에너지의 80%를 진학에, 20%를 영어 수업에 쏟았다.

주말마다 대입 관련 교육청 연수와 대학 주관 입시 설명회에 가고, 퇴근 후에는 유튜브로 입시 관련 영상을 보고, 학교별 모집 요강 책자를 읽었다. 수시 원서 접수 기간에는 매일 저녁 10시까지 우리 반 학생들과 상담하고, 자기소개서와 면접을 대비시켰다. 그럼에도 영어를 가르치는 것에 대한 욕심과 열정을 버릴 수 없어서. 어떻게 하면 영어를 어려워하는 학생들에게 수능과 모의고사를 대비시킬 수 있을지 틈틈이 고민하고 준비했다.

진학 지도를 할 때마다 나는 '자기 주도성'을 강조하고 또 강조한다. 자신의 진로와 진학에 대해 충분히 고민하고 대학과 전공을 정하는 학생들도 있지만, 그렇지 않은 학생들도 정말 많기 때문이다. 아무 생각 없이 독어독문학과에 진학했던 내가 바로 산 증인이었다. 우리 반 학생들은 그러지 않기를 바랐다. 그래서 학생들이 자신의 진로와 진학에 대해 충분히 고민하고 탐구할 수 있도록 숙제를 내 주고 상담하고, 숙제를 또 내 주고 상담하는 과정을 반복하며, 학생들이 자신의 진로와 진학에 대해 충분히 고심하고 결정할 수 있도록 했다.

그리고 12월에 하나둘 맞이하는 우리 반 학생들의 입시 결과. 학생들과 그동안 울고 웃으며 상담하고 대입을 준비했던 나날들이 생각나면서 눈물 지을 수밖에 없었다. 간절히 원하던 대학에 합격한 학생들, 원하는 대학에 합격하지는 못했지만 대학 진학을 준비하는 과정에서 엄청나게 성장한 학생들, 그리고 이 모든 과정에서 함께 마음 졸이신 보호자들. 이들과 함께한 순간이 떠오를 때마다 힘들었던 순간들은 사라지고, '그래, 고3 담임을 하길 잘했지'라는 생각이 커진다. 또, 어느새 멋진 대학생이 된 졸업생들이 찾아와서 대학 생활에 대해 조잘조잘 말할 때면, '고3 담임이 아니면 내가 어떻게 이런 행복을 느낄 수 있었을까?'라는 생각이 들곤 한다. 학생들의 인생에 큰 영향을 끼칠 수 있기에 때론 부담스러울 수 있는 고3 담임이지만, 그 부담만큼이나 학생들을 졸업시키며 느끼는 행복은 어마어마하다.

그 이후, 학교를 옮긴 첫해를 제외하고는 쭉 고3 담임을 맡고 있다. 이제는 고3 담임에 익숙해져서, 내 에너지에서 영어가 차지하는 비중도 점차 높아졌다. 지금은 '진학'과 '영어'에 각각 50:50의 비율로 에너지를 쏟으며, 진학과 영어 분야에서 행복하게 전문성을 쌓는 중이다. 이 글을 쓰고 있는 오늘도 학생들과 진로와 진학에 대해 고민하고, 상담하고, 함께 입시 전략을 세우고 있다.

☺ 내가 좋아하는 영어를 가르친다는 것

"얘들아, 왜 엎드려 있어! 즐거운 영어 시간이잖아!"

"영어 시간 재밌지 않니? 선생님만 재밌는 거야?"

내 수업을 듣는 학생들이 수업마다 한 번씩은 듣는 말이다. 영어가 즐겁지 않냐고 강요하는 선생님 덕분에, 처음에는 정색하며 고개를 절레절레 저었던 학생들도 이제는 "네, 재밌어요"라고 말하곤 한다.

나는 마하트마 간디의 명언을 좋아한다.

> Keep your thoughts positive because your thoughts become your words. Keep your words positive because your words become your behavior. Keep your behavior positive because your behavior becomes your habits. Keep your habits positive because your habits become your values. Keep your values positive because your values become your destiny.
>
> – Mahatma Gandhi

생각이 말이 되고, 말이 행동이 되고, 행동이 습관이 되고, 습관이 가치관이 되고, 가치관이 결국 운명이 된다는 마하트마 간디의 이 명언을 말이다. 학생들이 "영어는 재밌다"라는 말을 계속해서 듣고 자기 입으로 내뱉다 보면, 결국 영어를 좋아하게 될 거라고 믿는다. 그리고 학생들이 영어 공부의 즐거움을 느낄 수 있도록 하루하루 열심히 수업을 준비한다.

영어를 좋아하지 않는 학생들이 영어를 어려워하는 근본적인 이유는, 영어가 이해되지 않아서이다. 선생님이 해석하는 모습을 바라보기만 해서는 영어를 절대로 제대로 이해하고 스스로 해석할 수 없다. 나는 학생들이 영어로 된 글을 스스로 해석하는 방법을 알려 주고 싶었다. 즉, 물고기를 잡아 주기보다는 물고기 잡는 방법을 알려 주고 싶었다. 그래서 조금은 힘들지만, 수업마다 해당 문장이 그렇게 해석될 수밖에 없는 해석 과정을 하나하나

시범적으로 보여 준다. 그리고 2주에 한 번 수업을 제대로 이해하고 복습했는지 확인하는 퀴즈로 테스트를 한다.

학생들이 영어를 싫어하는 또 하나의 이유는, 영어의 필요성이 피부에 와닿지 않아서이다. 우리나라 영어 학습 환경을 EFL이라고 한다. EFL은 'English as a Foreign Language'의 약자로, 비영어권 국가에 살면서 영어를 추가로 배우는 환경을 의미한다. 즉, 영어는 우리나라의 모국어가 아니기 때문에, 학생들이 학교 밖에서 영어로 의사소통할 기회가 많지 않다. 그러니 영어의 필요성이 더 와닿지 않는 것이다. 그래서 이 학생들을 위해 영어가 실제로 사용되는 다양한 맥락을 제공하곤 했다. 영어권 국가에서 쓰인 영어 동화책으로 수업을 하기도 했고, 국제 교류를 통해 외국인 친구들과 영어로 소통할 기회를 마련해 주기도 했다.

다양한 형태의 수업을 통해 영어를 제대로 공부하고 영어로 된 실제 맥락을 경험하는 과정에서, 점차 학생들의 마음속에 '영어가 재미있는 과목일 수도 있겠다'라는 생각이 자리 잡은 듯했다. 물론, 영어는 재미있는 과목이라는 나의 주입식 교육도 한몫했을 것이다. 덕분에 처음에는 다소 심드렁했던 학생들도 점점 더 반짝이는 눈빛으로 수업을 들었다. 그러면서 "선생님, 저 이제 영어 열심히 공부해 보기로 했어요!", "선생님 덕분에 영어가 좋아졌어요", "선생님 영어 수업이 제일 좋아요"라고 말해주곤 했다. 학생들 앞에서는 그러한 칭찬을 듣는 것이 별일 아닌 듯 덤덤한 척했지만, 이러한 말을 들을 때면 마치 하늘을 날 것 같이 기분이 좋고 행복하다.

수업이 교사 업무의 전부는 아니다. 교사는 수업, 평가, 상담 외에도 학생들을 교육하는 데 필요한 다양한 업무를 수행한다. 동시에 다양한 업무를 처리해야 하다 보니, 때로는 한없이 지치기도 한다. 그런데 끝없는 업무 속에서 허우적대다가, 수업 시간이 되어 교실에 들어가면 다시 힘이 불끈 솟는 것이었다. 처음에는 그 이유를 알지 못했지만, 이제는 어렴풋이 알 것 같다. 학생들이 내뿜는 에너지에 나도 동화되는 것이다.

언젠가 "교사는 항상 젊은 에너지에 둘러싸여 있기에 또래에 비해 젊게 산다."라는 말을 들은 적이 있다. 곰곰이 생각해 보니 맞는 말이라는 생각이 들었다. 학생들이 내뿜는 에너지 속에서 매일 지내다 보면 영향을 받지 않을 수 없다. 각기 다른 강점과 에너지를 가진 학생들이 풍기는 분위기와 에너지에 동화된 나는, 또래보다 젊게, 긍정적이고 행복하게 사는 듯하다.

⬆ 학생들이 선물해 준 팬아트

더 좋은 교사가 되기 위한 노력

나는야 연수 왕

여느 때와 같이 학교에서 학생들을 가르치고 집에서 휴식을 취하던 어느 날, 내 존재와 존재 가치에 대해 의문이 들었다. 내가 어떤 사람이고, 무엇을 좋아하며, 성격은 어떠한지 객관적인 시각에서 바라보고 싶었다. 그래서 그 해 유행했던 MBTI 검사와 TCI 검사를 해 보았다. 그중 TCI 검사는 최근 중·고등학교에서 학생들을 상담하기 전에 실시하기도 하는 심리 검사인데, 유전적으로 타고난 '기질'과 후천적으로 발달되는 '성격'을 평가한다.

결과를 보고 정말 깜짝 놀랐다. '자극 추구' 성향이 백분위 100으로 매우 높게 나타났기 때문이다. 나는 위험한 것을 즐기거나 모험을 추구하는 사람이 아니었다. 고소공포증까지는 아니지만 높은 곳에 올라가는 것을 무서워하고, 혼자 여행하는 것을 두려워해서 28살까지 한 번도 혼자 1박 이상의 여행도 못 했던 사람이다. 그런 내가 자극 추구 성향이 높다고? 높은 정도

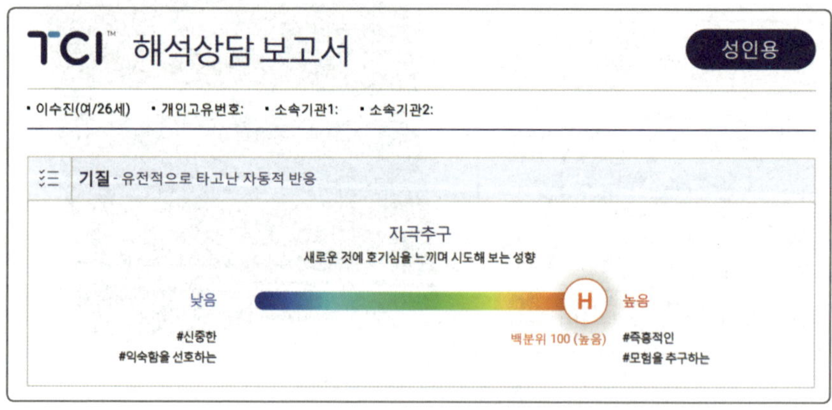

⬆ 자극 추구 지수가 매우 높게 나온 나의 TCI 검사 결과

가 아니라 백분위 100이라고? 결과지를 받아들고 곰곰이 고민해 보았다.

그리고 내 배움에 대한 욕구가 자극 추구 성향에서 나왔다는 사실을 깨달았다. 나는 지금까지 물건을 사는 것보다, 새로운 것을 경험하는 데 시간과 돈을 쓰는 것을 좋아했다. 교직 복수 전공을 위해 하루하루 치열한 삶을 사는 중에도, 대학교 중앙 미술 동아리에 들어가 내 작품을 두 차례 전시회에 출품했고, 중앙 국악 동아리에 들어가 아쟁을 배워서 공연을 하기도 했다. 한 달 동안 독일로 어학 연수를 가서 독일어를 공부한 것도 내 인생에서 정말 즐거웠던 경험이다.

그리고 나의 이러한 기질은 교사가 되어서도 어디 가지 않았다. 교사의 좋은 점 중 하나는, 배움을 매우 장려한다는 것이다. 교과인 영어뿐만 아니라 새로운 것을 배울 기회가 정말 많다. 보통 학교에서는 교사의 전문성 향상과 자기 계발을 위해 1년에 60시간의 연수를 들을 것을 권장한다. 하지만 나는 항상 60시간을 훨씬 뛰어넘는 시간 동안 연수를 들었다. 1년 차에는 201시간, 2년 차에는 232시간, 3년 차에는 118시간, 4년 차에는 316시간을 수강했다.

영어 수업 역량 강화 연수, 논술형 평가 핵심 교원 연수, 진로 결정 코치 연수, 책 쓰기 연수, 기초학력 지도 연수, IB 연수, 미술 감상과 표현 연수 등. 연수를 듣기 위해 때로는 주말과 방학을 반납하기도 하고, 때로는 기차를 타고 지방에 내려가기도 했다. 누군가에게는 의무처럼 느껴질 수 있는 수많은 연수를 즐길 수 있었던 것은, 새로운 것을 배워 학생들에게 적용하고 알려 주는 것이 즐거웠기 때문이다.

예를 들어, 영어 수업 역량 강화 연수를 통해 영어 동화책 수업의 매력을 알게 되었을 때에는, 지필고사가 끝나면 항상 짧게라도 영어 동화책 수업을 진행했다. 진로 결정 코치 연수를 통해 배운 진로·진학 지도법을 학생들에게 적용하며, 학생들이 자신의 진로와 진학에 대해 더 고민하고 현명하게 결정할 기회를 주었다. 또, 미술 감상과 표현 강화 연수를 통해 예술 작품을 감상하고 표현해 봤던 경험은, 학생들에게 조금 더 개방적으로 나를 드러냄으로써 학생들과 친밀한 관계를 형성하는 데 도움이 되었다.

어느 날, 토요일에도 연수를 들으러 간다는 말에 내가 존경하는 부장님께서 이렇게 말씀을 하셨다.

"수진쌤. 너무 잘하고 있어요. 교사 생활 첫 7년 동안 배우고 연구한 것으로 평생을 써먹는 것 같아요. 열심히 연수 듣고 오세요."

솔직히 말하면, 더 나은 교사가 되고 싶다는 마음에서 끊임없이 배우러 다니던 것은 아니었다. 그냥 배우는 게 좋았고, 그게 내 기질이었다. 그런데 나에게 큰 기쁨이자 스트레스 해소 수단인 배움이, 학생들에게까지 긍정적인 영향을 미칠 뿐만 아니라, 나를 더 나은 교사로 만들어 주고 있었다.

● 끊임없이 기록하고 성찰하다

나는 자칭 연수 왕이지만, 연수를 많이 듣는다고 해서 더 나은 교사가 되는 것은 아니다. 연수를 내 것으로 만들어 실제 수업에 적용해 봐야 연수를 듣고 공부하는 것에 의미가 있기 때문이다. 마치 수업을 듣는 것만으로는 성적이 오를 수 없는 것과 같은 이치이다.

교사 생활 2년 차인 어느 날, 성장하기 위해서는 기록이 필요하겠다는 생각이 들었다. 기록해야 성찰이 가능하기 때문이다. 그래서 쌤스타그램 계정을 만들었다. 인스타그램에 주차 별로 나의 영어 공부, 내가 들었던 연수, 내가 진행한 수업을 기록하기 시작했다. 누구에게나 공개된 계정이었지만, 누가 보든 보지 않든, '좋아요'를 누르든 누르지 않든, 댓글을 달든 달지 않든, 신경 쓰지 않았다. 그냥 나와의 약속이었다.

나의 연구 기록을
차곡차곡 쌓은 인스타그램

일주일마다 인스타그램 피드를 올리는 과정이 때론 힘들었지만 뿌듯했다. 인스타그램에 올리기 위해 매일 조금이라도 영어를 공부해야 했기 때문이다. 출퇴근 길에 EBS 영어 라디오를 듣기도 했고, 영어 원서나 대학 교재를 읽고 공부하기도 했다. 또, 성공한 수업을 소소하게 기록하며 스스로 칭찬하기도 했다. 기록하니 내 공부와 내 수업이 성찰되기 시작했고, 더 나아지기 위해 내 수업을 개선하기 시작했다. 지금은 조금은 바빠져서 2~4주에 한 번 피드를 올리기는 하지만, 기록의 힘을 경험했기에 앞으로도 계속 인스타그램을 운영할 듯하다.

제대로 수업을 연구해 보자

전교생이 1,000여 명에 달하는 도심 지역의 큰 학교에 있다가 전교생이 150여 명밖에 되지 않는 면 지역의 작은 학교로 발령을 받았다. 예전에는 3명의 영어 선생님이 함께 한 학년의 영어 수업과 평가에 대해 논했다면, 이제는 나 혼자 모든 것을 관장해야만 했다. 정말 두려웠다. 아직 3년 차밖에 되지 않은 꼬꼬마 교사인 내가 한 학년의 모든 수업과 평가를 관장해야 한다는 것이 부담스러웠고 정말 두려웠다.

그래서 선택한 것이 연구회와 연구 대회였다. 수업과 평가에 대해 함께 논의할 수 있는 동료 교사가 학교에는 많지 않았기 때문에, 연구회를 통해 내 수업을 공유하고 피드백을 받았다. 그리고 내 수업을 연구 대회에 출품했다. 내 수업을 공유하고 평가 받는 것이 때로는 부담스러웠지만, 그 과정에서 배우고 깨달은 점이 많았다. 한 출판사가 주관하는 연구 대회에서는 고등부 대상을 수상하여 수업에 대한 자신감을 쌓는 것은 물론, 전국의 훌륭한 선생님들과 교류하며 나와 내 수업은 또다시 성장할 수 있었다.

● 1정 연수 대상자가 1정 연수 강사가 되다

교감이나 교장으로의 승진을 제외하고, 교사에게는 레벨 업 할 수 있는 기회가 한 번 있다. 바로 1급 정교사 연수이다. 교직 경력이 만 3년이 되었을 때 100여 시간의 재교육을 받으면 1급 정교사가 될 수 있고, 호봉이 한 호봉 올라가며, 공식적으로 부장 교사가 될 수 있다. 그래서 교사에게 1정 연수는 의미가 크다.

연구 대회에서 대상을 받은 후, 감사하게도 3년 차 교사인 나에게 많은 연수 기회가 왔다. 그중 가장 인상 깊었던 것은 1정 연수를 받는 해에, 다른 지역의 1정 연수 강사로서 에듀테크 활용 글쓰기 수업에 대해 강의를 하게 된 것이었다. 1정 연수 대상자이자 1정 연수 강사라는 것이 부담으로 다가와서, 처음 강의 요청을 받았을 때는 머뭇거렸다. 그랬지만 "선생님께서 1정 연수 대상자이기에 선생님의 이야기가 우리 지역 1정 연수생들에게 더

와닿을 것 같아요."라는 연
구사님의 말씀에 힘입어, 그
어떤 연수보다 신중하고 열
심히 준비해서 강의했다.

　연수 강사로서 선생님들
께 내 수업을 공유한다는 것
이 쉬운 일이 아니다. 모든
선생님들께서 각자 처한 학

정 연수에서 발표하는 모습

교의 상황과 학생들의 수준에 맞추어 이미 훌륭한 수업을 하고 계시기 때문
이다. 이러한 선생님들께 새롭고 알찬 정보를 제공해야 한다는 점이 부담으
로 다가올 때도 있었다. 하지만 지금까지 내가 끊임없이 공부하고 연구하고
피드백 받았던 수업을 공유했을 때, 많은 선생님들께서 좋아해 주시고 도움
이 되었다고 말씀해 주셨다. 칭찬은 고래도 춤추게 한다고 하지 않는가. 연
수에서 이런 말을 들을 때마다 나는 또다시 학생들과 열심히 수업을 진행해
야겠다고 다짐하게 된다.

3 나의 수업 이야기

● 테크(technology)에만 의존하지 않는 에듀테크 활용 영어 수업

　최근에는 자기 생각을 자유롭게 서술하는 논술형 평가가 대두되고 있다.
그래서 영어 수업 시간에 영어로 글을 쓸 수 있는 기회와 시간을 제공하려
노력하고 있다.

하지만 최근 Chat GPT를 비롯한 생성형 인공지능과 다양한 번역 도구가 급격하게 발달하면서 문제가 생겼다. 예전에는 시행착오를 겪으며 스스로 영어 문장을 구상하던 학생들도, 이제는 생성형 인공지능이나 번역기의 도움에 의존해 글을 작성했기 때문이다. 물론, 번역과 통역 기술의 발달로 인해 먼 훗날에는 굳이 머리를 싸매며 영어 표현을 고민하지 않게 될 수도 있을 것이다. 그러나 적어도 영어 수업 시간에서만큼은, 스스로 영어로 쓰고 말하려는 노력과 능력이 간과되어서는 안 된다고 생각했다. 또, 번역과 통역 기술이 제대로 작동했는지 판단하기 위해서는 영어 실력이 반드시 뒷받침되어야 한다고 생각했다.

그래서 '테크(technology)에만 의존하지 않는 에듀테크 활용 영어 수업'을 구상했다. 학생들이 한글로 작성한 글을 인공지능의 도움을 받아 단순히 영어로 옮기지 않기를 바랐다. 다양한 인공지능 도구를 활용해 영어 글쓰기에 도움을 받으면서도, 자신의 영어 실력을 향상할 방법을 알려 주려고 애썼다. 이 책을 읽고 있는 여러분도 번역기는 잠시 내려 두고, 다음과 같은 에듀테크를 활용해 자신의 영어 실력을 함양시키면서도 멋진 영어 문장을 구상하기를 바란다.

1) Quillbot(www.quillbot.com) 활용 영어 수업

퀼봇(Quillbot)은 내가 사랑하고, 학생들에게도 적극 추천하는 에듀테크 툴 중 하나이다. 인터넷 주소창에 www.quillbot.com을 검색하면 웬만한 기능을 무료로 활용할 수 있다. 가장 대표적인 기능은 Paraphraser(다시 쓰기)와 Grammar Checker(문법성 검증) 기능이다.

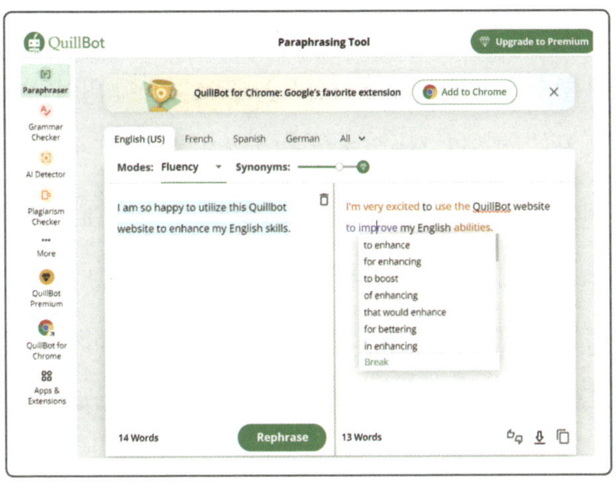

보통 학생들은 멋진 영어 글을 작성하고 싶은데 자신의 영어 실력이 부족하다고 느낄 때 번역기를 사용하곤 한다. 번역기를 사용하면 적어도 문법적인 오류가 없고, 나름 괜찮은 문장을 작성할 수 있다고 믿는 것 같다. 그렇지만 번역기를 사용하면 결과물은 좋을지 몰라도 영어 실력은 향상되지 않는다. 또, 번역기가 내놓은 결과가 항상 정확하지는 않을 수 있다.

이럴 때 나는 학생들에게 Paraphraser 기능을 사용하도록 적극 권장한다. 우선, 자신이 스스로 영어 문장을 구상해서 작성하고, 초록색 박스로 되어 있는 'Paraphrase'나 'Rephrase' 버튼을 누르라고 말한다. 'Paraphrase'는 말 그대로 다시 쓰기 기능이다. 즉, 작성된 영어 글을 유사한 뜻의 더 나은 표현으로 바꿔 주는 기능이다. 결과물이 어색하거나 마음에 들지 않는다면 'Rephrase' 버튼을 누르면 또 다른 표현이 등장한다. 그중 자신이 충분히 이해할 수 있는 더 나은 표현으로 바꾸면 된다.

또는, 결과로 나온 표현을 이해하기 어렵다면, 위의 사진에서처럼 색이 칠해진 표현을 마우스 커서로 눌러 보자. 그러면 선택한 표현과 유사한 뜻의 다른 표현이 여러 개 나온다. 여러 표현을 읽어 보며 자신의 의도에 가장 적합한 표현을 찾는 과정에서 무의식적인 영어 학습이 일어난다.

이러한 과정을 거치다 보면, 분명 번역기를 활용해 영어 글을 작성하는 것과는 차원이 다른, 진정한 학습을 할 수 있다. 스스로 글을 작성한 후, Quillbot이라는 인공지능을 활용해 더 나은 표현을 찾고, 자신의 의도에 맞는 문장을 선택하는 과정에서 의식적·무의식적 영어 학습이 동시에 일어나기 때문이다.

2) DeepL(www.deepl.com) 활용 영어 수업

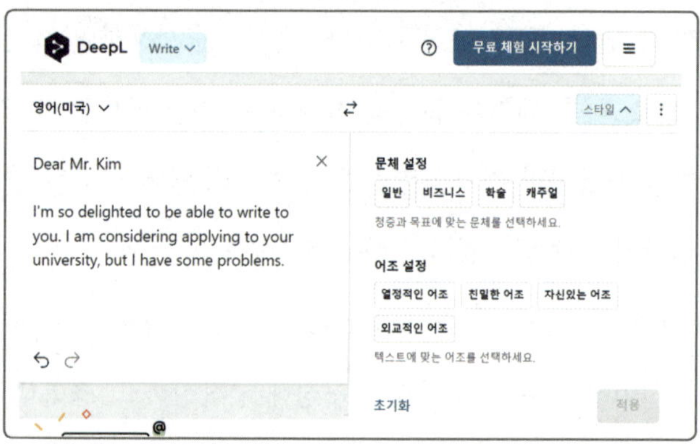

딥엘(DeepL)은 문체와 어조에 관해 공부할 때 적극 추천하는 에듀테크 툴 중 하나인데, 웬만한 기능을 무료로 사용할 수 있다. 가장 대표적인 기능은 '문체, 어조 설정' 기능이다.

우리나라 고등학생의 경우, 주로 학술적인 목적으로 쓰인 짧은 단락의 글을 읽는 방법을 배우기 때문에 문어체에 익숙하다. 반대로, 일상생활에서 캐주얼(casual)하게 쓰이는 영어 표현을 어려워한다. 이러한 학생들에게 의사소통의 도구로서 영어의 중요성에 대해 알려 주고 싶었다. 즉, 문어체 말고도 구어체가 있다는 것을 알려 주고, 구어체를 사용해 볼 수 있는 기회를 제공하고 싶었다. 그래서 대만 학교와 비실시간 국제 교류를 준비했다. 대만 학교 학생들에게 엽서를 보내는 수업이었다.

이때 딥엘을 유용하게 활용했다. 딥엘에서 자신이 구상한 글을 작성하면, 그 글을 다양한 문체와 어조로 수정할 수 있다. 같은 목적의 글이라도 친구에게 쓰는 글과 선생님에게 쓰는 글의 문체와 어조는 다를 수밖에 없다. 영어 문단을 구성한 후, 딥엘을 활용해 각각의 문체와 어조로 바꿔 보고, 자신이 쓰고자 하는 글의 상황과 목적에 맞는 버전의 글을 찾아보는 과정에서 영어 학습이 일어나기를 의도했다. 같은 의미를 전달하더라도 이를 표현하는 방법이 무궁무진하다는 것을 깨닫게 하고 싶었다.

그 결과, 학생들은 비즈니스 글과 캐주얼 글에서 사용된 단어와 표현이 극명하게 나뉘는 것을 확인했다. 그 덕분에 학생들은 인공지능과 번역기가 발전하더라도 미묘한 뉘앙스 차이를 제대로 구분하고 판단하기 위해 영어를 제대로 공부하는 것이 중요함을 인지한 듯하다.

● 지필고사 다음 주는 영어 동화책 수업 주간

고등학생은 보통 1년에 4번 지필고사를 치른다. 지필고사를 위해 수업은 교과서와 부교재를 기반으로 이루어진다. 교육과정에 근거해 조직된 교과서와 부교재를 바탕으로 각 학년에 필요한 영어 단어와 표현을 익히는 것은 매우 유익하다. 하지만 약간의 아쉬움도 있다. 교과서나 부교재는 어디까지나 학생들의 학습을 위해서 의도적으로 재구성된 자료이기 때문이다. 다시 말해, 영어권 화자는 우리나라에서 만든 교과서를 사용하지 않는다.

나는 실제적(authentic)이어서, 학생들의 영어 학습 동기를 높여 줄 수 있는 자료를 활용하고 싶었다. 어렸을 때, 우리나라 교재보다는 외국에서 만든 교재로 공부할 때 영어 공부에 대한 동기가 높아진 경험이 있기 때문이다. '진짜'라는 느낌, 그 느낌이 영어를 공부할 동인이 된다고 믿었다.

그래서 지필고사 다음 주를 항상 영어 동화책 수업 주간으로 설정했다. 이 기간에는 다양한 영어 동화책을 읽은 후, 영어 동화책과 관련해 다양한 토의와 활동을 한다.

지금까지 『Here We Are』(Oliver Jeffers), 『Madeline』(Ludwig Bemelmans), 『Mixed』(Arree Chung), 『Swimmy』(Leo Lionni)라는 동화책을 다뤘다. 책을 읽고 '미래의 나의 아이에게 해 주고 싶은 말', '용기 있는 행동에 대하여', '함께 살아가는 삶', '창의적으로 문제를 해결하는 방법' 등 다양한 주제에 대해 토의하고 활동했다.

영어 동화책 수업을 처음 준비할 때는, 혹여나 영어 동화책의 수준이 쉬워 학생들의 흥미를 끌지 못하는 상황이 벌어질까 봐 걱정했다. 하지만 내 우려는 기우였다. 열심히 영어를 공부한 덕에 영어 동화책을 읽게 되었다는 자신감은, 학생들에게 영어 공부에 대한 큰 동인이 된 듯했다. 그뿐만 아니라 동화책이라는 매체가 학생들의 심리적 장벽을 낮춰 주어, 비교적 심도 있었던 토의가 더 원활하게 진행될 수 있었던 것 같다.

학기 말 설문 조사를 할 때마다 영어 동화책 수업이 즐거웠다는 학생들의 소감이 많았다. 앞으로도 학생들의 흥미를 유발하면서 심도 있는 토의를 할 수 있도록, 나만의 동화책 수업을 더 발전시키고 싶다.

수업을 통해 만나는 아이들

● 작은 성취 경험

초등학교 5학년 때까지의 나는 그림 그리는 것을 좋아하는 평범한 학생이었다. 공부는 중간 정도이고 크게 사고를 치지도 않아서, 있어도 없어도 눈에 띄지 않는 학생이었다. 그러한 내게, 초등학교 6학년 담임 선생님은 내 인생을 송두리째 바꿔 주셨다.

초등학생 이수진은 미술에 푹 빠져 있어서 교내·외 미술대회란 미술대회는 다 나가서 상을 타 오는 것이 낙이었다. 큰 상을 타 본 적은 없지만 작은 상을 조금씩 타다 보니, 미술 분야로 나아가는 것이 꿈이었다. 사실 원대한 꿈이 있어서라기보다는, 다른 분야에는 재능이 없으니 미술로 나아가야겠다고 생각한 것이었다.

그러던 어느 날, 초등학교 6학년 담임 선생님께서 나를 부르더니 시 주최 글짓기 대회 상장을 주셨다. 의아했다. 글짓기 대회에 나간 적이 없는데 상을 탔다니? 거기다가 학교 상도 아니고 시 대회 상을? 알고 보니, 선생님께서 수업 시간에 작성한 내 글을 시 대회에 출품하신 것이었다. 그리고 그 글이 나름 좋게 평가되어 장려상을 타게 되었다.

이때 받은 상은 나에게 엄청난 의미로 다가왔다. 미술이 아닌 학업 분야에서 상을 탄 것이 처음이었기 때문이다. 특히, 글을 쓰는 방법을 잘 모르고 글을 잘 쓰지 못한다고 생각했던 내가 시 대회에서 상을 탔다는 것, 내가 글을 나름 잘 쓴다는 것, 그것은 엄청난 충격이자 기쁨이었다.

'하면 할 수 있다'라는 생각이 마음속에서 꿈틀거리기 시작했다. 그리고 공부를 시작했다. 성적이 차츰차츰 오르기 시작했고, 학교생활이 더욱 재밌어졌고, 더 큰 꿈을 꾸게 되었다.

지금 생각해 보면 내가 체험한 것은 작은 성취 경험이었다. 하지만 초등학교 6학년 여자아이에게 시 대회 장려상은 엄청난 파급력을 가졌다. 만약, 담임 선생님께서 수업 시간에 그 주제로 글쓰기를 시키지 않으셨다면, 내가 글을 정성스레 쓰지 않았다면, 선생님께서 내 글을 시 대회에 출품하지 않으셨다면, 지금의 나는 결코 없었을 것이다.

작은 성취 경험이 인생을 송두리째 바꿀 수 있다는 것을 난 몸소 체험했다. 초등학교 6학년 담임 선생님이 내게 주셨던 작은 성취 경험을, 우리 학생들에게도 주고 싶었다. 그래서 매년 '학생들에게 작은 성취 경험을 주자'라는 목표를 갖고 한 해를 시작한다.

A를 만난 건 A가 고등학교 3학년 때였다. A는 2학년 때까지 방황하며 학교를 빠진 적도 많았고, 담배와 술로 인해 생활교육위원회 처분을 받기도 했다. 처음 상담했을 때 A는 대학에 진학할 생각이 없다고 했는데, 어느 날 대학을 가고 싶다고 말해 왔다. 사실 A가 대학을 가기는 쉽지 않았다. 성실성을 나타내는 중요한 지표인 출결이 좋지 않아, 내신 등급은 차치하더라도 출결에서 점수를 깎일 것이기 때문이었다. 그렇지만 A는 이왕 마음먹은 만큼 전문대학이 아닌 4년제 대학에 진학하고 싶다고 했다.

출결도 좋지 않고 성적도 좋지 않은 A가 4년제 대학에 진학하려면 전략이 필요했다. 게다가 집에서 3시간 이내로 통학할 수 있는 학교를 원했기 때문에, 면접을 보는 학교와 전형에 응시하기로 했다. 깨끗하지 않은 출결과 낮은 성적을 보완할 방법은 면접밖에 없다고 생각했다. 면접에서 자신의 바뀐 모습을 보여 줄 필요가 있었다.

면접 준비가 시작되었다. 대학교에서 제공한 예상 면접 질문을 바탕으로 한글 파일에 답변을 하나하나 작성하도록 했다. 답변을 작성해 파일을 내게 보내 주면, 빨간 글씨로 피드백을 해 주었다. 피드백을 받은 A는 답변을 수정하고 나에게 다시 확인 받았다. 모범 답안 작성이 끝나면, 그때부터는 1:1로 면접 대비를 했다. 노크하고 면접장에 들어오는 것부터 마지막 인사를 하고 나가기까지, 출결과 같은 약점에 대한 질문은 물론, 앞으로의 포부에 대한 질문까지 차근차근 준비했다. 열심히 준비하다가도 한 번씩 불안함이 올라오는지, A는 내게 불안함을 토로하곤 했다.

"선생님, 진짜 못 하겠어요. 이렇게 해서 제가 대학에 붙을 수 있을까요?"

그러면 나는 나의 초등학교 6학년 시절을 이야기하며, 이렇게 말했다.

"열심히 고등학교 생활을 한 다른 친구들에 비해 네가 2학년 때까지 학교를 많이 빠지고 성적이 좋지 않아서 불리한 것은 사실이야. 그래서 네가 원하는 대학에 떨어질 수도 있어. 하지만 선생님은 그런데도 네가 최선을 다해서 무언가를 해 보고, 그 결과를 맞이하는 경험을 했으면 좋겠어. 성공이든 실패든 최선을 다해 본 경험은 네 인생에 있어 큰 자양분이 될 거야. 혹시 운이 잘 따라 주어서 네가 원하는 결과를 맞이한다면, 이렇게 노력해서 성취해 봤으니, 앞으로 어려운 일이 있을 때 헤쳐 나갈 힘이 될 거야."

면접이 끝나고, 면접을 진짜 잘 본 것 같다는 카카오톡 메시지가 왔다. 면접을 잘 보기는 했지만, 출결과 성적에서 점수가 많이 깎인 나머지 최초 합격을 하지는 못했다. 그러나 결국에는 원하는 대학에 추가 합격을 해서, 지금은 대학에 잘 다니고 있다.

사실 A는 한 명이 아니다. 첫 만남에서부터 대학 입학까지, '복사-붙여넣기' 한 것처럼 똑같은 길을 걸은 학생들은 놀랍게도 매년 한 명씩 있어 왔다. 나는 앞으로도 학생들에게 작은 성취를 경험할 기회를 끊임없이 제공하려 한다. 열심히 노력해서 성취한 경험은 내게 그랬던 것처럼, 학생들의 앞으로의 인생에 엄청난 영향을 끼칠 수 있음을 잘 알기 때문이다.

● 믿고 기다리기

영어 교사에게 큰 기쁨 중 하나는, 나로 인해 학생들이 영어를 좋아하고 영어 성적이 오르는 것이다. 그러나 학생들의 영어 실력과 수준이 천차만별이기 때문에 쉽지 않은 일이다. 한 반에 20~30명이 있는 교실에서(최근 일부 도시 지역의 한 반 학생 수는 35명이 넘는다고 한다.) 각 학생의 실력과 수준에 맞추어 수업하는 것은 현실적으로 불가능하다.

이를 해결하기 위해 학교에서는 기초학력 책임 지도와 최소 성취수준 보장 지도를 진행한다. 기초학력 책임 지도는, 기초학력 진단 결과 기초학력이 부족한 학생들을 위해 교사가 추가로 학습을 지도하는 것이다. 최소 성취수준 보장 지도는 고교학점제가 시행되며 도입되었는데, 학업성취율이 40%를 넘지 못하는 학생들을 위해 교사가 추가로 지도하는 것이다.

나 또한 지금까지 기초학력 책임 지도와 최소 성취수준 보장 지도를 여러 번 진행해 왔다. 이 수업은 영어 수준이 비슷한 소수의 학생을 대상으로 1:1~3:1로 진행하다 보니, 학생들이 어려워하는 것이 무엇인지 파악한 후 맞춤형 해결책을 제공할 수 있었다.

B는 수업 시간에 보이는 반짝이는 눈빛이 기특한 학생이었다. 항상 반듯

한 글씨체로 필기하고 숙제를 제출했기 때문에, B가 영어를 공부하는 데 어려움을 겪고 있다고 생각해 보지 못했다. 그런데 기초학력 지도를 담당하는 연구부로부터 B에게 학습 도움이 필요하다는 이야기를 들었다.

그래서 B와 함께 기초학력 보장 수업을 시작했다. 영어를 잘하고 싶다는 열망이 가득했던 B는 열심히 수업을 듣고 필기도 열심히 했지만, 기초가 부족했기 때문에 수업을 이해하는 데 어려움을 겪고 있었다. 기초학력 진단고사 문항을 살펴보고 B에게 다양한 지문을 읽고 해석하도록 한 결과, B에게는 초등학교 필수 영어 단어 공부가 우선되어야 한다는 생각이 들었다.

그때부터 초등학교 필수 영어 단어 공부가 시작되었다. B가 부담을 느끼지 않고 충분히 해낼 수 있는 수준의 교재를 선정한 후, 단어의 발음을 따라 하며 작성해 보도록 했다. 단어의 발음에서 실수할 때는 "우리 다시 한번 생각해 볼까? 아까 boy에서 oy는 어떻게 발음했었지?"와 같이, B가 공부했던 것을 스스로 복습할 수 있도록 질문을 제시했다. 그리고 수업 시간에 배운 단어를 발음해 녹음해서 카카오톡으로 보내는 숙제를 내 주었다.

기초학력 책임 지도나 최소 성취수준 보장 지도는 사실 교사에게 쉽지 않다. 정규 수업 이외에 쉬는 시간이나 점심시간, 방과후 시간을 활용해 학생들을 추가로 지도해야 하기 때문이다. 또, 수업의 결과나 학생들의 성과가 눈에 쉽게 보이지 않아서, 학생들을 끊임없이 믿고 기다릴 필요가 있다.

그렇지만 기초학력 책임 지도나 최소 성취수준 보장 지도를 할 때마다 배우는 것도 많다. 지금까지 고등학교에서만 교사 생활을 했기 때문에, 초등학교와 중학교에서 학생들이 무엇을 배우는지 비교적 잘 알지 못했다. 그런데 보충 지도를 하다 보면, 학생들이 미처 습득하지 못하고 넘어간 부분을 찾기 위해 초등학교와 중학교 영어 교육과정을 살펴보게 되고, 그 과정에서 나의 교육과정에 대한 이해도와 수업의 깊이는 더 깊어질 수밖에 없다.

B와 같은 학생들이 학교에 정말 많다. 특히, 코로나19 시기에 학창 시절을 보낸 학생들 중 그 시기에 배워야 하는 내용을 온전히 학습하지 못해 어려움을 겪는 학생들이 많다. 이러한 학생들에게 있어 기초학력 책임 지도와 최소 성취수준 보장 지도는 학생들이 정규 수업을 이해할 수 있는 디딤돌이 되어 주고 있다. 학교 정규 수업보다 더 많이 기다려 주고 더 많이 반복해야 하지만, 학생들이 자신의 수준에 맞는 수업을 받으며 성장하는 모습을 보고 있노라면 미소가 지어진다.

5 다양한 평가의 구성

● 지필평가가 갖춰야 할 요건

지필평가는 학생에게도 부담이지만 교사에게도 큰 부담이다. 학생들은 지필평가로 자신의 학업 능력과 노력이 평가되고, 이 결과가 상급 학교 진학에도 반영되기에 부담을 느낀다. 교사에게 지필평가가 부담인 이유는 무엇일까? 반 학기 동안 학생들에게 가르친 내용을 타당하고 신뢰성 있게 평가해야 하기 때문이다. 특히, 고등학교에서는 학생들의 성적을 비율에 맞게 변별하는 것도 큰 부담이다.

여느 때처럼 지필평가 문항을 출제하는 중이었다. 상위권, 중위권, 하위권 학생을 어떻게 하면 잘 변별할 수 있을지 머리를 싸매며 고민하다 문득 이런 생각이 들었다. '지필평가를 통해 학생을 변별하는 것에 너무 집중했

던 것은 아닐까? 지필평가의 목적은 무엇일까?'

예전에 공부하던 대학 교재를 다시 펼쳐 보았다. 평가도구가 갖춰야 할 두 가지 조건이 다시 보였다. 첫째, 타당도이다. 타당도는 '측정하고자 하는 것을 충실하게 측정했는가?'와 관련된 기준이다. 즉, 제안하는 표현을 배우는 것이 학습 목표였다면, 제안하는 표현을 제대로 이해하고 표현할 수 있는지 측정해야 한다. 둘째, 신뢰도이다. 신뢰도는 '오차 없이 정확하게 측정했는가?'와 관련된 기준이다. 즉, 비슷한 학업 성취 수준을 가진 학생이라면 평가 문항을 풀었을 때 일관성 있게 유사한 결과를 보여야 한다.

물론, 평가 문항의 질을 판단하는 기준들은 더 많지만, 타당도와 신뢰도는 기본적으로 정말 중요하다. 만약 학습 목표와 어긋나거나 배우지 않은 것을 측정한다면, 그 지필평가는 타당성을 잃을 것이다. 또, 학생의 학업 성취 수준을 제대로 측정하지 못한다면, 그 지필평가는 신뢰성을 잃을 것이다.

그 이후부터 지필평가 문항을 출제할 때마다 학생들 성적 변별 이외에도 타당도와 신뢰도를 신경 쓰기 시작했다. 무엇보다 '타당도'는 내 지필평가 출제의 큰 기준이 되었다. 내 지필평가 문항은 학생들이 배운 것을 충실하게 측정하고 있는가? 내 지필평가 문항의 타당도에 신경을 쓰다 보니, 그 문항을 풀 학생들을 생각하며 내 수업도 변화했다.

● 용기 내어 시도한 지필평가 속 논술형 평가

최근 수능에서 서술형·논술형 문항을 활용하는 방안이 제안되었다고 한다. 이것이 옳은 방향인지 틀린 방향인지에 대한 논의들은 차치하고, 논술형 평가의 중요성은 오래전부터 강조되었다. 이미 학교 현장에서는 평가의 일정 비율 이상이 논술형 평가로 이뤄지고 있다. 오지선다 문항으로는 평가할 수 없는 학생들의 역량을 제대로 평가하기 위해서이다.

학생들의 성장을 돕는 진정한 의미의 논술형 평가를 진행하고 싶은데, 혼자 하려고 하니 너무 어려웠다. 때마침 수석 선생님께서 추천해 주신 것이 기억나서, 교육청에서 진행하는 논술형 평가 핵심 교원 연수를 수강했다. 몇 개월에 걸쳐 연수를 들으니 부끄러웠다. 논술형 평가의 핵심은 학생들이 자신의 의견을 논리적으로 작성하는 것이므로, 논술형 평가에 모범 답안은 있을 수 있어도 정답은 있을 수 없다. 그렇지만 나는 지금까지 지필평가에서 정답이 있는 논술형 평가를 진행하고 있었다. 사실 정답이 있기에 논술형 평가라고 말할 수 없는 논술형 평가 문항을 만들고 있었던 것이다.

그래서 용기를 내어 지필평가 속에서 진정한 의미의 논술형 평가를 시도하기로 했다. 논리성을 판단할 수 있는 긴 글을 쓰게 하는 문항은 아직 우리 학교 학생들에게 맞지 않다고 생각했다. 그래서 짧은 문장부터 시작하기로 했다.

이 문항은 완벽하지 않지만, 처음으로 정답이 없는 논술형 문항을 시도했다는 것에서 내게 의미가 큰 문항이었다. 수업 시간에 가주어, 진주어 구문을 수십 번 반복했기 때문에, 학생들이 직접 가주어와 진주어 구문을 활용해 문장을 작성할 수 있기를 바랐다. 그리고 문장을 지정해 주는 대신, 학생들이 자신의 이야기를 쓸 수 있도록 '자신에게 쉬운 것을 설명하라'라는 조건을 내세웠다.

막상 이 문항을 출제하고 나니 두려웠다. '학생들이 이 문항에 대해 항의하면 어떡하지?', '내가 답안을 제대로 채점할 수 있을까?', '내가 설정한 채

[논술형 6] 자신에게 쉬운 것을 설명하는 다음 문장을 가주어, 진주어 구문을 활용하여 영작하시오. [5점]

__________(A)__________ 하는 것은 나에게 쉽다.

〈조 건〉

• 빈칸 (A)에 자신의 상황에 맞는 내용을 채워 넣어 자신이 하기 쉬운 것을 설명하는 문장을 작성할 것

• 문장을 대문자로 시작할 것

• 문장을 온점(.)으로 끝낼 것

• 철자를 정확하게 작성할 것

답: ____

〈실제로 출제한 지필평가 속 논술형 평가〉

점 기준대로 학생들이 반응하지 못했다면 어떡하지?' 이러한 질문과 고민이 내 머릿속을 떠나지 않았다. 그런데 막상 학생들의 답변을 보니 마음이 놓였다. 수업 시간에 배운 내용을 열심히 복습한 학생들은 각기 자신에게 쉬운 것을 조건에 맞추어 잘 작성했다. 학생들의 답변을 읽는 재미도 쏠쏠했다. 또, 학생들이 작성한 오답을 읽으며 가주어, 진주어 구문을 가르칠 때 어느 부분을 더 신경 써서 가르쳐야 하는지도 확인할 수 있었다.

내가 출제한 문항은 아직 진정한 의미의 논술형 평가라고 할 수 없다. 학생들의 답안이 한 문장으로 끝나서는 안 되고, 적어도 두세 문장으로 학생들의 의견이 자유롭게 작성되어야 하기 때문이다. 그렇지만 이제 첫 삽을 떴으니, 더 나아질 일만 남았다. 지필평가 내에서의 논술형 평가는 교사들

에게 큰 부담이지만, 이렇게 조금씩 한 발 한 발 나아가고자 한다. 학생들이 자신의 생각과 의견을 자유롭게 펼쳐나갈 수 있는 그날까지 말이다.

● 진로 커리어맵 제작하기 수행평가

수행평가를 구성할 때 창의성이 가장 많이 발휘되는 듯하다. 교육과정에서 요구하는 성취 기준을 달성하면서도 학생들이 자기 생각과 의견을 자유롭고 재밌게 표현할 수 있는 수행평가! 이러한 수행평가를 구상하는 것이 매 학기 나의 최대 목표 중 하나이다.

지금까지 수많은 수행평가를 진행해 왔다. 나는 또 욕심이 많아서 매년 수행평가를 수정하고 또 수정했다. 그중 내게 가장 인상 깊었던 수행평가는 바로 '진로 커리어맵 제작하기' 수행평가이다.

고등학교 3학년 2학기는 그야말로 수업이 잘 이루어지기 어려운 시기이다. 최근에는 수능 점수가 필요하지 않은 대학과 전형이 많아져서, 수능 이전에도 수업을 진행하는 것이 상당히 어렵다. 그런 학생들에게 진학이 아닌 진로에 대해 고민할 수 있는 시간을 제공하고 싶었다. 수시 원서 접수 시기에 학생들은 엄청난 고민에 빠진다. 이때 선택한 대학과 학과가 학생들의 인생 방향을 크게 바꾸기 때문이다. 그런데 대학 입시에 집중한 나머지, 대학 이후의 삶에 대해 크게 고민하지 않는 학생이 많다. 그래서 '진로 커리어맵 제작하기' 수행평가를 실시했다.

자신의 인생에서 중시하는 가치를 설정한 후, 그 가치를 실현하기 위한 고등학교 졸업 이후 20년간의 커리어 목표를 작성하도록 했다. 그리고 켄트지에 자신의 계획을 커리어맵으로 시각화한 후, 친구들에게 포스터를 보여 주며 자신의 커리어 계획을 발표하도록 했다. 생각했던 것보다 더 진지한 모습으로 자신의 인생에 대해 고민하고 포스터를 제작하고 발표하는 학생들의 모습이 예뻤고, 그 과정에서 학생들도 인생의 방향에 대해 다시 생각해 볼 수 있었던 것 같다.

← 학생들에게 제공한 예시 커리어맵

↑ 학생들이 제작한 커리어맵

나의 꿈,
나의 새로운 인생

03

● '목표'는 막연하지만, '목적'은 명확해!

1급 정교사 자격증을 받아 저경력 교사라는 딱지를 뗀 순간, 고민이 시작되었다. '나는 어느 분야에서 전문성을 함양해야 할까?'라는 고민이었다. 여러 연수를 다녀 보면, 대학 입시, 에듀테크, 국제 교류 등 자신만의 전문 분야에서 활약하고 계신 수많은 선배 교사들을 볼 수 있었다. 그 분야의 전문성을 인정받아 교육청에서 큰 역할을 하고 자신의 경험을 후배 교사에게 아낌없이 나누는 선배 교사를 뵐 때마다, '나도 저 선생님들처럼 나중에 후배 교사들에게 귀감이 되는 멋진 교사가 되어야지'라는 다짐을 하곤 한다.

나도 내가 잘하는 분야를 찾아 그 분야에서 전문성을 꾸준히 쌓고 싶다. 다양하게 경험하고 공부해 봐야 내가 무엇을 좋아하는지 알고 전문성을 쌓을 수 있는 법. 아직은 부족한 초보 교사이기에, 진정한 나의 관심사를 찾기 위해 오늘도 꾸준히 수업을 연구하고 준비하고 공부하고 있다.

최근에 읽은 『마지막 몰입』(짐 퀵)이라는 책에서, '목표'와 '목적'의 차이를 구분한 것이 인상적이었다. 책에서는 '목표는 달성하고자 하는 사항이며 목적은 목표를 달성하려는 이유다.'라고 말하고 있다. 나는 아직 명확한 목표를 찾지 못했다. 하고 싶은 것은 많지만, 아직 영어 교사로서 무엇을 달성하고 싶은지가 머릿속에서 정립되지 않은 듯하다. 경험치가 쌓이면서 내가 진정으로 좋아하는 분야를 찾는다면, 훗날 영어 교사로서 목표를 명확히 수립할 수 있지 않을까?

그러나 나의 목적은 명확하다. 바로 '행복한 학생을 만들고 행복한 교사가 되는 것'이다. 신규 교사 시절부터 고3 학생들을 지도하며 '행복'이라는 가치에 대해 많이 고민하게 되었다. 치열한 입시와 경쟁에 치여 때론 소소하게 느낄 수 있는 행복마저 미래로 유보한 것만 같은 학생들, 학부모님들, 그리고 교사인 나 자신을 목도했기 때문이다. 그래서 영어를 매개로 나도 더 행복한 교사가 되고, 학생들이 더 행복할 수 있도록 돕는 교사가 되고 싶다는 확고한 목적을 세웠다.

● 더 이상의 공부는 No No라던 내가 대학원이라니

앞에서 교사의 최대 장점은 배움을 장려한다는 것이라 했었다. 그래서 연수도 많이 듣고, 선생님들과 교내 전문적 학습공동체(교사들이 전문성을 함양하기 위해 함께 공부하는 일종의 모임)를 진행하며 나름대로 열심히 교사 생활을 하고 있었다.

그러다 우연히 교육부에서 주최하고 한국교육과정평가원이 주관하는 수업혁신사례 연구 대회에 대해 알게 되었다. 한 학기 동안 진행한 수업을 정리하여 보고서와 영상을 제출하는 교사 대상 연구 대회였다. 처음에는 나와는 상관없는 일이라고 생각하며 공문을 지나쳤다. 그런데 마치 영화 속의 한 장면처럼, 어느 날 갑자기 연구 대회에 참가하고 싶다는 생각이 들었다.

부랴부랴 공문을 다시 찾아보았다. 계획서 제출 마감이 일주일 뒤였다. 계획서 제출 일주일 전에 수업혁신사례 연구 대회에 참가하기로 하고, 본격적인 수업 연구가 시작되었다.

일 년 동안 세 개의 프로젝트를 진행하고, 이를 일반화시키기 위해 노력하고, 이 모든 것을 보고서 25장에 담아내기 위해 노력했다. 연구 대회 참가 그 자체만으로도 내게 큰 자극이 되었다. 점차 대학원에 진학하고 싶다는 열망이 생겼기 때문이다.

사실 나는 대학을 졸업할 때 "내 인생에 대학원은 없어! 난 더 이상 공부하기 싫어!"라고 말하고 다녔다. 그도 그럴 것이, 남들이 18~19학점을 들을 때 20~23학점을 들으며 아침부터 저녁까지 대학 공부에 매인 생활을 했기 때문이다. 다시는 돌아가고 싶지 않은, 알차지만 힘든 시절이었다. 그러던 내가 갑자기 대학원이라니?!

예전의 영어 교사 이수진은 감과 느낌으로 수업의 효과성을 판단하곤 했다. 정확하게 수업의 효과성을 분석하기보다는, '오! 학생들이 대답을 더 잘하는 것 같네?', '오! 학생들 글의 수준이 더 높아진 것 같네?'와 같은 주관적인 잣대만으로 내 수업을 판단하고 스스로 뿌듯해하곤 했다. 하지만 연구 대회를 준비하며 제대로 된 연구 방법과 검증 절차를 통해 내 수업을 객관적으로 검증하게 되었다. 감을 통해서가 아니라, 사전·사후 검사, 통계 검증, 설문 조사 등을 통해 검증하게 된 것이다. 이 과정이 정말 재미있었다. 감으로만 인식하던 내 수업의 효과성이 통계 처리를 통해 객관적인 수치로 확인되었을 때 느낀 희열은 아직도 잊히지 않는다.

그래서 대학원에 진학하기로 했다. 열심히 연구했지만, 나 스스로 부족함을 느꼈기 때문이다. 대학원에서 나와 비슷한 꿈을 갖고 있는 선생님들, 교수님들과 함께 연구를 제대로 진행해서, 내가 효과 있다고 생각하는 수업이 정말로 효과적인지 검증하고 싶었다. 여기서 더 나아가, 효과성을 검증 받은 수업 방식을 많은 학교에 일반화시키고 싶었다.

사실, 연구하고 싶은 분야를 확정 짓지는 못했다. 대학원에 합격은 했지만, 학기가 시작되지 않아 아는 것도 많지 않다. 그렇지만 분명 대학원에서의 배움과 연구가 나에게, 내 수업에, 내 학생들에게 미칠 영향은 작지 않을 것이라 생각한다. 영어 교사 이수진으로서 내 인생이 어떻게 흘러갈지는 모르겠지만, 이렇게 작은 경험 하나하나가 인생의 방향을 예상치 못한 쪽으로 움직이는 것이 신기하기도 하고 재미있다. 더불어 수업혁신사례 연구 대회 전국 대회에서 1등급을 수상하고 우수 입상자로 선정되어 멋진 선생님들과 함께 다녀온 해외 연수는, 내게 또 다른 영감과 꿈을 갖게 해 주었다.

◉ 이해, 표현, 사용자 간 상호작용, 모든 영역에서 전문성을 지닌 영어 교사

교사의 모든 교육 활동은 교육과정을 기반으로 이루어진다. 2015 개정 교육과정에서 영어과 교육과정은 말하기(Speaking), 듣기(Listening), 쓰기(Writing), 읽기(Reading)라는 4가지 기능을 중심으로 구성되었다. 그래서 영어 수업도 이 4가지 기능을 함양하는 것을 목적으로 진행되었다. 하지만 2022 개정 교육과정에서는 교육과정이 이해, 표현이라는 2가지 영역을 중심으로 구성되었으며, 사용자 간 상호작용이라는 영역이 추가되었다.

학생들이 여러 형태로 구성된 영어 자료를 제대로 '이해'하고, 다양한 매체를 활용해 자기 생각을 명확하게 '표현'하고, 영어 사용자와 자유자재로

〈영어과 역량 및 영역 구성〉

[출처: 교육부 고시 제 2022-33호 (별책 14), 영어과교육과정]

'사용자 간 상호작용'을 할 수 있도록 돕는 것. 그것이 2022 개정 교육과정이 추구하는 영어과의 목표라고 할 수 있다.

그래서 나는 이해, 표현, 사용자 간 상호작용이라는 세 가지 모든 영역에서 전문성을 지닌 영어 교사가 되는 것을 작은 목표로 삼고 있다. 부끄럽지만 예전에는 교육과정을 제대로 읽어 본 적이 없었다. 그저 내게 주어진 교과서와 내 생각을 바탕으로 나만의 교육과정을 재구성할 뿐이었다. 그러나 교육과정의 중요성을 인식하고 나서는 교육부에서 제공하는 교육과정을 꼼꼼하게 읽어 보고, 교육과정이 추구하는 목표를 정확하게 인식한 후, 성취 기준을 바탕으로 교육과정을 재구성하기 시작했다.

특히, 고등학생들을 대상으로 한 수업은 '이해' 위주의 수업이 될 수밖에 없다. 고등학교 수업은 대학 입시와 밀접하게 관련되며, 학생들은 매달 전국연합 학력평가나 평가원 모의고사를 봐야 하기 때문이다. 이러한 현실적인 제약 속에서 학생들이 글과 대화를 제대로 이해할 수 있도록 도울 방법, 표현 능력을 향상할 방법, 사용자 간 상호작용의 기회를 제공할 방법을 고민하고 실천하는 것은 교사의 몫이라고 생각한다.

고등학교 1학년이 이수하는 공통영어1 과목에는 다음과 같은 성취 기준이 있다.

> [10공영1-01-06] 말이나 글의 전개 방식이나 구조를 파악한다.
> [10공영1-01-07] 말이나 글의 이해를 위한 적절한 전략을 적용한다.

예전 같았으면 '아, 이번 고등학교 1학년 공통영어1 과목에는 글의 전개 방식과 전략에 대한 성취 기준이 있구나!'라고 생각하며 대수롭지 않게 넘어갔을 것이다. 하지만 지금의 나는 조금 더 나아간다.

> - '글의 전개 방식이나 구조를 파악하는 역량을 어떻게 함양시켜 줄 수 있을까?'
> - '이를 제대로 평가할 방법은 무엇일까?'
> - '읽기 전략을 어떤 식으로 학생들에게 알려 주어야 할까?'
> - '읽기 전략을 제대로 활용했는지 확인하고 기록할 방법은 무엇일까?'

위와 같은 질문을 나 자신에게 던지고 수업을 준비한다. 교육과정에 기반하여 수업을 조정하고 준비하는 과정에서 내 수업의 깊이가 한층 더 깊어졌음을 스스로 확인할 수 있었다.

끊임없이 변화하는 사회의 요구에 맞추어 교육계도 변화하고 있다. 교육과정이 끊임없이 개정되는 것 또한 이러한 사회적 요구를 반영하기 위함일 것이다. 변화에 기민하게 반응하고 내 수업에 적용할 방법을 찾는 이 과정에서 영어 교사로서 나는 또 성장한다.

영어 교사 지망생에게 들려주는 소중한 한마디

● 철저하게 자기 자신에 대해 탐구하기를

최근 교사가 겪고 있는 여러 어려움이 미디어를 통해 보도되고 있다. 교권 추락, 학생 지도의 어려움, 낮은 처우 등으로 인해 교단을 떠나는 교사들도 늘어나고 있다. 나 또한 부당한 민원으로 인해 고통을 받기도, 이러지도 저러지도 못하는 상황에서 어려움을 겪기도, 학생 지도 문제로 골머리를 앓기도 했다. 그런데도 난 교사로서의 내가 좋다. 이와 같은 확신을 가질 수 있는 것은 교사가 되기 전 나에 대한 철저한 자기 탐색이 있었기 때문이라고 생각한다. 난 교사로서 나 자신이 반짝반짝 빛남을 잘 안다.

앞서 언급했듯이, 나는 학창 시절 동안 교사를 꿈꿔 본 적이 거의 없다. 교사가 되겠다고 마음먹은 것은 대학교 2학년 때부터였다. 하지만 갑자기 뜬금없이 '난 교사가 될 거야!'라고 생각한 것이 아니었다. 대학교 1학년 때부터 각종 심리 검사, 상담, 스스로에 대한 탐색과 성찰에 더해, 관심 있는 다른 직업을 간접적으로 경험한 결과 선택한 것이었다.

그랬기에 교사라는 직업에서 아쉬운 점이 보이거나 힘든 일이 있을 때도 다시 일어설 수 있었던 것 같다. 하지만 때로는 '만약 내가 어렸을 때부터 이것저것 탐색하지 않고 쭉 영어 교사만을 꿈꿨다면, 힘든 일이 있을 때 다른 직업에 대해 미련이 생길 수 있지 않았을까?'라는 생각도 해 본다.

그래서 자신의 진로에 대해 고민하고 불안해하는 학생들에게 항상 "일단 관심 있는 것을 해 봐!"라고 말하곤 한다. 해 보지 않으면 막연한 불안과 걱정에 고통받기 마련이다. 그런데 막상 해 보면 내게 맞는 직업인지, 또는 맞지 않는 직업인지에 대해 판단이 바로 선다. 직접적 경험이 아니라 간접적 경험을 통해서도 가능하다. 해 본 후 맞지 않는다고 생각되면 바로 다른 길을 찾으면 된다.

사람마다 적성, 흥미, 가치관, 적합한 직업이 모두 다르기 때문에, 나에게는 멋진 이 직업이 이 책을 읽는 누군가에게는 잘 맞지 않을 수도 있다. 그렇지만 이것 하나만은 강조하고 싶다. 바로 철저한 자기 탐색이다. 철저한 자기 탐색의 결과 얻은 탄탄한 자아는 결코 나를 배신하지 않을 것이다. 부디 여러분은 철저하게 자기 자신에 대해 탐구하기를!

☺ 영어 교사를 꿈꾼다면

만약, 철저한 자기 탐색의 결과 영어 교사가 되고 싶다는 마음이 들었다면 대환영이다. 나는 영어 교사를 꿈꾸는 여러분에게 다양한 방법으로 영어를 접하기를 적극 권한다. 영어를 좋아하고 잘해야만 학생들에게 영어를 잘 가르칠 수 있다고 생각하기 때문이다. 이미 영어를 잘하고 자신이 좋아하는 콘텐츠가 있다면, 그 콘텐츠를 활용해 꾸준하게 영어를 공부하면 된다. 아직 영어가 어렵거나 딱히 좋아하는 콘텐츠가 없다면, 앞으로 소개하는 여러 콘텐츠를 접해 보기를 바란다.

1) 영어 원서

영어 원서는 영어를 공부할 수 있는 좋은 방법 중 하나이다. 그리고 재밌다. 초등학교 고학년 때 영어 서점에서 우연히 구입한 『Franny K. Stein』이라는 원서 시리즈 덕분에 원서 읽기의 즐거움에 빠졌다. 글자가 크고 그림이 많아 그림책에 가까운 책이었지만, 스스로 영어 원서 한 권을 다 읽었다는 뿌듯함은 어마어마했다. 그 이후 닥치는 대로 영어 원서를 읽기 시작했다. 어느 책이라도 괜찮으니, 자신이 충분히 읽을 수 있는 수준의 원서부터 시도해 보기를 바란다.

2) 영어 라디오 프로그램

영어 교사에게 가장 중요한 자질 중 하나는 영어 의사소통 능력이다. 듣기, 읽기, 쓰기, 말하기, 그 어떤 것도 빼놓지 않고 잘할 수 있어야 자신 있게 영어 교사 생활을 할 수 있다. 그런데 회화, 즉 말하기는 연습하기가 쉽지 않다. 주변에 외국인이 없거나, 함께 영어로 의사소통할 수 있는 사람이 없다면 더욱 그렇다. 나 또한 영어권 국가에 오래 체류하거나 교환학생을 다녀온 적이 없기 때문에 영어 회화 실력 향상에 대한 열망이 가득했다.

비싼 비용을 들여 외국에 가거나 영어 학원에 가지 않아도 영어 회화 실력을 쉽게 올릴 방법이 있다. 바로 영어 라디오 프로그램을 활용하는 것이다. 요즘에는 'EBS 반디'라는 애플리케이션을 활용하면, 무료로 다양한 영어 라디오 프로그램을 들을 수 있다. 하루에 적은 시간이라도 영어 라디오를 듣고, 따라 해 보고, 암기하는 과정에서 회화 실력이 조금씩 쌓일 수 있다. 영어 교사가 된 지금도 종종 출퇴근길에 가장 좋아하는 EBS 영어 라디오 프로그램 〈Power English〉를 듣곤 한다. 자신의 영어 실력에 맞는 프로그램을 선택해 영어 회화를 꾸준히 연습하기를 바란다.

😀 제2외국어를 공부하는 것도 좋은 경험

나는 지금까지 영어를 제외하고 세 개의 외국어를 공부해 봤다. 중학생 때 제2외국어 선택 과목으로 택한 후 대학생 때까지 꾸준히 공부했던 독일어, 서양어 공부에 많은 도움이 되었던 라틴어, 그리고 수능 제2외국어 선택 과목으로 공부한 베트남어. 라틴어와 베트남어는 1년 정도 공부한 것이 전부지만, 새로운 언어를 공부했던 경험은 내게 큰 자양분이 되었다.

특히, 영어 교사에게 제2외국어를 공부한 경험은 학생들을 가르칠 때 많은 도움이 된다. 왜냐하면 영어를 처음 접하거나 영어를 어렵다고 생각하는 학생들을 만날 가능성이 높기 때문이다. 영어 교사는 이미 영어를 잘하기 때문에, 영어를 처음 배웠을 때 겪은 어려움을 종종 잊어버린다. 그럴 때마다 제2외국어를 공부했을 때의 어려움을 떠올리면 학생들의 마음과 어려움을 더 잘 이해할 수 있다.

그뿐만이 아니다. 여러 언어를 공부하다 보면 각 언어의 공통점과 차이점을 자연스레 느끼게 되는데, 이를 영어를 가르칠 때 적용하면 좋다. 나는 관계대명사를 가르칠 때, 독일어 관계대명사를 공부할 때 얻은 깨달음을 활용하곤 한다. 영어 관계대명사와 독일어 관계대명사의 공통점과 차이점이 명확한데, 두 언어가 다르다 보니 이를 설명하는 방식이 전혀 달랐다. 그런데 독일어 관계대명사를 배울 때 교수님께 배웠던 설명을 영어에 적용하면 영어 관계대명사를 훨씬 쉽고 간결하게 이해할 수 있었다. 그래서 학생들에게 독일어를 공부할 때 썼던 나의 팁을 알려 주곤 한다. 라틴어도 마찬가지다.

여러 언어를 공부했다는 사실이 학생들에게는 신기하고 멋져 보이나 보다. 그도 그럴 것이, 나도 고등학교 때 그리스어를 공부하시는 선생님을 보고 너무 멋져 보였고, 그 선생님처럼 여러 언어를 공부하고 싶다고 생각했기 때문이다. 교사의 다양한 경험과 열린 마음이 학생들에게 주는 영향은 생각보다 큰 것 같다. 수업하다 "얘들아, 사실 이건 독일어에서 온 단어인데, 독일어로는 이렇게 발음해! 한번 들어 봐!"라고 말할 때 학생들이 보이는 눈빛은 평소 수업 때 보이는 눈빛과 사뭇 다르다. 반드시 제2외국어를 공부할 필요는 없지만, 제2외국어를 공부할 기회가 온다면 꼭 시도하기를 바란다. 제2외국어 공부는 여러분의 생각과 사고의 지평을 넓혀 줄 뿐만 아니라, 미래에 영어 교사가 되었을 때 큰 자양분이 될 것이다.

지금도 책장 한 켠에 있는 제2외국어 공부 서적

벨리댄스 아니라 줌바댄스!

한 학생이 종례 시간에 청소하다 말고, 오늘 화요일 아니냐고 묻는다.

"응, 오늘 화요일이지. 왜?"

"오늘 선생님 줌바댄스 가시는 날이잖아요. 얼른 가셔야죠."

학교에서 조금만 늦게 퇴근하면 줌바댄스 수업에 못 간다는 나의 말을 기억하고는, 얼른 퇴근하라고 말한다. 하지만 나는 알고 있다. 이 학생의 속마음에는 '선생님, 줌바댄스 가셔야 하니 청소 검사 살살 해 주세요.'가 있다는 것을. 그 옆에서 다른 학생이 또 거든다.

"아 맞다. 선생님 벨리댄스 하신댔지!"

그러면 나는 "벨리댄스 아니라 줌바댄스야!"라고 깔깔 웃으며 정정한다.

남녀노소 누구에게나 열려 있는 줌바댄스이지만, 20대 후반인 내가 줌바댄스를 한다는 사실이 학생들에게는 신기하고 웃긴가 보다. 지금 생각해 보면 춤이라고는 질색했던 내가 줌바댄스를 하는 것이 신기하기만 하다. 그런데 역설적이게도 줌바댄스를 시작하게 된 것에는 학생들의 기여가 컸다.

여느 때처럼 야간 기숙사 방과후 수업을 할 때였다. 50분 수업 이후, 10분 동안의 쉬는 시간을 줬다. 50분 동안 열강한 나도 교무실에서 물을 마시며 숨을 잠시 돌렸다. 8분 정도가 지나 슬슬 어둑어둑한 복도 끝 불이 켜져 있는 교실을 향해 가는데, 저 멀리서 음악 소리가 들려왔다. 그때 복도 창문으로 본 광경이 잊히지 않는다. 영어 지문이 띄워져 있던 스마트 TV에는 신나는 춤을 추는 유튜브 영상이 나오고 있었고, 방과후 수업을 듣던 학생들은 한 명도 빠짐없이 영상을 보며 노래에 맞춰 열심히 춤을 추고 있었다.

그때, 내 마음속에 한 문장이 딱 들어왔다.

'와, 진짜 낭만적이다.'

저녁 8시가 넘어가는 시간에, 8여 명의 학생들과 담당 교사인 나만 있는 작은 공간에서, 음악을 크게 틀고 춤을 추고 있는 모습. 춤을 잘 추든 잘 추지 못하든, 음악을 진정으로 즐기며 춤을 추는 학생들의 모습이 정말 낭만적이었고, 보기 좋았고, 예뻤다. 동작을 어려워하는 학생들은 친구들의 도움을 받아 동작의 완성도를 높이고 있었다. 그리고 학생들은 "선생님, 선생님도 같이 춤춰요."라며 같이 춤출 것을 제안했다.

춤을 춰 본 적이 거의 없었던 나는 학생들의 제안을 거절했지만, 이내 아쉬웠다. 춤을 잘 추지는 못해도 학생들처럼 춤을 즐겨 보고 싶었다. 그리고 '우리 학교 학생들처럼 내 실력과 상관없이 어떤 것을 진정으로 즐겨 본 적이 있었나?'라고 스스로 질문했는데, 답은 의심의 여지 없이 'No'였다.

그래서 선택한 것이 줌바댄스였다. 동작을 틀려도 창피하지 않고, 신나는 노래를 즐길 수 있고, 퇴근 후 부담 없이 시작할 수 있다고 생각했기 때문이었다. 그럼에도 '줌바댄스는 주로 중년 여성이 하는 운동'이라는 생각이 지워지질 않아 수강 신청부터 머뭇거려졌다. 그런데 줌바댄스를 할 운명이었던 건지, 줌바댄스를 할지 말지 고민하던 시기에 내가 존경하는 선생님께서 줌바댄스를 강력하게 추천하셨다. 그래서 용기를 내어 수강 신청을 했다.

댄스 수업을 처음 받은 2024년 3월 5일이 아직도 잊히지 않는다. 실내용

운동화를 신으며 문 너머로 바라본 교실 안은 중년 여성들로 가득 차 있었다. 나 홀로 20대였다. 교실에 들어서는 데도 용기가 필요했다. 교실에 들어선 후에도 맨 뒷자리에 서서 얼른 수업이 시작되길 바랄 뿐이었다.

하지만 수업이 시작되자, 나의 걱정은 기우였음이 증명되었다. 엄청 빠른 음악에 맞추어 동작을 따라 하다 보니, 옆 사람을 신경 쓸 겨를이 없었다. 어느새 내 입꼬리가 올라갔다. 그냥 너무 재미있었다. 사실, '재미있었다'라는 표현보다는 '웃겼다'라는 표현이 더 정확하다. 너무 웃겼다. 내가 줌바댄스를 하는 것도 웃기고, 계속 동작을 틀리는데 따라 하려고 애쓰는 것도 웃기고, 음악은 또 너무 좋아 음악 제목을 알고 싶다는 생각이 든 것도 웃겼다.

그렇게 조금씩 줌바댄스는 나의 일상이 되었다. 처음에는 머뭇거리며 들어갔던 문화센터 교실을 이제는 아주 당당하게 들어간다. 그리고 선생님 실력의 발끝이라도 따라가고자 열심히 한다. 줌바댄스 단톡방에도 초대되었다.

춤 DNA가 없어서인지 매일 틀리고, 선생님의 화려한 발재간을 따라 하다 발을 삐끗해 인대가 늘어나기도 하고, 다른 회원들이 오른쪽으로 갈 때 나는 왼쪽으로 가는 경우도 많지만, 그래도 좋다. 줌바댄스를 하면 틀려도, 잘 못해도 괜찮다는 것을 매주 되새기고 확인받는 것 같기

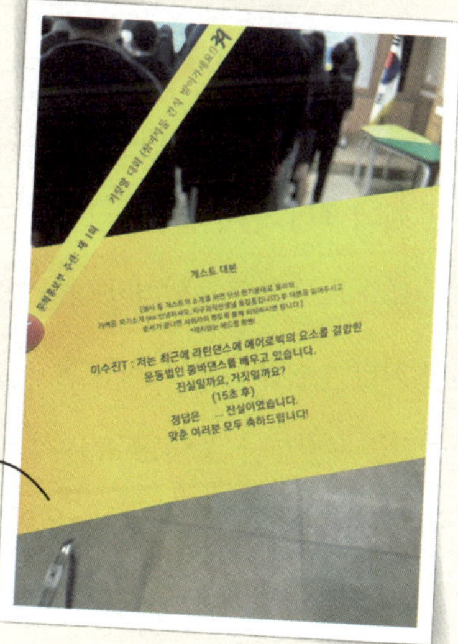

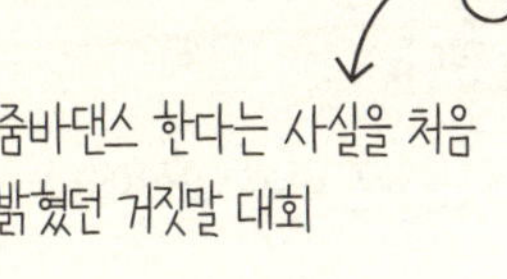

줌바댄스 한다는 사실을 처음 밝혔던 거짓말 대회

때문이다. 그래서 예전에는 줌바댄스를 한다는 것을 숨겼다면, 이제는 당당하게 줌바인(?)임을 드러낸다. 나의 일상이 되어 버린 줌바댄스, 앞으로도 계속 함께할 것 같다.

금요일 카페 투어

운이 좋은 것인지 좋지 않은 것인지, 계속해서 집에서 먼 거리의 학교에 발령받았다. 집에서 가까운 시로 학교를 옮기고 싶다고 신청했을 때도, 학교를 가까운 시로 옮기는 데에는 성공했지만 학교와 집 사이의 거리가 43km가 넘었다. 차가 막히지 않으면 편도 1시간 10분, 막히면 2시간까지도 걸리는 통근 거리는 삶의 질을 떨어뜨렸다. 특히, 차량 운행이 많은 금요일만 되면 꽉 막힌 도로에서 옴짝달싹 못 하고 음악만 계속 들었다.

여느 때와 같이 꽉 막힌 도로에서 기다리고 있는 금요일이었다. 평소라면 10분이면 가는 거리를 40분 넘게 지나가지 못하고 있어서 너무 힘들었다. 그때 창문 왼편으로 엄청나게 큰 대형 카페가 보였다. 무릎을 '탁' 쳤다.

'그래, 카페에 가서 맛있는 빵 하나 먹으며 시간을 보내자.'

집으로 향하던 내 차는 카페 주차장으로 들어갔고, 그날 이후 나의 '금요일 카페 투어'가 시작되었다.

요즘 도시 근교에 위치한 대형 카페는 인기가 많아서, 평일 낮이나 주말에는 사람이 정말 많다. 하지만 금요일 저녁 시간에 굳이 근교 대형 카페를 방문하는 사람들은 많지 않다. 다시 말해, 사람들이 별로 없기에, 조용한 카페에서 나에게 집중할 수 있다는 의미가 된다.

금요일 저녁 카페에서 혼자 보내는 시간은 바쁜 일상에서 벗어나 온전히 나에게 집중할 수 있는 소중한 시간이 되었다. 수업도 준비하고, 책도 읽고, 고즈넉한 풍경도 보고, 멍도 때린다. 예전에는 학교 근방에 있는 카페만 갔다면, 이제는 인접한 다른 시의 카페를 찾아다니기 시작했다. 당나귀가 있는 카페, 미디어 아트로 유명한 카페, 하얀 큰 개가 지키고 있는 카페에도 갔다. 때론 수업과 상담으로 바쁘고 지쳐 더 이상 아무것도 하고 싶지 않을 때 카페에서 맛보는 새로운 음료와 간단한 음식은 내게 큰 힘이 되었다.

어느새 금요일마다 카페를 다닌다는 소문이 학교에 퍼지기 시작했다. 그리고 서서히 몇몇 선생님들께서 어느 카페가 좋은지 내게 묻기 시작하셨다. 선생님들께 일일이 대답해 드리다가, 이 정보를 일목요연하게 정리해서 선생님들께 공유해 드리고 싶었다. 그래서 만든 것이 '00면 퇴근길 카페 지도'였다. 내가 지금까지 다녀온 대형 카페 중 선생님들께 추천해 드릴 만한 카페를 선정하여 손글씨로 지도를 만들었고, 특이 사항도 첨부했다. 그리고 부끄럽지만, 선생님들께 전체 메신저로 뿌렸다.

선생님들의 반응은 어마어마했다. 난 귀여운 사람이 아닌데 귀엽다며, 너무 유용한 정보 감사하다며 메시지를 폭발적으로 보내 주셨다. 또, 차가 정말 많이 막히는 금요일이면 함께 카페 투어를 하고 싶다고 제안해 주셨다. 예전에는 혼자 카페를 찾아다녔다면, 이제는 동료 선생님들과 함께 카페에 가서 이런저런 이야기도 나누고 함께 일하게 되었다. 추천해 드린 카페에서 일을 하셨다거나, 주말에 가족과 함께 카페를 다녀왔다는 말씀을 해 주시면, 더 좋은 카페를 찾아봐야겠다는 굳건한 결의도 생겼다. 조금은 힘들고 지친 긴 통근 거리가 카페 투어 덕분에 조금은 재밌고 행복해졌고, 덕분에 선생님들과의 관계도 끈끈해졌다.

이름 그대로 책임감있고 성실하며 은근히 내면이 강한 사람임. 학창 시절 학급회장 · 부회장을 거의 매년 역임하고, 교직에 들어와서도 회장과 팀장 등을 맡으면서 책임감과 리더십을 키움. 밝은 에너지가 있으며, 주변 사람들에게 웃음과 행복을 전염시키는 능력이 뛰어나 분위기를 즐겁게 만듦. 주변 사람들로부터 신임을 얻고 원만한 인간관계를 형성함. "Slow and steady wins the race"의 인생 모토 하에, 뭐든지 서서히, 끝까지 해내는 끈기가 강함. 장기적인 목표를 설정하고 이를 실현하기 위해 차근차근 계획을 실행해 나감.

영어 교육에 진심인 수석교사

임성은

별명

긍정 에너자이저

활기차고 열정적인 수업으로 학생들에게 긍정적인 에너지를 전달하고, 어려운 상황에서도 동료들에게 큰 힘이 되어 줌. 항상 긍정적인 마인드를 유지하며 문제를 해결하려고 노력함.

영어 교사가 되기까지의 날갯짓

◉ 칭찬은 고래를 춤추게 한다

어린 시절 나는 지금과 달리, 수줍음이 많고 내성적인 성격이었다. 그러다 처음 영어를 배우게 된 중학교 1학년 때, 영어 선생님의 말씀 한 마디로 나의 성격은 완전히 달라졌다. 그날의 수업은 나에게 특별했다. 선생님은 이전 차시에서 배운 내용을 칠판에 적어 보라고 하셨다. 긴장했던 나는 칠판 앞에 서서 조심스럽게 한 자 한 자 적어 갔다. 조용히 지켜보시던 선생님은 "오~ 착실하게 공부를 잘하는구나. 글씨도 정말 예쁘게 잘 쓰네!"라고 하시며 미소를 지으셨다. 환하게 웃어 주시던 선생님의 칭찬 한마디가 나에게 어떤 영향을 주게 될지, 그때까지만 해도 짐작하지 못했다.

그 이후로 선생님의 칭찬은 나에게 마법 같은 힘을 부여했다. 어린 마음에도 인정받았다는 기쁨은 내 안에 자신감을 심어 주었고, 나도 모르게 더 열심히 하게 만드는 원동력이 되었다. 영어 교과부장으로서 수업 시작 전에 교과서의 본문을 칠판에 정성스럽게 옮겨 적는 일부터 시작되었다. 글씨를 또박또박 쓰기 위해 손에 힘을 주었고, 글자의 크기와 간격도 신경 쓰며 정성을 다했다. 그 당시에는 칠판에 쓴 판서 내용이 거의 유일한 수업 도구였던 때라, 내 역할이 단순한 일이 아니라는 것을 점점 깨닫게 되었다.

처음에는 귀찮기도 하고 힘들었지만, 점차 보람을 느낄 수 있었다. 선생님과 학급 친구들로부터 따뜻한 감사와 칭찬이 이어지니, 스스로 자부심도 느끼게 되었다. "네 덕분에 수업이 훨씬 편해졌어."라는 친구들의 말 한마디가 나를 더 책임감 있게 만들었다. 단순히 칠판에 글을 적는 것에 그치지 않고, 본문 내용을 미리 읽고 이해하려는 습관이 자연스럽게 생겼다. 모르는 단어는 사전을 찾아보기도 하고, 선생님께 질문하는 일도 많아졌다. 그렇게 조금씩 영어에 대한 관심이 커지면서, 학습 태도에도 변화가 생겼다.

놀랍게도 이러한 경험은 나의 영어 실력 향상에도 큰 도움이 되었다. 처음에는 단순히 판서를 하기 위해 본문을 읽었지만, 어느새 그 과정 자체가 자연스러운 학습이 되었다. 성격도 외향적으로 변하면서 친구들에게 먼저 말을 건네는 것도 어렵지 않게 되었다. 이전에는 틀릴까 봐 망설였던 영어 말하기도 자신감이 붙었고, 실수를 두려워하지 않고 적극적으로 영어를 사용하려는 태도가 학습에 큰 도움이 되었다. 또한, 영어 본문을 여러 번 쓰다 보니 자연스럽게 문장을 암기하게 되었고, 예습 효과까지 더해져 학창 시절 내내 영어 교과 성적에서 만점을 놓치지 않았다.

그 당시 선생님의 칭찬 한마디는 나의 인생에 긍정적인 영향을 미쳤고, 나도 교사가 되어 미래의 학생들에게 그러한 선한 영향을 주는 사람이 되고 싶다고 생각하게 되었다. 칭찬은 단순한 격려를 넘어, 상대방이 자신의 가치를 느끼게 하고 더 정진하도록 동기를 부여하는 힘이 있다. 교실 내에서의 작은 성취감은 학생들에게 큰 변화를 가져다 준다. 노력한 작은 부분이라도 그냥 지나치지 않고 인정해 주었을 때, 그것이 학생들에게 얼마나 큰 의미가 될 수 있는지 직접 경험했기에, 지금의 나는 더 적극적으로 칭찬을 실천하고 있다. 때로는 칭찬 한마디가 누군가의 삶을 바꿀 수도 있다는 것을, 나는 어릴 적 경험을 통해 확실히 깨달았다.

● 첫발을 딛게 해 준 소중한 첫사랑

영어 교사가 되겠다는 결심을 굳히게 된 순간은 대학교 4학년 때로 거슬러 올라간다. 교육 실습을 나가게 되면서 만난 생기발랄한 아이들이 바로 나의 교직에서의 첫사랑이다. 이 아이들과 보낸 한 달간의 시간은 말로 표현할 수 없을 정도로 하루하루가 감동적이었다.

수업 시간에는 눈길 한 번이라도 더 받으려고 목이 터져라 앵무새처럼 나의 말을 열심히 따라 하던 아이들. 손을 번쩍 들고 서로 먼저 발표하겠다고 아우성치는 모습이 어찌나 사랑스러웠던지. 어떤 날은 영어 단어장을 들고 와 모르는 단어를 묻고, 또 어떤 날은 가족 이야기나 주말에 있었던 일을 신나게 들려주곤 했다. 평소 아침잠이 많아 일찍 일어나는 것이 버거웠던 내가, 그런 예쁜 아이들을 만날 생각에 매일 설레는 마음으로 새벽 출근을 했던 기억이 난다.

특히, 평소 말이 없고 표정도 어두웠던 한 아이의 변화된 모습은 지금도 잊히지 않는다. 항상 교실의 맨 뒤편 모퉁이에 앉아, 수업 중에도 거의 눈에 띄지 않는 아이였다. 다른 친구들은 옹기종기 모여 즐겁게 이야기할 때에도 그 아이는 먼 산만 바라보며 멍하니 앉아 있거나, 고개를 푹 숙이고 있는 경우가 많았다. 순간 나의 학창 시절 모습이 떠올라, 그 아이에게 조금 더 다가가기로 결심했다.

매일 한 가지씩 별것 아닌 일에도 칭찬을 한마디씩 해 주었다. "오늘 글씨가 참 예쁘네!", "이 문제 정말 잘 풀었구나!" 처음에는 나의 관심에도 시큰둥했지만, 조금씩 말문을 열고 미소를 보이기 시작했다. 그러던 어느 날, 수업이 끝난 후 그 아이가 조심스럽게 다가와 작은 목소리로 "선생님, 오늘 수업 재미있었어요."라고 말했다. 그 말을 듣는 순간, 마음이 따뜻해지며 울컥했다. 표정이 점차 밝아지면서 친구들과의 대화도 늘어나고, 함께 뛰노는 모습도 보였다. 어떤 날은 체육 시간에 가장 먼저 운동장을 향해 달려 나가는 모습을 보고 가슴이 뭉클했다. 그 순간은 지금 생각해도 정말 가슴 벅차고 교사로서 보람된 기억으로 남아 있다.

마침내 교육 실습을 마치던 날, 아이들이 열어 준 이별 파티 역시 지금도 생생하다. 노란 촛불 빛이 가득한 교실에 발을 내딛던 순간, 결국 참아 왔던 눈물을 왈칵 쏟았다. 내딛는 걸음마다 학생들이 준비한 작은 편지들과 함께했던 추억 속 사진들, 선물들이 가득했고, 바닥에는 레드카펫이 펼쳐져 있어 마치 영화 속 배우가 된 듯한 기분이 들었다. "저희 학교로 꼭 다시 와 주세요!" 눈물을 글썽이며 외쳐 준 아이들의 이 한마디는, 이후 힘겹게 임용고시를 준비하던 내내 버틸 수 있는 가장 큰 힘이 되었다.

그날 밤 나는 아이들이 남긴 손 편지를 한 장 한 장 소중히 펼쳐 읽었다. "선생님, 저 원래 영어를 싫어했는데, 선생님 덕분에 영어가 좋아졌어요." "선생님이 웃어 주실 때마다 저도 행복했어요." 편지마다 적힌 진심 어린 문장들에 다시금 눈물이 차올랐다. 그 순간 내가 교사가 되어야 하는 이유를 깨달았다. 교사는 단순히 지식을 전달하는 사람이 아니라, 아이들의 삶에 따뜻한 흔적을 남기는 존재라는 사실도.

나는 대학에서 영미 문학을 전공하면서 예전에는 알지 못했던 작품들의 아름다움에 빠져들었고, 그 매력을 아이들과도 나누고 싶다는 생각을 하게 되었다. 대학 입시 준비로 딱딱하고 지루한 영어 지문들에만 파묻혀 지내던 학창 시절의 나의 모습을 떠올리면서, 비슷한 처지에 있는 우리 학생들이 가여웠다. 무엇보다, 어린 시절 겪었던 나의 어려움을 아이들에게까지 대물림하고 싶지 않았다. 입시만을 위한 영어 공부로 인해, 많은 학생들이 영포자가 되어 가고 있지 않은가? 죽은 지식에 가까운 영어 수업은 이제 멈추어야 한다. 영어 교육의 가장 근본적인 목표는 의사소통이다.

굳이 불필요한 문법 용어들 때문에 머리 아팠던 기억이 있지 않은가? 한자어로 가득한 이해하기 어려운 영어 문법 용어들(예 수동태, 부동사 등)을 다 알아야 하는가? 용어는 개념을 표현하는 수단일 뿐이다. 중요한 것은 그 개념을 이해하고 그것을 실제로 적용할 수 있는 능력이지, 복잡한 용어 자체를 암기하는 것은 아니다. 복잡한 한자어 대신, 쉽게 풀어 쓴 설명이나 예시를 통해 문법을 배우는 것이 더 효과적이다.

어휘를 단순 암기식으로 기계적으로 반복하면서 수없이 치렀던 어휘 시험은 과연 도움이 되었던가? 반복적으로 단어를 외우는 것은 일시적으로 기억을 강화할 수 있지만, 시간이 지나면 쉽게 잊어버릴 가능성이 크다. 시험 직후 단어를 기억할 수 있지만, 실제 대화나 글쓰기 상황에서는 외웠던 단어가 떠오르지 않는 것이 일반적이다. 왜 그럴까? 새로운 어휘를 익힐 때에는 형태(Form)와 의미(Meaning)를 아는 것뿐만 아니라, 실제 상황에 사용(Use)하는 것 역시 매우 중요하다. 그런데 애석하게도 우리가 줄곧 해 왔던 단순

번역식 어휘 학습이나 평가는 형태(Form)와 의미(Meaning)에만 치중되어 있어, 그 단어를 실제 맥락에서 사용할 수 있는 힘을 키워 주지 못한다.

우리나라와 같은 EFL 환경에서는, 실제 사용(Use)에 대한 학습이 더 강조되어야 한다. 이를 위해서는 단어를 문장이나 글의 맥락에서 학습하는 것이 중요하다. 예문을 통해 단어가 실제로 어떻게 사용되는지 보고, 그 단어가 가진 다양한 의미와 뉘앙스를 익히면 더 오래 기억되고, 실제 상황에서 사용할 수 있게 된다.

예를 들어, 영어로 일기를 쓰거나, 친구들과 일상 대화를 나누면서 배운 단어를 활용하는 연습을 하는 것이 단순 암기보다 훨씬 효과적이라 할 수 있다. 또한, 수업 시간에 단어를 배우고 난 후 짧은 역할극(Role - play) 활동 등을 통해 학생들이 배운 표현을 직접 사용해 보는 기회를 준다면, 언어 학습이 더욱 의미 있고 실용적으로 다가올 것이다. 실생활과 연계된 영어 학습이야말로 학생들에게 가장 필요한 교육 방식이 아닐까?

아는 것 vs 가르치는 것

영어 교사로서 첫발을 내딛으면서 순조롭기만 했던 것은 아니다. 영어를 잘하고 좋아하면 가르치는 것도 어렵지 않을 줄 알았다. 그러나 '안다'는 것과 '가르친다'는 것은 별개의 일이었다.

무언가를 '아는 것'은 특정 주제나 개념을 개인적으로 이해하는 능력을 의미한다. 이는 정보에 대한 단순한 습득으로 정보를 기억하고 활용하는 수준에서 끝난다. 이 단계는 주로 자신을 위한 것이다. 자신이 그 정보를 사용할 수 있지만, 타인에게 쉽게 전달할 수 있는 능력까지 포함하는 것은 아니다.

반면, '가르치는 것'은 정보를 단순히 알고 있는 것을 넘어서, 상대방이 이해하고 응용할 수 있도록 효과적으로 전달할 수 있어야 한다. 이는 학습자의 수준, 배경지식, 이해도 등도 고려해야 하며, 정보를 조직하고 제시하는 방식에 따라 그 결과가 크게 달라질 수 있다. 따라서 가르치는 사람은 여러 가지 다양한 방법을 사용하여 주제를 설명하고, 비유나 예시, 다양한 연습 등을 통해 학습자가 능동적으로 이해할 수 있도록 해야 한다. 단순히 '아는 것' 이상의 능력이 필요한 것이다. 가르침은 일방적인 과정이 아니라 상호작용이 포함된다. 교사는 학습자의 학습 과정을 살피면서, 만약 잘 이해하지 못할 경우 설명을 다르게 하거나 다른 예시를 들어가며 조정해야 한다.

이와 같이, '아는 것'은 정보를 자신이 이해하는 것이고, 교사로서 '가르치는 것'은 그 정보를 타인도 이해할 수 있도록 다양한 방식으로 전달하는 것으로, 둘이 차이가 있음을 인지할 필요가 있다. 예를 들어, 학생들이 특정 문법 개념을 어려워할 때 단순히 교과서만 설명하는 것이 아니라, 그들이 익숙한 일상적 예문을 활용하거나 시각적인 자료를 제공하면 이해도가 훨씬 높아진다. 또한, 학생들에게 직접 설명하게 하거나 서로 가르치는 활동을 유도하면, 단순히 듣고 이해하는 것보다 더 깊은 학습이 이루어질 수 있다. 이처럼 효과적인 교수법을 고민하고 적용하는 과정이 바로 진정한 '가르침'이라고 할 수 있다.

1 가르침에서 배움까지, 나의 교사 일기

 학생의 성장은 곧 나의 기쁨

교사로서의 삶에서 가장 큰 보람은 학생들의 성장을 지켜보는 것이다. 물론, 모든 아이들이 처음부터 수업에 열심히 참여하기를 기대하기는 어렵다. 어떤 아이들은 자신감이 부족해서, 또 어떤 아이들은 학습에 대한 관심이나 기초가 부족해서 그렇다. 하지만 교사가 그들의 잠재력을 발견하고, 개별적인 관심을 기울이기 시작하면 상황은 달라진다.

학생들의 성장은 교사에게도 영감을 준다. 다양한 성향을 가진 아이들을 만나며 교사는 더 효과적인 교수법을 개발하고, 학생들과의 깊은 관계를 형성하기 위해 노력한다. 나는 학생들이 자신의 가능성을 발견하고, 자신감을 키워 가는 모습을 보는 것이 교사로서의 행복이라고 믿는다. 그들의 성장은 나의 노력이 헛되지 않았음을 증명하며, 교사라는 직업의 진정한 가치를 일깨워 준다. 이 모든 과정은 학교 조직에도 긍정적인 변화를 일으키며, 교육이라는 여정에서 교사와 학생이 함께 성장하고 발전하는 데 기여한다.

● 줄탁동시(啐啄同時)의 기쁨

줄탁동시(啐啄同時)란 병아리가 알을 깨고 나올 때, 안에서 병아리가 껍질을 쪼는 '줄(啐)'과 밖에서 어미 닭이 그 껍질을 쪼아 돕는 '탁(啄)'이 동시에 이루어져야 한다는 뜻이다. 이는 교육에서 교사와 학생의 상호작용을 상징적으로 표현하고 있다.

줄탁동시의 '줄(啐)'은 학생이 스스로 학습 의지를 갖고, 자신의 능력과 잠재력을 깨닫고 발휘하려는 노력이다. 학생은 교사로부터 일방적으로 지식을 받는 것이 아니라, 스스로 배우고자 하는 동기와 호기심을 가지고 성장의 첫걸음을 내딛어야 한다. 따라서 학생들 스스로 질문하고 탐구할 수 있는 환경을 제공하고, 적극적으로 학습할 수 있도록 동기를 부여하는 것을 매우 중요하게 여기고 있다. 학생 스스로가 학습의 주체가 되어 자신의 껍질을 깨려는 노력을 할 때, 비로소 진정한 배움이 이루어질 수 있을 것이다.

반면, '탁(啄)'은 교사로서 학생이 성장할 수 있도록 적절한 시기에 도움을 주는 역할을 의미한다. 학생들은 때때로 어려움에 부딪힐 수 있고 방향을 잃을 수도 있다. 이때 교사는 학생의 노력을 존중하면서, 그들이 껍질을 깨고 나올 수 있도록 섬세하게 지원하고 격려해야 한다. 마치, 병아리가 나오려 할 때 어미 닭이 적절한 힘으로 껍질을 쪼듯이, 교사는 학생들이 혼란스러울 때 그들을 올바른 방향으로 인도하는 역할을 해야 한다고 생각한다.

사실, 처음 교직에 들어서면서 학생들에게 최대한 많은 것을 가르치고 전달하는 것이 교사의 주된 역할이라고 여겼다. 하지만 시간이 지나면서 단순한 지식 전달자가 아닌, 학생들이 스스로 배우고 성장할 수 있도록 돕는 지원자가 되어야 한다는 것을 깨달았다.

줄탁동시의 철학을 바탕으로 학생들이 독립적인 학습자가 되도록 돕고, 그들이 자신의 길을 스스로 찾을 수 있도록 안내하고자 노력하고 있다. 학생과 교사가 함께 성장하는 교육 환경을 만들고, 학생들이 스스로 껍질을 깨고 더 큰 세상으로 나아갈 수 있도록 도와주는 것이 나의 교육 철학이다. 나는 학생들의 잠재력을 발견하고, 그들이 스스로 학습할 수 있도록 지원하는 것을 중요하게 생각한다. 교사가 가르치고 학생이 배우는 일방적인 관계가 아니라, 서로를 존중하며 함께 성장하는 과정인 것이다. 이 과정에서 나 또한 끊임없이 배워 가고 있으며, 학생들로부터 많은 영감을 받는다. 앞으로도 이 철학을 바탕으로 학생들에게 더 나은 학습 환경을 제공하고, 그들의 성장에 기여할 수 있는 교사가 되기 위해 노력할 것이다.

● 교직은 Culture Shock

교사로서 항상 행복할 수만은 없다. 교직 생활에는 많은 보람과 기쁨이 있지만, 동시에 도전과 어려움도 적지 않다. 영어 교사가 된 이후 지금까지 겪었던 수많은 경험은 다음과 같이 문화 충격(Culture Shock)을 극복해 가는 과정에 비유할 수 있다. 각각의 단계에서 겪은 경험은 모두 달랐지만, 나름의 기쁨과 즐거움을 느끼며 교사로서의 성장을 경험해 온 듯하다.

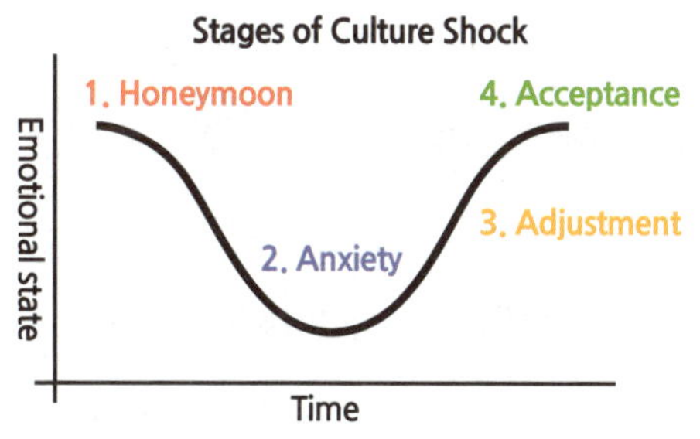

[출처: https://www.englishlearnerportal.com/blog-culture-shock]

1) 첫 번째 단계: 환상(Honeymoon Phase)

교직에 처음 발을 들여놓았을 때, 마치 새로운 여행지에 도착한 듯한 설렘과 기대감이 가득했다. 수업을 앞둔 기분은 언제나 짜릿했다. 아이들의 환한 웃음소리는 나를 맞아 주는 따뜻한 환영 인사처럼 느껴졌다. '이제 내가 선생님이구나!'라는 생각이 들며 마냥 즐거운 마음으로 가득 찼다.

이 단계에서는 모든 것이 신기하고 긍정적으로 보였다. 처음 마주하는 학생들의 다양한 반응이 나에게는 큰 자극이 되었고, 그들의 호기심 가득한 시선이 나를 더욱 열정적으로 만들었다. 수업 자료를 만들고, 아이들과 나눌 활동을 구상하며 수업을 준비하는 과정은 즐거운 탐험이었다. 이 단계에서는 작은 성공에도 큰 기쁨을 느끼며, 학생들이 즐거워하는 모습을 보며 큰 만족감을 얻었던 것 같다. "이렇게 하면 아이들이 좋아할까?"라는 질문과 함께 시도하는 모든 것에 대한 긍정적인 반응이 계속되었기 때문에, 교직에 대한 기대감은 점점 더 커졌다. 그 순간의 설렘과 기대감은 교직 생활의 첫 단추를 끼우는 중요한 경험이 되었던 것 같다.

하지만 이 단계의 단점은, 지나친 이상주의에 빠질 수 있다는 점이다. 모든 것이 완벽할 것이라 생각해서, 마주치는 작은 문제에 크게 동요할 수 있다. 그리고 이 시기가 지나고 현실적인 도전이 시작될 때, 혼란스러운 감정과 마주하게 된다.

2) 두 번째 단계: 불안(Frustration Phase)

시간이 지나면서 현실이 드러나기 시작했다. 수업 준비와 학생 생활 지도, 학부모 상담 등 예기치 않은 상황들이 나를 압도하기 시작했다. 아이들의 반응이 예상과 다를 때마다 불안감이 커졌고, '왜 이럴까? 내가 잘하고 있는 건가?'라는 질문이 머릿속을 맴돌았다. 짜릿한 달콤함이 사라진 후, 교직 생활의 현실이 본격적으로 드러나는 단계였다.

첫 수업에서의 설렘이 가득했던 마음은 이제 걱정과 불안으로 뒤바뀌었다. 생각하지 못한 상황들이 나를 압도하고, 교실에서의 모든 일이 간단하지 않음을 깨닫게 되었다. 수업 준비를 하며 예상했던 것과 달리, 학생들의 반응은 저마다 달랐다. 어떤 학생은 관심을 보이지 않았고, 또 어떤 학생은 수업과 관련 없는 질문들을 쏟아내며 수업이 흐트러지기도 했다. 처음에는 '그냥 학생들이 적응하지 못하는 것일까?'라고 생각했지만, 시간이 지남에 따라 나의 수업 방식에 의문을 품게 되었고 불안감이 커져만 간다.

동료 교사들과의 비교도 불안감을 가중시켰다. 다른 선생님들은 학생들을 잘 이끌어가고 활기찬 분위기를 만들어 내는 반면, 나는 그들처럼 해내지 못하는 것 같아 자괴감을 느끼기도 했다. 수업을 마치고 교실을 나서며, 마음속에 회의감이 쌓여 갔다.

그렇지만 이 시기가 지나고 나면, 불안한 마음을 정리하고 교실에서의 경험을 통해 배움을 찾게 되었다. 동료 선생님에게 조언을 구하거나, 교육 관련 자료를 찾아보면서 자신을 돌아보게 되는 것이다. 결국 이 단계는 나 자신을 재발견하고 성장할 수 있는 중요한 과정임을 깨닫게 되지만, 그 과정은 결코 쉽지 않았다. 이러한 불안은 교직의 현실적인 면을 깨닫게 해 주며, 앞으로의 성장에 있어 필수적인 발판이 된다. 시행착오를 통해 나만의 교육 방식을 찾아가는 과정은 결국 스스로를 더 단단하게 만들어 줄 것이다.

3) 세 번째 단계: 조정(Adjustment Phase)

여러 시행착오를 겪으면서 조금씩 적응하기 시작했다. 동료 선생님들과 대화를 나누고, 교직 관련 자료를 읽고 연구하며 교실 운영의 노하우를 배우기 시작했다. 아이들과의 소통 방식도 점차 익숙해졌다. '아, 이렇게 하면 아이들이 더 잘 반응하네!'라는 깨달음이 생겼다. 불안의 단계에서 경험한 혼란과 자책감이 조금씩 가라앉고, 교직에 대한 현실을 받아들이기 시작하는 단계이다. 이 단계에서는 교실에서의 어려움을 극복하기 위해 전략을 세우고, 자신의 교육 방식을 조정해나가는 과정이 중요하다.

나는 이 시점에서 내 수업 방식을 다시 점검하고, 필요한 부분을 수정하기로 결심했다. 수업 계획을 세우면서 학생들의 반응을 예의주시하고, 그들의 목소리를 반영하려고 노력했다. 또한, 동료 교사와의 교류와 수시 협의가 이 시기에 큰 도움이 되었다. 경험이 풍부한 선생님들에게 조언을 구하고, 그들의 수업을 참관하면서 배우기 시작했다. 그리고 서로의 경험을 나누는 과정에서 위안과 지지를 받기도 했다.

학생들과의 신뢰 관계도 점차 쌓여 갔다. 처음에는 서먹했던 아이들이 나의 변화된 태도를 감지하고, 나와의 소통이 더욱 원활해졌다. 아이들이 질문을 하거나 자신의 생각을 표현할 때, 그들의 의견을 적극적으로 수용하고 피드백을 주면서 긍정적인 상호작용이 늘어났다. 또, 이 시기는 실패를 두려워하지 않고 실험해 보는 용기를 가지게 되는 과정이기도 했다. 수업 중 다양한 활동을 시도하면서 어떤 방법이 효과적인지를 배우고, 학생들과 함께 성장해 가는 경험이 소중하게 느껴졌다.

이 단계에서 나의 교육 철학과 방법이 점차 확립되어 감을 느꼈다. 실수로부터 배우고, 학생들의 반응을 바탕으로 나만의 스타일을 만들어 가면서 자신감이 점점 커졌다. '이제는 내가 할 수 있겠구나'라는 생각이 들며, 교실에서의 역할에 대해 더 깊이 있는 이해를 하게 되었다. 이 과정에서 쌓은 경험은 나의 교직 생활에 있어 든든한 토대가 되어 주었고, 앞으로의 도전에도 긍정적인 마인드로 임할 수 있는 힘이 되었다.

4) 네 번째 단계: 통합(Adaptation Phase)

이제 교실에서의 나의 역할이 점차 자연스러워지는 시기이다. 이 단계에서는 이전의 시행착오와 배움을 바탕으로, 나만의 교육 스타일과 철학이 확립되기 시작한다. 이때부터는 교실에서의 수업이 단순한 의무가 아닌, 즐겁고 의미 있는 경험으로 느껴진다.

학생들과의 관계도 깊어지면서, 그들과의 소통이 한층 원활해졌다. 학생들이 질문을 하거나 자신의 의견을 적극적으로 표현할 때, 나는 그들의 목소리에 귀 기울이고 피드백을 주는 데 더 많은 노력을 기울인다. 학생들이 나를 신뢰하게 되고, 나는 그들의 성장을 돕는 멘토로 자리 잡게 된다.

수업 준비와 진행이 한층 수월해지며, 수업 내용을 학생들의 흥미와 필요에 맞춰 조정할 수 있는 여유가 생겼다. 이전에 비해 더 다양한 교수법을 활용하고, 창의적인 활동을 통해 학생들이 적극적으로 참여하도록 유도한다. 모둠 활동이나 프로젝트 기반 학습을 도입해 학생들이 서로 협력하는 모습을 지켜보며, 그 과정에서의 학습이 얼마나 중요한지를 깨닫게 된다.

또한, 이 시기는 자신감이 높아지고, 실패를 두려워하지 않게 된다. 과거의 실수와 어려움을 통해 배운 교훈들이 이제는 더 이상 부담으로 작용하지 않으며, 오히려 성장의 기회로 받아들인다. '이번에는 이렇게 해봐야겠다!' 라는 실험적인 자세가 생겨나고, 그로 인해 수업이 더 다채롭고 풍성해진다.

교직 생활의 통합 단계에서는 선생님으로서의 정체성을 더욱 확고히 다지게 된다. 나는 이제 더 이상 불안한 초보 교사가 아니라, 학생들을 위해 진정으로 최선을 다하고 싶은 교사로서의 사명감을 느낀다. 학생들의 성장을 지켜보며 그들과 함께하는 기쁨이 교직 생활의 큰 원동력이 된다.

이제 교실 밖에서도 지속적인 성장을 위한 학습을 추구하는 단계로 이어진다. 새로운 교육 트렌드나 연구를 지속적으로 학습하고, 다양한 교육자들과의 네트워킹을 통해 자신의 관점을 넓히고자 한다.

이처럼 교직에 입문하면서 겪는 단계들은 마치 문화 충격을 겪는 과정과 닮아 있다. 학생들의 변화와 성장을 지켜보며 큰 보람을 느꼈고, 각 단계를 지나며 성장해 가는 나 자신도 발견하게 되었다.

● 교학상장

학생들이 영어 실력을 점차 향상시키고 자신의 목표를 이루어 나가는 과정을 지켜보는 것은 교사로서 큰 보람을 느끼게 한다. 예를 들어, 처음에는 영어 문장도 제대로 구성하지 못하던 학생이 수업을 통해 점차 자신감을 얻고 영어로 대화를 이어가는 모습을 볼 때, 교사로서 큰 기쁨을 느낀다. 처음에는 짧은 대화만 가능했는데 시간이 지나면서 복잡한 주제에 대해 깊이 있는 대화를 할 수 있게 될 때, 그들의 성장 과정에 작은 기여를 했다는 사실이 교사로서 큰 자부심이 된다.

뿐만 아니라, 학생들을 가르치면서 나 자신도 계속해서 배우고 성장한다.

학생들이 제시하는 독특한 질문이나 새로운 시각은 교사에게 새로운 통찰을 제공하기 때문이다. 교사는 학생들의 다양한 경험과 배경을 통해 자신의 교수학습 방법을 개선하고, 더욱 효과적인 교수법을 개발할 수 있다. 새로운 교수법을 시도

해 보고, 다양한 학습 스타일을 맞추기 위해 노력하면서 나 자신도 꾸준히 발전해 나가는 것이 교사로서의 큰 보람이다. 교사가 학생을 가르치고, 학생이 배우는 과정에서 서로의 성장과 발전이 이루어진다. 교사와 학생이 함께 성장해 가는 매우 값진 경험이다.

2 더 좋은 교사가 되기 위한 노력

교사로서의 전문성 향상

나는 꾸준한 자기 계발을 통해 영어 교사로서의 전문성을 키워 왔다. 2007년 숙명여자대학교 TESOL 과정을 우수한 성적으로 마치며 Honor Award를 수상했고, 이를 통해 Oregon 대학교에 추천을 받아 장학금을 받으면서 TESOL 프로그램을 이수했다. 이 과정에서 영어 교육에 대한 이해와 역량을 한층 더 발전시킬 수 있었고, 2009년에는 영국 Chichester 대학과 연계된 프로그램에 참여하면서 국제적인 시각을 넓힐 수 있었다. 곧바로 TESOL 석사 학위 과정을 마치며, 영어 교육의 이론적 지식뿐 아니라 실질

적인 교수법을 깊이 있게 배울 수 있었다.

2011년에는 서울대학교와 Bloomfield College에서 TESOL 과정을 이수하며 영어 교육에 대한 전문 지식을 더욱 심화시켰다. 또, 같은 해에 한국유네스코 위원회가 주관한 한-호 영어 교사 교류 프로그램에 참여하면서 영어 교육 현장에서의 실제 경험을 쌓고, 다양한 교육 환경에서의 교수법을 탐구할 수 있었다. 이러한 경험은 더 나은 교사로 성장시키는 중요한 계기가 되었다.

2012년에는 경기도교육청 주관으로 영어로 진행하는 영어 수업, 즉 TEE(Teaching English in English) 인증 시험에서 우수한 성적을 거두어 TEE-Expert로 인증 받았다. 이는 영어로 영어를 가르치는 능력에 대해 공식적으로 인정받은 것으로, 학생들에게 보다 자연스럽고 몰입할 수 있는 영어 환경을 제공할 수 있다는 것을 증명한다.

그밖에 학생 상담, 인성 교육, 진로 교육 등 교사로서 필요한 다양한 영역에서의 직무 연수를 해마다 100시간 이상씩 받음으로써 교사로서의 전문성을 키워 오고 있다.

이처럼 항상 더 나은 교사가 되기 위해 해마다 학문적, 실무적으로 끊임없이 노력해 왔으며, 그 과정에서 쌓은 경험과 성과들은 이제 나의 교육 철학과 실천에 큰 영향을 미쳤다. 앞으로도 이러한 노력은 계속될 것이며, 학생들에게 보다 나은 교육을 제공하고자 최선을 다할 것이다.

● 팔방미인이 되고자

교사의 역할은 단순히 학생들에게 지식을 전달하는 것을 넘어선다. 우수한 교사가 되기 위해서는 교육과정, 수업 방법, 평가 시스템 등 교육의 모든 영역에서 지속적으로 전문성을 개발하고 향상시키는 데 상당한 시간과 노력을 투자해야 한다. 이러한 노력은 교사의 역할을 더욱 효과적으로 수행할 수 있도록 해 주며, 학생들에게 최상의 학습 경험을 제공할 수 있다.

1) 교사 교육과정 개발

교사는 학생들의 필요와 학습 목표에 맞춰 교육과정을 설계하고 개발할 수 있어야 한다. 이를 위해 교사는 최신 교육 연구와 이론을 지속적으로 공부하며, 다양한 교육 자료와 기술을 통합하는 방법을 모색해야 한다. 교과 지식에 대한 전문성은 교과에서 가르쳐야 할 핵심 개념을 바르게 이해하고 이를 교과 교육과정으로 실천하는 것으로 이어진다. 따라서 해당 교과의 교사 교육과정을 설계하는 역량이 중요하다.

교사 교육과정은 만들어 가는 교육과정이다. 즉, 교사의 전문성을 기반으로 교육과정 자율권을 적극 발휘하여, 교육과정 개발자로서 국가 수준의 교육과정을 학교와 학생들에게 좀 더 적합한 교육과정이 되도록 개발하는 것이다. 교사 교육과정은 '교과서 재구성, 교육과정 재구성, 교육과정 개발의 양상'으로 실행되며, 교육과정 문해력을 바탕으로 학생·학부모·교사의 필요와 요구에 따라 적절히 선택하여 운용할 수 있어야 한다.

'교사가 곧 교육과정'임을 상기하며 텍스트(text)를 콘텍스트(context)로 확장하여 교육과정 성취기준을 기반으로 학교의 지역적 특성, 학생들의 수준과 요구, 교사의 철학과 신념 등 공동체적 고민을 담아내어 교육과정을 개발했다. 학생을 중심으로 교과서 재구성 및 교육과정을 개발함으로써 학생들의 의미 있는 배움을 증진시켜 왔다. 배움의 기준과 내용으로서의 성취기준을 중심에 두되, 주어진 상황과 맥락에 맞게 수정·통합하여 교사 교육과정을 실천한 것이다. 이러한 경험을 『교사 교육과정을 디자인하다 - 이론편(2020), 실천편(2021), 성취기준편(2024)』에 담았다.

또한, 경기도교육청 교육과정 현장네트워크 및 2022 개정교육과정 초·중학교 교육과정 운영 방안 연구위원으로 위촉되어, 〈2022 초·중학교 교육과정 개선 연구〉와 〈2022 초·중학교 교육과정 운영 방안 연구〉를 공동 작업하면서 2022 개정교육과정의 운영 방안에 대해 뜨겁게 논의한 바 있다.

2) 수업 방법의 혁신

효과적인 수업을 위해 교사는 다양한 교수법을 실험하고 적용해야 한다. 전통적인 강의 방식에서 벗어나, 학생 참여를 유도하는 하브루타 수업, 토의·토론 수업, 협동학습, 프로젝트 기반 학습 등을 통해 학생들의 창의력과 비판적 사고를 촉진하며, 개별 학생의 학습 스타일과 속도에 맞춰 수업을 조정한다. 이를 위해 교수·학습 방법에 대한 연구를 게을리하지 않고 있으며, 이를 적용한 수업 공개를 신규 교사 시절부터 늘 해 오고 있다.

각종 연구 수업과 제안 수업, 수업 사례 발표 등을 20여 년째 학기별로

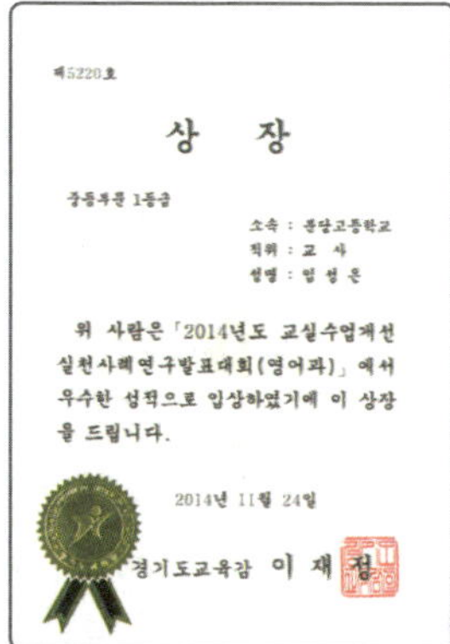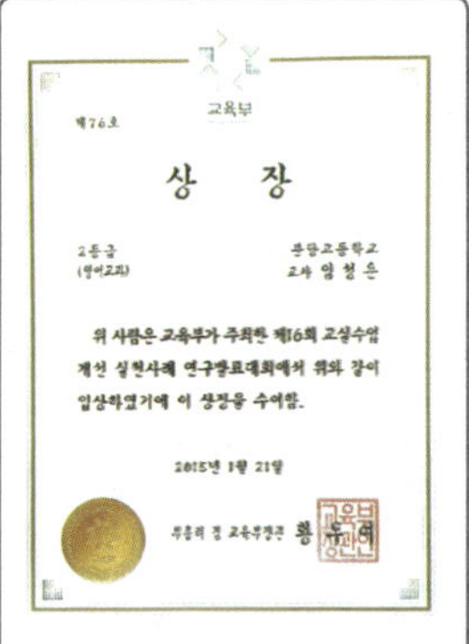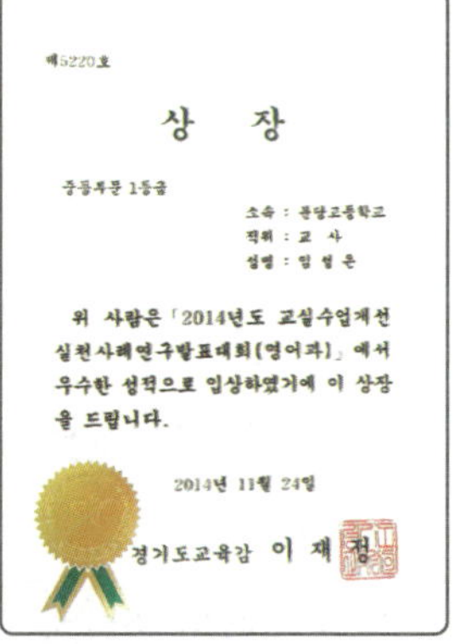

1~2회 이상씩 하고 있다. 덕분에 다양한 주제의 다양한 영역에서 수업 전문성을 향상시킬 수 있었고, 수업 연구대회나 각종 공모전, KOSETA 수업 사례 발표 등에서 여러 차례 입상했다. 이는 다시, '수업의 신'이라는 별칭까지 얻을 정도로 더욱 향상된 수업 전문성으로 이어졌다.

3) AI 에듀테크의 활용 확대

최근 AI를 활용한 각종 교육 플랫폼을 체험하면서, 인공지능이 교육의 변화 속도를 높이고 있음을 다시 한번 실감하고 있다. 인공지능, 사물인터넷, 3D, 무인기술 등이 빠르게 발전하고 있고, 로봇, 가상현실, 증강현실 등의 활용이 보편화되는 등 각종 디지털 매체들이 인간의 인지적 기능과 판단 등도 대체할 수 있는 수준에까지 와 있다. 이러한 첨단 과학기술 문명은 학교 교육에도 큰 영향을 주고 있고, 그 영향력은 점차 확대될 것이다.

이에 2013년부터 교육부 위촉 스마트교육 중앙선도교원과 디지털교과서 교수학습자료 개발 위원으로서 다년간 활동했다. AIEDAP 리더교사 연수를 통해 인공지능 원리와 활용, 데이터과학의 이해, 기계학습(머신러닝) 등에 대한 이해도를 제고하고, 이에 기반하여 에듀테크 및 인공지능 기반의 컴퓨팅 사고능력을 향상시키기 위한 수업·평가를 설계했으며, 교사들의 디지털 역량 함양 연수 강의도 해 오고 있다. 또한, 디지털 리터러시 학습요소를 바탕으로 2022 개정교육과정을 분석하여, 2023학년도 영어과 디지털 역량교육 장학자료와 인공지능 윤리교육 장학자료도 개발했다.

4) 평가 방식의 정교화

평가는 학생들의 학습 성과를 측정하고 교육과정의 효과를 평가하는 중요한 수단이다. 교사는 지필평가뿐만 아니라 논술형 평가, 구술 발표, 포트폴리오, 프로젝트, 동료 평가, 자기 평가 등 다양한 평가 도구를 사용하여 학생들을 평가한다. 이 평가 결과를 통해 수업 계획을 조정하고, 개별 학생의 학습 필요를 더 잘 지원하기 위한 전략을 개발하기도 한다.

나는 첫 발령지가 성남 지역이었고, 뒤이어 분당 지역에서만 20여 년 근무해 왔다. 분당 지역은 학생들과 학부모들의 학구열이 아주 높아 성적에 대해서도 매우 민감한 지역이다. 신규 시절에는 다소 부담이 되는 부분이었으나, 그 덕분에 오히려 교사의 평가 전문성을 키울 수 있었다.

학업성취도평가와 NEAT(National English Ability Test), 전국연합 학력평가, 모의평가, 대학수학능력시험 등의 대규모 단위 시험의 평가 문항을 다년간 출제했다. 평가 컨설팅 및 선행학습 유발 관행 근절 점검지원단, 지필평가 연구회 활동을 통해 평가 역량을 강화하면서, 지필평가 문항 제작 관련 강의도 지속적으로 해 오고 있다. 또, YBM 매거진의 〈평가문항제작 상담소〉라는 코너에 사례와 경험을 담아 2년간 기고했다. 앞으로도 수석교사로서 이러한 노하우와 생생한 경험을 동료 교사들과 공유하여, 평가 오류를 예방하고 동교과뿐만 아니라 전체 교과의 평가 문항에 대한 철저한 사전 검토가 이루어지도록 적극 지원할 것이다.

3 나의 수업 이야기

● 단순 지식 암기가 아닌, 핵심 아이디어 중심의 깊이 있는 학습으로

미래 사회는 정보가 폭발적으로 증가하고, 사회 문제들이 점점 더 복잡해질 것이다. 이러한 문제를 해결하기 위해서는 고차원적 사고력이 필요하며, 기존의 단편적인 암기식 학습이 아닌 개별적 사실들을 포괄하는 개념적 이해가 필요하다. 여러 사례를 관통하는 공통의 속성인 개념을 이해하고 다른 맥락에도 개념적 이해를 적용할 수 있어야 통합적 사고와 심층적 이해가 가능하며 전이 가능성이 높아진다. 2022 개정 교육과정에서도 깊이 있는 이해를 강조하면서, 학습 내용을 핵심 아이디어 중심으로 지식·이해, 과정·기능, 가치·태도로 구성하고, 이 세 요소를 통합적으로 작동하여 학생이 학습의 결과 궁극적으로 할 수 있어야 할 것을 성취기준으로 구현했다.

사실, 학생참여형 수업은 계속 강조되어 왔으나, 방법적 측면이 지나치게 부각되면서 재미 위주의 활동이나 체험 중심으로 오인되는 경향이 있었다. 깊이 있는 이해를 이끌어내기보다, 단순히 활동들만 나열하는 수준에 그친 것이다. 교과서의 프로젝트 활동도 자료를 조사한 후 발표하는 수준이거나 포스터나 UCC 제작 등에 머물렀을 뿐, 깊이 있는 학습을 위한 본연의 목적을 살리지는 못했다. 예를 들어, 글을 읽고 글의 중심 내용을 나타내는 그림을 그리도록 했다면, 그것만으로 학생이 핵심 아이디어를 이해하도록 하는 데 충분했을까? 학생이 깊이 있는 이해에 도달하도록 하려면, 그림이 어떻게 글의 중심 내용을 나타내는지 기술하도록 하고, 주제에 관한 중심 내용을 어떻게 파악할 수 있는지 설명하도록 해야 했을 것이다.

이러한 고민과 함께 학생들의 생각을 꺼내는 수업·평가를 설계한 바 있다. 주어진 글을 수동적으로 이해하는 데 그치지 않고, 학생이 스스로 글을 분석하고 탐구하는 과정을 거쳐, 작가가 대화나 묘사 및 다른 인물과의 관계를 통해 인물의 특성을 드러낸다는 것을 개념적으로 이해하도록 했다. 그런 다음, 학생들로 하여금 심층적 이해와 탐구, 생각과 의견의 자유로운 소통 경험을 바탕으로 자신의 언어를 사용하여 논리적으로 작성하는 논술형 평가를 실행했다. 등장인물의 성격이나 배경, 상황 등을 학생의 창의력과 상상력에 기반하여 그 내용을 재구성하게 함으로써, 창의적·비판적 사고력을 향상시킬 수 있었다. 앞으로 새 교육과정이 도입됨에 따라 현장에서는 이와 같은 교육과정·수업·평가 설계 역량이 필요할 것이다.

● 단일 교과만이 아닌, 교과 융·복합으로

우리가 살아갈 미래 사회에는 지식과 기능의 급속한 증가와 고도화로 인해, 다양한 분야의 지식을 융합하여 새로운 가치를 창출할 수 있는 창의융합적 능력이 요구된다. 따라서 미래 교육에서는 다학문적·간학문적 교과목 개발 및 교과 융·복합 교수학습이 절대적으로 필요하다. 2022 개정 교육과정에서 교과 내, 교과 간 주제 융합 과목과 실생활 체험 및 응용을 위한 과목으로 구성된 융합선택과목을 신설한 것도 이러한 맥락에서이다.

2022 개정 영어과 교육과정에서도 여러 교과에서 배운 내용을 서로 연결하고 통합하여 창의적으로 문제를 해결할 것을 강조하고 있다. 즉, 학생의 관심과 흥미에 기초한 활동 중심 주제 통합보다는, 교과 내 영역과 여러 교과를 관통하는 핵심적인 내용을 다루도록 하고 있다. 사실, 영어 교과의 내용 요소는 친숙한 주제, 줄거리나 요지 등으로 구성되어 있어, 교과 간 통합 활동을 자유롭게 할 수 있는 교과들 중 하나이다. 이에, 교사는 영어과 주제와 타 교과를 연결하고 통합하는 기회를 마련함으로써 궁극적으로는 학생들의 사고와 경험이 확장되도록 해야 한다.

특히, 새 교육과정에서는 학생의 삶과 연계한 실생활 맥락 속에서 학습 내용을 습득하고 적용, 실천하도록 하는 '삶과 연계한 학습'을 강조한다. 이에 학생의 공동체 가치 함양을 위해 인간과 환경의 공존을 추구하는 생태전환 교육과, 시민성 함양을 위한 민주시민 교육이 영어과 교육 내용의 소재 목록으로서 보다 구체화되었다. 또, 개정 교육과정 총론에서 제시하고 있는 디지털 기초 소양 교육의 개념 정의와 내용 체계안을 반영하여 소재 목록에 새롭게 추가되었다. 따라서, 기존의 개인·학교·사회 생활, 문화 등에 더하여 생태전환, 민주시민, 디지털·인공지능에 이르기까지 다양한 주제의 내용을 다룰 필요가 있다.

2016년, 일찌감치 한국창의재단에서 주관한 STEAM 심화과정 연수를 이수하고, 이를 수업과 동아리 활동에 수년간 적용해 왔다. 이 경험은 앞으로 수석교사로서 교과융합 교육과정을 설계하는 데 큰 도움이 될 것으로 생각한다. 매년 3~4개 이상의 중장기 교과융합 프로젝트를 꾸준히 해 오고 있으며, 중등 배움중심 수업사례 공모전에서 유공교원 표창을 받은 후

STEAM 교육 교사직무연수 지도강사로 위촉되어 강의를 해 오고 있다.

과학기술 기반의 융합적 사고력과 실생활 문제 해결력을 함양하기 위한 STEAM 교육은 과학(Science), 기술(Technology), 공학(Engineering), 인문·예술(Arts), 수학(Mathematics) 등 여러 개의 영역과 교과군들이 함께 유기적으로 융합이 되어야만 가능하다. 우리나라의 전통 음식을 국제 교류 학교의 친구들에게 홍보하기 위해 가정 시간에 영양소를 분석하고, 과학 시간에 식재료들을 화학분자식으로 표현하여 분자 요리를 만들고, 영어 시간에 레시피를 작성한 후, 음악 시간에 이를 홍보 노래 영상으로 제작하는 프로젝트를 진행했었다. 이와 같이 여러 교과가 융합된 프로젝트를 공동으로 수행하기 위해서는 교과 간의 밀도 있는 협의회를 바탕으로 수업과 평가계획을 준비해야 한다.

● 학생 주도의 '탐구 – 실행 – 성찰' 프로젝트 수업으로 핵심 역량 함양

미래 사회에 대비한 핵심 역량을 키우기 위해 학교의 수업은 어떻게 변화해야 할까? 학생들이 변화에 능동적으로 대응할 수 있도록, 창의적이고 복합적인 문제해결 역량을 길러 주는 방향으로 교육해야 할 것이다. 또, 사회의 다양성이 확대되는 상황에서 자신의 삶을 책임 있게 이끌어 갈 수 있는 주도성의 함양, 서로 존중하고 협력하는 공동체 의식 함양도 강조되고 있다. 미래학습의 틀 2030에서는 '학습자 주도성'이 세계에 능동적이고 주도적으로 참여하면서 다른 사람과 주변 환경에 긍정적인 영향을 미치는 책임감을 내포하는 개념으로서, 주도성을 갖는 사람은 목표를 설정하고 그에 맞는 행동을 설계할 줄 아는 능력을 가져야 한다고 했다. 2022 개정 교육과정에서도 '포용성과 창의성을 갖춘 주도적인 사람'을 비전으로 제시했다.

　이러한 학생 주도성을 키우고자 학생의 삶과 연계한 SDGs를 주제로, 학생의 탐구 질문에서부터 출발하는 학생주도 프로젝트 수업을 실시했다. 사실, 세계시민 선도교사로서 세계시민 교육과정에 기반한 학생주도 프로젝트 활동을 오랜 기간 실행하여 『과정중심평가를 위한 프로젝트 수업(2020)』을 출판했으며, 교육청과 교육지원청 주관으로 매년 1회 이상 수업 공개 및 사례 발표를 해 오는 중이다. '탐구 – 실행 – 성찰'의 과정을 통해 학생들이 지역·국가·세계 공동체의 구성원으로서 스스로 제기한 탐구 질문을 출발점으로 전세계적 위기 상황에 대한 관심과 책무성을 갖고, 현재 당면한 문제점과 그 원인을 각자의 시각에서 스스로 찾아 분석한 후 해결방안을 모색하는 등, 전 과정을 학생이 기획하고 실행하도록 했다. 필요한 것을 스스로 찾고, 학생 간 협력하는 과정에서 배움과 성찰이 일어났다.

　이와 같은 학생주도 프로젝트 수업을 활성화하려면 우선 깊이 있는 학습을 유도할 수 있는 탐구 질문이 필요하다. 탐구 질문은 정답 찾기가 아닌 여러 관점과 해석을 유도하는 질문으로서, 학생들의 호기심을 자극하고 의미

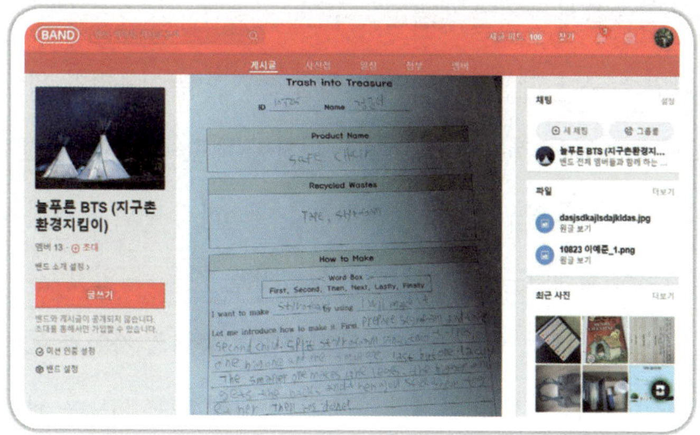

있는 탐구와 토론, 비판적 사고를 유도할 수 있다. 또한, 현재 학습하고 있는 주제를 더 넓은 주제나 개념과 연결할 수 있도록 유도한다. 이를 영어 교과에 적용해 보면, '왜 글을 읽고 자신의 생각으로 표현하는 것이 중요한가?, 정보를 효과적으로 전달하려면 어떻게 해야 할까?, 대화에서 상대방의 의도를 이해하는 것이 왜 중요할까?' 등이 그에 해당한다.

이 프로젝트 수업은 국제 교류 활동을 통해 학생들에게 유의미한 학습의 기회를 제공했다. 2014년부터 지금까지 APEC 국제교류 협력지원단으로 활동하면서, 다수의 유럽권 및 아시아 국가들과 동시 교류를 어렵지 않게 할 수 있었다. 시공간의 한계를 뛰어넘어 이러한 교류 학습을 수행하는 것은, 한국의 EFL 상황에서 오는 의사소통 상의 제한점을 극복하고 21세기 미래 핵심 역량인 의사소통 역량, 공동체 역량, 창의적 사고 역량, 지식정보처리 역량 등을 기르는 데 매우 유의미했다. 학생들은 실제적이고 구체적인 학습 목표와 동기를 부여받고 영어를 사용할 수 있게 되었으며, 영어에 대한 두려움을 줄이고 자신감을 키울 수 있었다.

● 보편적 학습설계 원리로 책임교육 구현

교사라면 누구나 학생들의 흥미와 학습 동기를 끌어올리기 위한 방안에 대해 고민해 보았을 것이다. 오랫동안 명확한 해결책을 얻지 못했던 터에, 2019년 경기도교육연구원에서 학습격차를 해소하기 위한 보편적 학습설계 수업과 관련한 실행연구에 참여하면서 그 방법을 찾을 수 있었다. 이는 학생 어느 누구도 교실에서 소외되지 않고, 학생들의 능력의 차이와 특성을 고려하여 배움이 협력적으로 이루어질 수 있도록 구성하는, 새로운 교육적 패러다임에서 비롯된 수업이다. 학생들의 다양한 학습 요구를 충족시키기 위해 다양한 표상 수단을 제공하고, 다양한 행동과 표현 수단을 제공함으로써 학습에 대해서 쉽게 다가가도록 한다. 또, 학생들마다 학습에 대해 동기 부여가 되는 방식이나 내용이 다르므로 다양한 참여 수단을 제공하는 것이다.

앞에서 소개했던 탐구기반 프로젝트 수업에 보편적 학습설계 원리를 적용한 구체적인 예시는 다음과 같다. 첫째, 다양한 표상 수단을 제공하기 위해 학생의 수준과 관심, 흥미에 맞는 주제 선택, 이해 가능한 수준의 기사문 활동 등 학생 개별 맞춤형 프로젝트 활동을 실시했다. 학생이 고른 각 주제에 맞게 자신의 영어 수준에 따라 이해 가능한 수준(i+1 수준)의 영어 기사문 자료를 스스로 선택하게 하여 활동에 어려움이 없도록 했다. 모둠별 Round Robin 활동을 통해 기사문에 대한 이해를 돕고, 관련 내용을 자신의 언어로 기술하는 과정에서 Grammarly와 Wrtn 등의 AI 기반 에듀테크를 사용하여 어휘와 언어 형식에 대해 보완할 수 있도록 했다.

둘째, 다양한 방식의 행동과 표현 수단을 제공하기 위해 학생의 다중지능을 고려하여, 선호하는 학습 스타일에 따라 쓰기(편지, 저널, 일지, 보고서, 제안서 등), 말하기(인터뷰, 역할극, 랩, 노래 등), 시각 자료(만화, 그림, 포스터, 영상, 스토리보드 등)의 다양한 결과물 형태 중에서 모둠별로 자유롭게 선택하도록 했다.

마지막으로, 학생들이 원하는 자유 주제를 선택하고, 주제가 동일한 학생들끼리 모둠을 구성하도록 했더니, 활동 과정 내내 높은 참여 동기와 학습 의욕을 보였다. 학생들의 출발점이 모두 다르기 때문에 모둠별 프로젝트 계획에 따라 자신의 세부 목표를 스스로 정하도록 했다. 프로젝트를 계획하고 실행하는 전 과정을 학습자들이 스스로 할 수 있도록, 프로젝트 계획서를 포함한 KWL 차트 활동지를 제공했다. 또, 매 차시마다 자기 평가 및 동료 평가를 한 후, 교사가 피드백을 하며 확인하고 함께 조정해 나갔다.

이와 같이 보편적 학습설계 수업을 하게 되면 학생이 자신에게 맞는 학습 수준에 따라 학습의 시기와 속도 등을 스스로 조절할 수 있기 때문에, 자기 주도적 역량이 함양되고 배움의 즐거움을 경험할 수 있게 된다. 이는 기초학력이 부진한 학생들을 수업에 끌어들이는 데에도 효과적이어서, 연구에 참여했던 경험을 바탕으로 지금까지 실행해 오고 있다.

● 세계시민으로 거듭나기

코로나19로 인해 인간과 자연의 공존에 대한 고민이 깊어지고 있다. 인간중심적 사고에서 벗어나 인간과 환경의 공존을 추구하는 생태전환교육을 실천할 필요가 있다. 특히, 생태전환교육은 2022 개정 교육과정에서도 강조하고 있는데, 인간과 생태계의 관계, 생태 감수성과 책임감, 생태 전환을 위한 사회 체계의 변화 제안 및 실천 등을 교육과정 소재로 제시하고 있다. 이에 기후 · 생태환경 변화 등이 가져오는 지속가능한 발전 과제에 대한 대응능력 및 공동체적 가치를 함양하는 교육에 힘써 왔다.

세계시민 선도교사로서 유네스코학교 및 경기도그린스쿨을 다년간 운영하다 보니, 학교 교육과정에 유네스코의 가치를 반영하여 교과 간 융 · 복합 세계시민교육을 실천한 경험이 있다. 일례로, 기후 위기 문제를 인식하고 행동 변화를 촉구하는 실천에 기반한 교과융합 프로젝트를 진행했다. 기후행동 1.5℃ 앱을 활용하여 일상생활에서 전원 코드 빼놓기, 일회용품 줄이기, 텀블러 사용하기 등 친환경 생활 규칙을 정하여 실천하도록 하고, 재활용 쓰레기들로 업사이클링 제품과 에코백을 직접 만들어 사용하게 함으로써 환경보존의 중요성과 가치 및 기능에 대한 중요성을 인지시킬 수 있었다. 또한, 학교 축제 행사로 바자회를 열고, 직접 만든 업사이클링 물건을 판매하여, 수익금을 유네스코 한국위원회에 기부함으로써 지구촌 나눔교육도 했다. 픽토그램을 활용하여 환경보호 포스터를 만들고 환경의 날 캠페인 활동을 실시한 후, 활동 소감을 발표하면서 마무리했다.

4 수업을 통해 만나는 아이들

💬 일상생활을 다룬 수업을 통해 학생의 삶 속으로

영어 수업에서는 학생들에게 친숙한 일상생활 관련 주제를 다루도록, 교육과정 성취기준에서도 명시하고 있다. 학생들의 일상생활과 밀접한 주제를 다루는 것은 학습의 실용성을 높이고 학생들의 흥미를 끌어내는 데 매우 효과적이다. 학생들이 자신의 생활과 관련된 내용을 학습할 때, 단순한 학문이 아니라 실질적인 의사소통 수단으로서의 영어의 가치를 깨닫게 된다.

또한, 일상생활을 다룬 수업을 통해 학생들의 삶을 들여다볼 수도 있다. 일상생활을 주제로 한 글쓰기 또는 말하기 활동을 할 때, 학생들은 자신의 경험을 바탕으로 다양한 이야기를 풀어낸다. 주말에 가족과 함께 시간을 보낸 이야기, 친구들과의 소소한 모험, 혹은 학교에서 겪은 작은 갈등이나 고민들이 드러난다. 이 과정에서 교사는 그들의 감정과 생각, 실생활을 엿볼 수 있다. 학생들이 자신의 삶을 어떻게 바라보고 있는지, 그들이 무엇에 관심을 갖고 있는지를 파악함으로써 더 깊이 있는 소통을 할 수 있다.

뿐만 아니라, 자신의 경험을 공유하고 다른 사람들과 소통하는 과정에서 학생들은 서로 다른 문화적 배경을 이해하는 기회를 갖게 된다. 다양한 문화적 관점을 배우고, 서로 다른 생활 습관을 이해하면서 생각의 지평을 넓히는 데에도 도움을 준다. 이러한 문화적 이해는 학생들이 국제 사회에서의 소통 능력을 기르는 데 중요한 역할을 한다.

● 어항 밖을 갈구하는 아이들

학기 초가 되면 자기 자신을 표현하는 Shape Poem 글쓰기 활동을 꾸준히 해 오고 있다. 자기 자신을 주제로 글의 내용을 시각적으로 형상화하는 시 쓰기 방식이다. 한번은 어항 속 물고기를 그린 학생이 있었다. 학교를 어항에, 자신을 물고기에 빗대어 학교를 탈출하고 싶은 자신의 욕망을 드러낸 시였다.

"선생님, 학교는 너무 답답해요. 왜 우리는 항상 이 안에서만 갇혀 지내야 하나요?"

학생의 발표를 들으면서 가슴이 먹먹해졌다. 그 힘든 마음을 미처 알아주지 못한 것 같아 몹시 미안했다. 학교는 교육이라는 중요한 역할을 하는 공간이지만, 학생들에게는 반복되는 일상, 정해진 시간표, 엄격한 규칙, 평가에 대한 압박, 미래에 대한 불안감 등으로 충분히 답답하게 느껴질 수 있겠구나 하는 생각이 들었다.

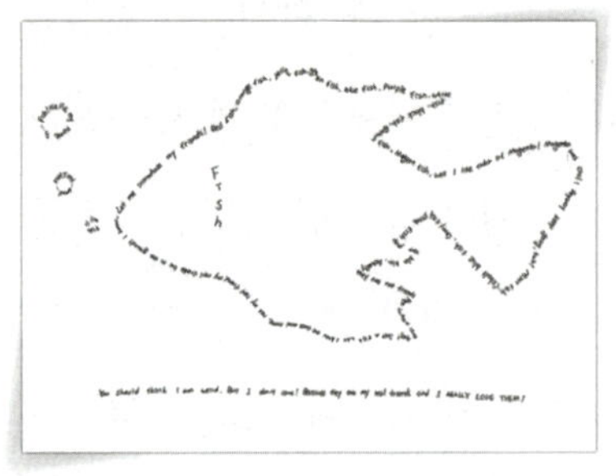

물리적인 한계로 학생들의 욕구를 완전히 만족시켜 줄 수는 없겠지만, 학교라는 구조적 환경 속에서 학생들이 자신의 관심과 열정을 추구할 수 있는 기회를 제공하는 것이 필요하다. 학생 스스로 관심 있는 주제에 대해 연구하거나, 지역사회와 연계하여 다양한 주제의 실생활 프로젝트 등을 진행한다면, 학생들은 조금이나마 자신의 호기심을 충족시키고 학교라는 어항의 경계를 넘어 더 넓은 세계와 연결되는 경험을 하게 될 것이다.

또, 학생과의 진지한 대화를 통해 학생들의 의견을 존중하고 열린 소통을 하는 것이 중요함을 깨달았다. 학생들이 학교 환경에 대한 불만이나 갈망을 표현할 때 이를 단순한 불만으로 치부하기보다는, 학생들의 감정을 이해하고 해결책을 모색하는 것이 필요하다. 이러한 접근은 학생들과의 신뢰를 쌓고, 학습 환경을 개선하는 데 도움이 될 것이다.

학생들의 갈망과 호기심을 이해하고 이를 학습과 교육 과정에 반영하는 것은 중요한 교사로서의 역할이다. 학생들이 학교와 외부 세계를 연결 지을 수 있는 기회를 제공하고 그들의 의견을 존중하는 것은, 학생들의 학습 경험을 더욱 풍부하고 의미 있게 만들어 줄 것이다.

● 학습 결손으로 힘들어하는 아이들

학습 결손이나 학습 격차의 심화 문제는 책임 교육의 구현을 위해 반드시 해결되어야 할 과제이다. 2021년 9월 제정된 '기초학력보장법'은 모든 학생들의 기초학력을 보장하여 능력에 따라 교육을 받을 수 있도록 그 기반을 조성하는 것이 목적이다. 기초학력은 모든 학생들이 지속적으로 학습하고 스스로 삶을 영위하는 데 필수적으로 요구되는 최소 수준의 학력이라고 할 수 있다. 특히, 기초학력은 4차 산업혁명 시대를 살아가는 데 있어서 필수적인 문제해결력과 창의력 등을 기르는 시작점이 되므로 매우 중요하다.

기초학력이 부진한 학생들을 대상으로 교과보충프로그램을 다년간 운영하고, 기초학력 향상 지원을 위한 교육청 업무를 오랜 기간 지원하면서 기초학력 부진의 원인을 분석해 보니, 인지적 문제에 앞서 정서·행동적 측면에서 어려움을 겪는 경우가 많음을 알 수 있었다. 사람의 마음을 움직이고 변화시키려면 시간과 노력을 들여야 하는 것이기에 학생들의 변화를 묵묵히 기다려 주는 것이 중요하다.

Carol Dweck에 따르면, 자신의 성공한 모습을 타인에게 보여 줄 때만 성취감과 행복감을 느끼는 '고정 마인드셋'은, 꼭 성공해야만 한다는 압박감 때문에 도전을 회피하고 실패의 원인을 외부에 돌린다고 한다. 이에 매사에 자신감을 가지고 어려운 과제에 도전하면서 실패하면 다시 도전할 수 있는 회복 탄력성이 필요하다. 따라서 고정 마인드셋이 아닌, '성장 마인드셋'을 갖도록 지도해야 한다. 즉, 어떤 어려움과 실패도 노력과 인내를 통해서 극복할 수 있다고 믿으며 배움 자체를 중시하도록 지도해야 하는 것이다.

이러한 성장 마인드셋을 갖도록 하기 위해, 올해 실시한 영어과 교과보충 프로그램에서 다음과 같은 노력을 했다. 우선, 학생과의 래포 형성을 위해 게임을 활용한 MBTI와 다중지능검사로 학생의 성향과 학습 스타일에 대해 알아보는 것에 많은 시간을 보냈다. 이후, 자존감 형성을 위해 『The Dot』이라는 그림동화책 읽기 활동을 하면서 학생의 장점과 특기를 스스로 탐색하는 데 주력했다.

그리고 교과 학습 지도에 앞서 더 큰 관심을 두었던 것은 다음의 다양한 전략들이다. KWL 차트 활용 메타인지 활성화하기, 실패의 원인이 재능이 아니라 노력과 전략의 부족 때문임을 일깨워 주기, 적절한 난이도의 과제로 성공 경험 만들기, 칭찬과 격려의 피드백 자주 하기, 일일 플래너 사용하기, 신체 움직임을 동반한 수업하기, 카드 맞추기 등 기억력 강화 게임 하기, 학생에게 의사결정권과 선택권 제공하기, 개념을 구조화하고 chunking을 통해 인지 과부하 줄이기 등의 전략을 사용한 것은 매우 효과적이었다.

● 모든 것이 다른 아이들

학령인구가 지속적으로 감소하면서, 학생 개인 한 명 한 명이 존중받는 개별 맞춤형 교육이 매우 중요해졌다. 또, 코로나19 이후 학습 결손 및 학습 격차가 더욱 심화되면서 공평한 교육에서 공정한 교육으로의 전환이 요구되고 있다. 학생의 개인차를 고려한 맞춤형 수업, 즉 학습 격차를 줄이는 공정한 수업으로 전환하기 위한 교사의 역할은 무엇일까? 전문가들의 분석에 따르면, 학력 저하의 주요인은 사회 전 분야에서 이루어지고 있는 디지털 혁신이 교육 분야에서 유독 정체되어 있기 때문이라고 한다.

모든 학생이 각자 원하는 학습 목표를 달성할 수 있도록 개인별 맞춤형 교육을 지원해야 한다. 이에 인공지능과 빅데이터 등을 활용하여 학생의 학습 수준을 분석하고 최적의 학습 경로를 제공하여 개별화된 학습을 제공한다면, 학생 개개인의 특성을 고려한 맞춤형 교육을 실현할 수 있다.

이러한 미래형 수업환경을 통해 학생의 배움이 풍성해지도록, 교사는 디지털 리터러시 역량을 키워야 할 것이다. 한 명의 교사가 교실에 있는 다양한 학생들의 요구를 반영하여 학습의 성취를 분석하고 적절하게 피드백을 제공하기는 쉽지 않다. 학교에는 다양한 학습자가 존재하며 각각 관심사·동기·학습 스타일 등이 상이하기 때문에, 개별 학생의 구체적인 필요·관심·요구 등에 따른 학습 내용과 전략이 필요하다. 교사들이 협업하여 교과 학습 플랫폼을 구축하고 학생의 성취와 특성에 관한 정보를 다각적으로 수집하여 해석·활용하는 시스템을 만들어 개별 학생들의 성취를 지원할 필요가 있다.

● 상처가 많은 아이들

생활 교육은 교과 교육과 함께 교사 업무의 양대 축이라고 할 수 있다. 학생의 특성 이해, 학생 상담, 위기 학생에 대한 생활 지도, 심리 치료 방안, 회복적 생활교육, 학부모 상담 등에 대한 지식과 경험이 교과 교육만큼이나 필요하다. 최근 들어 학생 생활 교육의 필요성은 더욱 커졌다. 통계청 자료에 따르면, 우리나라 청소년 자살률은 15년째 OECD 국가들 중 1위를 기록하고 있다고 한다. 학업 스트레스로 인한 우울감을 겪는 아이들이 적지 않다. 한부모가정과 조손가정 및 다문화가정이 늘고 있고, 부모의 잘못된 양육 태도로 인해 위기 학생들이 증가하고 있다. 온라인상에서의 사이버불링뿐만 아니라, 학교폭력이나 교권침해 사안 건수도 상당히 많이 늘었다.

오랜 기간 담임 교사를 하면서 아이들의 인성을 함양하고 교실 내 다양한 갈등을 해결하며, 학교폭력을 예방하고자 자주 사용해 온 방법은 비폭력대화이다. 『비폭력대화(2004)』(Marshall B. Rosenburg)에 따르면, 우선 상대방의 말과 행동을 있는 그대로 '관찰'하고 그 행동을 보았을 때의 '느낌'을 나눈다. 그런 다음, 자신이 알아차린 느낌이 내면의 어떤 '욕구'와 연결되는지

나눈 후, 상대방이 해 주길 바라는 '부탁'을 표현하도록 하는 것이다. 이를 통해 학생들이 부정적인 사고방식을 긍정적으로 바꾸고, 서로 마음을 주고받는 관계를 이루는 데 도움이 됨을 경험했다.

● 진로에 대한 고민이 많은 아이들

진로교육의 목표는 학생 자신의 진로를 창의적으로 개발하고 지속적으로 발전시켜 성숙한 민주시민으로서 행복한 삶을 살아갈 수 있는 역량을 기르도록 하는 것이다. 그런데 과도한 경쟁 구도의 학력 계급 사회에서 우리 아이들은 이제 중2병을 넘어, 대2병을 앓고 있다. 대학 진학 후, 자신의 학교나 전공에 의문을 품고 적성과 현실의 차이를 느끼며, 상실감과 박탈감을 느끼는 학생들이 늘고 있는 것이다. 이에 진로·진학교육이 더할 나위 없이 중요해졌으므로, 모든 학생들이 각자의 진로와 적성에 맞게 자신을 계발해 나갈 수 있는 기회를 제공해야 한다. 학생 스스로 자신의 학업과 진로를 설계할 수 있도록 자기주도성을 강화해야 한다.

2025년 전면 적용을 앞두고 있는 고교학점제는, 학생의 진로와 적성에 따라 다양한 과목을 선택·이수하여 누적 학점이 기준에 도달하면 졸업을 인정받는 교육과정 이수 운영 제도이다. 이에 따라 학생 개개인의 특성과 욕구에 맞는 진로를 디자인하고, 교과 선택을 통한 맞춤형 학업 설계로 진로 경로의 목표점에 도달하게 하는 것이 중요하다. 이는 고등학교의 교육과정에 적용되는 것이기는 하지만, 사실 초·중·고 학교급 전체가 함께 관심을 가져야 할 제도라고 생각한다. 고교학점제의 근간이 되는 자기주도성, 선택과 책임 등은 고등학교에 입학하여 갑자기 길러지는 것이 아니라, 초·중학교 때부터 학생들이 그러한 경험을 가지고 있어야 하기 때문이다.

이러한 배경으로 2022 개정 교육과정에서 강조하는 것 중 하나가 진로 연계교육이다. 학교급별 전환기에 학교생활 적응과 교과 학습 적응을 지원하고자 하는데, 이를 위해서는 자기 이해, 직업 탐색, 학과 탐색, 진로 설계로 확장되는 진로교육이 필요하다. 진로는 학생의 삶 그 자체이다. 자신이 좋아하는 일을 찾아 잘할 수 있도록 전 교과에서 역량을 키워 주어야 한다.

사실, 입시에만 급급한 나머지 내실 있는 진로교육은 외면되고, 학기말에 일회적인 행사로만 치뤄지는 경우가 많다. 이러한 문제를 해결하고자 학년별·교과 내·교과 간 협의회를 통해 동료 교사들을 주도하여 교과와 연계한 진로 연계 교육을 실시했다. 영어 시간에는 자신의 성격과 특성, 희망 진로에 관한 Cinquain Poem과 Shape Poem 쓰기, 미래 명함 만들기, 이력서 쓰기, 직업 인터뷰 활동 등을 했고, 국어 시간에는 미니 자서전 쓰기 활동을, 미술 시간에는 문자도 스탬핑 활동을, 진로 활동 시간에는 가치관 경매 활동을 했다.

또한, 학급 담임으로서 특색활동으로 학생들의 흥미와 적성에 따라 모둠을 구성하여, 중·고등학교 졸업 이후의 진로·진학 방향을 탐색하는 활동을 했다. 이를 통해 개별 진로 포트폴리오를 작성함으로써 상급 학교에서의 생활과 학습 준비, 진로 탐색 및 진학 준비 등을 체계적으로 실시했다.

나의 평가 이야기

⚌ 평가 전문가로서

평가 영역에서 가장 중요한 것은 문항의 공정성 및 정확성을 유지하는 것이다. 문항이 모든 학생들에게 공정하게 적용되도록 하는 것이 중요하다. 학생들의 다양한 배경과 경험을 고려해야 하며, 문항이 특정 그룹의 학생들에게 불리하거나 편향되지 않도록 해야 한다. 그리고 문항이 평가 기준을 정확하게 반영하도록 해야 하며, 문항이 학생들의 지식과 능력을 제대로 측정하고 있는지 확인해야 한다.

문항의 난이도를 적절하게 조절하는 것도 필요하다. 문항의 난이도가 너무 쉬우면 학생들의 실제 능력을 측정하기 어렵고, 너무 어려우면 학생들이 스트레스를 받을 수 있다. 문항 유형도 선택형과 서술형, 논술형 등 다양한 형태로 적절히 조화시켜야 한다. 학생들의 다양한 능력을 평가하기 위함이다. 출제한 문항이 수업 목표와 학습 내용에 부합하는지, 그리고 학생들이 충분히 학습한 내용을 기반으로 평가되는지도 검토해야 한다. 이렇게 문항을 출제하고 검토하는 과정은 시간이 많이 소요될 수 있으며, 교사의 바쁜 일정 속에서 충분한 시간을 확보하는 것이 어려울 수 있다.

또, 이후 평가 결과를 기반으로 학생들에게 유용한 피드백을 제공하는 것이 필요하다. 피드백은 학생들의 학습 개선에 도움이 되도록 구체적이고 건설적이어야 하며, 적시에 제공하는 것도 중요하다. 학생들이 시험 결과를 신속하게 받아 보고, 그에 따른 개선 사항을 반영할 수 있도록 해야 한다.

이처럼 공정성, 정확성, 난이도 조절, 문항의 다양성과 적절성, 시간과 자원의 제약, 학생의 다양한 수준 반영, 문항의 명확성, 그리고 피드백 제공 등 여러 측면을 고려하여 문항을 출제하고 검토하는 것은 중요한 작업이다. 교사는 이러한 어려움을 극복하고, 학생들에게 공정하고 의미 있는 평가를 제공하기 위해 지속적으로 노력해야 할 것이다.

☻ 학생 지도 차원에서

성적에 민감한 학생들이 있는 학교에서 교사가 직면할 수 있는 어려움에는 여러 가지가 있는데, 이 문제들은 학생들의 학습 경험과 교사의 역할 모두에 영향을 미친다. 성적에 민감한 학생들은 성적에 대한 불안이나 스트레스를 크게 느낄 수 있다. 교사는 이러한 정서적 부담을 이해하고, 학생의 자존감이 떨어지지 않도록 긍정적인 학습 환경에서 학습할 수 있도록 도와야 한다. 또, 학생들이 자기 효능감을 느끼고, 학습에 대한 동기를 유지할 수 있도록 격려하고 지원해야 한다. 학생들에게 긍정적인 피드백을 제공하고 작은 성취도 인정하여, 학생들이 자신감을 가지도록 해야 한다. 경우에 따라 맞춤형 학습 계획으로 개별적인 학습 지원이 필요할 수 있다. 교사는 각 학생의 학습 스타일과 필요에 맞춘 개별화된 학습 계획을 세워야 하며, 이는 시간과 노력이 많이 소요될 수 있다.

또한, 학생들이 과도한 경쟁 구도에서 스트레스를 받거나 자신감을 잃지 않도록 돕고, 성적에 대한 건전한 태도를 유지하여 경쟁보다 자기 발전에 집중할 수 있도록 돕는 것이 중요하다. 학생들의 성적을 비교하기보다, 각 학생의 개인적인 성장과 발전을 중시하는 평가 접근이 필요하다. 학생의 학습 상황에 대해 학생뿐만 아니라 학부모와도 진솔하게 소통해야 한다.

학습의 과정과 결과에 대한 피드백을 통해 학생의 성장과 발달을 돕는 성장 중심 평가를 실시해 오며, 학생들의 배움과 교사의 가르침을 지속적으로 성찰하고 개선하여 모두의 성장을 지원하는 평가를 지향해 왔다. 그리고 이를 바탕으로, 학생들의 미래 사회 삶의 역량을 함양하기 위한 미래형 학생 평가로 더 나아가고 있다.

이를 위해서는 고차원적 사고와 문제해결력을 키우는 논술형 평가와 학생별 학습 특성 및 성취 수준에 맞는 맞춤형 피드백을 강화하여 학생의 학습과 성장을 지원해야 한다. 또, 지식 · 기능 · 가치 · 태도 등 학생의 종합적 역량을 살피는 포괄적 평가, 교과 역량과 성취 기준에 근거한 정성평가, 디지털 기반 에듀테크를 활용하여 개별 맞춤형 학습을 지원하는 평가가 필요하다. 그런데 평가의 신뢰도와 타당도, 객관성을 확보해야 하는 중요한 장면에서 몇 가지 문제점들이 지속적으로 제기되고 있다. 이에 중등 평가계획 컨설팅 지원단, 학생평가 자료개발 위원, 성장중심평가 정책추진 연구위원, 평가문항제작 정책 추진 연구위원으로 활동한 경험을 바탕으로, 이제 수석교사로서 학교 현장을 지원하고 있다.

첫째, 교수학습과 연계한 수행평가를 시행하기 위해서는 교육과정 성취기준에 기반을 두어야 하므로 성취기준 분석이 가장 중요하다. 성취기준을 정확하게 분석하여 평가 요소를 추출해야 하며, 해당 성취기준 도달 정도를 적절하게 평가할 수 있는 평가 방법을 구상하고, 평가 요소에 근거하여 학생의 수행 수준을 구별할 수 있는 채점 기준을 개발해야 한다.

둘째, 선다형이 대부분인 지필평가 문항에 대한 학생과 학부모의 민원 역시 줄지 않고 있다. 출제의 공정성 확보, 정답 시비가 없는 발문과 답지 구성, 편집 지침에 부합하는 문항 형식 등 세심한 주의가 필요하다.

　마지막으로, 미래 교육에서 지향하는 창의융합적 사고 역량, 비판적 사고 역량, 문제 해결 역량 등 복합적인 사고 역량을 평가하기 위해 강조되고 있는 논술형 평가는, 개념이나 원리를 찾아 정리하고 적용해 보는 활동을 하고 이를 자신의 언어로 표현해 봄으로써, 개인의 생각이나 주장을 논리적으로 조직하는 힘을 길러 준다. 그리고 학습 내용의 심층적인 이해, 고등사고 능력 함양은 물론 자기주도적 학습 태도도 기를 수 있다. 2019년부터 지금까지 경기도교육청 '성장중심평가를 위한 중등 논술형평가 길라잡이' 자료집을 개발하면서 교사들의 평가 문항 제작과 관련한 컨설팅도 해 오고 있는데, 현장에서는 완성형이나 단답형 문항, 또는 단순 지식에 해당하는 내용만을 묻는 서술형 문항 수준으로 출제하는 경우가 많다. 논술형 문항을 출제하는 것에서부터 채점 기준을 만들고 실제 채점을 하는 데 이르기까지 교사의 손을 많이 거치고 평가와 채점의 전문성을 요구하기 때문이다.

⦿ 학습을 위한 평가, 학습으로서의 평가 강화

　과정중심평가는 교육과정 성취기준에 기반한 평가계획에 따라 교수·학습 과정에서 학생의 변화와 성장에 대한 자료를 다각적으로 수집하여 적절한 피드백을 제공하는 평가이다. 즉, 평가 자료로 학생의 수준과 특성을 파악하고 이에 대한 맞춤형 피드백을 제공하여, 평가 결과가 학생의 성장과 발달을 돕는 데 사용되어야 한다. 그런데 우리는 과연 과정중심평가를 제대로 하고 있는가? 여전히 학생의 수행 결과 및 산출물에만 초점을 두거나, 다른 학생과의 비교 등으로 '학습 결과에 대한 평가'에 치중하는 경향이 있다.

현재 우리는 형성평가와 총괄평가가 연계되지 못하고 학습 과정을 분절적으로 쪼개어 평가하는 식이다 보니, 평가 과제만 늘어나고 학습 과정에 대한 유의미한 피드백 제공도 어려워지면서 학생들의 학습·평가 부담만 가중시켜 왔다. 이혜정(2022)에 따르면, IB에서는 학습 결과보다는 학습 과정에서의 피드백을 통한 지원을 강조한다. 학습 목표 및 총괄 평가와 연계된 징검다리 형성평가를 통해 학습 목표로 나아갈 수 있도록 긍정적인 피드백을 제공하고, 최종적인 총괄평가를 통해 학생의 이해 정도를 평가하는 것이다. 즉, 형성평가를 통해 학습 목표와 학습자의 현재 이해 정도와의 간극을 줄일 수 있는 피드백을 주되, 이를 평가에 반영하지 않고 피드백을 통해 개선할 여지를 주며, 형성평가와 일관되는 총괄평가를 통해 최종적인 판단을 내리는 평가체제를 구축하고 있다.

이러한 고민으로, 2023학년도 '중등 논술형평가 길라잡이'를 개발하면서 형성평가와 총괄평가가 유기적으로 연계되는 평가의 틀을 제시해 보았다. 등장인물의 성격과 특징 분석하기, 연극의 내용을 자신의 말로 요약하기, 등장인물 및 주요 사건을 재구성하여 묘사하기, 재구성한 내용을 역할극으로 표현하기 등 4개의 평가 과제를 위계성 있게 연계된 과정중심평가로 설계했다. 즉, 학습한 연극의 내용을 학생들이 창의력과 상상력을 발휘하여 재구성하고 이를 영어 역할극 활동으로 평가하는 것이었다.

학생들이 이러한 총괄평가를 성공적으로 수행하도록 하기 위해서는, 관련된 하위 수행 과제를 비계를 두어 설계한 것을 눈여겨봐야 한다. 평가 과제를 분절적으로 시행하는 기존의 평가 방식에서 벗어나, 교사는 형성평가를 통해 학생의 수행 수준과 학습 상황을 판단하여 학생이 스스로 수정·보완하고 학습 목표에 도달할 수 있도록 피드백을 제공한다. 그리고 학생의 이해도를 돕고 이 총괄평가 과제를 성공적으로 수행하기 위한 방식으로 교수·학습과정을 조정한다. 한편, 학생에게는 자신의 학습 과정을 스스로 성찰하고 학습 과정의 정보를 학습 개선을 위해 활용할 수 있도록 자기평가 기회를 제공하여, 총괄평가까지 최선의 학습으로 이끌어 가도록 했다. 이로써 학생의 학업 성취수준을 보장하기 위한 책임교육을 구현할 수 있을 것이다.

6 MBTI에 따른 영어 학습 전략

우리는 모두 영어를 잘하고 싶어 한다. 현대 사회에서 영어는 중요한 도구이자 글로벌 소통의 매개체로 자리 잡았기 때문이다. 영어를 공부하는 데에도 개인 성향과 학습 스타일에 맞는 다양한 전략이 필요하지 않을까? 사람마다 학습 방식, 목표, 그리고 학습 환경이 다르기 때문에 한 가지 방법이 모든 사람에게 효과적일 수는 없을 것이다. MBTI 성격 유형[MBTI는 외향성(E), 내향성(I), 감각형(S), 직관형(N), 사고형(T), 감정형(F), 판단형(J), 인식형(P)의 8가지 특성 조합으로 이루어진 16가지 성격 유형]에 따라 각 유형의 강점과 학습 스타일을 고려하여 맞춤형 영어 학습 전략을 세우면, 더 효율적으로 영어를 배울 수 있을 것으로 보인다.

☺ 외향형(E) vs. 내향형(I)

- **외향형(E)**: 외향적인 사람들은 사람들과 상호작용하는 것을 좋아하며, 사회적 상황에서 에너지를 얻는다. 이들은 대화 중심의 학습을 선호하기 때문에 언어 교환 프로그램, 영어 동아리, 그룹 스터디 등을 활용해 사람들과 영어로 대화하는 기회를 많이 가져 보길 권장한다. 실생활에서 영어를 사용해 보는 것이 효과적이므로, 영어 말하기 게임, 영어로 진행되는 이벤트나 워크숍에 참여하는 것이 좋다. 롤플레이, 프레젠테이션 등의 참여형 활동도 도움이 된다.
- **내향형(I)**: 내향적인 사람들은 혼자 있는 시간을 선호하고, 자기 성찰을 통해 학습하는 경향이 있다. 따라서 영어 독서, 영작, 듣기 연습 등을 활용하여 혼자서 하는 영어 학습 방법을 추천한다. 조용한 환경에서 집중할 수 있는 스스로의 학습 시간을 늘리고, 문법이나 독해와 같은 세부적인 학습에 강점을 살릴 수 있다. 소규모 또는 1:1 대화 중심 학습으로 말하기도 연습할 수 있다.

☺ 감각형(S) vs. 직관형(N)

- **감각형(S)**: 감각형 사람들은 실제적이고 구체적인 정보를 선호하며, 실용적인 지식을 중시한다. 실생활에서 자주 사용하는 표현이나 상황에 맞는 구체적인 영어 표현을 학습하는 것이 효과적이다. 실제 사용할 수 있는 문장 구조와 어휘를 중시하는 학습 방법, 예를 들어, 상황별 대화 예시 등을 통해 학습하는 것이 좋다. 예문과 함께 문법을 배우고, 단계적 학습을 선호한다.
- **직관형(N)**: 직관형 사람들은 큰 그림을 보며, 추상적인 개념이나 창의적인 아이디어를 중요시한다. 그래서 영어를 공부할 때 전체적인 흐름이나 구조를 먼저 이해하고 세부 사항을 배우는 방식이 효과적이다.

☻ 사고형(T) vs. 감정형(F)

- **사고형(T):** 사고형 사람들은 논리적이고 분석적인 사고를 중시하며, 객관적인 사실을 기반으로 학습한다. 영어 문법이나 구조를 논리적으로 분석하고, 규칙적인 학습 방법을 사용하여 체계적으로 공부하는 것이 좋다. 에세이 작성, 논리적인 토론과 같은 활동을 통해 사고력을 기를 수 있는 학습 방법이 적합하다. 정확한 피드백을 제공하는 앱이나 문법 문제를 풀면서 체계적으로 학습하는 것이 효과적이다.
- **감정형(F):** 감정형 사람들은 사람들과의 관계나 감정적인 교류를 중시하며, 학습에 감정적인 요소를 포함하는 것을 선호한다. 따라서 영어 학습을 감정적으로 연결 지을 수 있는 방법을 찾는 것이 좋다. 예를 들어, 영어로 된 감동적인 스토리나 영화 감상, 영어 일기 쓰기를 통해 감정적으로 연결된 주제에 대해 학습할 수 있다. 영어로 의견을 나누기나 팀 프로젝트와 같이, 다른 사람들과 감정을 나눌 수 있는 대화형 학습을 통해 배우는 방법이 효과적이다. 긍정적인 피드백과 격려를 통해 동기 부여를 받으며 학습할 수 있다.

☻ 판단형(J) vs. 인식형(P)

- **판단형(J):** 판단형 사람들은 계획적이고 체계적인 것을 선호하며, 목표를 설정하고 그것을 이루는 것을 중시한다. 목표를 세우고 체계적으로 영어 공부를 진행하는 것이 효과적이다. 매일 정해진 시간에 학습 계획을

세우고, 그에 따라 공부하는 것이 좋다. 문법, 어휘 등 규칙적인 패턴이 있는 학습 방법을 선호하므로, 계획적인 복습과 학습 자료 활용이 도움이 된다. 시험 준비나 시간 관리가 필요한 학습에서 특히 강점을 발휘할 수 있다.

- **인식형(P)**: 인식형 사람들은 유연하고 즉흥적인 것을 선호하며, 다양한 방식으로 자유롭게 학습하는 것을 좋아한다. 다양한 학습 도구를 활용해 창의적이고 자율적으로 공부하는 것이 좋다. 예를 들어, 앱이나 영상, 팟캐스트 등을 사용해 자유롭게 학습할 수 있다. 주제를 미리 정해 두지 않고 흥미로운 내용을 따라가는 방식으로 학습하는 것이 효과적일 수 있다. 유연한 학습 계획을 세우고 필요에 따라 즉흥적으로 방법을 바꿔 가며 공부할 수 있다.

MBTI 유형별 학습 전략 요약

- **외향형(E)**: 대화와 상호작용 중심의 활동 활용
- **내향형(I)**: 혼자 하는 학습과 깊이 있는 집중학습
- **감각형(S)**: 실용적인 영어 표현과 구체적인 예문 학습
- **직관형(N)**: 큰 그림을 보고 창의적인 활동과 프로젝트 기반 학습
- **사고형(T)**: 논리적이고 분석적인 영어 학습
- **감정형(F)**: 감정적으로 연결되는 학습 방법과 협력적인 활동
- **판단형(J)**: 체계적이고 계획적인 학습 방식
- **인식형(P)**: 자유롭고 유연한 학습 방법

MBTI는 개인의 학습 스타일을 이해하는 하나의 도구일 뿐이다. 영어를 잘 배우기 위해서는 자신의 성격에 맞는 방법을 찾고, 이를 지속적으로 발전시키는 것이 중요하다.

03

나의 꿈,
나의 새로운 인생

이제 수석교사가 된 나의 사명은 학생들뿐만 아니라 동료 교사들에게 영감을 주고, 그들이 자신의 잠재력을 최대한 발휘할 수 있도록 돕는 것이다. 이를 위해 다음과 같은 목표들을 세웠다.

◉ 초심과 같은 마음으로, 조력자·촉진자로서 교사 지원

신규 교사 시절을 되돌아보면, '답'을 찾다 '답답'해지기만 했던 기억이 생생하다. 대학과 대학원에서 다양한 강의를 듣고 수많은 전공 서적과 연구물들을 읽으며 공부했지만, 이론과 현실은 너무나 달랐기 때문이다. 수업 연구와 생활 지도, 학급 경영, 행정 업무 등. 교사는 첫 발령과 동시에 이 모든 것들을 거의 스스로 해야 하는 각자도생의 구조이다. 그런데 20여 년이 지난 지금도 주변의 많은 신규·저경력 교사들이 여전히 비슷한 어려움을 경험한다. 이러한 어려움을 극복하기 위해 교사 커뮤니티나 교원 연수 등을 통해 도움을 받기도 하지만, 시공간적 한계 및 즉각적인 피드백의 어려움 등으로 문제를 해결하기에는 역부족이다.

만약, 다양한 수업 경험과 노하우를 갖춘 조력자가 가까운 곳에 있어 즉각적이고 지속적인 도움을 받을 수 있다면 얼마나 좋겠는가? 이러한 역할이 바로 수석교사의 몫이다. 교사가 학생들의 성공적인 학습을 지원하는 조력자·촉진자로서의 역할을 수행해야 하는 것처럼, 수석교사 역시 교사의 교수·연구를 지원하는 멘토·코치·컨설턴트로서의 역할을 수행해야 한다. 이에 교육과정 – 수업 – 평가의 전문성을 바탕으로 학생 교육을 지속적으로 실천해 가며, 주변의 많은 동료 교사들에게 도움을 주고, 미래 교육을 이끌어 가는 견인차 역할을 하고자 한다.

학교 교육에서 가장 중요한 활동은 교사의 교수·학습활동이며, 교사들이 수업에 전념하고 학생 지도에 최선을 다할 수 있는 여건과 분위기가 마련되어야 한다. 따라서 교수·학습 활동을 개선하기 위해 함께 연구하고 지원하는 수석교사의 역할이 매우 중요하다. 수석교사가 학습 공동체를 조직·활성화하며 교사의 전문성 향상을 돕고, 동료 상호 간 성장의 밑바탕이 될 수 있다고 생각한다. 학생들과 교사들이 함께 성장할 수 있도록 현장과 소통하면서 문제점을 해결하도록 도와주고, 교사들이 안정적인 교육 환경에서 학생들을 지도할 수 있도록 수석교사로서의 역할을 다하고자 한다.

더불어, 교사 소진 문제도 심각해지고 있다. 코로나19로 인한 온·오프라인 수업 준비, 교수·학습 연구, 학생 생활 지도, 매일 쏟아지는 공문과 행정 업무도 모자라, 잇따른 교권 침해 등의 문제까지 불거졌다. 악성 민원인으로 돌변한 학부모로부터 받는 정서적·신체적 타격은 상당하다. 교사들에 대한 지지와 지원, 사회적 존경과 적절한 권위 보장에 인색해지면서 교사 소진이 더욱 심각해졌다. 학생들에 대한 애착이 큰 교사일수록 무력감은 더욱 커진다. 이러한 힘듦을 알아주는 동료 교사가 한 명만 있어도 마음에 위로가 될 것이다. 그런 역할을 수석교사가 해야 한다. "힘들지, 그랬구나, 괜찮아"의 말 한마디가 상처를 치유해 줄 수 있다. 교사들 간에 서로 지원·연대하는 따뜻한 공동체가 되도록 수석교사가 힘써야 한다.

● 귀감이 되는 평생 연구자·실천가로서 전문성 함양

교사를 위한 교사로서 수석교사는 교사의 교수·연구 활동을 지원하는 직무를 수행해야 하는 만큼, 수석교사로 선발된 이후에도 꾸준한 자기연찬을 통해 전문성을 높여 나가야 한다. 누구보다 앞서 교육내용과 교수·학습 방법의 변화를 연구하고 현장에 우선적으로 적용하여, 학교 교육의 미래를 열어갈 수 있도록 수업을 지원해야 한다.

그러기 위해서는 우선, 교육과정에 대한 높은 전문성이 필요하다. 교육과정에 대한 배경지식을 바탕으로 국가 교육과정에서부터 지역·학교 교육과정, 교사 교육과정을 조망할 수 있는 혜안이 필요하다. 또, 융·복합 시대에 맞는 학생들의 역량 함양을 위해 전공 과목 이외의 모든 과목의 교육과정을 아우르는 통섭적 안목과 실천적 지식이 요구된다. 교내외 교사들의 수업 및 학생 평가, 생활 지도에 대한 멘토링·코칭·컨설팅 능력도 요구되며, 이를 학교 안팎 전문적 학습공동체 운영과 연계하여 지원할 필요가 있다. 더불어 교과 내용 및 교수 방법론적 측면에서 새로운 지식과 정보를 습득하고, 깊이 있는 실천적 연구로 교사들에게 모델이 되어야 한다. 자신의 수업 경험과 교수·학습 자료를 근거로 교사들이 원하는 1:1 코칭이나 소그룹 컨설팅, 다수를 대상으로 하는 연수 강사로서의 역량 또한 필요하다. 마지막으로, 새 교육정책과 시책에 대한 이해를 근거로 이를 실천한 경험을 일반화하거나, 비판적 사고로 새로운 대안을 제시하는 전문성도 요구된다.

전문적 실천가로서 수석교사는 다양한 교육 이론 및 교육 방법을 지속적으로 배우고 현장에 적용하며, 그 과정에서 반성적 사고를 통해 새로운 실천 방향을 모색하고 다시 적용하는 과정을 통해, 수석교사 직무 역량을 발전시켜 나가야 한다. 또, 수업 전문성을 발휘하여 다양한 수업 사례 및 수업 노하우 등을 공유함으로써 모든 교사들의 수업의 질을 향상시키고 교직 사회의 학습조직화를 촉진하여 학생의 성장과 발달을 꾀하는 교육 환경을 조성해야 한다. 수석교사의 역할은 습득한 새로운 지식을 학교 공동체와 교사 조직 차원에 공유함으로써 조직 차원의 학습으로 확대시키는 데 있다. '학습하는 교원, 연구하는 교원'을 지향하는 경기도 교원의 비전을 담아 교육과정 중심의 학교 문화를 조성하고자 한다.

누군가의 귀감이 되려면 교육자로서의 품성과 공직자로서의 자세가 중요하다. 수석교사로서의 사명과 직무에 관한 책임과 긍지를 가지고, 교직자로서의 청렴한 생활 태도와 예의를 갖추어야 하며, 학생들 및 동교 교사들에 대한 이해를 바탕으로 교육에 헌신해야 한다. 또한, 올바른 신념을 가지고 근면하며, 직무에 충실하게 솔선수범해야 한다. 교직원 간에 협조적이며, 학생에 대한 포용력이 있어야 한다. 교사뿐만 아니라 학부모와 학생들로부터 신뢰와 존경을 받는 수석교사가 되도록 끊임없이 노력할 것이다.

◉ 시대적 변화에 대응하여 다방면으로의 지원 확대

4차 산업혁명과 과학기술의 발전, 인구 감소와 고령화, 기후 변화와 환경 오염 등으로 인해 미래 사회는 불확실성과 예측 불가능성이 높아지고 있다.

교육은 사회 변화를 주도하는 원동력인 동시에 변화된 사회에서 중요한 역할을 담당할 미래 인재를 양성하는 책무를 지니고 있기 때문에, 사회 변화에 민감할 수밖에 없다. 미래 사회의 변화와 동시에 일어나는 교육적 변화에 따라 교수·학습은 물론, 개별 맞춤형 교육과 AI 기반 에듀테크 등 다양한 분야에서의 요구가 증가되어, 그에 따른 교사의 역할과 역량도 다양해지고 있다. 따라서 수석교사의 역할과 역량 또한 다양해질 필요가 있다.

특히, 2022 개정 교육과정에서는 깊이 있는 학습, 학교자율시간, 진로연계교육, 고교학점제 등 많은 변화가 있다. 이에 미래 사회가 요구하는 역량을 함양하기 위한 교과 교육과정을 개발하여 학생 참여 중심 수업을 활성화하고, 문제 해결 및 사고 과정을 중시하는 평가를 통한 학습의 질을 개선하며, 빅데이터·AI를 활용한 맞춤형 교수·학습 및 평가 활동을 지원해야 한다. 또한, 해마다 심각해져 가는 학습 결손 및 기초학력 저하, 학생 개별 맞춤형 교육, 진로·진학, 학생의 정서·행동 문제, 학교폭력, 교권 침해 사안 등 다양한 문제들을 해결하기 위한 지원 요구가 급증하고 있다. 이에 따라 수석교사에게 요구되는 역할과 전문성의 범위도 넓어져야 할 것이다.

이러한 필요에 따라, 학생들의 행복한 배움을 위해 학생들의 삶과 연계한 교육과정, 학생 주도의 배움중심수업, 학생들의 성장과 발달을 돕는 평가 등을 몸소 실천하기 위해 끊임없이 연구하며 도전하고 있다. 또, 경기도교육청을 비롯한 17개 타 시·도 교육청과 교육지원청, 연수원, 각종 연구회 및 교사 학습공동체 등에서 교사 대상 연수도 12년째 꾸준히 해 오고 있다. 앞으로도 교육과정 – 수업 – 평가 등 전 영역에 걸친 다양한 분야를 심도 있게 연구하고, 현장에서 치열하게 실천하면서, 직접 겪었던 시행착오와 이를 해결한 과정을 아낌없이 공유하고자 한다.

😀 섬기는 리더로서 따뜻한 학교 공동체 조성

수석교사는 교장·교감 등의 관리자를 포함한 모든 교원들과 원만한 협력적 관계를 형성하고 이들을 지원해야 한다. 사실, 수석교사와 관리자, 그리고 동료 교사들과의 갈등이 적잖이 있었던 것으로 보인다. 갈등의 원인은 몇 가지가 있다. 우선, 수석교사의 모호한 역할과 위상에서 오는 혼란이 있는데, 일부 수석교사들이 동료 교사들보다 우월적 지위에서 역할을 수행하려고 한 것에서 비롯된 것으로 보인다. 그렇기 때문에 수석교사는 위치와 역할의 애매함을 뛰어넘어 자신의 직무를 충실히 수행해야 한다.

수석교사는 학교 관리자와 교사들 사이에서 협력적 소통을 가능하게 하는 역할을 해야 한다. 교무를 총괄하며 교직원을 지도·감독하는 교장, 교장을 보좌하며 교무를 관리하는 교감, 교사들의 교수·학습 연구 활동을 지원하는 수석교사가 서로 각자의 업무와 권한을 존중하고, 역할을 인정하며, 협조하는 것이 필요하다. 즉, 수석교사가 교수·연구에 관한 일을 전문성 있게 수행·관리한다면, 교감은 교무행정에 더욱 집중할 수 있고 학사관리 운영을 내실 있게 할 수 있을 것이다. 더불어 관리자와 교사들 간의 연계를 증진시키고 교원들의 성장을 지원하는 역할을 수행해야 한다.

사실, 학교는 10대부터 60대에 이르기까지 다양한 세대가 공존하는 곳이다. 나고 자란 환경이 다르고, 교육 환경과 겪었던 주된 사회적 이슈가 모두 제각각이다. 설령, 같은 경험을 했어도 생각이 다를 수 있으므로 구성원 간 갈등은 자연스러운 일일 수도 있다. 갈등은 피할 수 없는 부분이지만, 이를 지혜롭게 조정 · 해결하는 것이 중요하다.

요즘은 사범대학이나 교육대학만을 통해 교사 자격을 취득하는 시대가 아니다. 교직 이수 과정을 통해, 교직 이전의 다양한 경력을 가진 인재들이 교사가 되기도 한다. 신규 · 저경력 교사들의 다양한 특성, 기간제 교사들만이 지닌 고충 등 교직 생애에 따른 교원의 특성을 이해하고 존중할 때 수석교사의 역할은 빛을 발휘할 것이다. 또한, 수업을 하는 수석교사는 학생들에 대한 이해와 관계 형성 역시 필수 역량이다. 흔히 MZ세대로 일컬어지는 학생들과 젊은 교사들에 대해 이해하려고 노력하며 진정성 있게 다가가는 인품이 요구된다. 수석교사는 수평적으로 변화되고 있는 교직 사회와 학교 문화 풍토를 이해하고, 그에 맞는 역할 수행을 해야 할 것이다.

이에 무엇보다 섬기는 리더십이 필요하다. 섬기는 리더로서 수석교사는 교사들과 자주 소통하며, 그들의 의견과 관심사에 귀를 기울여야 한다. 모든 소통, 모든 리더십의 출발은 상호존중에서 시작된다. 수석교사로서의 사명감과 직무에 대한 책임의식은 갖되, 교사에 대한 이해와 관용적이며 개방적인 태도가 필요하다. 수석교사가 자신의 가치관과 교육관만을 강요하면 원만한 관계 형성에 어려움을 겪을 것이다. 모든 교사들의 강점을 인정하고 존중하는 것이 중요하다. '내가 선배니까, 내가 경험이 더 많으니까'라는 생각을 버리고 동료의 지지자가 되어야 한다.

또한, 교육공동체 전체가 공감하는 공동의 목표를 설정하고 이를 향해 협력하는 것도 중요하다. 공동의 비전과 목표를 공유함으로써 구성원들이 하나로 뭉치고, 목표 달성을 위해 협력하는 공동체 문화를 구축해야 한다. 뛰어난 개인보다는 하나 된 팀, 즉 팀 시너지가 중요하다. 긍정적이고 편안한 분위기를 조성하여 동료 교사들이 의견을 내거나 문제를 제기하는 것을 응원하며, 그들의 아이디어에 대한 개방적인 토론을 촉진할 필요가 있다. 열린 마음으로 피드백을 주고받으며 서로에게 배울 점을 찾아내고, 함께 상호 성장할 수 있도록 격려해야 한다.

● 협력자 · 매개자로서 교육 정책의 추진 동력

해마다 교육 정책과 추진 과제가 쏟아지고 있다. 신규 시절 기억을 떠올려 보면, 정책의 당위성과 필요성을 충분히 이해하지 못하고 그저 주어진 업무라서 가까스로 했던 시절이 있었다. 지금도 주변의 많은 신규 · 저경력 교사들을 비롯하여, 고경력 교사들에게서조차 비슷한 불평 · 불만을 듣게 된다. 아무리 좋은 정책이라도 현장에서 공감하지 못하면 무용지물이 된다. 본래의 목적과 취지를 잊고 정책을 위한 학교 사업으로 전락하거나 전시성 행사에 그치는 경우가 발생한다. 이에 교사들의 추진 동력을 이끌어내는 데 리더인 수석교사의 역할이 중요하다.

우선, 수석교사는 교육 정책을 이해할 수 있는 안목을 갖춰야 한다. 현재의 교육 정책을 체계적으로 이해하고, 정책의 배경, 목적과 취지, 그리고 교육에 대한 기대효과를 파악하여 정책 실행에 필요한 전략을 모색해야 하며, 교사들에게도 이를 이해시킬 수 있어야 한다. 학생들의 배움과 성장에 어떻게 기여할 수 있을지 그 가치를 일깨워 줄 필요가 있다. 이를 위해 수석교사는 전공 분야에 대한 깊은 이해뿐만 아니라, 최신 교육 이론과 교육 기술 등의 동향을 파악하고, 교육 전반에 걸친 폭넓은 전문성을 갖추고 있어야 한다. 또, 학부모, 지역사회와 소통하여 학교 내외의 다양한 이해관계자들과의 협력을 통해 교육 정책의 필요성을 널리 알리고 사회적 지지를 유도함으로써, 교육 정책의 목표를 함께 실현하고 교육 환경을 향상시키는 데 기여해야 한다. 이후, 정책의 효과를 정량적·정성적으로 평가하고, 그 결과를 기반으로 정책의 개선 방향을 도출하는 자문 역할을 해야 한다.

그동안 한국교육과정평가원 등에 50여 건 이상의 자문 의견을 내고, 교육청의 다양한 분야에서 수많은 지원단 및 위촉 교사로 활동해 온 경험은 수석교사로서 이러한 역할 수행을 하는 데 밑거름이 되어 교육 정책의 성공적인 추진을 이끌어내고, 교육의 향상에도 기여할 것이라 생각한다.

● 도서 집필

'학생의 행복한 배움과 성장을 통해 교사도 행복해진다'는 믿음으로 23년째 쉼없는 교직 생활을 해 오고 있다. 학생의 행복한 배움과 성장을 지원하려면 우선 학생을 위한 교육과정이 바로 서야 하며, 학생이 중심이 되고 배움의 주체로서 학습 과정을 이끌어 갈 수 있는 수업과 평가를 설계해야 한다. 그리하여 교사 교육과정과 학생 주도 프로젝트 수업 및 과정중심평가에 대한 이론적 연구와 현장에서의 경험을 담아 집필한 책이 현재 3권 있다.

우선, 국가·지역·학교에서 주어지는 교육과정을 바탕으로 교사는 학생에게 맞는 창의적인 교육과정을 개발할 힘이 필요하다. 교사의 교육과정 문해력을 높이고 교사 교육과정을 개발하기 위한 단계를 구축하여 활용한 실제적 지식을 담아, 『교사 교육과정을 디자인하다』 이론편(2020)과 실천편(2022)을 각각 공동 집필했다. 교사 교육과정을 준비, 계획, 실행하는 일련의 과정을 단계별 절차를 실행한 실제 수업 사례와 함께 구체적으로 제시했으며, 현장에서 교사들이 궁금해 할 만한 교육과정 이슈들을 Q&A 형태로 집필했다. 5쇄까지 인쇄가 되었을 정도로 호평을 받았다.

또한, 프로젝트 수업이 더 이상 애물단지가 아니라 보물단지가 되었으면 하는 바람에서, 『과정중심평가를 위한 프로젝트수업』(2020)을 저술했다. 프로젝트 수업에 대한 오해와 진실에서부터 실제 폭망했던 생생한 사례 경험을 통해, 프로젝트 수업을 성공으로 이끌기 위한 수업의 절차 및 다양한 꿀팁들을 아낌없이 나누었다. 과정중심평가와 연계하여 평가 계획을 세우고 채점 기준을 개발하며, 피드백 및 기록하는 것에 이르기까지 전 과정을 담았다. 이러한 경험을 바탕으로 수업을 공개하고 동료 교사들과 나눈 모습이 에듀인뉴스에 단독 기사화되었다.

올해에는 한국교과서연구재단의 요청에 의해 「2022 개정 교육과정에 따른 중학교 영어 교과서 개발 방향」에 관한 제언을 기고했다. 새 교육과정의 요구에 부응할 수 있는 중학교 영어 교과서의 개발 방향을 구성 체제와 내용, 교수·학습 활동과 평가의 측면에서 면밀히 고찰하여 교육플러스에도 기획 기사로 보도되었다. 이어서 '2022 개정 교육과정 깊이 있는 학습을 위한 성취기준 바로보기'를 가제로 하여, 성취기준이라는 구체적인 핵심 주제를 가지고 교사들의 성취기준에 대한 이해와 활용을 돕기 위한 책을 현재 집필하고 있다.

글을 기고하고 책을 출판하는 일은 쉽지 않은 여정이었으나, 교사로서의 성장에 큰 동력이 되었다. 준비 과정에서 많은 연구물들과 참고 문헌들을 탐독해야 했고, 새로 알게 된 이론적 지식을 현장에서 실천함으로써 생생한 경험을 쌓을 수 있었기 때문이다. 경험을 담아 쓴 책을 토대로 다시 현장에 재적용하다 보면 수정·보완할 점이 보이고 새로운 영감이 떠오를 때가 많다. 채우지 못한 아쉬움들은 다음 책을 쓰게 하는 신기한 묘약이 되었다. 앞으로도 새로운 교육 내용과 교육 방법 등을 이용하여 교육하면서, 훨씬 더 많은 경험을 쌓아 갈 것이라 생각한다. 그리고 도서 집필뿐만 아니라 각종 교수·학습 자료, 장학 자료, 논문 등 다양한 저작물을 제작하고 발간하는 데 게을리하지 않을 것이다. 이러한 경험을 학교 안팎의 여러 동료 교사들과 함께 나누는 것은 이미 큰 기쁨과 보람이 되었다.

● 장학 자료 및 도움 자료 개발

수석교사로서 교사들의 수업 전문성을 높일 수 있는 효과적인 방법들 중 하나는 다양한 우수 사례를 제공하는 것이다. 실제 적용해 볼 수 있도록 현장에서의 경험을 담은 구체적인 교수·학습과정안 및 학습 자료, 평가 자료 등을 제공해 준다면 수업을 개선하는 데 큰 도움을 줄 수 있다. 이에 앞으로도 실천 경험을 담은 각종 사례들을 장학 자료나 도움 자료로 제작·공유하여 현장 교사들을 돕고자 한다.

특히, 에듀테크 분야에 관심이 많아 2012년부터 스마트교육 및 디지털교과서 활용 등에서 선도 교사 활동을 해 왔다. 당시에는 교사들이 QR코드의 사용조차 익숙치 않았던 상황이라 교실 수업 및 실생활에서 활용할 수 있는 스마트 도구들을 매우 반가워했다. 배워서 남 주는 일이 보람되고 값지다는 것을 처음 알게 되어 그때부터 수석교사의 꿈을 키워 왔다.

이후 교실에서 사용할 수 있는 에듀테크 도구들을 끊임없이 발굴하고, 수업에서 실제 사용한 사례와 활용 팁을 중심으로 도움 자료를 제작하여, 교육청 및 학교 단위로 강의를 하기 시작했다. 뒤이어 '디지털교과서를 활용한 교류학습', '플립러닝의 이해와 실제'라는 주제로 한국교육학술정보원과 한국교총 원격교육연수원 주관으로 원격연수 영상을 제작하기도 했다.

또한, 한국교육학술정보원에서 운영하고 있는 에듀넷 티클리어 교사지원단으로서 수업 활동 및 교수·학습 자료, 수업 동영상 등을 포스팅하는 일을 한 적이 있다. 뿐만 아니라, 한국교육개발원에서 초·중등 이러닝 활성화를 위한 기초영어 온라인수업 교과교사로 활동했다. 이외에도, 2015 개정 교육과정 e학습터 콘텐츠 중심의 학생교육을 활성화하는 데 기여했으며, e학습터를 이용한 다양한 활용 사례를 개발했다. 이를 확산시키고자 교내 몇몇의 교사들과 교내 e학습터연구회를 개설하여 활동을 이어갔다. 학습자의 미래핵심역량 키우기 위해 e학습터를 활용한 각 교과별 교수·학습 설계안과 학습 자료, 교사와 학생·학부모를 위한 가이드북과 홍보 자료도 개발했다.

교육부 및 한국교육과정평가원, 경기도교육청, 경기도교육연구원 등 여러 기관들에서 주관하는 다양한 분야 연구에 참여하고 관련 장학 자료들을 다수 제작했다. 최근 3년 이내의 사례만 들자면, 〈2022 개정 초중학교 교육과정 개선 연구〉, 〈중고등학교 영어과 교육과정 재구성 예시 자료집〉, 〈영어교육 내실화를 위한 전국 영어교사 세미나 자료집〉, 〈최소 성취수준 보장 지도를 위한 평가 도구〉, 〈2022 미래형 교수학습 자료〉, 〈깊이 있는 수업 이해 및 정보공시용 교수학습 자료〉, 〈중등 논술형평가 길라잡이〉, 〈중등 지필평가 문항 제작 길라잡이〉, 〈인공지능 융합 수업설계 사례〉, 〈2022 개정 교육과정 인공지능 윤리교육 장학자료〉 등이 있다. 현재는 〈AI 기반 논술평형가〉, 〈IB 교육과정 기반 MYP 단원설계서〉 등을 개발하고 있다. 이러한 다양한 경험을 바탕으로, 앞으로도 수석교사의 전문성을 담아 여러 분야의 자료집을 제작하여 현장에 도움을 주고자 한다.

⦿ 교내·외 연수·강의를 통한 지원

교실수업 개선 실천사례 연구 발표대회 및 각종 수업 사례 발표회와 공모전 등에서 다수 입상하고, 현장의 실천 경험을 담아 도서 및 장학 자료·도움 자료 등을 제작한 것은, 자연스럽게 강의와 연수 요청으로 이어졌다.

우선, 현재 하고 있는 강의의 주제가 다양하다. 2022 개정 교육과정, 교사 교육과정, 학교 자율과정, 개념기반 교육과정, 교육과정-수업-평가-기록의 일체화, 학생 참여형 수업, 과정중심평가, 수행평가 및 지필평가, 논술형평가, 에듀테크, 기초학력, 프로젝트 수업, 세계시민 교육, IB 교육, 과정중심 피드백과 기록 등 교육의 전 영역이라 해도 과언이 아니다. 수석교사에게는 교육과정, 수업, 평가 등 전 영역에서의 전문성이 요구되는 만큼, 다루고 있는 강의의 주제가 다양한 것은 수석교사로서 큰 도움이 될 것이라 생각한다.

또한, 동교과 교사뿐만 아니라 전 교과 교사들을 대상으로 강의를 해 오고 있다. 1정 자격연수에서부터 신규 교사, 복직 교사, 부장 교사, 교감·

교장 관리자를 대상으로 한 직무연수에 이르기까지 교원의 대상도 다양하다. 심지어 코이카 몽골 중·고등학교 교육과정 – 평가 연계를 위한 역량 강화 연수에서는 몽골의 교육관계자들을 대상으로, 국립국제교육원 EPIK 원어민 연수에서는 신규 원어민영어보조교사를 대상으로 하여 영어로 연수를 진행하기도 했다. 연수의 목적에 따라서도 교육과정 아카데미, 혁신학교 아카데미, 수업·평가 전문성 향상 연수, 수업 사례 발표·공유회 등 다양했다. 연수를 주관하는 기관 역시 전국을 아우를 정도로, 17개 시·도교육청에 매년 지원해 오고 있다. 경기도교육청(연수원)과 각 교육지원청은 물론이고, 타 시·도 교육(지원)청과 연수원, 각종 연구회 및 단위학교 학습공동체 등 매우 다양했다. 이와 같은 경험은 '가르치면서 배운다'는 옛말 그대로, 교사 개인에게도 성장하는 데 충분한 동력이 되었다.

강의 이후에도 연수를 받은 교사들을 위한 추수 지도는 계속 이어진다. 강의 자료나 소개했던 활동지, 참고할 만한 자료들에 대한 공유 요청이 계속 이어지고, 실제 현장에서 적용했을 때의 어려운 점을 호소하며 수시로

도움 요청을 받고는 한다. 사실, 나도 수업과 업무로 일정이 바쁘고 부담스러운 일이긴 하나, 강의가 큰 도움이 되었다며 꼭 한번 시도해 보고 싶다는 피드백을 받을 때면 어느새 그 수고로움을 잊게 된다.

이와 같이 다양한 주제로 다년간 축적해 온 풍성한 강의·연수 경험은 향후 수석교사로서 강의와 연수를 진행하는 데 매우 큰 밑거름이 될 것이다. 앞으로 수석교사로서 연구 시간이 확보된다면, 이러한 지원을 더 적극적으로 할 수 있을 것이라 기대한다.

● IB 교육에 마중물이 되어

생각을 꺼내는 교육! 이는 IB를 접하기 전부터 개인적으로 추구해 온 교육 철학이자 교육 목표였기 때문에 교육과정과 수업, 평가 장면에 그대로 적용하여 꾸준히 실천하고 있다. 현재 IB 후보 학교에 근무하면서 개인적으로 IB 교육을 심층 연구하며, 역량 중심 교육과정을 기반으로 탐구 – 실행 – 성찰을 통한 학생의 생각을 꺼내는 수업과 과정중심평가 및 피드백을 실천하고 있다. 학생들이 무엇을 알고, 이해하며, 할 수 있어야 할지에 대해 고민하고, 단순히 '하는 것'으로부터 왜 그것을 하는지 '이해'하도록 돕고 있다.

교육과정 역시 핵심 개념(빅 아이디어)에 기반을 둔 개념적 이해를 강조하며, IB가 추구하는 목표와 학습자상과 맥을 같이 하고 있다. 2022 개정 교과 교육과정에서도 학생들이 깊이 있는 학습을 통해 핵심 역량을 함양할 수 있도록 교수학습을 설계하여 운영하도록 하고 있다. 즉, 단편적 지식의 암기를 지양하고 각 교과목의 핵심 아이디어를 중심으로 지식·이해, 과정·기능, 가치·태도의 내용 요소를 유기적으로 연계하며 학생의 발달 단계에 따라 학습 경험의 폭과 깊이를 확장할 수 있도록 수업을 설계하는 것이다. 하지만 단편적 지식 위주의 선다형 지필평가 문항이 팽배한 현실에서 학생의 창의적·비판적 역량을 키워 주지 못하고 있는 것이 사실이다.

이에 대한 개선으로 여러 시·도교육청은 창의적·비판적 역량을 키우는 수업 및 평가를 위해 IB 학교를 확대·운영하고 있으나, 아직 일반 학교들의 IB 프로그램에 대한 관심이 높지 않은 실정이다. IB 교육이 내실있게 운영, 확산되려면 현장에서는 역량 있는 리더 교사들의 많은 지원이 필요할 것이다. 이에 수석교사로서 IB 교육을 확산하는 데 마중물이 되고자 한다.

● 다양한 채널을 통한 소통·공유

요즘 교사들은 궁금한 것이 있으면 포털사이트나 카페·밴드 또는 유튜브 등 온라인에서 정보를 검색한다. 디지털 전환 시대를 맞아 수석교사도 이에 적절한 지원 방법을 모색해야 한다.

첫째, 양질의 교육 영상 컨텐츠를 제작하고자 한다. 강의를 하다 보면 백문이 불여일견, 백 마디 말보다 수업 장면을 한 번 보여 주는 것이 훨씬 효과적일 때가 많다. 수석교사가 수업 공개를 자주 하더라도, 시간적·물리적 한계로 교사들이 일과 중에 매번 참관을 하는 것은 쉽지 않을 것이다.

　이에 영상을 제작·공유하여 교사들에게 유연한 학습 환경을 제공하고자 한다. 영상은 언제 어디서나 시청 가능하므로, 교사들은 각자의 편한 시간과 장소에서 쉽고 빠르게 학습할 수 있다. 무엇보다 에듀테크 분야는 실습이 중요하기 때문에 한 번의 강의나 연수로 기억해서 따라 하기가 쉽지 않다. 나중에 다시 참고할 수 있도록 콘텐츠를 저장해 두면, 필요할 때마다 반복 재생하면서 적재적소에 활용할 수 있도록 지원할 수 있다. 이처럼 다양한 에듀테크 도구나 수업 아이디어에 관한 영상 콘텐츠를 제작·공유하는 것은 교사들의 수업을 더 풍부하게 만들어 줄 것이다.

　또한, 익명성이 보장되는 오픈채팅방을 개설하여, 자유롭게 질문과 의견을 공유하고 즉각적인 답변을 제공해 주고자 한다. 이는 교사 간 토론의 장으로 활용할 수도 있으며, 경험을 공유하면서 교육에 대한 인사이트를 얻을 수 있다. 특히, 개방된 공식 석상에서 질문하기를 꺼려 하는 고경력 교사들에게 유용한 소통 창구가 될 것으로 보인다. 현재 기초학력, 영어과 교수·학습, 평가 등과 관련된 여러 채팅방에서 활동 중인데, 다양한 아이디어와 경험을 공유할 수 있어 큰 도움이 된다. 교사들 간 자료 및 콘텐츠 공유는 각자의 전문성을 나누고, 다양한 수업 아이디어를 교환하는 데 유용하다.

　마지막으로, 수석교사가 하고 있는 활동을 안내할 수 있는 소식지를 웹진의 형태로 정기 발간하고자 한다. 상시 수업 공개, 수업 나눔, 학생 지도, 동료 교사들과의 공동 연구, 교사 지원 활동, 기타 교내외 활동 등을 담아 정기적으로 웹진을 발간하면, 수석교사가 어떤 역할을 하고 있는지 안내할 수 있을 것이다. 뿐만 아니라, 교사들에게 유용한 교수·학습 자료 및 다양한 팁을 제공해 줄 수 있는 창구로 활용할 수도 있다.

영어 교사 지망생에게 들려주는 소중한 한마디

☻ 이제 영어 교육은 AI가 대체한다고?

AI를 비롯한 다양한 에듀테크를 활용하면 학생의 학습 흥미를 높이고 학습 효과를 극대화할 수 있다. 영어 수업에서도 학습을 보조하고 지원하는 도구로 점점 더 많이 활용되고 있다. AI는 다양한 학습 콘텐츠 또는 맞춤형 학습 경험을 제공하고 있으며, 학생들이 영어를 실습할 수 있도록 도와주는 대화형 챗봇이나 언어 분석 도구 등도 적극 사용되고 있다.

그런데 우리가 주의해야 할 것은, AI가 교사를 대체할 수는 없다는 점이다. AI는 반복적인 연습, 피드백 제공, 발음 교정 같은 특정한 영역에서 도움을 줄 수 있다. 그러나 영어 학습에는 문화적 맥락, 감정, 비언어적 소통 등 복잡한 요소들이 포함되어 있으며, 학습자의 개별적인 필요에 맞춘 정서적 지원과 비판적 사고 훈련 등은 인간 교사의 몫이다. 다시 말해서, 단순한 지식 전달이나 기본 개념을 익히게 하는 '티칭' 역할은 AI가 할 수 있으나, 학생 개개인의 관심과 흥미에 맞게 적성과 소질을 키우는 '코칭'은 AI가 대신해 줄 수 없는 교사의 고유 영역이다.

학생들에게 키우고자 하는 창의적·비판적·융합적 사고력, 협업 능력,

인간의 감성과 인성 등은 AI가 아닌 교사가 키워 주어야 하는 중요한 핵심 역량이다. 학생들의 역량을 키우기 위해 AI 기술 활용에 앞서 중요한 것은, 무엇을 왜 가르쳐야 하는가에 대한 교육적 성찰이다. 디지털 세상에서 학교는 어떤 교육을 할 것인가, 학생들의 어떤 역량을 기르고 에듀테크는 그 과정에서 어떤 유의미한 기여를 하는가, 에듀테크를 활용하여 어떤 배움을 심화하고 새로운 가치를 만들어 내도록 할 것인가 고민해야 한다. AI는 그 자체가 수업의 목적이 아니라 도구임을 망각해서는 안 된다.

● 영어 교사의 꿈을 향한 여정, 꿈을 향한 항해

영어 교사가 되기로 결심한 순간, 이미 하나의 큰 모험을 시작한 셈이다. 이제 상상해 보자. 당신은 지금부터 세계의 여러 문화를 탐험하는 항해자가 되고, 단어와 문장을 통해 새로운 세계를 창조하는 예술가가 될 것이다.

항해를 시작하는 첫날, 당신은 넓은 바다로 가기 위해 작은 배를 타고 나서게 된다. 학교에서 배운 이론과 지식은 당신이 안전하게 항해할 수 있게 해 주는 나침반과 같다. 그러나 진정한 항해는 이론만으로는 부족하다. 당신은 실제로 세계 여러 나라의 문화를 경험하고, 그 나라의 언어를 배우며, 그들의 삶을 이해해야 한다.

영어 교실은 보물섬과 같다. 당신은 학생들이 가지고 있는 독특한 배경과 이야기를 발견하게 될 것이다. 그리고 당신은 학생들 각자에게 적합한 지도를 그려 주며, 그들이 영어라는 바다를 자신감 있게 항해할 수 있도록 도와줘야 한다. 교실에서는 학생들의 목소리가 잔잔한 음악처럼 울려퍼지며, 자신의 생각과 꿈을 자유롭게 표현하도록 격려해 주어야 한다.

한편, 항해 중에는 이겨내야 할 도전도 많을 것이다. 때로는 폭풍우처럼 힘든 날도 있고, 바람이 불지 않아 앞으로 나아가지 못하는 날도 있을 것이다. 그럴 때마다 당신은 인내심을 가지고, 주변 동료들과의 협력을 통해 더 나은 방법을 찾아야 한다. 그리고 무엇보다 가장 중요한 것은, 당신 자신을 믿는 것이다. 당신은 이미 충분히 유능하고, 열정과 노력을 통해 반드시 결실을 맺을 것이다.

이 모험의 끝에서, 당신은 단지 영어를 가르치는 교사가 아니라, 학생들의 삶에 긍정적인 변화를 가져다주는 영감의 원천이 될 것이다. 또, 당신의 수업이 그들의 미래를 밝히는 빛이 되고, 세상을 바라보는 넓은 창이 되어 줄 것이다.

영어 교사로서 걸어갈 이 길은 결코 쉽지 않겠지만, 당신이 가져올 변화와 앞으로 만들어 낼 영향력은 가늠할 수 없을 만큼 클 것이다. 그러니 큰 꿈을 꾸고, 적극적으로 도전하며, 항상 즐거운 마음을 가지고 당신의 여정을 이어가길 바란다. 자 이제 시작이다!

가족과의 힐링 타임

교사로서의 나날이 분주하고 도전적일 때가 많은데, 가족과 함께 하는 시간은 나에게 특별한 안식처이자 기쁨의 원천이 된다. 가족과 보내는 순간들은 하루하루의 소중함을 일깨워 주는 작은 행복으로 가득 차 있으며, 그 순간들은 나에게 언제나 위안과 활력을 준다.

하루 일과를 마치고 집에 돌아오면, 우리는 종종 함께 산책을 나간다. 집 근처의 조용하고 푸르른 공원은 우리 가족의 작은 피난처와도 같다. 산책을 하며 우리는 서로의 하루를 나누고, 즐거웠던 일과 힘들었던 일들을 이야기하며 깊이 있는 대화를 나눈다. 서로의 마음을 이해하고 응원하는 시간이다. 때로는 굳이 말하지 않아도, 서로의 존재만으로도 큰 위로와 힘이 되어 준다. 침묵 속에서 나누는 평온함은 말보다 더 많은 감정을 전달하기도 한다.

주말이 되면 특별한 요리 시간을 갖는다. 각자 좋아하는 요리를 함께 만들고 그 과정에서 다양한 아이디어를 교환하며 웃음이 끊이지 않는다. 요리는 단순한 식사 준비를 넘어, 함께 협력하고 서로를 배려하며 사랑을 표현하는 과정이다. 만든 음식을 모두가 함께 나누며 시식회를 열고, 서로의 요리에 대한 칭찬과 애정을 나누는 순간은 그 자체로 행복이자, 가족 간의 유대감을 더욱 깊게 해 준다.

주말 밤이면, 거실을 작은 영화관으로 꾸미고 가족과 함께 영화를 본다.

영화를 통해 다양한 삶의 모습과 교훈을 함께 배우며, 가족 간의 대화도 한층 더 깊고 풍성해진다. 때로는 영화가 끝난 후, 그 주제를 가지고 서로의 생각을 나누고 토론하며 가족의 소통이 한층 더 활발해지기도 한다.

한 달에 한 번쯤은 새로운 문화 생활을 즐기기 위해 연극, 뮤지컬, 콘서트 등 다양한 공연을 보러 간다. 이러한 문화적 경험들은 우리 가족의 감성을 풍부하게 하고, 일상에 신선한 활력을 불어넣는다.

이처럼 일상 속에서 보내는 가족과의 소소한 시간들은 그 자체로 큰 의미를 지닌다. 그것은 나를 행복하게 하고, 바쁜 일상 속에서도 나를 지탱해 주는 힘이 된다. 가족과의 소중한 시간들은 내가 더욱 나은 사람으로 성장하게 도와주고, 삶의 질을 한층 더 높여 주며 매일을 특별하게 만들어 준다.

여행은 설레임

나는 여행하는 것을 좋아한다. 여행은 일상에서 벗어나 새로운 경험을 쌓고, 세상과 나 자신을 더욱 깊이 이해할 수 있는 특별한 기회이다. 여행을 통해 다양한 문화와 사람, 풍경을 만나면서 생각을 확장시키고 마음의 여유와 행복을 얻는다.

무엇보다 여행은 일상의 반복에서 벗어나는 해방감을 선사한다. 익숙한 환경과 고정된 루틴에서 잠시 벗어나 새로운 장소에서의 모험은 언제나 신선한 자극을 준다. 평소에는 접할 수 없었던 다른 문화, 풍경, 음식들을 직접 경험하면 지루했던 일상에 색다른 활력이 생긴다. 새로운 환경에서의 경험은 창의적인 생각을 할 수 있는 기회를 제공하며, 삶을 보다 긍정적으로 바라보는 데 큰 도움이 된다.

또한, 여행을 통해 다양한 사람들과 교류하게 되는 것도 큰 장점이다. 낯선 곳에서 만난 사람들과의 짧은 대화조차도 인생에서 특별한 순간으로 남는다. 새로운 사람들과의 만남은 그들의 삶을 이해하고, 그 속에서 나와는 다른 시각을 배울 수 있는 소중한 기회가 된다. 이러한 만남을 통해 우리는 인간관계를 넓히고, 더 깊이 있는 공감과 소통의 기쁨을 얻을 수 있다.

여행은 자기 자신을 새롭게 발견하는 시간도 제공한다. 낯선 환경 속에서 평소의 자신과 다른 모습을 발견할 수 있다. 익숙하지 않은 상황에서 문제를 해결하고, 새로운 것에 도전하며 우리의 가능성과 잠재력을 깨닫게 된다.

더불어, 자연을 마주하는 여행은 마음의 평온함을 가져다준다. 자연과의 교감은 일상에서 느끼는 긴장과 피로로부터 해방시키고, 진정한 행복감을 느끼게 해 준다.

여행은 또한 우리의 시야를 넓히고, 세상을 더욱 포용력 있게 바라보게 만든다. 다른 문화와 역사, 전통을 경험하며 우리가 살고 있는 세계가 얼마나 다양하고 넓은지 깨닫게 된다. 이 과정을 통해 우리는 편견을 넘어서고, 더 개방적이고 이해심 있는 시각을 가지게 된다.

결국, 여행은 삶 속에서 다양한 행복을 찾을 수 있는 소중한 경험이다. 낯선 곳에서의 모험과 발견, 자연 속에서의 평온함, 새로운 사람들과의 만남은 깊은 만족감과 행복을 선사한다. 여행의 추억은 시간이 흘러도 변하지 않는 소중한 자산이 되고, 우리는 그 기억을 통해 언제나 미소를 지을 수 있다.

식물은 경이로운 생명체

식물을 키우는 것은 단순한 취미를 넘어, 삶 속에서 크나큰 행복과 평온함을 주는 경험이다. 작은 씨앗이 싹을 틔우고, 점차 성장해 나가는 모습을 지켜보는 과정에서 자연의 신비와 생명의 경이로움을 느낄 수 있다. 매일 물을 주고, 햇빛이 잘 들도록 위치를 조정해 주며 정성스럽게 돌보는 일은 마치 생명을 돌보는 것과 같다. 작은 생명이 나의 손길로 성장해 나가는 것을 직접 목격하는 데서 기쁨을 얻을 수 있다.

식물과 함께하는 시간은 바쁜 일상에서 벗어나 마음의 평화를 찾을 수 있는 소중한 기회가 된다. 화분의 흙을 만질 때면, 마치 자연과 직접 연결된 듯한 기분이 들고, 스트레스와 불안을 덜어 주는 효과가 있다. 흙냄새를 맡고, 잎사귀가 자라는 모습을 보며 자연의 순수함에 감탄하게 된다. 특히, 식물이 점점 더 푸르러지고 건강하게 자라날 때마다 성취감도 느끼게 된다.

또한, 식물을 키우는 것은 인내와 끈기를 가르쳐 준다. 식물이 자라기까지는 시간이 걸리고, 그동안 기다림 속에서 차분함과 여유를 배울 수 있다. 매일 조금씩 변화하는 식물의 모습을 통해 삶도 그와 같다는 것을 깨닫는다. 천천히 성장하고 발전하는 과정 자체를 즐기는 마음가짐으로 바뀌게 된다.

식물을 돌보면 자연이 주는 긍정적인 에너지를 가까이에서 느낄 수 있다는 점에서 큰 행복을 얻는다. 집 안이나 사무실에 식물이 있으면, 그 존재만으로도 공간이 밝아지고 생기 넘치는 분위기가 만들어진다. 초록빛의 식물은 시각적으로도 마음을 안정시키고, 공기 정화 효과까지 있어 건강에도 이롭다. 그리하여 식물과 함께하는 시간은 일상에 활력을 불어넣고, 정신적 안정과 행복감을 선사한다.

호기심이 많아 다양한 분야에 관심을 가지는 모습을 보임. 공상하기를 즐기며, 자신만의 의견과 생각이 풍부하고, 낙천적인 성격임. 새로운 일이나 상황을 만났을 때 오히려 침착한 태도를 유지하며, 해결을 위해 적극적으로 참여하는 모습이 인상적임.

점들을 연결하는 영어 교사

조래정

별명

래래샘

이름이 '래'자 돌림이어서, '래'가 들어가는 별명들이 많았음. '로렐라이', '랭보정', '조종례'…. 이 별명과 저 별명이 빠르게 나타나고 사라지던 중, 교사가 되고 나서 처음 지어진 별명임. 학생들도 부르기 쉬워 하는 별명이라 숙명으로 받아들이는 중임.

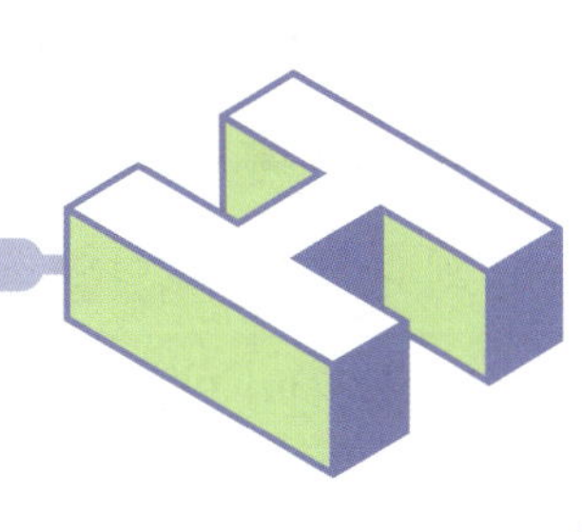

01

영어 교사가 되기까지의 날갯짓

1 언어에 대한 호기심에서 영어 공부로

☻ 저건 어떻게 읽어요?

어릴 때 아버지의 차에 탈 때마다, 아버지는 팝송을 틀어 놓으셨다. 가사는 뒷전이었지만 메로디가 참 좋았다. 나중에는 나만의 좋아하는 곡이 생길 정도로 흥얼거리고 즐겨 듣기도 했다. 그러다 유치원에서 영어 파닉스를 배우고 나니, 차창 너머로 보이는 간판들이 나에게 수많은 궁금증을 자아냈고, 부모님께 많은 질문을 쏟아냈다. 'Restaurant(레스토랑)'이라는 단어를 보면서, 저 단어는 어떻게 읽는지 물어보고, 거기서 그치지 않았다. "왜 레스토랑'트'라고 안 읽어요?" 질문이 꼬리에 꼬리를 물어갔다. 꽤 귀찮은 아이였을 수도 있는데, 부모님은 이러한 나에게 지치지 않으셨다. 어디선가 답을 찾아 알려 주셨다. 그렇게 나는 운 좋게도 새 언어에 대한 두려움보다 호기심을 앞세울 수 있었다.

호기심이 멘토를 만나 불길을 내다

중학교에 들어가 사춘기가 오고 친구들과 외국 밴드의 록과 메탈 음악을 즐겨 듣게 되면서 가사와 발음에 대한 흥미가 이어졌다. 그러다 고등학교 입학하여 처음 만나게 된 영어 선생님으로 인해서, 잔잔했던 관심은 큰 불씨를 일으켰다. 선생님의 익살스러운 이야기와 신선한 매력 속에서, 동경하는 선생님이 가르치는 과목에 나도 최선을 다해야겠다는 생각에서 불이 붙은 것이다. 하지만 이때 영어를 좋아한다고 해서 잘하는 것은 아니라는 것도 함께 깨달았다. 단순히 흥미를 갖던 정도에서, 이제는 나름 진득하게 앉아서 의식적으로 노력을 쏟는데도 영어 점수는 쉽게 오르지 않았다.

2 취미와 특기 사이, 그리고 진로 고민

프로 '취미'러

배움의 대상으로서의 언어에 관한 관심을 보이는 한편, 나는 즐길 대상으로서도 몇 가지 분야에 흥미를 갖고 있었다. 이런 관심사가 자라면서 변하지 않고 꾸준하게 지속되면서, 결국 진로 고민으로 연결되기에 이르렀다.

낙서왕

나는 떠올리는 것을 그리는 것이 좋았다. 한 획 한 획을 그어 가며 내가 머릿속에 떠올린 모습을 종이 위에 구현하는 과정이 즐거웠다. 대여섯 살

무렵, 만화 영화의 세계에 빠졌다. 나에게 만화는 소비를 위한 것이 아니라 '내 그림'의 소재였다. 머릿속 아이디어가 폭발적으로 다양해졌다. 그 아이디어를 잘 그리지 못하면 심술이 났다. 만족할 만한 수준이 될 때까지 그리기를 반복했다. 굽은 팔과 무릎을 잘 그리고 싶어, 인체 해부도나 근육 구조를 찾아볼 정도였다. 그렇게 한번 꽂히면 수업 시간에도 낙서가 계속돼서, 선생님께 잘못 걸리면 낙서가 있는 교과서 쪽수만큼 엉덩이에 불이 났다.

◉ 게임에 빠지다

유치원 시기, 우리집에 카트리지를 꽂아서 플레이할 수 있는 게임기가 생겼다. 게임이라는 경험은 너무나 황홀했다. 나의 손가락 움직임에 따라 함께 움직이는 캐릭터, 도전 욕구를 자극하는 스테이지, 흥얼거리게 만드는 배경음악까지. 게임 역시 나에게는 상상력 자극을 위한 불쏘시개가 되었다. 그 게임을 잘하고 못하고에 관한 집착이 아니라, 게임 속 캐릭터와 상황에 몰입하는 즐거움에 빠지게 되었다.

◉ 좋아하는 건 취미로 해라

이렇게 여러 취미와 관심사는 대학 진학을 앞둔 나에게 선택을 강요했다. 이때, 어머니는 "좋아하는 것은 취미로 즐길 때 즐겁다."라고 이야기하셨고, 고민을 거듭하던 나는 결국 영어와 관련된 학과로 진학을 결정했다.

 3 좌절과 도전을 통해 성장하다

● 우회로를 찾다

은사님을 따라 영어 선생님이 되고 싶어서 영어교육과를 지망했지만, 내 내신 성적과 수능 성적으로는 사범대에 안전하게 합격하기가 쉽지 않았다. 그래서 영어영문학과도 함께 지망했다. 영어와 관련된 학과면 뭐든 좋겠다고 생각하기도 했고, 소문에 의하면 영

어영문학과에서도 어떤 과정을 거쳐 사범대에 입학한 것과 같은 자격(이른바 '교직 이수'라고 불리는 것)을 얻을 수 있다고 했다. 왜 불안한 예감은 틀린 적이 없는지. 영어교육과는 나를 가볍게 불합격시켜 버렸다. 다행히 영어영문학과에 합격해 재수는 면할 수 있었다. 교직 과정이라는 우회로에 관한 생각이 뚜렷했던 터라, 이후의 대학 생활은 나답지 않게(?) 주도적이고 계획적으로 해 나갔다.

● 이렇게 공부했으면 서울대 갔겠다

교직 과정 대상자를 선발하는 2학년에 모든 것을 쏟아붓고자, 1학년을 마치자마자 일찍 군대에 다녀왔다. 2학년 복학생이 되어 2개 학번 차이 나는

학우들과 수업을 들었다. 학년 인원에 일정 비율(아마 10% 미만이었던 것 같다) 이내만큼의 석차를 달성해야 했기에, 최선을 다해서 공부했다. 과제와 시험의 징검다리 가운데에서 늦은 밤까지 공부하기 일쑤였다. 남들 다 하는 아르바이트는 방학 때를 제외하고는 할 여유가 없었다. 그렇게 평점을 4.0 이상씩 받는 두 학기를 보내며, '고등학교 때 이렇게 공부했으면 나는 지금 이 학교, 이 학과에 다니고 있었을까?'를 수십 번 되뇌었던 것 같다.

교직을 위한 첫 관문을 통과하다

2학년 2학기가 마무리되고, 잠 못 이루는 하루하루가 지나자, 학과 홈페이지에 교직과정 이수 대상자에 대한 공고가 떴다. 내 이름이 있었다. 노력이 보상받는 성취감과 동시에, 안도감이 밀려들었다. 다음 공부가 무엇이든 해낼 수 있을 것 같았다.

4 공부를 즐겨라

 신나서 즐기기

교직 과정에 안착했다는 안도감과 희열 속에서 교직 과정 수업은 즐겁게 들었다. 교육심리학, 영어교과교육론, 특수교육학, 교육사회학, 교육공학…. '교육'이라는 단어만 붙었을 뿐인데 익숙하고 자신감이 붙었다. 되고 싶은 직업을 위해 좋아하는 공부를 할 때 얼마나 즐거운지 깨달았다. 나의 흥미와 상관없이 전 과목을 잘해야 했던 고등학교의 공부, 교직 이수를 위해 쫓기듯 했던 대학교 2학년의 공부와는 달랐다. 학교에 사범대가 설립되면서 기존의 교직 과정을 폐지한다는 소식에 놀랐지만, 최소한 휴학만 하지 않으면 교직 과정을 이수할 수 있었다.

● 피할 수 없으면 즐기기

4학년 2학기에 첫 임용 시험을 치렀다. 광탈이었다. '시험 삼아' 시험을 봤다고 생각하고, 졸업과 동시에 노량진에서 공부를 시작했다. 시험에 특화된 노량진의 커리큘럼은 대학에서 배우던 내용과는 확실히 달랐다. 분량과 깊이도 끝이 없었다. 게다가 임용 시험의 유형이 객관식 위주에서 서술, 논술형으로 바뀌는 과도기여서 출제 경향을 예측할 수 없었다. 그렇지만 공부하는 동안 공부하는 것을 즐기면서 하려고 노력했다. 공부한 내용으로 농담하기를 즐겼다. 그날 공부한 내용이 너무 어려우면, "오늘 내용은 내 ZPD를 아득히 넘어갔어"라고 푸념하는 식이었다. 같이 공부하던 예비 선생님들이 "제발 쉴 때만큼은 공부 이야기 좀 하지 말라!"고 애원하기도 했었다.

● 그럼에도 도움이 필요하다

결과적으로 매해 불합격이 계속되었다. 내가 교사가 될 수 있을 것인지에 대한 의심과 불안이 스멀스멀 올라왔다. 멘탈이 흔들렸다. 하지만 그럴 때마다 친구와 가족들은 쿨내 진동하는 말로 흔들린 멘탈을 흔들어 깨웠다.

"야, 그게 한번에 그렇게 쉽게 될 줄 알았어?"

02

영어 교사이기에 행복한 나

1 내배내쓴, 내가 배워 내가 쓴다

내가 바로 가져다 쓸 수 있다

영어를 가르치는 교사로서 얻는 이점은, 가르치기 위해 공부한 내용이 곧 나의 영어 실력과 직결된다는 것이다. 영어는 그 자체로 언어이기 때문에 내가 잘 쓸 수 있어야 아이들도 잘 가르칠 수 있다. 또한, 학생들을 잘 가르치기 위해 내용을 탐구하며 수업을 준비하다 보면, 그 표현이 쓰이는 다양한 상황을 고민하거나 찾아보게 되면서 실제 언어 자료에 교사부터 풍덩 빠져들게 되고, 이런 과정을 통해 다양한 언어 소재들이 내재화된다.

표현이나 문법만 말하는 것은 아니다. 교과서나 다양한 학습 자료에 등장하는 대화나 글을 보면 주제가 천차만별이기 때문에, 여러 주제에 관해서

얕지만 폭넓게 알게 된다. 그러면서 자연스럽게 '아, 이런 주제에 대해서는 이렇게 이야기하거나 쓸 수 있겠구나' 하는 인사이트를 얻게 되는 것이다.

☺ 언어에 대한 탐구가 깊어진다

학생들에게 영어를 잘 가르치려고 고민하다 보면, 언어 자체의 구조나 활용에 대해 깊게 관심을 가지게 된다. 학생들을 참여시키기 위해 이들의 모국어인 한국어와 영어를 비교하고 연결 짓다 보면, 서로 다른 언어이지만 공통적인 특징을 발견하게 되고, 이런 점을 잘 활용해서 학생들에게 더 잘 설명하게 된다. 그렇게 언어의 시스템을 체감할 수 있게 되고, 원어민들이 영어로 말하는 과정이나 말하기 위해 어떻게 사고하는지 엿볼 수 있게 된다.

2 제 3의 눈을 뜨다

☺ BEING BILINGUAL IS A SUPER POWER

나는 종종 '아무리 열심히 영어를 가르치고 또 내가 배워도, 절대 원어민처럼 될 수 없어.'라고 생각했었다. 그러던 중 우연히 국제학교 복도에 붙은 포스터에 적힌 문구를 보게 됐다. "Being Bilingual is a Super Power(이중언어를 구사하는 것은 초능력이다)." 여기서 큰 인사이트를 얻을 수 있었다. 나는 절대 원어민이 될 수 없지만, 한국어와 영어를 동시에 구사할 수 있다는 것은 곧 그만큼 포용할 수 있는 언어 문화가 곱절로 많다는 것이며, 1+1=3이 되는 제3의 시각을 견지할 수 있게 되는 것이다.

이중언어 교육자로서의 영어 교사

영어와 한국어를 모두 잘 구사할 수 있는 영어 교사는 더 큰 시야에서 학생과 교육을 바라볼 수 있다. 예를 들어, 학생들이 어떤 사고 과정을 거쳐 영어에서 오류를 내고 있는지 더욱 즉각적으로 이해할 수 있다. 예를 들어, 학생들이 역사적 인물을 소개하는 글쓰기에서 'Dr. Ahn Jung-Geun'이라고 적었다면, 'Dr.'라는 표현이 왜 나왔는지 금세 파악할 수 있는 것처럼 말이다. 그렇기에 학생들을 가르칠 때도 어떤 점을 유의해서 설명해야 할지 미리 파악하고 예측할 수 있는 것도, 원어민보다는 한국인 교사가 더 즉각적일 것이다.

세계 시민으로서의 자세

하나의 언어만 구사하는 사람은 그 시각도 그 언어가 주를 이루는 문화권에 한정되어 있다. 하지만 2개의 언어를 구사하는 우리는 두 개의 문화권을 살펴볼 수 있고, 그 사이에서 어떤 시각과 자세를 견지해야 할지를 고민할 수 있게 된다. 서로 다른 문화를 존중하고 먼저 배려할 수 있는 태도를 갖출 수 있기에 세계 시민이 된다는 것이 어떤 것인지 이해할 수 있고 실천할 수 있으며, 이로써 한 발짝 앞서갈 수 있는 혜택이 있는 것이다.

3

전 세계 지식의 약 80%는 영어이다

◉ 영어로 검색, 한글로 검색

학년 초에, 조승연 작가의 '영어를
왜 배워야 하는가?'라는 영상을 학생
들과 함께 시청한다. 언어를 배운다는
것은, 그 언어의 체계뿐만 아니라 그
언어로 이루어진 지식에도 접근할 수
있다는 의미이기도 하다. 그러므로 영
어를 배운다는 것은 전 세계 지식의 약

80%를 활용할 수 있다는 의미이다. 논문, 서적, 영상 등 셀 수 없을 만큼
수많은 콘텐츠가 영어로 제작된다. '구글 트렌드'라는 사이트에서 한글 검색
어 '게임'과 영어 검색어 'game'의 검색 결과만 봐도 그 차이를 극명하게 알
수 있을 것이다.

◉ 누구보다 빠르게 난 남들과는 다르게

영어 교사는 지식의 양적 측면에서뿐만 아니라, 최신 지식을 얻는 속도
측면에서도 훨씬 빠르게 지식을 얻을 수 있는 장점이 있다. 전 세계의 소식
들을 누구보다도 빠르게 접할 수 있으며, 트렌드의 변화 또한 빠르게 인지
할 수 있다. 특히, 최근 들어 이 부분이 영어 교사에게 유리할 수 있다. 디
지털, 인공지능 기술이 빠르게 발전하고 새로운 기술들이 계속해서 개발 및
도입되고 있는 전 세계의 흐름 속에서 거의 대부분의 도구들은 영어로 먼저

출시된다. 그리고 충분한 시간이 지나 어느 정도 수요가 파악되고 나서야 비로소 한국어를 포함한 여러 언어로 번역본이 출시된다. 이 속도를 생각하면 영어 교사가 학생들에게 다양한 학습 경험을 얼마나 신속하고 풍부하게 전달할 수 있는지 알 수 있다. 또, 이러한 경험을 미리 해 보고 그 이점과 단점을 파악해서 변별할 수 있는 안목을 먼저 갖출 수도 있는 것이다.

동시에 영어 교사는 한글로 먼저 만들어지는 자료를 접하고 활용하는 것에도 용이하다. 이렇게 영어 교사는 접근할 수 있는 정보와 지식의 규모, 질, 속도 측면에서 여느 다른 교과 교사보다도 좋은 기회를 가질 수 있다.

4. 다양한 소재를 활용해 재구성하다

● 영어는 '도구' 교과

영어는 흔히 과학이나 사회와 같은 '내용 교과'와 달리, 그 내용을 전달하기 위한 도구로서 활용하기 위해 배우는 '도구 교과'라고 불리기도 한다. 그 덕분(?)에 영어 교과서는 출판사마다 주제나 내용이 천차만별이다. 가르칠 내용이 존재하는 것이 아니라, 내용 전달에 활용되는 다양한 단어와 기능문, 문법, 그리고 이를 해석하고 표현하기 위한 전략과 기능을 습득하는 것이 교과의 목표이기 때문이다. 이런 점은 종종 영어 선생님들로 하여금 '전문성을 쌓기 어려운 교과'라는 부정적인 인식을 초래하기도 한다. 하지만 달리 생각해 보면 영어는 무엇보다 교사의 전문성이 있어야 하는 교과이다.

● 조커 카드

영어과 교육과정의 성취기준은 4가지 기능(듣기, 말하기, 읽기, 쓰기), 또는 2가지 영역(이해, 표현)에 따라 설정되어 있는데, 이들은 교과서 단원 내내 반복되고 심화된다. 영어 교사는 이러한 성취기준을 융통성 있게 적용하여 단원을 통합하거나 심화시키며, 다각도로 재구성할 수 있다. 앞서 언급했던 '내용'이 없다는 점은, 달리 말해 '내용' 선정에 자유도가 높다는 의미이기도 하다. 마치, 어느 상황이든 간에 거기에 맞춰 사용할 수 있는 '조커 카드'와 같다고 할까. 특정 기능을 위주로 내용을 재구성할 수도 있을뿐더러, 특정 내용을 골자로 성취기준을 재구성할 수도 있다. 그렇기 때문에 영어 교사는 교육과정에 대한 문해력이 높아야 하며, 학생들의 흥미와 학습 요구에 따라 효과적이고 효율적인 교사 교육과정을 설계해야 한다.

● 수업 철학의 중요성

영어 교사가 어떤 학습 참여 활동, 또는 평가 과제를 설계하느냐에 따라 그 영어 수업은 학습 요소의 반복 숙달을 중심으로 하는 수업이 될 수도 있고, 학습한 문법 구조를 또 다른 상황에 적용할 수 있도록 전이를 촉진하는 수업이 될 수도 있다. 따라서 영어 교사에게는 자기 수업에 대한 철학을 정하는 것이 무엇보다 중요하다.

보배를 만들려면 구슬도 있고, 꿸 줄도 알아야 한다.

잘, 쉽게 가르치고 싶다

수업을 설계하고 적용하다 보면, 항상 아쉬운 점이 생긴다. 수업을 하면서 학생들의 표정과 몸짓을 살펴 보면, 내가 설명하거나 지시한 점들을 어떻게 받아들이고 있는지 감지할 수 있다. 최소 한두 명은 이해를 못하거나 집중을 못하는 게 느껴진다. '그 누구라도 이해할 수 있고, 모르면 질문할 수 있게 만들려면 어떻게 해야 할까?'라는 마음속 질문이 해결되지 않기에 교수·학습에 대한 노하우나 설명 듣기를 게을리하지 않으려 한다. 내가 가르치는 내용이나 방식을 비교·대조하며, 해당 사례 속 학생이 어떻게 참여하게 되는지의 과정에 초점을 맞추어 설명을 듣는 편이다.

에듀테크

앞서 언급했듯이, 에듀테크처럼 다양한 인공지능 및 디지털 기술은 너무나 빠르게 도입되고 확산하며, 사라지기도 한다. 이러한 부분에 대한 탐구도 열심히 하려고 한다. 무턱대고 쓰는 것도 문제지만, 무턱대고 쓰지 않는 것도 문제라고 생각한다. 그래서 해당 주제에 관한 소식을 공유하는 교사들이 모인 그룹채팅방을 활용하여, 최신 에듀테크에 대한 정보를 수집하고 직접 쓰면서 어떤 점이 좋고 더 좋아질 수 있는지 테스트해 보기도 한다.

 매년 갱신하는 수업 자료

최고의 수업 방법이란 없다는 것을 잘 알고 있다. 그렇기에 하나의 방법이나 자료를 고수하기보다는, 내 자신의 교수·학습 전략에 대한 능숙도나 학생 요구 분석 결과에 따라 항상 수업 자료와 내용을 갱신하고 재구성하는 데 많은 시간을 들인다.

6 또 다른 구슬 한 말, 책

독서의 시작, 3년 전

나는 독서를 참 즐겨하지 '않는' 편에 속하는 사람이다. 다양한 콘텐츠를 즐기는 것은 좋아하는데, 책은 왜 그렇게 멀리하게 되는지…. 그러던 중 동료 선생님들과 전주에서 모임을 가진 날이었다. 나는 다른 약속이 있어 지인을 만나고 도중에 막 합류한 참이었는

데, 선생님들이 대뜸 물었다. "매주 일요일 아침 7시, 독서 모임 가능해, 안 해?" 나는 되물었다. "안 하면요?" 한 선생님이 대답했다. "그러면 프락치 되는 거야." 반강제 독서 모임의 시작이었다.

☺ 읽기 위한 선언

그렇게 일요일 7시, 정말 독서 모임이 진행됐다. 그리고 이 소식을 주변 선생님들에게 광고했다. 맞다. 이렇게 하지 않았으면 읽지 않았을 것이다. 서로에게 선언한 일이 마치 맹세처럼 독서의 목적성을 부여하기 시작했고, 꾸역꾸역 몇 쪽이든 읽고 가기 위해 발버둥 치게 됐다. 그리고 혼자 읽었으면 중간에 포기했을 텐데, 4명의 구성원들이 함께 모여 책을 소재로 우리 이야기를 하니 부담 없이 서로의 이야기에 귀 기울이게 되고, 역으로 그 이야기에 흥미가 생겨 책을 다시 훑어보게 되기도 했다.

☺ 이제는 내 마음속 창의의 종합터미널로

이 악물고 한 땀 한 땀 읽던 책이 그렇게 조금씩 쌓이면서, 이제는 어떤 책을 읽어도, 어떤 이야기를 해도, 어떤 경험을 해도, 책과 함께 쌓인 아이디어들에 연결되기 시작했다. 마치 책으로 내 마음속의 종합터미널을 지은 것처럼, 모든 생각과 경험이 드나들 수 있는 사유의 공간이 생겨났고, 그 공간과 이어지는 수없이 많은 노선들이 만들어지는 경험이었다.

7 수업에 대해 이야기하며 성장한다

☺ 이해를 점검하기

나는 동교과 선배 선생님들과 수업 이야기를 즐긴다. 후배 교사로서의 당돌함일 수도 있지만, 그렇기에 오히려 넓은 마음으로 경청해 주신다. 나의 수업과 평가에 대해 말로 풀어 설명하다 보면, 스스로 말문이 막히는 순간이 온다. 각 활동과 활동 사이의 연계에 대한 정당화가 되지 않은 지점을 발견한 것이다. (그야말로 Noticing the Gap이다.) 그럴 때는 어떻게 하면 좋을지 바로 선배 선생님들께 물어볼 수 있다.

● 다름에서 발전의 여지를 찾는다

선배 선생님들의 이야기를 듣다 보면 정말 신기한 점은, 모든 선생님들의 수업이 다 각기 다르다는 것이다. 같은 교구나 교과서, 혹은 동일한 학습 자료를 사용하더라도, 그 수업의 흐름과 방식이 선생님마다 다르게 나타난다. 이를 통해 수업이라는 것이 선생님의 개

성과 교육 철학에 따라 다양하게 표현될 수 있다는 점을 실감하게 된다.

그 차이 속에서 나의 수업에 부족한 부분, 즉 '갭(Gap)'을 메워 줄 수 있는 중요한 힌트를 발견하는 과정은 매우 흥미롭다. 선생님들의 말씀을 경청하면서 자연스럽게 고개를 끄덕일 때, 내 머릿속에서는 이미 그 갭을 메워 줄 수 있는 새로운 활동의 아이디어가 떠오르고, 그 활동들이 수업의 흐름 속에 하나씩 자리를 잡아 가는 것이 느껴진다. (이렇게 적고 보니 경청하지 않고 딴생각을 하는 셈이다.) 이렇게 선생님들의 생생한 이야기를 들으며 나만의 수업을 조금씩 개선해 나가는 경험은 교사로서 성장하는 데 있어 큰 즐거움이자 배움의 연속인 것 같다.

Connecting the Dots

무엇보다 나의 성장과 발전을 위한 원동력이 되는 것은, 내가 알고 있는 것과 내가 배우고 있는 것, 그리고 배우게 될 것들을 하나씩 꿰어 가며 연결하려는 노력이다. 더 나아가서 그런 마음가짐을 가지는 것이다. 아름답고 찬란한 구슬이 아무리 많다 한들, 이것들을 형형색색으로 꿰지 않는다면 흩어지거나 잃어버리고 말 것이다. '구슬이 서 말이라도 꿰어야 보배'라는 말은 이렇게 쓰이는 것 같다. 어릴 때부터 관심을 가졌던 분야였던 그림, 게임, 영어라는 관심사들과, 수많은 사람을 만나며 보고 들은 간접 경험들, 그리고 책이라는 훌륭한 대화 수단을 통해 많은 석학으로부터 나눔 받은 지혜들까지…. 그것들의 연결이 불현듯 일어나든, 의식적으로 일어나든 정말 즐겁고 놀라운 경험이다. 바로 창의의 순간, 에피퍼니(Epiphany)이다.

막다른 길목에서 "오히려 좋아!"를 외치다

유튜버들 사이에서 자주 쓰이는 표현 중 내가 특히 좋아하는 문구가 있다. 그것은 바로 "오히려 좋아!"라는 말이다. 이 표현은 주로 일이 계획대로 되지 않거나, 기대와는 다른 결과가 나왔을 때 자주 사용되는데, 그럴 때마다 나는 마음속으로(그리고 입 밖으로도!) 이 문장을 조용히 읊조리곤 한다. 언뜻 보기에는 그냥 정신 승리처럼 보일 수도 있고, 상황을 억지로 긍정적으로 해석하려는 합리화의 한 방식일 수도 있지만, 나에게는 의외로 연결의 여지를 만들어 준다.

일이 꼬였을 때나 예상치 못한 장애물에 부딪혔을 때, 우리는 흔히 절망하거나 좌절하기 마련이다. 그런데 이때 '오히려 좋아'라는 말을 떠올리면, 그 상황을 다른 각도에서 볼 수 있는 여지가 생기고, 마치 새 길을 발견하는 것처럼 생각의 전환이 이루어진다. 예를 들어, 애써 준비한 수업 전략이 기술적인 문제로 학생들에게 처음부터 먹히지 않을 때, '아 그래? 망한 일화부터 극복하기까지의 경험 자체가 하나의 훌륭한 수업 사례가 될 텐데, 오히려 좋잖아!'를 외치는 것이다.

9. 졸면 진다? 쫄면 진다

 웃프다

열심히 수업을 듣는 학생들 사이로 숨어서 꿀잠을 자던 아이가 있었다. 흐름을 끊기가 애매해서 선뜻 깨우지 않고 수업을 진행했다. 종이 치자 방금까지 기절해 있던 그 아이가 벌떡 일어나 기지개를 켠다. 어라, 나에게 다가와서는 이렇게 말했다. "죄송해요, 선생님.

그… 선생님은 좋은데 영어는 왜 이렇게 싫을까요?" 음… 그 순간 나는 이걸 좋아해야 할지, 기분 나빠 해야 할지 판단할 수 없었다. 이걸 '웃프다'라고 해야 하는 걸까.

● 일단 안 자야 보거나 듣고, 보거나 들어야 배운다

그때부터 내 수업의 시작점은 잠이 오지 않거나, 잠들 수 없도록 만드는 것이 되었다. 깨어 있어야 뭔가를 경험할 것이고, 적어도 거기서부터 배움이 시작될 테니까. 그래서 수업에 게임화(게이미피케이션, Gamification) 요소를 반영해서 학생들의 수행을 기록하고, 규칙에 따라 보상과 피드백을 제공하는 등, 끊임없이 동기 부여를 할 수 있는 여지를 만들고자 했다.

● 학생 주도성이 열쇠이다

지필평가 2주 전, 학생들은 자습을 달라고 애원한다. 선심 쓰듯 시간을 주면, 아이들은 시키지 않아도 자료를 찾아보며 열심히 공부한다. 심지어 영어 시간인데 영어 아닌 다른 과목을 공부하려고 하다가 지적을 받기 일쑤이다. 게다가 하지 말라고 했는데도 계속한다! 해보자는 건가? 열이 오르던 도중 뒤통수를 맞은 기분이 들었다. '집중할 이유와 목적이 생기는 순간! 엄청난 주도성이 발휘되는 순간! 졸지 않는 수업의 시작과 끝은 학생들의 요구에 귀 기울이고 임파워링하는 것이구나!'이 깨달음 이후, 나의 수업은 어떻게 하면 학생들이 주도하게 할 것인가에 초점을 맞춘다.

438

세상에서 쓰이는 영어를 탐구하라

교과서보다 더 중요한 것은

학년 초에 영어를 배우는 이유와, 거쳐야 할 교육과정에 대해 학생들과 직접 이야기를 나누는 시간을 갖는다. 성취기준, 평가 계획 등이 학생들과 깊게 이야기할 주제들이다. 그리고 학생들에게 이야기한다. "교과서는 우리가 성취기준을 잘 달성할 수 있도록 좋은 다

양한 영어 자료를 제공해 주는 역할을 하는 거란다. 교과서를 외우는 게 중요한 게 아니야. 교과서의 여러 자료를 소재로 삼아서 여러분이 정말로 듣고, 말하고, 쓰고, 읽는 과정을 습득하고, 그 과정과 전략을 다른 말이나 글을 보더라도 써먹을 수 있느냐가 진짜 중요한 거야."

수업과 평가의 소재를 활용해 교실 밖으로 나가자

교과서의 읽기 자료의 맥락(주제)과 언어적 요소(문법, 기능문)를 기준으로 삼으면, 폭넓은 언어 자료를 활용할 수 있다. 동물을 주제로 하는 글의 맥락과 연계하여 다양한 동물의 특징을 담은 영상 자료를, 문법 요소를 가르치기 위해 팝송을 가져올 수도 있다. 중요한 것은 학생들로 하여금 '내가 배운 영어 기능과 지식이 실제로 세상에서 쓰이는구나!', '내가 스치듯 지나치는 친숙한 주제에 대해서도 영어가 다양하게 쓰이고 있었구나!'를 새삼스럽게

느낄 수 있게 해 주는 수업이었으면 좋겠다는 것이다.

☻ 전이의 성취감을 주고 싶다

학생들이 각자 준비한 방식대로 언어를 활용해서 문제상황을 해결해야 하는 과제를 설계하고 제시하는 편이다. 물론, 학생들은 주어진 상황에 대해 어려움과 답답함을 토로하기도 한다. 문제집 풀 듯, 시간이 지나면 알아서 답이 제공되지 않기 때문이다. 하지만 끊임없이 단서를 주고 기다려 줄 뿐이다. 그 과정에서 학생들이 스스로 상황을 인식하고 준비하고 참여한다. 그리고 학생들이 과제를 완성하는 때가 오면 이런 메시지를 전한다.

> "이제 너희들은 이런 상황에서도 영어로 문제를 해결할 수 있게 된 거야!"

11 언어 자체에 대해 고민하는 수업

☻ 그럼에도 불구하고

실제적이고 참여 중심의 활동을 설계하는 데 몰두한 나는 '신선하고 재미있다'라는 평을 듣기도 했지만, 한편으로는 '문법을 더 자세히 배우고 싶다'와 '설명을 더 듣고 싶다'라는 피드백도 받았다. 그러고 보니 언어의 형식

440

과 의미에 대한 부분은 과제 속에 녹여내어 암시적으로 학습하도록 했었다. (성취기준에는 문법 관련 내용이 없다!) 그렇게 문득, 언어를 배운다는 건 결국 그 언어의 생김새와 의미, 쓰임에 대해서 충분히 탐구하는 시간을 주어야 하는 것이 아닐까 하는 생각이 들었다.

☻ 규칙은 발견하는 것

그래서 문법에 대해 배우는 시간에는 문법 용어에 집중하기보다는, 다양한(친근한) 사례로부터 문장이 형성 및 변화하는 과정을 보여 주며, 문장과 메시지에 어떤 변화가 일어나는지 포착하고 패턴을 찾게 한다. 물론, 공과 시간이 든다. 하지만 이러한 과정에서 학생들은 패턴을 파악하고 일반화하는 탐구에 익숙해진다.

☻ '왜?'에 집중하다

나는 항상 문법은 '문(장 만드는)법'이라고 강조한다. 이는 의도나 메시지를 오해가 없도록 문장(말과 글)으로 전달하거나, 역으로 타인의 문장으로부터 그 사람의 메시지를 알아내기 위한 약속이다. 그렇기 때문에 언제, 왜 쓰이는지를 고민하면서 언어 사용이 언제나 맥락적이고 의도적임을 연결 짓게 하려고 노력한다.

문장의 형성과 변화의 과정을 드러내고 패턴을 발견하도록 학습활동을 설계하다 보니, 자연스레 영어학에서 배웠던 심층구조와 이동(movement) 규칙, 그리고 논항구조(Arguments)를 다시 들여다보게 된다. 연결의 마인드셋이 빛을 발하는 지점이다.

참여하는 만큼 관찰되고 평가받는 수업

● 코로나 때부터 시작된 고민

한창 온라인 수업이 계속되던 학기 중, 학교 선생님들 사이에서 '학생들이 온라인 수업에 잘 참여하지 않는데, 온라인 수업에서 다룬 내용을 평가 범위로 편성해야 하냐 말아야 하냐?'에 대한 이야기가 치열하게 오고 간 적이 있다. 그 당시 선생님들에게 가장 민감하게 다가왔던 부분은, 아이들이 '어차피 (학교) 수업 안 들어도 학원에서 공부하면 기말고사 점수가 잘 나오더라.'라는 생각을 하고 있다는 것이었다. 그 경험은 나에게 굉장히 묵직한 질문을 던졌다. 온라인이나 오프라인 상황을 막론하고, 학생들이 참여할 가치와 이유가 있는 수업이 되려면 어떻게 해야 하는가?

● 놓치지 않을 거예요

내가 나름으로 찾은 답은, 학생에게 이 수업에 참여의 의미와 목적이 있음을 직·간접적으로 일러 주어야 한다는 것, 그리고 학생이 수행과 참여를 거듭할 때마다 이를 지켜봐 주고 도전과 수행에 의미를 부여해 주어야 한다는 것이었다. 이를 실현하기 위해서는 수업의 흥미도를 높이는 수준에서 더 나아가 수업과 평가가 긴밀하게 연계되어, 수업에 최선을 다해야 만족스러운 평가 결과로 이어질 수밖에 없도록 세밀하게 설계할 수 있어야 한다. 또, 수업 중에는 학생들의 다양한 몸짓과 반응, 목소리, 메시지를 관찰하고 세밀하게 분류하며 기록으로 남길 수 있어야 한다. 그러한 데이터에 근거해서 학생들에게 세밀하게 피드백을 하기 위함이다.

 다음을 바라볼 수 있게 되다

하지만 그런 미션을 '실제로' 감당해 내려면 교사가 분신술을 쓰지 않는 한 물리적으로 불가능하다. 나는 그 절박함과 조바심에 뭔가 방법은 없는지 찾아 헤맸다. 그러다가 나의 눈과 손에 들어온 것이 바로 에듀테크였다. 보조교사처럼, 다양한 관찰과 기록의 현실적인 어려움을 획기적으로 해결해 주었다. (하나에 꽂히면 정신 못 차리는) 나에게는 학생들에게 더 집중할 수 있는 여지를 마련해 준 고마운 존재였다.

13 "쌤은 언제 가요?"

농산어촌 지역 아이들

※ 픽션입니다.

개학하는 날이다. 한 학년 두 반이 고작인 이 학교에 새로 오신 선생님들 이 여섯 분이나 된다. 작년 영어 쌤이 2년 만에 가시고 새로운 영어 쌤이 오 셨다. 보나 마나 초임이시다. 집에서

"이 동네는 허구한 날 경력 없는 신출내기 선생님들만 오고 그마저도 1년, 2년이 되면 다 나가 버리는데, 애들이 학교에서 잘 배울라나 몰라."라는 이야기를 들었다. 한번은 교무실에 들어갔다. 내가 들어왔는지 모르시는 것 같았다. 가정 선생님의 목소리가 들렸다. "쌤은 몇 번째에요?" 맞은편에는 수학 선생님인 것 같다. "저 간당간당해요. 제 차례까지 와야 나갈 수 있는데…." 저 선생님들도 결국 몇 년 안 되어 나가겠지. 뭐 일상이다.

● 문을 여시오

이 학교에 온 지 1년 정도가 막 지났을 무렵, 조금 친해진 아이들이 묻는다. "선생님도 내년에 나가시죠?" 확신과 단정이 가득하다. 더 정들기 전에 확인받고 싶은지도 모른다. 괜히 이 이상 친해져봤자, 선생님들은 학교를 떠나니까.

그렇다고 이 상황이 잘못된 거냐고 묻는다면, 그건 아니다. 서로에게 어쩔 수 없는 상황이다. 하긴 나도 2년 만에 나가 버릴 수 있는 수많은 선생님들 중 한 명이다. 그렇게 희미한 기대감과 실망을 준비하는 결연한 표정을 짓는 아이에게 "선생님은 너 졸업할 때까지 여기서 지켜볼 건데?"라고 이야기했다. 당시에는 말뿐이었지만 그렇게라도 힘이 되어 주고 싶었다. 결국에는 말이 씨가 되어, 그 학교에서 6년을 근무했지만.

"아직도 기억나요"

● 돌아온 아이들

몇 개 학년만 전담해서 아이들을 가르치다 보면, 어느새 내가 가르치지 않는 학년으로 진학하거나, 졸업하는 아이들이 점점 많아진다. 같은 학교에 있는 경우에는 급식실이나 복도에서 자주 마주친다. 그리고 스승의 날이나 중간, 기말고사 시즌이 되면 졸업생들이

군데군데에서 놀러 와 선생님들을 찾는다. 이렇게 나의 수업을 듣고 진학한 아이들의 이야기를 듣고 있으면, 짠하기도 하면서 큰 힘을 얻기도 한다.

● 독특한 수업

찾아온 아이들은 자신의 근황으로 이야기를 시작하다가, 대뜸 수업 이야기를 한다. 지금 듣고 있는 영어 수업이 어렵다느니, 열심히 공부할 걸 후회가 된다느니, 구구절절한 하소연을 늘어놓는다. 그리고 나의 수업에 대한 추억으로 이어진다. 생각보다 구체적으로 기억하는 아이들을 보고 있으면 '아이들이 생각보다 열심히 참여했구나' 하는 생각에 뭉클함이 마음에 퍼진다.

물론, 그만큼 독특한 수업을 했기 때문인 것 같기도 하다. 모둠 구성이 기본이고, 각 모둠에는 구성원별로 역할을 뚜렷하게 지정한다. 학습지를 관리하는 역할, 영어에 대해 질문을 받고 답을 찾거나 선생님에게 대표로 질문

을 해 주는 역할, 자료를 찾는 역할, 동료 평가 담당 등 업무 분장을 기반으로 협동학습을 진행한다. 수업은 항상 목적과 달성 조건이 뚜렷하여, 제한 시간 내에 정해진 과제를 빠르게, 또는 정확히 해결하기 위해 학생들은 빠르게 협업해야 한다. 이런 차시가 학기, 학년 내내 반복되는 것이다.

그런 교실 상황에서, 학생에게 실제적인 시나리오를 부여하고 문제해결을 위한 언어 사용에 대한 압박(Pressure)이 이루어지는 학습 과제를 수행하니, 어떻게 보면 기억이 안 나기가 더 힘들 수도 있을 것 같다. 문득, 학생들의 노고에 감사함과 미안함을 느낀다.

 15 ▶ 인생 멘토

☺ 돌아온 편지

졸업식이 있던 날, 여학생 몇 명이 편지를 주고 갔다. 1년 동안 속앓이 많으셨을 텐데 고생 참 많으셨다는 말, 감사하다는 이야기가 애정 넘치는 글씨로 가지런히 담겨 있었다. 한 해 동안의 희노애락이 하나로 뒤섞이는 묘한 기분이다. 특히, 이 아이들 중 대부분은 중학교 2학년이었을 때부터 내가 담임 학년으로 3학년까지 데리고 올라온 아이들이어서 더 각별했을지도 모른다.

그러던 중 남학생 한 명이 부끄러워하면서도 성큼 걸이로 다가왔다. 2

446

년간 담임해 온 우진이(가명)였다. 소심해 보이지만 방송반원으로, 진짜 교직원 1명의 역할을 맡는다는 느낌이 들 정도로 학교 행사에 헌신적이면서도 전문적으로 도움을 준 아이였다. 그리고 나와 이야기도 잘 통하고 잘 따르던 아이였다. 이번에도 쭈뼛거리고 기어가는 목소리로 "선생님 감사합니다."라고 하면서 편지를 한 통 주고 갔다.

◉한 게 없는데

편지에는 감사의 이야기가 투박하게 쓰여 있었는데, '인생 멘토가 되어주셔서 감사하다.'라는 문구에서 시선이 멈췄다. 인생 멘토라니, 나도 내 인생에서 만나기 어려웠던 인생 멘토… 그게 나라니? 사실, 담임으로 근무해오면서 아이들에게 미안한 마음이 컸다. '아이들과 함께하면서 역량이 부족한 담임 교사로, 서투르게 아이들을 이리저리 이끄는 것은 아닐까? 다른 선생님과 함께했으면 더 잘 배우고 더 좋은 방향으로 성장할 수도 있었을 텐데 내가 가로막고 있는 거면 어떡하지?'라는 학급 경영에 대한 고민이 쉽게 해결되지 않았다. 내가 생각하는 대로, 마음이 이끄는 대로, 아이들이 반응하는 대로 학급을 운영했다.

우진이는 컴퓨터나 프로그램에 관심이 많고 마침 방송부에서 주도적인 역할을 맡는 학생이어서, 학교 행사를 준비할 때 관련 주제로 이야기하며 함께 고민하고 고생했던 시간의 함량이 조금 높았다는 것 빼고는, 이 아이에게 달리 해 준 것이 없었다. 잘 가르쳤다고 생각한 적도 없고, 잘 이끌었다고 생각한 적도 없었다. 이 아이에게 나의 어떤 면모가 '인생'에 관한 '멘토'로서의 모습이었을까? 나의 직업에 대한 엄숙함과 조심스러움을 느낀다.

어린이라는 세계

※ 동명의 책에서 영감을 받은 글입니다.

아이들이 어른들을 배려해 주고 있다고 생각해 본 적 있는가?

아이들은 선생님들의 어려운 단어와 복잡한 논리가 가득한 이야기에 귀 기울여 준다. 바쁘고, 중요한 일이 있고, 힘들다며 투정 부리듯 다그치는 어른을 이해하고 기다려 준다. 아이들은 우리에게 정중하고 사려 깊다. 학생으로서 학교와 선생님의 세계를 잘 이해하고 수용하기를 바라는 우리는, 교사로서 학생들의 세계를 얼마나 이해하고 있는가?

누구에게나 중요한 것은 있다

매 학기 말에 금번 학기 수업에 관한 강평을 진행한다. 소단원별로 활동 의도와 수업 목표를 설명하고, 학생들은 설문을 통해 만족도와 의견을 제시한다. 뼈아픈 피드백도 있고(심지어 유기명인데도!), 보람을 느끼게 만드는 응원의 메시지도 있다. 나는 수합 결과를 TV에 띄워 함께 이야기한다. 학생들은 자기 이름이 공개되는 줄 알고 놀랐다가, 이름이 가려져 있음을 알고는 이내 진지하게 화면을 바라본다. 학생들은 들었던 수업에서 자기가 중요하다고 생각하는 것들을 적었다. 거기에서는 사교육과 교실 수업의 괴리에서 두 가지를 동시에 감당해야 하는 압박감, 자신 있는 분야에 관해서 더 많이 다루었으면 좋겠다는 여린 마음들이 보인다. 그리고 나의 대답을 기다린다. 나는 이들의 우려와 요구에 공감하면서, 교사로서 학생들에게 중요하다고 생각하는 것에 관해 이야기를 나눈다.

💬 아이들은 '지식이 풍부한 의사결정자'이다

강평은 강평으로 끝나지 않는다. 학생들은 자신들의 배움을 위해 의견을 냈고, 나는 이들을 위해 배움을 설계하는 사람이다. 그래서 나는 학생들의 이야기를 반영한, 다음 학기 수업을 위해 다시 부단하게 움직인다.

17 평가에서 '실제성'과 '정확성' 두 마리 토끼를 노리다

💬 야너두? 야나두!

영어 선생님들뿐만 아니라 많은 선생님들이 수행평가에서 가장 어려움을 느끼는 부분이 객관성과 공정성을 확보하는 것이다. 그도 그럴 것이, 글을 쓰게 하거나 말하게 하고 참여시키는 과정에서, 수치화되거나 정량화되지 않은 내용들을 정밀하게 평가해야 하는 부담이 생기는 것이다.

● 나 혼자만 평가하지 말자

이러한 수행평가의 수행 결과물을 공정하고 객관적으로 평가하기 위해서는 여러 번의 검토가 요구된다. 동교과 선생님들과 협업하여 채점 결과를 비교하고 조정하는 과정이 필요한 것이다. 나는 이러한 과정에 하나의 촉진제를 더했다. 바로 '음성 인식'이라는 인공지능 기능 중의 하나였다. 학생들이 발화를 하기 전에 온라인 문서 플랫폼을 켜고, 음성 입력(Voice Typing) 기능을 활성화했다. 학생들은 옆자리 친구와 대화를 이어가고, 문서에는 학생의 발화가 텍스트로 입력된다. 나는 학생들의 모습과 문서상의 텍스트를 교차하며 관찰한다.

● 학생들의 엄청난 몰입도

이 말하기 평가가 순조롭지는 않았다. 준비도 꽤 필요하고, 돌발 상황도 많이 발생했다. 디지털 도구를 배제하는 게 진행하기에 더 편했을 것이다. 하지만 결과적으로 이 과정은 좋은 효과를 거뒀다. 교사로서 학생들의 발화를 다각도로 측정하고 관찰할 수 있었다. 나도 듣지만, 디지털 기기가 음성을 함께 인식하기에 더 정확하게 기록하면서 구체적으로 확인할 수 있었다. 무엇보다도 학생들 입장에서 긍정적인 면이 컸는데, 준비 과정에서 발화의 정확성을 즉각적으로 파악할 수 있으므로 피드백이 강화되었다. 또, 음성 인식에는 인간의 개입이 없기에, 수줍어 하지 않고 적극적으로 참여하게 되는 정의적 측면에서의 장점이 두드러졌다.

세상에서 쓰이는 영어를 위한 세상 속 과제를 담은 평가

과감한 도전

학생들이 실제와 유사한 상황에서 영어로 대처하는 그 장면을 포착하고 평가하고 싶었다. 그러려면 제시된 상황만큼이나 평가 과제도 다이나믹하고, 때로는 일상적이지 않아야 한다고 생각했다. 실제로 글쓰기, 발표에 그치지 않는 역동적인 수행평가를 만들

고 아이들에게 제시하려면 많은 도전이 필요했다. 선례가 많지 않고, 학생들의 반응도 예측해야 하며, 평가인 만큼 학생들의 수행을 정확하게 관찰하고 공정하게 평가해야 하기 때문이다.

이원 생중계

이때 제시했던 평가의 상황은, 온라인 영상회의에서 발표를 수행하는 것이었다. 온라인으로 회의하고 의견을 주고받는 일은 지금도 물론이고, 아이들의 미래에서는 굉장히 흔한 일상이 될 것이라는 발상에서 출발했다. 이쯤에서 진부하다는 생각이 들 수도 있다. 이미 우리에겐 온라인 회의, 연수 등이 일상이지 않은가.

하지만 이 평가는, 2019년 2학기에 코로나를 몰랐던 때의 수행평가이다. 줌이나 미트 같은 영상회의 플랫폼에 대한 인식조차 별로 없던 때이기에,

상황을 구현하기 위해 적절한 영상회의 프로그램부터 찾아야 했다. 그리고 정말 원격으로 회의하는 분위기를 연출하고자 노력했다. 그래서 발표하는 그룹만 교실에 남고, 나머지 학생들은 컴퓨터실로 이동했다. 나는 두 교실을 노트북 두 대로 화상회의에 연결해 두고, 학생들이 발표하는 모습을 원격으로, 때로는 대면으로 관찰했다.

 이게 이렇게 되네

그런데 웬걸. 이듬해에 코로나19가 팬데믹을 일으켰다. 학교는 셧다운되고, 개학조차 미루어지는 초유의 사태에서, 우리는 온라인 회의 도구로 쌍방향 온라인 수업을 이어나갔다. 너무나 공교로웠다.

19 삶과 연계된 평가

비평준화 지역의 고입

또 다른 평가에 도전한 사례는 바로 '모의 고입 영어 면접'이다. 비평준화 지역이다 보니, 특정 학교의 경우 입학 전형에 따라 면접을 보는 경우가 있었다. 그래서 대체로 중학교 3학년이 되면, 1학기 말이나 2학기부터 면접을 준비하느라 선생님들과 학생들이 모두 분주하다. 여기에서 아이디어를 얻었다. 진짜 면접을 준비하는 김에 그 아이디어를 영어로 생각해 보거나, 3학년이 되기 전 2학년 아이들에게 미리 준비해 볼 수 있는 기회를 제공하는 평가로 구성해 보자는 의도였다.

☺ 자신의 학교생활을 제대로 고찰한 적이 있었나

고등학교에서 받는 자기소개서나 학업계획서의 양식들을 보면 중학교 생활 중에 가장 인상 깊었던 경험이 무엇인지 설명하게 하거나, 가장 존경하는 인물에 관해 묻거나, 학업 계획에 관한 이야기를 적도록 하는 경우가 일반적이었다. 문제는 학생들이 3학년이 되어 면접을 준비할 때가 되어서야 부랴부랴 지난 일을 상기시키느라 고생한다는 것이다. 학생들이 중학교 3개 학년을 보내면서 경험하는 다양한 행사나 수업들에 대해 성찰해 보고 말과 글로 정리해 보는 경험이 얼마나 될까? 그래서 이 평가를 빌미로 학생들이 면접을 미리 준비해 보고, 자신의 학교생활을 한번쯤 돌아보는 기회로서의 의미를 부여하고자 했다.

☺ 실제적인 언어 사용

면접에서 제시될 만한 질문은 자신의 의견과 생각을 정확하게 표현하고 구체적인 사례로 이를 뒷받침하도록 의도된 경우가 많아서, 그런 부분을 영어로 떠올려 보게 함으로써 생각을 정돈하고 영어로 말하도록 학습시키고 싶었다. 게다가 예상 질문은 있을 수 있지만 실제 면접시 질문은 면접관에 의해 무작위로 제시된다. 다시 말해, 잘 '들어야' 준비된 대답도 잘할 수 있는 것이다.

20

몰입하는 평가

● 진짜 길 찾기

몇 년 전, 좋은 기회로 탄자니아 지역에 3주 정도 다녀온 적이 있다. 중앙선 없이 1.5차선 정도 되는 너비의, 양쪽으로 차가 쌩쌩 달리는 다이나믹한 거리에서 삼림 지역으로 넘어가자, 네트워크가 뚝 끊어졌다. '번역기고 뭐고, 인터넷이 안 되면 아무 쓸모 없어지겠네.' 이때 이 평가의 아이디어가 싹을 틔웠다.

● 어디까지 해 봤니?

마침, 중학교 영어과에는 위치에 관해 묻거나 답할 수 있는지를 파악하는 성취기준이 있고, 교과서에서도 하나의 꼭지로 다룬다. 그런데 문제는 이 부분을 실제적으로 재구성하기가 어렵다는 것이다. 학생들의 언어 수준에 맞춘 길 찾기를 설계하려면 구획이 명확한 계획도시의 '블록', '스트리트' 개념을 적용하면 좋지만, 실제적이지는 않다. 그렇다고 우리나라의 길 찾기 활동은 그 아날로그적으로 구불구불하게 연결된 길을 설명하기가 너무 어렵다. 우리말로도 풀어내기 어렵지 않은가. 한편, 교과서 자료를 보면 굉장히 단순한 조감도 같아서 재미가 없었다. 실제로 아이들도 지도에 나온 영어 단어를 한눈에 훑어보더니, 손가락으로 "여기요!" 하며 짚는다.

그래서 번역기를 못 쓰는 당황스러움, 빌딩 숲을 누비며 길을 찾는 디테일을 살리는 수행평가를 기획했다. 이름하여 '국제 미아 상황극'. 학생들은 메타버스로 구현된 가상의 도시에서 가족과 뿔뿔이 흩어져 여권도, 핸드폰도 없는 상황에서 경찰(로 역할하는 선생님)과 질문 및 대답을 주고받으며 특정 목적지로 향해야 한다. 이 과제를 위해 메타버스 공간에 커다란 도시를 만들고 학생을 그 한복판에 떨구었다. 효과는 굉장했다! (캐릭터를 기준으로) 드넓은 빌딩 속에서 학생들은 실제로 길을 잃었다. 그리고 "와 한 블록이 이렇게 크냐!"며 자기가 몇 블록까지 왔는지 까먹었다고 오던 길을 되돌아가기도 했다. 무관심해 보이지만 날카로운 경찰의 역할을 연기하는 내 앞에서 어떤 학생은 울음을 터뜨리기도 했다(!). 평가를 시행한 지 꽤 오랜 시간이 지났는데도, 학생들은 아직도 그때의 경험을 말하곤 한다.

21

연결의 힘 #1. 연구회와 지원단

● 성장의 씨앗을 심다

처음에는 이야기가 잘 통하는 부장님께서 함께 수업 연구를 하시는 선생님들과 모이는 자리에 초대해 주셔서 참여했었다. 다른 학교 선생님들과 수업에 관해 이야기하는 기회는 정말 신선했다. 그렇게 마음이 맞는 부장님과

연결된 다른 학교 선생님들과 연구회를 만들고 운영하는 것에 함께하기 시작했다.

특히, 학교에서는 수업에 별나게 신경 쓰거나, 아니면 수업 자체를 별나게 하거나, 다른 선생님들은 신경 쓰지 않는 부분에 힘을 쏟는 좀 독특한 선생님으로 비춰졌었는데, 연구회는 서로를 존중하고 칭찬하는 분위기라 정말 큰 즐거움과 정서적인 안정감을 얻을 수 있었다. 안정감을 기반으로 수업에 대한 고민을 해결하는 방법에 대한 논의와 사례 탐구의 기회에 더욱 깊게 몰입할 수 있었다. 게다가 나의 견문을 더욱 확장할 수 있게 해 줬던 것은, 이 연구회가 지역과 교과를 넘나들 수 있는 도 단위의 범교과 연구회였기 때문이다. 그렇게 연구회는 내게 전문성 신장의 씨앗을 심어 주었다.

● 지원단

연구회와 더불어 지역 사회와 함께 성장하는 교사로서의 발전을 도모할 수 있는 귀중한 기회가 바로 지원단에서 활동하는 것이다. 자신이 관심을 갖고 있거나 앞으로 관심을 가질 교육 분야에서 이미 높은 전문성을 보유한 선생님들과 협력할 수 있는 기회를 얻게 된다. 또한, 장학사님께서도 리더십을 발휘하며 지원단을 이끌어 주시기 때문에, 명확한 목적 의식과 계획을 가진 전문가 집단의 일원이 될 수 있다. 이러한 환경 속에서 교육부와 교육청이 추진하는 최신 정책을 선도적으로 경험하며, 교육 현장의 최첨단에서 활동할 수 있게 된다. 이 과정은 교사의 역량을 확장시키고, 교육 정책의 변화에 발맞추어 성장할 수 있는 기회를 제공한다.

22

연결의 힘 #2. 학교 안 선생님들과의 유대와 협업

학교의 맥락과 구성원의 성향이 우연으로 빚어낸 환상의 공동체

작은 규모의 학교가 만들어 낸 정말 절묘한 멤버 구성이었다. 아이디어를 유창하게 만들어 내는 선생님과 계획에 따라 짜임새 있게 일을 추진하는 선생님, 그리고 총괄과 피드백에 능한 인사이트가 넘치는 선생님, 필요한 기술적 지원을 맡는 선생님까지. 많은 업무

만큼 선생님들의 아이디어 하나하나가 학교에 큰 영향을 미치는 구조였다. 그렇게 경력 고하에 상관없이 선생님들(과 부장님들)이 학교에 당면한 여러 문제 상황과 과제에 대해 주인의식을 가지고 뛰어들었고, 수평적이고 창의적으로 문제를 해결해 나가는 협력의 분위기가 만들어졌다.

자기 교과를 뛰어넘어 학교와 학생들로 향하는 교육 경험을 기획하다

이 공동체가 해결해 나가는 문제는 교과에 국한되지 않는 '학교'를 위한 것들이었다. 도움이 필요한 학생들을 밀착 지도하기 위한 협력적이고 기술적인 시스템을 어떻게 구현할 것인지에 대해 선생님들이 한목소리로 고민하고, 실제로 공동 지도를 위한 업무 시스템을 만들어 적용해 보기도 했다. 코로나19가 발생했을 때는 교사와 학생들이 수업을 이어갈 수 있도록 어떤 방법과 절차를 구축할 것인지 치열하게 논의하기도 했다.

또한, 학생과 선생님이 진정으로 협력하여 만드는 학기 말 프로그램을 위해서 어떤 분위기와 지원을 제공해야 하는지, 학교의 공간 재구성에 학생들과 교사들의 의견을 반영하기 위해서 워크숍은 어떻게 설계할지에 대해서도 치열하게 고민했다.

 진짜 성장은 동료 교사로부터

'최고의 선생님은 옆자리 선생님'이라는 말이 있다. 가장 큰 배움을 줄 수 있는 사람은 같은 학교에서 같은 상황을 겪고, 가장 가까이서 도울 수 있는 선생님이라는 이 말에 너무나 공감한다. 나에게 있어 최고의 경험과 배움이 거기에 있었으니까.

23 연결의 힘 #3. 학교 밖 사람들과의 연결

산학협력의 현장에 발을 내딛다

막 에듀테크에 관해 관심을 두게 된 무렵, 지역에 '에듀테크 소프트랩'이 개소했다. 국내 에듀테크를 현장에 도입하는 데에 있어서 얼마나 교육적으로, 기술적으로 적합한지를 검증하고 보완하기 위해 교육자와 기업가가 만나서 연구할 수 있는 기회를 만들어 주는 목적의 기관이었다. 처음에는 다양한 에듀테크를 많이 다루어볼 수 있겠다는 막연하고 단순한 흥미에서 참여했다. 실제로도 다양한 에듀테크 프로그램들을 살펴볼 수 있었다. 거기에서 내 역할은 각 에듀테크를 개발한 업체와 네트워크를 형성해서 이 도구의 좋은 점이나 고칠 점을 발견하고 알려주는 정도라고 생각했다.

그런데 시간이 가면 갈수록 실증은 거기에서 그치는 단순한 과정이 아님을 점차 깨닫게 되었다. 자잘한 기능 개선을 넘어, 교육적 근거에 따라 이 에듀테크가 활용되거나 개발되는 방향에 대해 의견을 제시하고, 개발의 과정에서 그런 요소들이 잘 반영되고 있는지 모니터링 하면서 교육과 기업 모두의 상생을 촉진하는 중요한 작업이었던 것이다.

● 동상이몽, 이상동몽

소프트랩 등을 통한 실증 작업이나 자문 활동에 참여하다 보면 '이런 점에서 나는 교사일 수밖에, 저런 점에서 여기는 기업일 수밖에 없다.'는 생각이 든다. 교사는 학생의 배움과 성장을 최우선 순위에 두지만, 기업은 모든 작업과 행동들을 결과론적으로 이윤 추구에 초점을 맞추고 있기 때문이다. 그 점은 서로를 결국 구별하게 만들기도 하지만, 오히려 조화롭게 할 수도 있다. 서로가 같은 목표를 두고 경쟁하는 것이 아니기 때문에, 서로의 목표를 존중하고 필요한 범위와 깊이 내에서 협업할 수 있는 것이다. 이렇게 다른 포지션에 있지만 결국 목적 달성을 위한 소재와 수단은 또다시 '교육'으로 귀결된다. 물과 기름처럼 서로 섞일 수 없지만, 정교한 과정을 거쳐 따로 또 같이 존재하는 '에멀젼' 상태가 될 수 있다.

연결의 힘 #4. 나이와 교과를 초월하는 수업 친구

알파와 오메가

내가 연결과 성장의 힘을 믿으며 교사로서 살아가게 된 그 시작과 과정, 그리고 아마 끝자락에도 영향을 미칠 존재가 있다. 바로 나의 '수업 친구'이다. 그런데 이 친구는 나와 가르치는 과목도 다르고, 경력 차도 크다. 이제는 같은 일을 하지도 않는다. 그래도 우리는 친구이다. 수업과 평가 이야기만 나오면 눈에 불을 켜고 달려든다. 밥을 먹을 때도, 카페에 있을 때도, 전화로도, 심지어 일을 하던 중에도 수업에 대한 화제를 던지면 그야말로 대화의 화재가 일어난다. 마치 장기하와 개리의 랩처럼, 엇박자를 타는 두 래퍼가 저속사포로 학생과 수업에 대한 랩 배틀의 도가니에 빠진다.

훈련은 실전처럼, 실전은 훈련처럼

수업 친구와의 대화를 통해 나는 수업에 대한 고민을 나누고 해결책을 찾아보고 가장 적절할 것 같은 답을 얻으며, 이것을 내일 적용해 볼 생각에 열의에 가득 찬다. 하루에 다섯 차시 수업을 하는 것은 몸이 지치지만, 수업에 관해서 이야기하는 것은 마음을 회복해 준다. 아마도 우리가 수업 친구가 될 수 있었던 가장 큰 이유는, 두 사람 모두 수업을 바라볼 때 교사로서 해야 할 '일'이 아닌, 교사로서 살아야 할 '삶'의 한 양식으로 보고 있기 때문이지 않나 생각한다.

● 아직도 연결의 지속과 확장은 거듭된다

나의 일상을 되돌아보며 새삼 느끼는 것은, 어릴 때부터 관심과 흥미를 느끼던 분야와 요소들이 아직도 나의 삶과 큰 관련을 맺고 있다는 점이다. 때로는 취미로, 때로는 전문성 신장을 위한 소재로, 다양한 주제와 연결을 맺으며 나를 성장시키기도, 안정과 휴식을 제공하기도 하는 연결의 중요성을 다시 한번 마음속에 아로새긴다.

03 나의 꿈, 나의 **새로운 인생**

1 새로운 패러다임에 대해 배우기

😶 교육과정

시간적으로 여유를 가질 수 있긴 하지만 정신적으로는 밀도가 높아지는 기간이 또 방학이다. 몸은 쉬고 있을지라도, 마음에서는 다음 학년, 학생, 수업에 대한 걱정의 열기가 은근한 약불처럼 나를 달구었다. 학기 중에 학생들과의 수업을 통한 상호교섭과 학습 활동에 많은 고민을 쏟다 보니, 학기 말이 되었을 때는 '그럼 학생들을 내가 생각하는 바람직한 성취로 이끌려면 더 큰 그림을 그릴 수 있어야겠구나. 그리고 그 그림에 대한 확신과 당위성을 가져야겠구나' 하고 생각하게 되었다. 그러면서 자연스럽게 교육과정에 관한 관심으로 이어졌다. 잠깐만 눈을 돌려보면 우리나라의 교육과정 말고도 다양한 나라, 상황에 사용되고 있는 교육과정들이 많고, 앞으로 도입될 교육과정도 있다. 그런 의미에서 최근 나는, 'IB 프로그램'과 '개념기반 교육과정 및 수업'에 초점을 두고 공부하고 있다. 교육과 학습을 바라보는 또 다른 눈을 개안하는 과정이, 나는 교육과정을 배우는 과정이라고 생각한다.

☻ 디지털, 인공지능 기술

교육과정에 대한 비전(Vision)을 가지며 함께 고민하는 것은 그 비전을 지향할 수 있게 해 줄 나의 미션(Mission)에 관한 고민이다. 그래서 나는 디지털 기술과 인공지능에 관심이 많다. 내 수업을 돋보이게 하고 싶어서, 학생들의 '우와' 모먼트를 관찰하고 싶어서도 아니다. 이 시대를 살아가는 '나'를 위해서, 그리고 졸업 이후의 삶을 살아갈 '학생들'이 알게 하기 위해서라도 내가 미리 공부해야 한다. 그렇기 때문에 디지털 기술과 인공지능 기술에 관한 생각을 더더욱 떼놓을 수 없다.

2 교과에 대해 '연구'하기

☻ 무엇이 연구인가

대학 교수들은 전공 영역에 대한 풍부한 지식을 바탕으로 연구를 하며, 새로운 시각이나 발견을 논문이라는 매체를 통해 공유한다. 교사들도 수업을 더 잘 운영하기 위해 수업을 연구하고, 더 잘 평가하기 위해 평가 방법도 연구한다. 교육활동에 대해 서로의 지식을 나누고 교류하며, 더 나은 방안을 고민하는 교사들의 모임이나 단체를 '연구회'라고 한다. 그런데 일부

선생님들은 종종 '연구'라는 단어 그 자체에 큰 부담을 느끼시는 것 같다. '교사 연구회에 들어왔으면 연구를 해야 한다.'는 아이디어에서 주춤하시는 모습을 자주 보았다.

● 교사는 이론가이자 실천가이다

나는 개인적으로 그런 부담을 내려놓는 것이 중요하다고 생각한다. 왜냐하면 나에게 연구란 곧 수업이기 때문이다. 임용 시험을 공부하면서 수백 번도 더 읽었던 원서 『Principles of Language Learning and Teaching』에는 다음과 같은 문구가 등장한다.

> We are all practitioners and we are all theorists.
> 우리는 모두 실천가이고, 우리는 모두 이론가이다.

그렇다. 우리는 우리가 배운 교육학 이론과 교수 방법론을 '이해'하고 '적용'함으로써 실천하고 있으며, 수업을 듣기 전의 아이들과 듣고 나서의 아이들의 성취의 변화를 평가 도구를 통해 관찰하고 분석하고 있는 연구의 과정에 있는 것이다. 그래서 이미 교사는 '실천 연구(Action Research)'를 수행하는 사람이기도 하다.

 **연구에 대한 연구, 연구 방법을 배우고 싶다**

여기서 내가 한 단계 더 나아가고 싶어 세운 목표는 바로, 그 실천 연구에 대한 연구 즉, 연구의 방법에 대해서 공부해 보고 싶다는 것이다. 그러기 위해서는 대학원에 진학하고 논문을 작성해 보는 경험이 필요하다. 학위를 위해서가 아니라 연구하는 방법을 알고 싶어서이다.

3 나만의 수업 모형 만들기

인풋은 아웃풋으로

상상한 것을 그림으로 그리는 것을 좋아하는 성향이 전이된 것인지, 나는 전반적으로 나의 아이디어를 시각화하는 것에 관심이 많다. 그래서 내가 어떤 것을 배우거나 이해했을 때, 그것들을 구조도나 그림으로 정리하고 싶어 하는 편이다. 내가 다양한 사람, 다양

한 분야와 연결을 맺고 그 연결을 확장해 가는 과정도 마찬가지이다. 앞서 이야기했던 사람, 지식, 취미 등 내가 습득한 것들 사이에 연결 지점을 만들고, 공통되거나 구별되는 점을 정리해 나가다 보면, 언젠가 이론적 지식과 실천적 지식을 아우를 수 있는 거대한 연결체가 완성되지 않을까?

 근거가 탄탄하며, 모두가 사용할 수 있는 모형

교육 현장에서 학생들과 함께 호흡하며 고민하고 적용해 왔던 수많은 학습 참여 활동이나 평가 및 그 중간에 사용되었던 기술적인 지원까지 통틀어 교사들이 쓸 수 있는 모형을 정말 제대로 만들고 공유하기 위해서는, 내가 그만큼 많은 학식과 전문성을 갖추어야 한다. 그래서 대학원이나 박사 과정을 통해 이러한 나의 욕심이자 목표가 정말 달성 가능한 부분인지, 이론적으로 어떻게 뒷받침되어야 하는지를 검증하고 보완할 필요가 있다.

결과적으로 나는 영어 교과에만 한정되지 않고 일반적으로 적용할 수 있는 수업 모형을 만들고 싶다. (모두는 아니더라도) 다수가 공감할 수 있고 쉽게 적용할 수 있는 교수·학습 모형을 만들어 누구나 맥락에 맞는 최대의 효과를 낼 수 있는 수업을 구안하고 적용할 수 있도록 돕고 싶다.

4 정리정돈 잘하기

자리의 정리정돈

내 자리는 항상 형편없다. 나 스스로도 앉고 싶지 않다. 대체 왜 이렇게 너저분한지 모르겠다. 필기구도 여기 조금 저기 조금, 책과 파일도 이쪽에 조금, 저쪽에 조금 세워져 있다. 더 웃기는 것은 왜 정리를 한다고 해도 그대로인지 알 수가 없다. 이 정도면 '자리

466

정돈 잘하는 법'에 대해 배울 수 있는 과정이 있었으면 좋겠다. 수행평가 방식으로 정리 정돈을 반복 숙달해서 지식과 기능에 그치지 않고 가치와 태도까지 함양하고 싶다. 2022 개정 청소 교육과정이 필요하다!

● 업무와 일과의 정리정돈

물리적인 정돈만이 아니라 업무나 일과도 굉장히 혼란하다. 뭐랄까, 하루 단위나 일주일 단위의 흐름을 생각하기보다는, 눈앞의 당면한 목표 해결하기를 꼬리에 꼬리 물 듯이 하나하나 해 나가는 꼴이 된다. 그러다가 오래 걸리는 일을 맞닥뜨리면 거기에서부터 지연이 발생하고, 업무 기일을 넘겨 버리기 일쑤이다. 주변 선생님들과 지인분들은 "아이고, 많이 바쁘시죠?"라고 말씀하시지만, 이건 바쁨의 문제가 아니다. 정리정돈의 문제이다.

● 생각과 감정의 정리정돈

'왜 그런가?'를 생각해 봤다. 나는 발산적 사고가 머릿속의 대부분을 차지하는 데다, 재미 추구형에 가까운 생활양식을 갖고 있다. 해야 할 일들이 우선순위에 따라 체계적인 뼈대로 만들어져 있어야 하는데, 마치 게임 '팩맨'처럼 눈앞에 있는 당장의 먹이를 쫓는 형국으로 일이 진행된다. 거기다가 기일에 맞추지 못할 것으로 판단되는 경우에 그 상황을 전달하고 빠르게 처리하려고 하기보다, '죄송해서 죄송하다는 말도 못 하다가 일이 더 미뤄지고 그러다가 더 늦어버리는' 그런 바보 같은 상황에 처하게 된다. 미움받을 용기와 생각의 가지치기를 숙달하는 것이 나의 절박한 목표이다.

영어 교사 지망생에게 들려주는 소중한 한마디

대학에서, 그리고 임용고시를 위해 공부한 것이 의외로 도움이 된다

생각보다 고리타분하지 않다

매 차시를 꾸리기 위해 한땀 한땀 고민하고 설계하는 여정은 계속되고 있지만, 경력이 쌓이면서 적어도 그 앞과 뒤를 보는 눈과 여유가 생기는 기분이 든다. 그러다 보니 내가 하고 있는 수업이 정말 타당하고 적절한 것인지를 고민해 보기도 하고, 설득력 있는 수업 전략이나 교육과정에 대해 배우게 되면 수업의 일부 또는 전체를 바꾸기도 한다. 그런데 그러면 그럴수록 임용고시를 위해 공부했던 이론과 모형이 여전히 유효함을 느낀다. 브루너의 지식의 구조라든지, 비고츠키의 사회적 구성주의, 전략 기반 교수(Strategy-based Instruction), 형태 초점 교수(Form-focused Instruction)처럼 교육학이나 교과 교육론에서 당장 떠오르는 유명한 개념들만 해도, 지금 강조되고 있는 교육과정 및 수업에 큰 함의를 준다. 나는 아직도 발음을 가르칠 때, 음운론과 음성학 시간에 수도 없이 봤던 구강 구조를 그려 가며 발음 방법과 원리를 설명한다. 그래서 가끔 그때 공부했던 서적을 다시 살펴보기도 한다. 구관이 명관이다.

 승진을 노린다면 다시 돌아오게 된다

교육 전문직이나 승진을 준비하는 선생님들도 다시 교육학 이론과 정책들을 공부하러 가신다. 결국 교육적 행위는 우리의 직관과 우리가 갖추고 있는 이론적 지식이 맞물려 실천으로 발현되는 것이다. 그러니 임용 시험을 위한 공부가 결국 시험 통과를 위한 것만이 아니라,그 이후의 전문가로서의 교사가 되기 위한 자양분임을 잊지 말자.

2 사명감이 필수이다

우리가 돈이 없지 가오(?)가 없냐

영화〈베테랑〉에서 나오는 대사이다. 영어 교사를 준비하는 예비 선생님들은 교육에 대한 비전과 열정을 품고 준비를 시작하는 경우가 많다. 나도 그랬으니까. 사실 이 고민은 교사가 막상 되어 보지 않는 한 절대 떠올릴 수 없는 고민이기도 하다. 그래서 지금 이

이야기가 하나도 와닿지 않을 수도 있다. 하지만 중요한 것은, 결국 생길 고민은 생긴다는 것이다.

☺ 눈 가리고 아웅

나는 교사 급여가 얼마나 되는지, 금액이 어느 정도가 적절하거나 많은 것인지에 대한 대중이 없었기 때문에 그저 행복한 신규 교사로서의 삶을 살았다. 내가 공부에 매진할 동안 취직을 하고 기업에서 일하는 친구들이 생겨났지만, 그래도 마냥 친구이고 즐거웠다. 사람들과 만나도 굳이 그런(?) 주제로 이야기하지 않는 사람들과 만났다. 그러다가 아주 우연한 계기로, 3명 이상의 친구들을 만나게 되면서 나를 제외한 친구들끼리의 대화가 심상치 않음을 느꼈다. 자신들이 구입하고 소장하는 것에 관한 이야기 중이었는데, 그 단위가 너무나 다른 것이다. 아무렇지 않은 척했지만, 많은 차이가 있었다. 그리고는 나의 나이스 급여명세서를 들춰 보았다. 음... 역시 많이 다르다.

☺ 우리는 물리적인 행복보다 많은 것을 얻을 수 있다

하지만 시각을 어떻게 가지느냐에 따라서 이 차이는 어느 정도 좁힐 수 있다.(절대 뒤바뀐다고는 하지 않았다!) 우리는 지표로 드러나지 않는, 사람과 사람 사이의 교섭으로 의미를 만들어 가는 직업에서 종사하고 있으며, 이는 돈으로 환산되지도 않고 환산할 수도 없다. 그 지점에 교사 본인이 얼마나 중요성을 갖고 있느냐에 따라서 교사라는 직업의 가치는 치솟을 수도, 바닥에 곤두박질칠 수도 있다.

다른 교과, 다른 학교급의 선생님들과도 교류하고 소통하라

● 영어교육 vs 영어교육

당신은 영어를 가르치고자 하는가? 아니면 영어로 가르치고자 하는가? 영어 자체를 익히는 것이 목표인지, 영어로 그 이상의 다른 가치와 개념을 가르치는 것이 목표인지에 따라 당신의 교육에 대한 접근은 매우 달라질 수 있다. 교실 속 학생들은 항상 '영어는 왜

배워야 되는 거에요?'라고 묻고, 여러분은 이론적이거나 개인적인 이유로 이 질문에 대한 대답을 정당화해야 하는 상황에 놓이게 될 것이다.

● 다른 학교급의 선생님들로부터 연계 지점을 찾다

나는 중학교에서 영어를 가르치고 있다. 초등학교보다는 평가에 무게를 실을 수 있지만, 그렇다고 고등학교만큼 학생들이 예민해 하는 정도는 아니기에, 수업과 평가에 어느 정도 균형과 여유를 가질 수 있다. 하지만 이런 맥락 속의 내 사례는 절대 다른 학교급의 선생님들에게 일반화될 수 없다. 우리 학교에 해당하는 이야기일 뿐이다. 그래서 더 많은 학교의 영어 선생님들과 소통함으로써 내가 최소한 유지해야 하는 수업, 평가의 선을 조정할 수 있다.

 전혀 다른 과목의 선생님들로부터 영어 그 이상의 가치를 보다

일전에 언급했던 연구회 활동을 계기로 다른 과목의 선생님들과 소통할 수 있는 기회가 생겼을뿐더러, 근무 학교가 작은 규모였기에 모든 과목의 선생님들이 서로 소통하고 이야기를 나눌 수밖에 없었다. 이야기를 나누다 보면 각 교과의 빈 공간을 서로가 채울 수 있는 여지가 무궁무진하며, 심지어는 1+1=3의 공식을 만들어 낼 수 있다. 교과와 교과가 협업하는 가운데 그 이상의 가치를 학생들에게 가르칠 수 있는 것이다. 예를 들어, 체육의 심폐소생술과 영어의 명령문 및 현재진행형을 융합하여 전세계 어디에서 응급 상황이 발생해도 현명하게 대처하고 심폐소생술을 할 수 있는 라이프세이버를 키워 낼 수도 있고, 가정의 조리 실습과 영어의 지각동사를 활용해 어떤 나라에서 어떤 음식을 먹어도 리뷰를 작성할 수 있는 식도락가를 키워 낼 수도 있는 것이다.

4 '되면 끝'이라고 생각하지 마라

● 임용 시험은 여러분 인생의 작은 과속 방지 턱일 뿐이다.

어느 날 친동생에게 전화가 왔다. 요새는 어떻게 지내냐고 물었다. 나는 "오늘은 연수를 들으러 가야 하고, 내일은 수업 나눔이 있으며, 모레는 출장이 있어 정신이 없다."고 했다. 동생은 이렇게 이야기했다.

"와 취직을 했는데도 스펙을 쌓고 있네."

또, 임용되기 전에 수험생이었던 나는 고3 때의 은사님을 거의 분기별로 찾아뵙고, 우는 소리를 한 가득 했었다. 그럴 때마다 선생님은 "너 이 녀석, 시험이 전부일 것 같지? 되고 나면 더한 일이 더 많아." 하고 응수하셨다. 시험에 합격하고 임용이 되면 꽃길만 가득할 것 같지만, 실상은 그렇게 아름답지 않다는 건 모두가 알고 있다. 다만 와닿지 않을 뿐이다. 하지만 아름답지 않다고 해서 의미가 없다는 것은 아니다. 어떤 일은 정말 하기 싫거나 도움이 안 되는 일이어서 좌절할 수도 있지만, 어떤 일은 교사로서의 나에게 확신과 회복을 주는 일일 수도 있다.

⦿ Feedback과 Feedforward

교사가 되고 나서도 수많은 좌절과 고민이 엄습한다. 개인적인 일도 될 수 있고, 학교 구성원과의 갈등이 너무 괴로울 수도, 가만히 있어도 피로가 쌓여서 번아웃이 올 수도 있으며, 심지어는 절대 겪고 싶지 않은 학생과 학부모와의 갈등일 수도 있다. 이런 힘든 일을 겪는 선생님들을 어쭙잖게 위로하고 싶지는 않다. 위로할 수도 없다. 우리는 다만 스스로에게, 서로에게 피드'백' 하지 않고, 피드'포워드' 하는 것이다. '과거는 흘러갔어. 그래서 당신과 나의 다음은 무엇일까? What is next?'

밤 운전과 함께 음악 듣기

어쩌다 밤 운전

본가와 학교는 90킬로미터 이상 떨어져 있다. 출퇴근 시간는에 편도로 2시간이 훌쩍 넘게 걸린다. 그래서 본가를 오고 갈 때는 자연스럽게 늦은 시간에 출발하게 된다. 주말에 본가에 가게 되는 때에는 일요일까지 집에서 푹 쉬다가 월요일 새벽에 차를 몰고 학교로 바로 향한다. 그러다 보니 대체로 밤 시간대 운전을 하게 되었다. 한가롭고, 고요하고, 신경 쓸 것 없고. 밤 운전을 즐겨하게 된 것은 어쩌면 자연스러운 일이었다.

나는야 잡청성 감상가

듣는 음악은 장르나 시대를 상관하지 않는다. 그냥 들었을 때 멜로디가 귀에 꽂힌다면 그걸로 족해서 나의 플레이리스트는 굉장히 잡다하다. 가사 있는 음악이 나오다가 가사 없는 음악이 나오고, 힙합이 나오다가 메탈이 나온다.

힙한 노래가 나오다가 올드 팝송이 흘러나오는 예측 불가능한 노래들을 듣고 있으면, 같이 타고 있는 사람들이 당황하는 모습을 쉽지 않게 볼 수 있다.

혼자만의 시간

'신경 쓸 것이 없다'에 해당하는 것 중 하나가 바로 음악이다. 음악을 즐겨 듣는 나는 멜로디와 가사에 푹 빠져드는 편인데, 카 스테레오의 소리가 밖으로 잘 퍼져 나가서 낮에 사람이 많은 도로 위에서는 원하는 음악을 원하는 볼륨으로 듣기가 어렵다. 한가한 도로를 달리며 좋은 음악을 즐기는 그 시간이 나에게는 확실하게 보장된 즐거운 시간이다.

유선생의 수면 교실

선생은 유선생

동영상 공유 사이트(생활기록부 기재 요령에 따르면 이렇다)는 정말 명과 암이 뚜렷한 양날의 검과 같은 도구이다. 자극적인 소재나 거짓 정보들로 끝없는 조회를 유발하는 악영향도 있지만, 저명한 지식인들과 인사들의 지식과 지혜를 손쉽게 나눔 받을 수 있는 정말 좋은 공간이기도 하다.

나는 영어 교사이지만, 알아 두어도 쓸데는 딱히 없는 교과 외 다양한 분야의 지식을 '찍먹'하는 것을 좋아한다. 최근에는 각 과학 분야의 전문가들이 모여 여러 주제를 탐구하고 의견을 주고받는 토크쇼에 빠져 있다. 보다 보면 이런 생각도 든다. '나는 화학식이나 물리 법칙에 갇혀서 결국 과학 공부를 포기했는데, 그때 나를 질리게 만들었던 다양한 과학적인 사실이나 현상들을 저렇게 쉽고 재미있게 풀어서 설명할 수 있구나!' 물론, 과학자들은 사실과 이론적 지식을 철저하게 공부하고 다양한 문제를 탐구함으로써 그러한 세부적인 지식을 내재화했기에 가능한 경지일 것이다. 한편으로는 개념적으로 핵심을 이해한 사람은 사실의 생략이 있더라도 다양한 사례를 잘 해석하고 설명할 수 있겠다는 생각도 들었다.

버릇이거나, 루틴이거나

사실은 그런 좋은 영상을 틀어 두고 스르륵 잠드는 것이 어느새 나의 일상이 되어 가고 있다. 요즘은 TV를 보는 것보다 스마트폰으로 다양한 영상이나 프로그램을 시청하는 것이 더 흔해서 TV 대신 핸드폰으로 바뀌었을 뿐, TV를 보다가 잠드는 것의 완벽한 대체 행동이다. 아마도 머릿속에 잡생각이 들어올 틈 없이 바로 잠에 빠져들 수 있어서 몸이 이를 선택하는 것일지도 모른다. 하지만 이 루틴이 가진 단점도 분명하다. 충전기를 연결하는 것을 깜빡하게 되면 배터리가 금세 다 닳아 핸드폰이 꺼지고, 아침에 알람이 울리지 않고, 결국 그날 '굿모닝'은 포기해야 한다는 점이다.

종합예술 몰입하기

이게 종합예술이지 뭔가

그렇다. 나에게 게임은 하나의 종합예술 작품이다. '모니터 앞에 쪼그려 앉아 뿅뿅 거리는' 그 얄팍해 보이는 이미지만 걷어 내면 게임에는 모든 예술적 요소가 다 있다. 어릴 때 했던 게임은 8비트의 음악을 사용해서 그 중독성이 상당했으며(슈퍼마리오의 배경음악을 떠올려보자), 최근의 게임 음악들은 정말 게임의 분위기를 제대로 자아내며 오케스트라까지 동원할 정도로 고퀄리티인 것들이 많다. 그 감미로움과 웅장함이 상당하다. 시각적 효과는 어떤가. 픽셀 그래픽 때부터 이미 사람들의 상상을 자극하는 역동적인 움직임을 보여 주던 그래픽이 이제는 사람과 그래픽을 분간할 수 없을 만큼 미려해졌으며, 게임 속 상황과 인물의 표정 변화는 넋을 놓게 만든다. 줄거리가 없다고 생각하는가? 좋은 게임의 줄거리는 장엄한 대서사시부터 SF의 분위기를 풍기는 다양한 설정의 이야기로 가득해서, 그 세계 속 인물들의 서사는 플레이어로 하여금 컨트롤러를 놓을 수 없도록 매료시킨다.

오히려 찐 종합예술에는 없는 그것

오히려 일반적인 예술 분야에서 찾아보기 힘든 부분이 있다. 바로 '상호작용'과 '피드백' 요소이다. 게임 속 인물이나 개체를 직접 조작하고 다른 오브젝트들과 상호작용하는 것. 바로 이 지점이 사람들로 하여금 게임 속 세계에 참여하게 만들고 몰입하게 만든다. 그리고 게임은 피드백의 과학이라는 말도 있지 않은가? 한국의 석학들이 개발에 참여하여 어떻게 하면 이용자를 더 몰두하게 하고 참여하게 만들 수 있을까를 수개월, 수년간 고민하고 연구하고 실험하고 내놓는 것이 게임이다.

게임에 대한 탐구는 곧 배움과 학습의 과정에 대한 탐구로

나는 게임을 잘 못하지만 게임을 좋아하고 즐긴다. 때로는 학생들이 좋아하는 게임에 대한 이해를 통해 학생들을 이해할 수도 있다. 또한, 게임 자체의 메커니즘을 들여다봄으로써, 게임 자체에 몰입하고 있는 나 자신을 발견하고 되돌아보면서 몰입의 요소를 발견하고, 수업과 교육활동에의 인사이트를 얻기도 한다.

일상을 그림으로 남기기

가장 강력한 취미

'좋아하는 것은 취미로 하라'는 아이디어는 지금까지도 나의 머릿속 한쪽에 자리 잡고 있다. 종종 그림을 잘 그리고 좋아하는 학생들의 진학 상담을 할 때도 비슷한 생각을 조언하고는 한다. 아직까진 그 생각에 변함없고, 덕분에 나는 아직도 그림 그리기를 즐겨 하고 있기 때문이다. 그리고 싶은 건 그린다는 마음도 변함이 없다. 그림을 그릴 때나, 그리고 있지 않을 때에도 마음속에는 종종 '저걸 그림으로 그리면 어떤 느낌일까? 이런 느낌일까?' 하는 생각이 스친다.

이런 생각이 강하게 들 때는 어디에라도 잠깐 앉아서 그림으로 그려 본다. 핸드폰에 펜 필기 기능이 있어서 그럴 때 아주 유용하게 사용한다. 그게 마뜩잖을 때는 그냥 손가락으로 허벅지에 대고 이리저리 그려 보기도 한다. 태블릿이 있어

이제는 종이에 그려 따로 보관하거나 찍어 둘 필요 없이 컴퓨터에서도 잘 그리고 있다. 그렇게 그림을 그릴 때는 다른 사람은 의식조차 못 하고 신경 쓰지 않아도 될 쓸데없는 디테일에 집중하는 나 자신을 발견하기도 하는데, 보통 이렇게 되면 반나절이나 한나절이 휙 지나는 건 예삿일이다. 그만큼 다른 생각 들지 않게 나를 몰입시키는 가장 강력한 취미이기도 하다.

나의 워라밸 판독기

내가 그림 그리기를 좋아한다는 것을 아는 사람들이 "아니, 요새는 그림 안 그려?"라고 이야기할 때가 있다. 그렇다. 나는 그림을 그릴 때와 그리지 않는 때가 명확하게 구분된다. 바로 바쁘거나 정신이 없을 때이다. 그래서 내가 나의 워라밸의 균형도를 스스로 진단할 수 있는 가장 정확한 방법은, 최근에 그림을 그리고 있는지를 확인하는 것이다. 이 관계는 역접근이 가능한데, 내가 워라밸의 균형을 회복하기를 희망할 때는 그림을 그리기 위해 발버둥을 친다. 지금 글을 쓰고 있는 내가 그렇다. 그림을 그려야 한다!

행동 발달 및 특기 사항

낙천적이고 긍정적인 성격으로 관심 분야에 대한 열의가 대단함. 좋은 결과를 이끌어내기 위해 노력하는 모습이 대견함. 말과 행동이 의젓하며 전 교과에 걸쳐 두루 우수한 성적을 보임. 자신감을 가지고 친구들을 대하며 학급 일에 앞장서서 적극적으로 임하고자 함.

내일을 꿈꾸며 사는 영어 교사

한채민

별명

신길고최고쌤

자칭이자 타칭인 별명임. 학생들이 메모지에 '최고'라는 단어를 가득 넣어
내 자리에 붙이는 것을 보고, 정말 최고가 되어야겠다고 생각하고 있음.

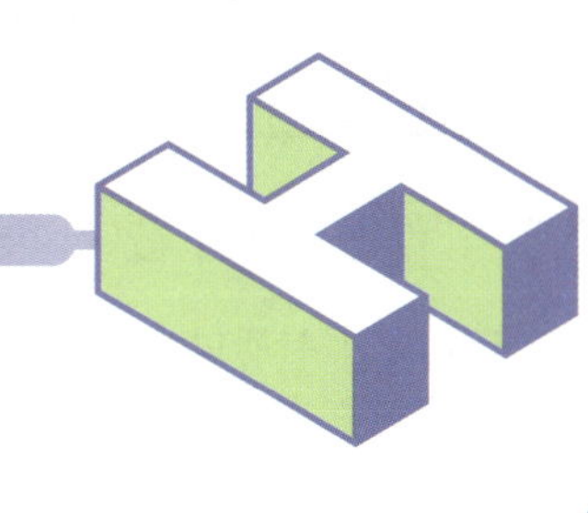

영어 교사가
되기까지의 날갯짓

01

☺ 교사는 죽어도 싫어!

어렸을 적 나는 꿈이 많은 학생이었다. 작가, 화가, 대통령, 음악가 등등 하고 싶은 것도 많고 배우고 싶은 것도 많았지만, 교사는 죽어도 되기 싫었다. 왜냐하면 선생님들이 너무 싫었기 때문이다. 내 초등학교 시절은 공포 그 자체였다. 체벌이 가능했던 시절, 무슨 이유로 기분이 좋지 않았던 담임 선생님께서는 학생 한 명을 본보기 삼아 말 그대로 쥐어패기 시작하셨다. 그 누구도 나서서 말리는 사람은 없었고, 다들 숨죽이며 이 상황이 언제 끝나나 바라만 보고 있을 뿐이었다. '일벌백계'라는 사자성어를 경험으로 체감한 순간이었다. 칭찬을 들은 기억은 손에 꼽는다.

그때부터였을까? 두려움을 동반한 반항감이 스멀스멀 올라오더니 내 사춘기 시절과 딱! 맞물린 것이었다. 중2병에 제대로 걸린 나는 선생님들에게 눈엣가시였고, 그때부터 내 학교생활은 힘든 시간의 연속이었다. 학교도 싫고 선생님도 싫었던 나는 '선생님들은 다 극혐이야! 내가 교사가 될 일은 절대 없어!'라는 다짐을 했다. 하지만 아이러니하게도 나는 지금 교사가 되었다. 어린 시절 선생님에 대한 혐오감이 극에 달했던 나를 잘 아는 주변 사람들은, 아직도 내가 교사라는 사실이 믿기지 않는다고 말한다.

이야기는 수능을 준비하던 시절로 거슬러 올라간다. 대학 갈 생각이 없던 나에게 손을 내밀어 준 유일한 사람이 있었는데, 바로 이모부였다. 이모부는 사립 학교 영어 교사로 수십 년을 근무하시다 퇴직 후 서울에서 수능학원을 운영하셨다. "수능 준비하자. 너라면 충분히 할 수 있을 것 같다."라는 그 한마디는 나에게 큰 울림을 주었다. 뭐랄까, 나에게서 가능성이 보인다는 말을 난생처음 들었다랄까? 지금 생각해 보면, 그때 난 누군가의 포기가 아니라 관심이 절실했던 것 같다.

큰 결심을 하고 이모부를 따라 학원을 다니며 수능 준비를 시작했다. 선생님이 좋아서 그 과목을 덩달아 좋아하게 된다는 말이 이해가 되었고, 지금껏 만나 왔던 선생님들의 이미지와는 전혀 다른 이모부를 보며 선생님에 대한 편견이 조금씩 깨지는 나날들이었다. 차별 없이 모두를 공평하게 대하는 선생님, 실력 하나만으로 수업을 재미있게 만드는 마법을 부리는 선생님, 그게 바로 우리 이모부였던 것 같다. 그렇게 대학에 들어가게 되었고, 영어는 좋지만 여전히 교사라는 직업이 싫었던 나는 영어교육학과에 진학하라는 주변의 권유에도 불구하고 기어코 영어영문학과를 선택했다.

● 야학 동아리, 빛이 났던 그때의 우리

대학교 신입생 때 동아리를 선택할 생각에 매우 설렜던 기억이 난다. 공부에 재미를 붙인 나는 토익 동아리도 들어가 보고, 어렸을 적 배웠던 색소폰을 이어서 하기 위해 관악 동아리도 찾아가 보았다. 하지만 뭔가 만족스럽지 않았다. 또 어떤 동아리가 있을까 건물을 두리번거리다 구석진 곳에

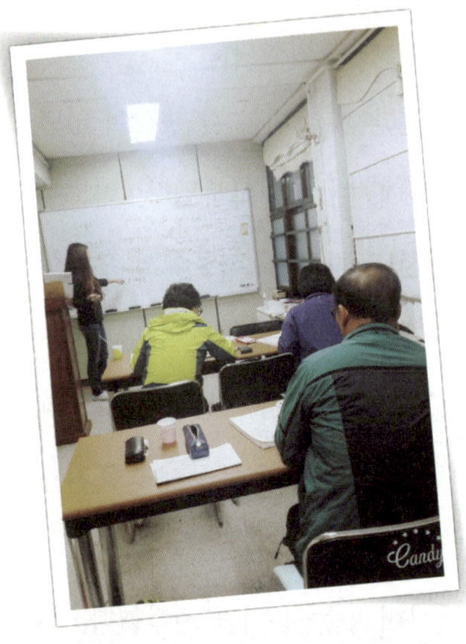

정말 눈에 띄지 않는 동아리실 하나를 발견했다. 동아리 이름도 제대로 붙어있지 않은 그곳에 '야학'이라는 글씨만 덩그러니 쓰여 있었는데, 나는 마치 비밀의 방이라도 발견한 듯 신나서 동아리실 문을 두들겼다. 동아리 회장 오빠가 나와 반겨 주었고 야학 동아리에 대한 설명을 해 주었다. 야학 동아리는 학창 시절 어려움으로 인해 학교를 졸업하지 못한 할머니, 할아버지들의 검정고시 시험 준비를 돕는 교육 동아리였다. 평균 연령대가 70대였던 그분들의 공부에 대한 열정을 보고 나는 깊이 감명받았고 동아리 신청서를 작성했다.

우리는 그분들을 '학강님'이라고 불렀는데, '학강'은 수강생을 지칭하는 말로 학생들이 배움을 받음과 동시에 인생 선배로서 가르침을 주기도 한다는 의미이다. 정말로 그랬다. 사는 곳이 거리가 있음에도 불구하고 학강님들은 주말에도, 방학에도 매일같이 나와 공부했고, 그들의 열정에 나 또한 영감을 많이 받아 방학 중에도 자진해서 학강님들에게 영어를 가르치곤 했다. 약 2년간 학강님들에게 영어를 가르치며 학습자 입장에서 어려움을 느끼는 부분이 어디인지를 깨닫게 되었고, 마침내 그분들이 검정고시에 합격했을 때는 누군가를 가르치는 행위에 대한 뿌듯함이 극에 달했다. 그때, 교사라는 직업에 대해 진지하게 고민해 보기 시작했다.

대학 공부는 나와 아주 잘 맞았다. 관심 있는 새로운 학문을 배우는 것도 좋았고, 자칭 '물음표 살인마'였던 나는 (교수님들은 어떠셨을지 모르겠지만) 교수님들에게 질문하는 시간이 참 좋았다. 즐거운 학교 생활은 높은 학점으로 연결되었고, 운 좋게도 일반 교직 이수를 하게 되었다. 그러나 이때까지만 해도 별생각이 없었던 것 같다. 막연히 '그래, 나중에 할 거 없으면 임용고시나 준비해 보지, 뭐.'라는 생각이었고 시간이 흘러 난 어느덧 대학교 3학년이 되었다.

대학교 멘토링을 신청하여, 인근의 자사고에서 고1 학생들에게 영어를 가르칠 기회를 얻게 되었다. 어찌 보면 이 학생들이 나의 두 번째 제자인 셈이었다. 아이들이 시시콜콜한 이야기를 해도 재밌었고, 내 설명을 듣고 이해한 것 같은 눈빛을 보낼 때도 기분이 좋았다. 그리고 멘토링 마지막 날,

생각지도 못한 서프라이즈 이벤트를 받게 되었다. 케이크를 들고 몰래 숨어 있던 아이들의 모습이 눈에 선하다. 그 아이들에게도 큰 추억이 되었는지, 지금은 대학 졸업을 앞둔 아이들에게 아직도 연락이 온다. 그중 한 학생은 나를 따라 영문학과에 지원해 나와 똑같은 루트를 밟고 있기도 하다.

그리고 드디어 나는 꿈에 그리던 교생 실습을 나가게 되었다. 내가 실습 나간 학교는 여중이었는데, 학생들이 어찌나 수수하고 정이 많던지 학창 시절의 나와는 정반대의 모습을 보는 것 같았다.

교생 실습을 나가면 교사들의 수업을 여러 번 참관하고 공개 수업을 진행하게 된다. 공개 수업을 준비하면서 학생들이 자연스럽게 학습하게 되는 재미있는 게임이나 활동으로 어떤 것이 있을지 고민해 봤다. 새로운 아이디어를 친구들과 공유하며 좀 더 창의적인 수업 방식이 떠오르기도 했고, 내가 구상한 수업에 적극적으로 참여해 주는 학생들을 보며 '어쩌면 나, 교사랑 잘 맞을지도?'라는 생각을 하게 되었다.

교생 실습이 거의 끝나가던 날이었다. 갑자기 이모부가 돌아가셨다는 비보를 듣게 되었다. 머리를 정통으로 얻어맞은 것 같았다. 내 인생의 롤 모델이자 방황하던 나를 올바른 길로 인도해 주신 분이 돌아가셨다는 말을 들으니 심란했다. 그리고 이모부의 죽음이, 마치 내가 원래 그런 길을 걸어야 할 사람이었던 것처럼 당연하게 교단의 길로 나를 인도했다. 어떤 부름에 응답이라도 하듯 '내가 이모부의 길을 이어받아 나처럼 방황했던 학생들을 이끌어 주어야겠어.'라는 생각이 들었고, 그렇게 나는 교사가 되었다.

02 영어 교사이기에 행복한 나

1 행복에 대하여

여러분에게 물어보고 싶다. 아주 간절한 삶의 목표가 있는가? 만약 그렇다면 당신은 행복한 것이다. 나는 이것을 최근에서야 깨달았다. 목표가 있는 사람들은 눈에서 빛이 난다. 교사를 꿈꾸었던 그때, 나는 밝게 빛났던 사람이었다. 새로운 지식으로 나를 채운다고 생각하니 공부하는 시간이 전혀 힘들지 않았고, 밤마다 교단에 있는 나를 상상하며 설레어 잠을 못 이루곤 했다. 임용고시에 합격하고 내 인생의 가장 큰 목표가 이루어졌을 때 한동안은 행복에 겨워 살았었다.

하지만 시간이 흐르고 점점 나는 피폐해졌다. 아침마다 학교에 가는 것이 지옥이었고, 주말에는 잃어버린 나의 시간들이 아까워 최대한 잠을 아끼며 놀았다. 학교를 그만두겠다는 말을 하도 입 아프게 해서 부모님은 나를 말리다 못해 진저리가 난 상태였다. "학생들이 힘들게 하니? 동료 선생님들과 사이가 안 좋니?" 내 대답은 항상 NO였고, 도대체 일을 그만두고 싶은 이유를 찾을 수가 없었다.

오랜만에 교수님을 만나 대학원 진학 이야기를 하던 날이었다. 교수님은 나에게 대학원에서 무슨 전공을 하고 싶은지 물으셨다. 영어교육론을 전공할지 영어학을 전공할지 고민이라는 내 대답에 교수님은, "대학원을 졸업하고 뭘 하고 싶니? 너의 최종 목표가 뭐니?"라고 물으셨는데, 나는 아무 대답을 할 수가 없었다. 글쎄, 난 뭐가 되고 싶은 걸까? 교사로 정년퇴직하는 것이 내 인생의 최종목표였던가? 연세가 있으신 교수님은 여전히 꿈이 있으셨다. 나에게 구체적인 사업 이야기를 하시는 교수님의 눈이 반짝반짝 빛났다. 그때 깨달았다. 목표를 가지는 것이 얼마나 중요한지.

나는 그날 즉시 내 삶의 목표를 생각해 보았다. 큰 목표부터 작은 목표까지 적고 나니 내가 원하는 인생의 방향이 대충 그려졌다. 그날 이후 나는 도전을 마다하지 않았다. 일부러 남들이 피하는 것을 시도해 보고 내키지 않는 일도 일단 시작하고 보았다. 그랬더니 눈에 띄게 성장하는 나를 발견할 수 있었고 그런 내 자신을 보는 것이 행복했다. 나에게 있어 행복은 어제보다 성장한 나를 보는 것에서 오는 것 같다.

🙂 'a'는 어떻게 발음하는가?

2023년 처음으로 담임 업무에서 벗어나 연구부 소속의 평가 업무를 맡게 되었다. 내가 연구부 소속이 된 2023년은 경기도교육청에서 각종 새로운 정책들을 예비 시행하려던 때이기도 했다. 그중 하나가 '최소성취수준 보장지도'라는 것이었는데, 이는 학생들이 도달해야 할 최소한의 기준점을 놓고 교사가 사전에 책임 지도를 하는 것이다. 하필 내가 연구부 업무를 맡은 시점에 시행 공문이 내려와, 자연스레 최소성취수준 보장지도를 맡게 되었다.

전례가 없다 보니 말 그대로 맨땅에 헤딩이었다. 영어 진단평가를 통해 성취수준 미도달 예방 학생을 선별하고 보니, 약 120명 이상의 학생들이 미도달 예상 학생이었다. 이후 학생들과의 일대일 면담을 통해 방과후 수업을 권유했으나, 몇몇 학생들만이 방과후 수업을 신청할 뿐이었다.

그런데 문제가 또 하나 있었다. 방과후 수업을 신청한 학생들의 대부분이 다문화 학생이라는 점이었다. 한국말조차 어려운 다문화 학생들에게 영어를 어떻게 가르쳐야 할지 앞이 캄캄했다. 첫날 학생들에게 'important'라는 단어를 알려 주는데 '중요한'이라는 뜻을 이해 못해 번역기를 돌려 가르쳐 주었던 생각이 난다. 그날 1시간 수업은 그렇게 한국어만 가르쳐 주다 끝이 났다. 마음속에 답답함과 분노가 치밀어 올랐다. '왜 이렇게 이해를 못 하는 거지? 방금 설명해 줬는데 왜 벌써 잊어버렸지?' 왜 숙제는 안 해 오는 걸까? 온갖 부정적인 생각들로 가득 차 있던 그때, 문득 내가 중요한 것을 잊고 지냈다는 것을 깨달았다.

앞서 대학생 시절 야학 동아리의 일원으로서 할머니 할아버지들께 검정고시 영어를 가르쳤다고 언급한 바 있다. 처음 그들에게 영어를 가르친 날, 내가 학창 시절 배웠던 대로 주어, 동사를 운운하며 수업을 진행했었다. 그런데 필기를 열심히 하시던 그분들이 나에게 질문한 것은, 'a'를 어떻게 발음하냐는 것이었다. 영어의 발음조차 모르는 사람들에게 문법을 가르치고 있었다니, 아차 하는 순간이었다. 이야기를 듣고 보니 그분들은 무려 5수생이셨다. 고등학교 졸업 검정고시는 1년에 2번 치를 수 있는데, 과락 제도가 있어 과목 평균이 60점을 넘어도 한 과목에서 60점 미만의 점수가 나오면 그 과목만 시험을 다시 치러야 한다. 그분들은 영어와 수학을 4번의 시험

동안 통과하지 못했던 것이었다. 수업 방식을 바꾸는 것이 시급했다. 원인을 파악하기 위해 나는 영어를 못하는 사람의 입장에서 영어의 어떤 부분이 어려운지 생각해 보게 되었고, 어떻게 하면 연세가 있으신 그분들이 이해하기 쉽도록 설명을 명확하고 깔끔하게 할 수 있을지 고민하게 되었다.

한동안 나는 이것을 까맣게 잊고 지냈었다. 다시 말해, 가르치는 자의 입장에서 영어를 바라보는 것이 아닌, 배우는 자의 입장에서 영어를 바라볼 필요가 있었다. a는 어떻게 발음하는가? 언어의 기초는 무엇인가? 나는 이것을 학생들에게 어떻게 전달할 것인가? 이 깨달음을 얻고 나니 학생들에게 영어를 어떻게 가르쳐야 할지 길이 보이기 시작했다.

◉ 학생들과 함께 만드는 학습지

다문화 학생들을 위한 학습지를 만들기로 다짐했다. 하지만 혼자서 해결할 수 있는 일이 아니었다. 한국어를 능통하게 하는 또 다른 다문화 학생의 도움이 필요했다. 나는 중국, 러시아, 베트남 학생을 각각 한 명씩 불러 현재 상황을 설명하고, 학습지 번역을 도와줄 것을 부탁했다. 대신 생기부는 기깔나게 써 주겠노라 약속했다. 너무나 고맙게도 학생들은 한치의 귀찮은 기색 없이 하교 후 매일 나를 찾아왔다. 나는 번역기를 활용해 기존 영어 학습지를 1차로 번역했고, 각 언어를 담당하는 학생들에게 어색한 표현이나 문법을 수정해 달라고 부탁했다. 이렇게 학습지를 만들다 보니 영어, 한국어, 러시아어(중국어, 베트남어)를 모두 담고 있는 특별한 학습지가 완성되었다. 학습지 만드는 데 도움을 준 학생들도 자신의 노력이 깃든 학습지가 배부되는 것을 보고 뿌듯해했고, 한국어와 영어 둘 다에 어려움을 겪던 학생들도 자세를 고쳐 앉아 수업에 집중하기 시작했다. 이게 끝이 아니었다. 나비효과를 보여 주듯, 타 교과에서도 내 학습지에 관심을 가지기 시작했다. 학생들을 위해 평소 열과 성을 다했던 한 사회 교과 선생님은 사회 과목의 주요 키워드들을 각 언어로 풀어 번역한 학습지를 만들었고, 이는 또 다른 선생님들에게도 영감을 주었다. 학교가 하나의 진정한 공동체가 된 듯, 선생님들은 소수 학생들을 위해 어떠한 대가도 바라지 않고 자신의 시간을 할애하고 있었다. 나는 이 광경이 참으로 아름답다고 생각했다. 이것이 진정한 배움 공동체가 아닐까?

새로운 언어 배우기

최소성취수준 보장지도 업무를 맡은 후, 아무래도 다른 나라 언어의 기초 문장 정도는 익혀 두는 편이 좋겠다 싶어 중국어 강의를 듣기 시작했다. 영어와 다른 문장 체계, 외워야 할 한자, 익숙하지 않은 성조 발음까지 시련의 연속이었지만, 나름 노래 같아 재미도 있었다. 완벽한 대화는 못하더라도 "zuòyè(숙제)" 같은 간단한 단어를 이용해 의사소통을 하고, 중국어를 매개로 학생들과 공감대를 형성하고자 했다. 그 덕분인지 다른 학생들 또한 중국어에 관심을 보여, 너도나도 그 학생에게 중국어를 배우려고 했다. 의사소통이 어려워 친구가 없었던 그 학생은 학급 친구들에게 중국어를 알려 주며 자연스레 소속감을 갖게 되었고, 수업 태도 또한 많이 개선되었다.

지난 여름 방학에는 대만으로 여행을 다녀왔다. 평소 여행 목적지를 계획할 때 영어로 의사소통이 가능한 곳만을 리스트에 두는 편임에도 불구하고 대만을 선택한 이유는, 조금이나마 배운 중국어로 의사소통이 가능할 것이라고 생각했기 때문이다. 실제 대만에 가 보니 그것은 내 오만이었지만, 원래라면 관심도 없었을 한자들을 보며 뜻을 추측해 보고 학교에 돌아와 중국 학생들에게 이게 무슨 뜻이냐 물어보기도 했다. 좀 더 중국어를 공부해 HSK(중국어 어학 시험) 자격증을 따는 것이 새로운 목표가 되었다.

목표가 있는 사람은 행복하다. 삶의 동기를 스스로 만들어 내고 자신을 끊임없이 성장시킨다. 만약 지금 여러분이 번아웃 상태라면, 삶의 갈피를 못 잡겠다면, 삶의 목표에 대해 진지하게 고민해 보는 것을 추천한다. 큰 목표를 설정하고, 그 목표를 이루기 위한 세부 목표를 적어 하나씩 실천하다 보면, 어제보다 한층 성장한 나 자신을 발견하게 될 것이다.

2 나의 발전을 위한 노력

하야마 아마리가 쓴 책 『스물아홉 생일, 1년 후 죽기로 결심했다』 속 주인공 아마리는 어렸을 적부터 특별한 꿈 없이 그저 남들 사는 대로 인생의 방향을 설정하며 살아간다. 그것이 자신의 꿈이라고 믿으며. 좋은 대학을 나온 그녀는 명문대를 나온 남자친구와 결혼해 가정주부로 행복하게 삶을 마감하고자 했으나, 예상치 못한 남자친구의 이별 통보로 인해 인생의 방향성을 상실하게 된다. 남들이 부러워하는 직장을 그만두고 계약직으로 여러 회사를 전전하며 살아가던 그녀는, 문득 보게 된 거울 속 자신의 모습이 실패자와 다름없다고 생각하게 된다. 살이 쪄 뚱뚱하고 꾸밈이라고는 없는 그녀의 모습을 누가 사랑해 줄까 생각하며 자살을 결심하지만 두려움에 멈춘다. 그러다 TV 속 라스베이거스의 화려한 장면을 보게 되었고 무모한 도전을 해 보고 죽기로 다짐한다. 스스로 1년이라는 시한부를 정하고, 라스베이거스에서의 마지막 화려한 밤을 위해 아마리는 악착같이 살기 시작하는데 그 과정이 매우 흥미롭다. 이 책을 읽으며 나는 크게 감명받았다.

직장인들에게 가장 위협이 되는 건 '안정'이 아닐까? 만약 나에게 1년이라는 시간이 남았다면 나는 어떻게 살아갈까? 아마 하루하루 시간을 값지게 쓰려고 노력하지 않을까?

● Act First, Think Later

돌이켜 생각해 보면, 어렸을 때부터 나는 고생을 사서 하는 스타일이었다. 학교에 있는 각종 대회 홍보 포스터를 보면 그냥 지나치는 법이 없었다. '일단 신청해 두고 생각은 나중에 하자'는 주의였다. 대학교 신입생 때는 토론 대회에 나가 열띤 논쟁을 펼치기도 하고, 영어 에세이 대회에 나가 상금을 받기도 했으며, 대학생 창업 프로그램에 뛰어든 적도 있었다. 같은 학과 언니가 어학 연수 프로그램에 지원한다는 말을 듣고 아무 생각 없이 지원했다가 덜컥 선발되어 해외로 떠난 적도 있다. 결국 이러한 대외 활동들은 '나'라는 꾸러미를 둘러싼 포장지가 되었고, 나는 학교 대표 학생으로 장학금을 받기도 했다. 도전하지 않았으면 겪어 보지 못했을 다양한 경험들로 인해 나의 성장 곡선이 우상향이었던 때가 분명 있었다. 그래서 다시 한번 학생이었던 나로 돌아가 보자 다짐했다. 다시, 'Act first, think later'의 자세로.

◉ 연구회 활동의 시작

저경력 교사에게는 대외활동에 참여할 기회가 그리 많지 않다. 심지어 연구회를 가입하는 것조차도 3년 이상의 경력이 필요하거나, 관련 업무를 맡아 본 경험이 필요한 경우가 많았다. 그러던 어느 날 KOSETA(한국중등영어교육연구회) 학술포럼 행사에서 지원단을 모집한다는 공문을 보게 되었다. 지원하는 사람이 별로 없었는지 지원단 위촉 명단에 내 이름이 적혀 있었고, 포럼 당일 나는 대규모 인파에 깜짝 놀랐다. 교육감부터 각 학교의 교장, 교감 선생님 등 대단한 인물들이 한 장소에 모였다. 밖에서 명부 작성을 돕던 나는 내부 현장이 궁금해 다른 지원단 선생님과 교대하고 포럼에 참석했다. 이후 한국의 수능과 외국의 IB 평가 시스템에 대해 두 명의 외국 교수와 한국 교수가 토론을 진행했다. 토론이 끝난 후 각 도를 대표하는 교사들이 자신의 수업 사례를 영어로 소개하며, 영어로 질문을 받고 영어로 답을 하기도 했다. 다른 선생님들의 발표를 들으면서 심장이 계속 두근거렸다. 내가 만약 저 자리에 서 있었다면 어땠을까?

행사가 끝나고 지원단 선생님들과 함께 저녁 식사를 하다가, 그분들이 모두 경기도교육연구회 회원이라는 것을 알게 되었다. 항상 연구회 활동을 하고 싶다고 생각했었는데 이렇게 갑자기 기회가 찾아올 줄은 몰랐다. 그날 나 또한 연구회 회원이 되었고, 더 다양한 경험을 할 기회들을 얻게 되었다. 그리고 경기도를 대표하여 나의 수업 사례를 나눌 수 있는 기회가 언젠가 나에게도 오기를 꿈꾸고 있다.

나는 시간이 날 때마다 영어 수업 관련 자료들을 찾아보는 편이다. 처음에는 모든 학습 자료를 일일이 다 만들었는데, 요새는 출판사 사이트에 교과서와 관련된 추가 자료들이 많아서 자주 활용하고 있다. 평소와 같이 사이트를 둘러보던 중 교구 파일럿 테스트를 해 줄 학교를 모집한다는 공고를 보게 되었다. 학생들과 새로운 영어 활동을 생각하고 있던 찰나라 신청해 보았는데, 학교에 방문해 촬영할 수 있냐는 답장이 돌아왔다. 교감 선생님께 상황을 말씀드리고 '푸드트럭 만들기' 교구를 어떻게 수업에 활용할지 기획해 보았다. 아직 미완성인 교구였기 때문에 빠진 물품들이 많았고, 내가 추가로 제작해야 하는 것들도 있었다.

먼저 수업 목표를 생각해야 했다. 나는 단순히 재미만을 위한 수업을 선호하지 않는다. 모든 수업에는 최종 목표가 있어야 한다고 생각하고, 수업을 통해 학생들이 무엇을 배워야 하는지를 고려해서 수업 계획을 짠다. 이번 푸드트럭 만들기 활동에서 나는, 학생들이 직접 사업을 기획하고 경영하는 것이 어떤 것인지 깨닫기를 바랐다. 또, 음식을 사고 파는 과정에서 영어를 어떻게 사용해야 하는지 알기를 바랐다. 촬영 전날, 먼저 학생들과 푸드트럭의 역사와 음식에 대해 알아보았다.

그리고 촬영 당일, 학생들에게 어제 수업한 내용을 토대로 모둠을 구성해 푸드트럭을 직접 만들어 볼 것을 제안했다. 학생들을 모둠별로 앉히고 식료품 사진들을 칠판에 붙였다. 이후 각 모둠은 이 식료품 내에서만 재료를 선정할 수 있고, 이를 토대로 음식을 만들어야 함을 당부했다. 따라서 학생들은 제시된 재료 내에서 어떤 음식을 만들 수 있을지 모둠원들과 상의해야 했고, 제한된 금액 내에서만 재료 구입이 가능했기 때문에 마진을 남기려면 음식 가격을 얼마로 책정해야 하는지 끊임없이 토론해야 했다. 토론이 끝난 후 학생들은 저마다 메뉴판을 제작하고 종이 푸드트럭을 음식의 특성에 맞춰 꾸미기 시작했다. 이후 자신들의 음식을 홍보하는 시간을 잠깐 가진 뒤, 서로의 푸드트럭을 돌며 음식을 사고 파는 경험을 했다. 음식을 살 때와 팔 때 어떤 영어 표현을 사용할 수 있는지 알려 주고 이를 적용해 보도록 했으며, 가장 마진이 많이 남은 우승팀에게는 상품을 주었다.

이 모든 과정을 교구 관련 업체 직원들이 촬영하고 있었는데, 우려와 달리 학생들이 너무 잘해 주어서 덩달아 나도 신이 났다. 사전 연습이 없었음에도 불구하고 이렇게 잘 따라와 준 학생들을 보며, 내가 이상적으로 생각하는 교사와 학생들의 모습이 바로 이런 것이 아닐까 하는 생각도 들었다. 이후 인터뷰에 응해 줄 학생을 구하는데 너도 나도 손을 들어 직원들을 깜짝 놀라게 하기도 했다. "촬영에 예민한 학생들도 있어서 다른 학교에서는 인터뷰 참여율이 저조했는데, 이 학교 학생들은 너무 밝고 적극적이네요!"라는 직원의 한마디가 괜히 나를 뿌듯하게 했다.

나는 그날 나의 수업 준비도와 학생의 수업 참여율은 비례한다는 큰 깨달음을 얻었다. 내가 체계적으로, 수업의 목적을 가지고 내용을 구성할수록 학생들 또한 교사의 열정에 보답해 준다. 이후 교구 사이트에 우리의 영상이 올라왔다. 학생들과 함께 보며 까르르 웃기도 하고, 그날 수업에서 아

쉬웠던 점을 이야기하며 또 하나의 추억을 쌓았다. 교사를 꿈꾸는 여러분도 주어진 기회를 마다하지 않았으면 좋겠다. 분명 상상도 못 했던 행복을 가져다 줄 것이다.

▶ 영어 수업 이야기

처음 고등학교로 신규 발령이 났을 때, 어떤 식으로 수업을 진행할지에 대한 고민이 많았다. 임용고시 2차 시험을 준비하면서 영어로 수업 실연을 많이 해 보았지만, 보통 청중을 중학생이라고 가정하고 수업 구상을 하기 때문에 고등학교 영어 수업에 대해서는 생각해 본 적이 없었기 때문이다. 그리고 보통 고등학교 영어 수업이라고 하면, 긴 지문을 전자칠판에 띄워 놓고 주어와 동사를 찾아가며 해석하기에 바쁘지 않은가? 신규 교사였던 만큼 창의적이고 혁신적인 수업을 만들어 보고 싶었지만 현실에서는 불가능에 가깝다는 걸 깨닫고, 한 학기 동안은 내가 제일 싫어하는 강의식 수업을 할 수밖에 없었다.

당시 내가 맡은 고1 학생들은 이례적으로 정말 공부에 관심이 없었고, 어떤 반은 반 배치를 어떻게 이렇게 했을까 싶을 정도로 놀기 좋아하는 학생들만 모아 놓아 수업에 집중시키기가 매우 힘들었다. 의리로 수업을 듣는 3~4명을 제외하고 3분의 2가 대놓고 엎드려 있기도 했다. 나는 그 상황을 참을 수가 없었다. 영어에 흥미를 잃은 채로 고등학교에 갓 입학한 학생들을 어떻게 하면 잠에서 깨울 수 있을까? 한 명도 소외되지 않는 수업이 가능할까? 교사도 학생도 즐거운 수업을 만들려면 어떻게 해야 할까?

수업을 하면서 한 가지 깨달은 것은, 교사에게 있어 수업 루틴을 만드는 것이 매우 중요하다는 것이다. 코로나로 인해 학교 현장 또한 급격한 변화를 맞이했다. 기껏해야 PPT만 사용할 줄 알았던 교사들에게 온라인 수업이라니?! 정말 청천벽력이 따로 없었다. 심지어 나는 젊은 축에 속함에도 불구하고 온라인 플랫폼에는 완전 문외한이었다. 처음으로 영상 편집이라는 것을 해 보았고, 구글 클래스룸을 활용해 학습 과제를 올려 보았다. 그리고 다시 학생들이 학교에 등교하게 되었을 때, 이러한 온라인 플랫폼의 장점을 오프라인 수업에 적용해 보려 했다.

하지만 수업 도구들은 새로 사용하려면, 사용법을 가르쳐 주는 것부터가 고역이다. 50분 수업 중 45분을 구글 클래스룸에 로그인하는 것에 할애하게 된다. 따라서 교사들에게 있어 매번 수업 방식을 새롭게 하는 것은 매우 고된 일이다. 그렇지만 수업 루틴을 만들고, 첫 시간부터 이러한 수업 방식을 학생들에게 알려 준다면, 시간 절약도 되고 학생들의 혼란도 방지할 수 있다. 여러 번의 시도 끝에 나는 마침내 나에게 맞는 수업 루틴을 찾게 되었다.

나의 수업 루틴은 '어휘 게임 – 본문 – 수행평가 연관 활동' 순이다. 어휘 게임은 이후 자세히 설명하도록 하고 본문 수업에 대해 먼저 설명하자면, 50분 수업 중 30분은 모둠원들끼리 학습지를 채워 나가고 발표하는 시간이고, 나머지 20분은 교사의 전체 설명 혹은 보충 설명 시간이다. 이렇게 안정적으로 수업을 구성하기까지는 꽤 오랜 시간이 걸렸다.

먼저, 나는 우리 학교 학생들의 특성을 생각해야 했다. 우리 학교는 다문화 학생 비중이 높고 영어에 관심 없는 학생들이 많았기 때문에, 영어의 진입 장벽을 낮출 필요가 있었다. 따라서 영어 학습지는 '어휘 – 문법 – 내용 – 퀴즈'로 구성하되 초성 힌트를 통해 영어에 대한 지식 없이도 유추해 볼 수 있도록 했다. 또, 모둠원들과 자유롭게 이야기하며 빈칸을 채우게 함으로써, 스스로 문제를 푸는 능력을 기르도록 구성했다.

두 번째로, 학생들이 선호하는 학습 스타일을 고려해야 했다. 모둠 수업보다 강의식 수업을 선호하는 학생들이 있었기 때문에, 수업 전체 중 일부는 모둠 수업으로 일부는 강의식 수업으로 구성했다. 다만, 모둠 활동 시 교사는 교실을 돌아다니며 학생들의 개별 질문에 답을 해 주기 때문에 강의식 수업 때는 정말 중요한 요소들만 짚어 주는 식으로 진행했다.

세 번째는 어떻게 하면 엎드려 자는 학생들도 수업에 참여할 수 있게 하는가에 대한 고민이었다. 나는 학생들의 수업 참여도를 포트폴리오로 만들어 점수화하고 생기부에 반영하는 방식을 택했다. 맨 처음 모둠 수업을 도입했을 땐 학습지를 먼저 완성한 모둠에게 점수를 부여했다. 그러니까 매번 똑같은 모둠이 1등을 차지하게 되었고, 점수 양극화가 심한 요즘 학생들에게는 적합하지 않은 방식이라는 생각이 들었다. 따라서 학습지는 그날 수업 필기가 잘 되어 있으면 모두에게 1점씩, 발표는 개별 발표로 횟수마다 1점씩 주었다. 이 방식의 장점은 큰 수고스러움 없이 점수를 받을 수 있기 때문에 엎드려 자는 학생들이 없다는 것이고, 학습지가 완성된 상태에서 발표를 진행하기 때문에 답을 모르거나 답이 틀렸을까 봐 발표를 못하던 학생들도 자신있게 발표할 수 있다는 것이다. 지금은 반 학생들 대부분이 너도나도 발표하고자 손을 번쩍 든다.

● 어휘 학습을 게임처럼

매년 학생들이 찾아와 영어 공부를 어떻게 해야 하는지 묻는다. 영어를 정말 잘하는 사람들은 국어도 잘한다. 다시 말해, 논리력이 필요하다는 뜻이다. 논리력을 갖춘 사람은 모르는 단어가 나와도 맥락상 유추를 할 수 있고, 그렇게 되면 학습의 효율성을 극대화시킬 수 있을 것이다. 하지만 10개 중 8개의 단어를 모르면 해석 자체가 되지 않으므로, 어휘 학습은 기본 중에 기본이다.

어떻게 하면 머릿속에 남으면서 재미도 있는 단어 학습을 할 수 있을지 사례를 찾아보다 발견한 'Word Hunting Game'을 소개하고자 한다. 이 게임은 글자 그대로 단어를 사냥하는 게임이다. 앞으로 배울 내용을 이해하는 데 필요한 어휘를 2~30개 정도 선정하고, 각 모둠을 4~5명으로 구성한다. 게임을 시작하기에 앞서 학생들과 함께 단어를 전체적으로 읽고 발음 교정을 한다. 더불어 게임 진행 시 단어의 뜻을 아는 것도 중요하지만 발음을 아는 것도 중요하다고 강조한다. 각 모둠원들은 서로 협의를 통해 자신이 맡을 단어의 수를 정한다. 교사는 학생들에게 10분 동안 단어를 학습할 시간을 주고 10분이 지나면 백지를 모둠 가운데에 놓는다. 지금까지 학습하던 어휘장을 책상 밑에 넣고, 교사의 '시작!'이라는 말이 들리면 모둠원들은 자신이 외운 단어를 1분 동안 백지에 적는다. 1분이 지나면 각 모둠은 옆에 있는 모둠과 종이를 바꿔 틀린 단어나 빠진 단어가 있는지 확인한다. 교사는 각 모둠의 정답 개수를 확인하고 1등 모둠에게는 보상을 준다.

여기까지는 팀 게임이다. 팀 게임을 하다 보면 억울한 학생이 생기기 마련이고, 또 개인적인 성향이 강한 학생들도 있으므로 개인전도 실시한다.

500

앞서 학생들이 적은 단어 종이를 가운데에 두고 각 모둠원들은 서로 다른 색깔의 펜을 든다. 그리고 교사가 불러 주는 발음 또는 단어의 뜻을 듣고 해당하는 단어를 찾아 동그라미로 표시한다. 자신의 색깔에 해당하는 동그라미가 많은 사람이 승리하는 게임이다. 이 게임의 장점은 다음과 같다.

1) 모든 학생들이 게임에 참여할 수 있다.

다 같이 영어를 읽고 시작하기 때문에 모든 학생들이 똑같은 시작점에서 단어 학습을 즐길 수 있다. 그리고 모둠끼리 암기할 단어의 수를 정할 수 있기 때문에 학습 속도에 따른 차이를 고려할 수 있다.

2) 발음 학습도 같이 할 수 있다.

학생들에게 영어를 가르치며 놀란 점은, 제대로 영어를 발음할 줄 모른다는 것이었다. 과도한 학습량에 지친 학생들은 영어의 발음은 버리고 스펠링과 뜻만 외우기 일쑤였다. 나는 그 점이 참 안타까웠는데, 이 게임은 영어의 발음을 알아야 해당 단어를 찾을 수 있어서 발음 학습이 필수이다.

3) 어휘 학습의 습관을 기를 수 있다.

성적이 낮은 학생들을 보면 학습 습관이 길러지지 않은 경우가 많다. 이런 학생들의 경우 처음엔 3~4개 정도의 단어를 암기할 수 있도록 지도하고, 점차 1~2개씩 늘려 가며 학습의 습관을 길러 주는 것이 좋다. 처음이 어렵지 점차 단어 외우는 속도는 늘게 되어 있다.

4) 다음 학습에 긍정적 영향을 미친다.

단어를 어느 정도 암기해 놓은 상태이기 때문에 문장을 해석할 때 도움이 많이 된다. 또한, 이러한 긍정적 경험은 학생들의 자기효능감을 높일 수 있다.

이 게임을 할 때 '클래스카드'라는 어플을 함께 활용하는 것을 추천한다. 책을 펼칠 필요 없이 단어 학습을 할 수 있어 좋았다는 학생들의 평을 많이 들은 어플이다. 가끔 어휘 게임이 질릴 때에는 클래스카드의 퀴즈 배틀을 활용하기도 한다.

● 의미에서 형태로

보통 학교에서는 영어 문법(form)에 초점을 맞춰 학생들을 가르친다. 이렇게 문법을 먼저 가르치고 그와 관련된 예시를 통해 적용해 보는 학습법을 연역적 학습법(deductive learning)이라고 한다. 그와 반대로 예시를 통해 학생들이 직접 규칙을 찾아보고 의미(meaning)를 파악하는 학습법을 귀납적(inductive learning) 학습법이라고 한다. 문법적 지식이 풍부함에도 불구하고 글을 해석하지 못하거나 이해하지 못하는 학생들을 위해, 의미(meaning)를 통해 문법(form)을 깨닫는 귀납적 학습법을 실천해 보고자 했다. 오른쪽의 학습지는 다른 선생님의 학습 자료를 참고해 우리 학교 교과서에 적용해 본 것이다.

먼저, 타겟이 되는 문법 요소를 선택한다. 현재분사와 과거분사처럼 서로 공통점과 차이점이 있는 것일수록 학습지를 만들기 수월하다. 둘의 차이점이 드러나는 예문으로 학습지를 구성하되, 단계별 미션을 통해 차근차근 문법을 깨닫게 한다. 각 미션을 통과할 때마다 학생들은 단서를 하나씩 받게 되는데, 총 5개의 단서를 조합하여 하나의 단어를 완성해야 승리한다.

Mission 1 다음 문장들의 공통점을 찾아라!

1. I hear you snoring.
2. I see my friend walking on the road.
3. We could hear a girl singing.
4. We see our friends laughing.

답: 동사의 형태에 주목해 보면 'hear' 'see'와 같은 동사들이 쓰임을 알 수 있고, '‒ing' 형태가 뒤에 따라붙는 것을 파악할 수 있다.

Mission 2 다음 문장들의 차이점을 찾아라!

I hear my friend laughing ◇ I hear my name repeated

I saw him reading a book ◇ I saw the exam taken by students

답: 왼쪽과 오른쪽 문장을 비교해보면 쓰인 동사는 'hear' 'saw'로 똑같지만 뒤에 나오는 형태가 '‒ing(현재분사)' 또는 'pp(과거분사)'가 쓰였음을 파악할 수 있다. 분사 앞에 나온 요소가 행위를 하는지, 당하는지에 따라 달라진다.

Mission 3 정답을 찾아라!

1. I heard her (to pay / playing) the violin.
2. I heard my name (repeating / repeated).
3. When I was in the bank, I saw the man (robbing / robbed) the bank.

답: playing, repeated, robbing

Mission 4 문장을 완성시켜라!

| take a walk | cry in pain | fall down | run to the boy |

When Jane looked out the window, she saw a boy riding a skateboard, a man *selling ice cream* and teenagers ______ in the park. She saw the boy _____ while stopping to buy ice cream. Jane hear him _____, she saw the teenagers and she felt truly warm‒hearted.

답: 밑줄 친 selling ice cream에 주목해 형태를 바꿔 보면, taking a walk → falling down → crying in pain → running to the boy 순서임을 알 수 있다.

Mission 3 실생활에 적용하라!

모둠원 1 ‒
모둠원 2 ‒
모둠원 3 ‒
모둠원 4 ‒

마지막 미션은 모둠원별로 한 명씩 자신의 경험을 오늘 배운 문법으로 표현해 보는 것이다. 이 활동에서 유의할 것은 5가지 미션은 한 번에 완성할 수 없고, 모든 모둠원들이 하나의 미션을 끝내고 교사에게 통과를 받았을 시에만 다음 미션으로 넘어갈 수 있다는 것이다. 약 40분 정도 걸리는 활동으로, 모든 모둠원들이 빠지지 않고 참여한다는 점이 장점이며, 문법을 자연스럽게 학습하여 적용까지 할 수 있도록 설계되었다.

5 영미문학 읽기

나는 영문학을 전공해 문학에 대한 남다른 애정이 있었다. 나도 처음부터 문학을 좋아했던 것은 아니다. 정답이 없는 작품을 가지고 이렇다 저렇다 왈가왈부하는 것도 시간 낭비 같았고, 난해하고 어려운 작품은 해석조차 힘들어 금세 포기하곤 했다. 하지만 가장 큰 이유는 교수님의 수업 방식이 나와 맞지 않아서였다. 당시 시 수업을 맡은 대학 교수님은 강의식으로 시를 해석해 주셨으며, 우리는 교수님의 해석을 받아 적기 급급했다. 시험 문제는 시를 (교수님이 번역해 주신 대로) 잘 번역했는지에 대한 것이었다.

그 후 임용고시를 준비하러 노량진 학원가로 뛰어들었을 때, 나는 내 인생 멘토를 만나게 되었다. 그분의 수업 방식은 기존에 내가 만났던 여느 교수님들과 크게 다르지는 않았다. 다만, 작품을 번역하는 데 초점을 맞추기보다는, 작품이 쓰인 시대상과 작가가 겪은 다양한 상황들을 이야기해 줌으로써 우리에게 작품에 대한 해석을 맡겼다. 작품을 이해하려면 배경지식이 풍부해야 한다는 것을 깨달았고, 올바르게 번역하는 것보다 작가의 입장이 되어 글을 바라보는 자세가 중요함을 알게 되었다. 난 어느새 문학 작품에 빠져들었고, 작가가 의도한 대로 작품을 해석하는 내 자신을 보며 성취감을 느꼈다.

내가 겪은 것처럼 학생들도 문학을 어렵다고만 생각하지 않고, 작가와 공감대를 형성하는 과정, 상상의 나래를 펼칠 수 있는 재미있는 시간으로 생각했으면 좋겠다는 바람이 있었다. 그래서 나는 우리 학교에 '영미문학 읽기'라는 과목을 개설해 달라고 교과 부장님께 건의드렸다. 처음 수강생을 모집했을 때 최소 인원 15명을 채우지 못해 폐강 위기였다. 이마저도 영미문학이 어렵다는 소문이 돌아 몇몇이 빠져나가, 7명 정도를 더 구해야만 개설할 수 있었다. 동교과 선생님들과 학생들을 설득한 끝에, 우리 학교에서 처음으로 '영미문학 읽기' 수업이 개설되었다. 17명의 학생이 이 수업을 수강하게 되었고, 나는 학생들이 자신의 선택을 후회하지 않도록 내 열정을 불사르겠노라고 다짐했다.

● 영미시 프로젝트

나는 우리 학생들이 시를 체계적으로 배웠으면 했다. 시를 해석하는 것보다는 시에 쓰인 비유적 표현을 파악하고, 이를 기반으로 시인이 왜 그러한 표현을 썼을지 생각해 보고 공감하기를 바랐다. 따라서 매 차시 수업은 그날 배울 비유적 언어(figurative language)와 그와 관련된 시 한 편으로 구성했다.

수업 진행 방식은 이러했다. 먼저, 학생들은 모둠원들과 역할을 나누어 시에 쓰인 어휘를 정리하고, 작가와 시대적 배경을 조사한다. 그리고 자신이 조사한 내용을 구글 클래스룸에 업로드하여 모두에게 공유하고 짧게 발표 시간을 가진다. 이후 모둠원들과 시를 해석해 보고 자신의 생각을 공유하며 시의 주제를 도출한다.

여기서 교사의 역할이 매우 중요한데, 학생들이 자신이 찾은 근거를 토대로 올바르게 시의 주제를 도출할 수 있도록 이끌어 줘야 한다. "답이 정해져 있으니 네 생각은 틀려."가 아니라, "네 생각도 일리가 있다. 그렇다면 이 부분에서 시인은 무엇을 말하고 싶은 걸까?"와 같은 질문으로 학생이 놓친 부분을 다시 보게 하는 것이다.

학생들이 어느 정도 시에 익숙해졌을 때, 나는 시 창작 과제를 주었다. 학생들이 배운 비유적 표현을 자신의 상황에 적용할 수 있는지 궁금해서였다. 사실 평가의 일환으로 시작한 과제였지만, 학생들의 결과물을 보고 깜짝 놀랐다. 정말 저마다의 특색이 있었다. 어느 학생은 '인생'이라는 주제로 비관적인 내용을 담은 시를 썼고, 어느 학생은 은유법을 활용해 자신의 생각을 꼭꼭 숨겼다.

학생들의 생각을 알 수 있어 나에게도 좋은 경험이었고, 나중에 학생 상담을 할 때 참고 자료로 활용해도 되겠다는 생각이 들었다. 그중 가장 감명 깊었던 두 아이의 시를 소개하며 영어 수업 이야기를 마치고자 한다.

6p.m.

이선우

Time flies likes a train.
The stories of the past are buried in memories
and I am heading to a new destination.

I am afraid of new 'anxiety' starting at the final destination.
Today as well, time erodes me.

It is now 6p.m.
and I am on the train heading to the 'adult' place.
High school student,
18:00,
on a train that doesn't stop.

At the time of harvesting love

정원호

Love is like a rice
When I think about you
My heart is full of high temperatures
and high humidity.

When the weather of my heart
get dry
Rice put their head down

Then, I realized
now is at the time of
harvesting love.

 네 잘못이 아니야

학생들을 올바른 방향으로 인도하는 돛이 되겠다고 다짐했지만, 실제로 그런 학생들을 상대하는 일은 고역이었다. 학생들이 엇나가는 이유는 참으로 다양했지만, 대부분 사랑받는 것에 익숙하지 않아서 마음의 문을 닫은 경우였다. 아직도 기억나는 한 학생이 있다. 학교에 오기만 하면 아프다며 조퇴하고 싶다고 교무실에 찾아오곤 했는데, 그때는 출결이 대학 입시에 매우 중요하다며 조퇴를 한사코 말렸었다. 분명 친구들과도 잘 지내고 아무 문제가 없어 보이는데, 왜 자꾸 집으로 가려는 걸까 생각했다.

한번은 전학생이 너무 속을 썩인다던 동료 선생님의 이야기를 듣고 "선생님, 그 학생이 마음 아픈 아이일 수도 있잖아요. 혼내지만 말고 진지하게 서로 이야기를 나눠 보면 어때요?"라고 조언했는데, 순간 무엇인가를 놓친 듯한 느낌이 들었다. 아차, 혹시 우리 반 학생도 마음이 아픈 건 아닐까? 왜 입시 상담이 아닌 마음 상담을 한 번도 해 보지 않았을까? 그 후 학생이 조퇴하고 싶다며 교무실을 찾아올 때면, 간단하게 일상 이야기를 주고받으며 나에 대한 경계심을 풀어 주려 노력했다. 학생의 꿈도 알게 되었다. 네일아티스트가 되고 싶었던 그 학생은 항상 손톱이 화려했다.

그래서 네일아트를 배워 보기로 다짐했다. 네일 용품 비용이 만만치 않았지만, 손톱 꾸미기에 집중하고 있으면 쓸데없는 생각도 안 들고 좋았다. 어렸을 적부터 미술에 재능이 있었던 나는 금세 여러 가지 아트를 할 수 있게 되었고, 이 실력을 썩히기엔 아깝다는 생각이 들었다. 그래서 교실 한 구석에 '무료 네일아트 샵'을 열게 되었다. 말은 거창하지만 사실 여학생을 타겟팅한 상담 활동의 일환이었다. 당연히 첫 주자는 네일아트에 관심이 많은 그 학생이었다. 아직 초보라 장장 2시간이 걸렸는데, 그동안 우리는 손을 마주 잡고 많은 이야기를 나눴다. 학생의 집안 사정도 듣게 되었고, 어렸을 적 가정불화의 트라우마로 인해 마음의 병을 앓고 있다는 사실도 알게 되었다.

나는 학생을 보며 과거의 나를 바라본다는 느낌이 들었다. 그때 누군가가 나를 위로해 줬더라면, 내 편을 들어 줬더라면 하는 생각을 많이 했었는데, 지금 내가 그렇게 해 줘야 할 때인 것 같았다. "○○아, 그렇게 된 건 절대 네 잘못이 아니야." 말이 떨어지기 무섭게 학생의 눈에서 눈물이 뚝뚝 떨어졌다. 이후 스승의 날에 그 학생에게서 마음이 담긴 장문의 편지를 받았다. 그 학생과의 1년은 힘들기도 했지만, 짧다면 짧은 교직 인생에서 잊혀지지 않는 한순간으로 남게 되었다.

● 아픈 손가락

신학기가 시작되고 교과서를 받으러 학생들이 왔다. '지금 오는 이 아이들이 올해 맡을 학생들이구나.' 생각하며 한 명 한 명 유심히 봤다. 그중 고등학생 같지 않아서 눈에 띄는 한 아이가 있었다. 초등학생이 담임 선생님을 만나 너무 기뻐 감정을 주체하지 못하는 듯한 느낌이었다. '참 밝은 아이구나.'라고만 생각했다.

상담을 시작할 것이니 원하는 날짜에 이름을 적으라고 말하자 그 아이가 달려와 당일 날짜에 이름을 적었다. 아이는 상담에서 엄마가 싫다고 말했다. 이유를 물어보니, "엄마는 맨날 저한테만 동생을 챙기래요. 어제도 집에 가자마자 동생 밥 차려 주고 놀아 줬어요. 너무 힘들어요. 엄마 너무 싫어요!"라고 답했다. 몇 주 정도가 흐르자 반 아이들이 그 아이에 대한 불만을 토로했다. 하지 말라고 하는데도 자꾸 필통을 만진다는 둥, 물건을 빌려 가서 자꾸 잃어버린다는 둥, 쉬는 시간에 자꾸 머리를 쓰다듬어서 불편하다는 둥, 거짓말을 너무 자주 한다는 둥 이유는 다양했다. 내 눈에는 그 아이가 친구들이 좋아서 관심받고자 하는 행동 같아 보였는데, 고등학생이다 보니 아이들이 이런 지나친 관심을 불편해 하나 보다 생각했다.

아이들과 사이가 멀어지니 그 아이는 쉬는 시간마다 나를 찾아오기 일쑤였고, 입을 꾹 닫은 채 옆에 서 있기만 했다. 이유를 물어도 묵묵부답이었고, 그 아이에게 '친구'라는 존재는 엄청 중요한 것처럼 보였다. 아이가 사회성이 많이 떨어진다고 생각한 나는, 친구 사귀는 법을 잘 몰라서 그렇다고 생각해 여러 가지 방법을 알려 주었지만 효과는 없었다.

그러던 중, 아이의 할머니와 상담 전화를 하게 되었다. 아이 엄마는 사정이 있어 연락할 상황이 안 되어 대신 연락드리는 거라며, 아이의 학교생활에 대해 물어보셨다. 이런저런 이야기를 하다 그 아이에게 동생이 없다는 것을 알게 되었다. 아이 말과 달라 지금껏 아이에게 들었던 말의 사실 여부를 확인해 보았다. "어머니가 일본 분이라고 들었는데, 맞나요?", "초등학교 때 발표를 하다 위에서 전등이 깨져 크게 다친 경험이 있어 발표 수행평가를 못 본다던데, 맞나요?" 평소에는 이상하다 생각하지 못했던 것들을 질문하면서 이상하다고 느꼈고, 모든 질문에 아니라는 답이 돌아왔다.

할머니와의 상담 전화가 끝나고, 나는 아이에게 위클래스 상담을 권했다. 평범한 아이 같지 않아서였다. 이후 아이는 주기적으로 상담 선생님과 시간을 가졌고, 상담 선생님은 아이가 경계성 장애일 가능성이 있다고 하셨다. 아이를 처음 본 날이 떠올랐다. 나랑 이야기할 때의 모습도, 학급 아이들이 진술하는 아이의 행동들도 모두 딱 맞아떨어지는 것 같았다. 하지만 우리끼리 판단할 문제가 아니었다. 검사를 하려면 부모님의 동의가 필요했다. 할머니는 절대 그럴 리가 없다며, 극구 부인했다. 어머니와는 왜 이야기할 수 없냐는 질문에 할머니는 사실 아이 엄마가 장애가 있어서 의사소통이 어렵다며 눈물을 보이셨다. 의심이 확신이 되는 순간이었다. 부정할 수밖에 없는 할머니의 마음이 이해되어 마음이 너무 아팠다. .

몇 번의 상담 끝에 결국 아이는 장애 검사를 받게 되었고, 결과는 예상대로였다. 아이는 경계성 지능 장애를 판정받았고, 지적 수준이 9살 정도밖에 되지 않는다고 했다. 이후 아이는 사랑반에서 수업을 듣게 되었고, 우려와 달리 학교생활에 잘 적응해 나갔다. 무사히 1학년을 보내고 할머니에게서 문자가 왔다.

"선생님 아니었으면 ○○이는 어떻게 되었을까요. 정말 감사드려요."

할머니는 이후로도 계속 연락을 주고받는 유일한 학부모가 되었고, 이제 고3이 된 아이는 너무나도 밝고 건강한 모습으로 학교생활을 하고 있다.

교사 생활을 하다 보면 아이가 엇나가거나 힘들어 해도, 모르는 척하고 싶어질 때가 있다. 한 아이의 인생에 비집고 들어가면 걷잡을 수 없을 만큼 큰 희생을 감수해야 한다는 것을 잘 알기 때문이다. 가끔은 학부모의 비판을 들어야 하고, 아이들의 분노의 대상이 되기도 한다. 그럼에도 불구하고 나는 그래야 한다. 도와 달라고 말할 용기조차 없어 반항으로 표출하는 학생들이 참 많은 것을 알기에. 가장 가까운 부모로부터도 외면받는 학생들이 있기에. 나도 도움의 손길이 절실했던 학창 시절이 있었기 때문에. 내가 아니면 누가 그 아이들을 올바른 길로 인도하겠는가?

7 평가 관련 이야기

나는 논술형 수행평가에 대해 늘 의구심을 가지고 살았던 사람이다. 수행평가란 말 그대로 학생들의 '수행' 능력을 보는 것인데, 보통 영어 논술형 수행평가는 일제고사의 형태를 취하기 때문이다. 심지어 학생들은 자신이 외운 영어 글을 그대로 옮겨 적고 완벽하게 외워 적었다면 고득점을, 그렇지 않았다면 감점을 받는다. 감점 당한 이유에 대해 교사가 설명할 때 본인이 무슨 글을 썼는지 모르는 경우도 허다하다. 사교육이나 번역기의 도움을 많이 받은 탓이다.

이러한 상황에 직면하다 보니 문득 평가의 목적이 무엇인지에 대해 생각해 보게 되었다. 나는 학생들에게 이런 논술평가를 통해 무엇을 가르치고 싶은 것일까? 또 무엇을 확인하고 싶은 것일까? 암기력? 사교육비를 지원해 줄 수 있는 부모의 경제력? 거기까지 생각이 미치자 이러한 암기식 수행평가에서 벗어날 필요가 있다는 생각이 들었다.

편안함에 익숙해지지 말고 새로운 도전을 해 보자 다짐하고 과정중심평가, 피드백 제공, 영어 능력 향상과 같은 요소들을 어떻게 수행평가에 녹여낼 수 있을지 고민하게 되었다. 그러다 나는 구글 클래스룸을 활용해보기로 했다. 구글 클래스룸에 학급을 개설하고 최종 결과물을 완성하기 위한 단계들을 과제로 제시했다. 학생들은 하나의 수행평가를 완성하기 위해 약 3주

512

동안 리서치 노트, 개요서, 초안, 수정안, 최종안을 작성해 제출했으며, 나는 Google docs를 활용해 학생들이 쓴 글에 실시간으로 피드백을 해 주었다. 지금부터 그 과정을 자세히 설명하고자 한다.

Step 1. 관련 주제 글 읽기

수행평가 주제는 '세계 인권'이었고, 먼저 학생들의 배경지식을 활성화할 필요가 있다고 생각했다. 그래서 학생들과 찰리 채플린의 '위대한 독재자' 연설문을 함께 읽었다. 이후 '세계 인권'을 주제로 나라별 사례를 조사하고 이에 대한 탐구 질문을 설정한 뒤 답을 써 보는 논술형 수행평가를 진행할 것이라 고지했다.

Step 2. 리서치 노트 작성하기

리서치 노트는 일종의 브레인스토밍 역할을 한다. 학생들이 여러 가지 사례를 찾아보며, 자신의 쓰고 싶은 내용을 시각화하는 작업이라고 생각하면 된다. 자료 조사는 크롬북을 활용하게 했다.

Step 3. 개요서 작성하기

개요서는 조사한 내용을 바탕으로 글의 흐름을 어떻게 할지 구체화하는 단계이다. 학생들에게 선정한 국가, 선정한 이유, 구체적 사례, 탐구 질문, 질문에 대한 답과 같은 소주제가 적힌 개요서를 제공하고, 이에 대해 글로 서술해 보도록 하는 것이다. 여기서 탐구 질문 설정이 중요한데, 질문도 만들어 본 사람이 잘 만든다고, 학생들과 질문 만들기 시간을 잠깐 가질 필요가 있다. 질문에는 사실적 질문, 개념적 질문, 논쟁적 질문이 있는데, 사실적 질문과 개념적 질문의 경우 답이 명확하게 정해져 있는 경우가 많다. 반면, 논쟁적 질문은 답이 없다. 평가하고자 하는 목적에 따라 질문의 형태를 다양화할 수 있는데, 나는 학생들에게 논쟁적 질문을 만들어 볼 것을 요구했다. 이를 통해 사고의 과정이나 깊이를 평가하고 싶었기 때문이다.

Step 4. 초안 작성하기

책을 안 읽는 요즘 학생들은 글을 어떻게 써야 할지 모르는 경우가 많다. 영어로 글을 쓸 때는 더더욱 그렇기 때문에 학생들에게 일종의 가이드라인을 주어야 한다. 나는 학생들에게 처음부터 자신의 주장을 드러내는 글, 공통 사례를 여러 가지 제시하며 마지막에 자신의 주장을 드러내는 글, 인용구를 활용해 자신이 주장하고 싶은 바를 강조하여 표현하는 글 등 다양한 형태의 주장하는 글을 보여 주었다. 사례를 보여 주니 학생들은 더 쉽게 이해하는 듯했고 곧장 글을 쓰기 시작했다.

Step 5. 수정안 작성하기

이때부터 교사는 Google docs에서 학생들이 쓴 글을 보며, 내용과 문법 측면에서 구체적인 피드백을 제공한다. Google docs의 경우 문법적인 오류가 있을 때 빨간 밑줄이 그어지는데, 밑줄을 누르면 올바른 표현으로 자동으로 바뀌니 학생들에게 이를 확인해 보라고 알려 준다. 셀프 점검이 끝나면 교사는 이외의 것들에 대한 피드백을 제공한다. 올바른 표현을 직접 알려 주기보다는 방법을 제시해 주고, 질문을 통해 오류를 인지하게 만든다. 나는 이때 네○버 어학사전을 적극 활용하라고 권장한다. 자신들이 원하는 어휘를 입력한 뒤 예문을 확인하고, 맥락상 해당 어휘를 쓰는 것이 맞는지 점검해 보도록 하는 것이다. 이 과정에서 학생들은 맥락 속에서 어휘의 쓰임을 깨닫게 된다.

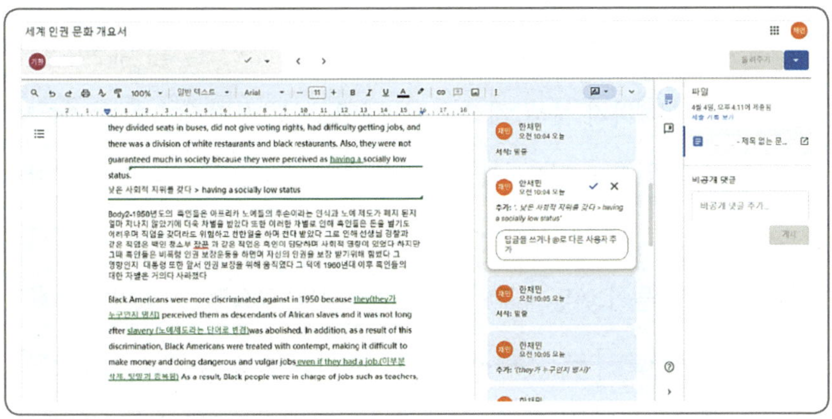

위 사진은 학생과 주고받은 피드백의 일부이다. 교사가 학생의 글을 수정하면 초록색 밑줄이 그어지고, 학생은 오른쪽에서 어떤 코멘트가 달렸는지 확인할 수 있다.

Step 6. 최종안 작성하기

마지막으로 점검을 끝낸 뒤, 학생들은 최종안 학습지에 지금까지 자신들이 작성하고 고쳤던 문장을 보고 옮겨 적는다. 학생들은 외워 적는 것이 아니기 때문에 부담이 없었다고들 한다. 지금까지 Google docs를 활용해 글을 적었음에도 굳이 다시 종이에 적는 이유는, 평가의 공정성 때문이다. 아무래도 온라인 플랫폼을 활용하면 언제 글이 날아갈지도 모르고, 학생들이 이후 수정할 수도 있기 때문에 종이로 최종안을 받는 것이다.

처음 시도해 본 수행평가 형태였는데, 학생들이 생각보다 잘 따라와 주었다. 다만, 약 3주가 소요됐으니 시간은 오래 걸린 셈이다. 그럼에도 불구하고 가장 큰 장점이 하나 있다면, 피드백이 자주 오가다 보니 학생들이 쓴 글의 의도나 내용이 명확히 파악된다는 점이다. 아마 교사들 중 대부분은 학생들의 글을 이해하지 못해 채점에 어려움을 겪었던 경험이 있을 것이다. 번역기의 오역일 수도 있고, 학생들이 맥락에 맞지 않는 어휘를 사용해서일 수도 있다. 그렇지만 이 수행평가 방식을 따르면 채점이 훨씬 수월해진다. 더불어 학생들이 어떻게 작문하는지를 실시간으로 볼 수 있어 학습적인 측면에서 피드백을 주는 것도 가능하다. 또 다른 장점은, 백지로 제출하는 학생들이 없다는 것이다. 학생들의 평균 성적이 오르는 뿌듯함은 덤이다.

8 교사 월급 이야기

신규 발령을 받은 후 나는 온갖 직무 연수를 듣기 시작했다. '어떻게 하면 담임으로써 최선을 다 할 수 있을까?, 에듀테크를 활용한 수업은 무엇이 있을까?, 복무 관련 규정은 어떻게 될까?' 등등 웬만한 질문거리는 연수를 통해 해소할 수 있었다. 하지만 가장 궁금했지만, 그 누구에게도 물어볼 수 없는 궁금증이 하나 있었다. 바로 교사의 월급과 재테크였다.

교사라는 직업의 가장 큰 장점은 바로 안정성이다. 공무원만큼 안정적인 직업이 없다고들 이야기하지만, 나는 첫 월급을 받고 충격을 받았다. 200

만 원이 채 안 되었기 때문이었다. 그마저도 각종 생활비를 빼고 나니 50만 원밖에 남지 않았다. 50만 원씩 모아서는 평생 자가는 꿈도 꾸지 못할 팔자였다. 그 후 나는 소비를 절약하고 재테크를 시작하며 차곡차곡 돈을 모아나갔다. 지금부터 경제에 관심이 많은 교사, 또는 교사를 꿈꾸는 학생들에게 교사 월급은 어떻게 이루어져 있는지에 대해 설명하고, 교직원 공제회, 추천 도서, 직무 연수에 대해 차례로 소개하도록 하겠다.

● 교사의 월급 구성(3년 차 기준)

[세부내역]

급여내역		세금내역		공제내역	
본봉	2,324,400	소득세	43,970	연말정산소득세	0
정근수당	348,660	지방소득세	4,390	연말정산지방소득세	0
정근수당가산금	30,000			일반기여금	298,090
정액급식비	140,000			건강보험	128,390
교직수당	250,000			노인장기요양보험	16,620
시간외근무수당(초과분)	23,420			교직원공제회비	219,620
교원연구비(중등5년미만)	75,000				
급여총액	3,191,480	세금총액	48,360	공제총액	662,720
실수령액		2,480,400			

① 본봉

본봉은 교사의 호봉에 따라 달라진다. 일단, 교사의 호봉 체계에 대해 알 필요가 있다. 보통 공무원들은 1호봉부터 시작하지만, 교사는 9호봉부터 시작한다. 사범대가 아닌 일반 학과에서 교직 이수를 받은 교사의 경우는 8호봉부터 시작한다고 보면 된다. 만약, 대학 기간을 제외하고 교육 관련 경험이 있다면 경력에 산정되니 행정실에 문의해 보면 된다. 나의 경우 대학을 졸업하고 1년의 학원 강사 경험이 있어 5할을 인정받아, 호봉 승급일이 남들보다 6개월 빠르다.

② 정근수당

교사들은 1월과 7월에 2번 정근수당을 받는다. 일종의 보너스 같은 개념인데, 경력에 따라 받는 수당이 다르다. 내가 교사로 1년 차일 때는 정근수당이 지급되지 않았지만, 2025년을 기준으로 신규 교사 또한 정근수당을 받을 수 있도록 지급 기준이 바뀌었다고 한다.

정근 수당 가산금은 2024년 1월 이후 신설된 규정으로, 5년 미만의 신규 공무원들에게는 매달 3만 원을 지급한다. 이것 또한 연차가 쌓일수록 올라가는 구조이고, 25년 이상의 경력을 가진 교사에게는 정근수당 가산금 10만 원에 추가 가산금 3만 원이 더해져 총 13만 원을 지급한다고 한다.

〈근무연수별 정근수당 지급률(2025년 기준)〉

재직기간	지급률	재직기간	지급률
1년 미만~2년 미만	본봉 10%	8년 미만	본봉 35%
3년 미만~5년 미만	본봉 20%	9년 미만	본봉 40%
6년 미만	본봉 25%	10년 미만	본봉 45%
7년 미만	본봉 30%	10년 이상	본봉 50%

③ 정액급식비

매달 14만원씩 급식비가 들어오고, 급식 일비에 따라 차감된다. 도시락을 싸서 갖고 다니는 경우 행정실에 급식 신청을 취소하면, 14만 원을 온전히 받을 수 있다.

④ 명절휴가비

명절휴가비는 1년에 2번 지급된다. 설날과 추석 월급 전후 15일 이내에 지급되며, 본봉의 60%이다.

⑤ 교직수당

교사라면 모두 받는 고정된 수당으로, 25만 원이다. 담임을 맡는다면 교직수당(가산금)을 추가로 받는데, 2024년 기준으로 20만 원을 받는다.

⑥ 시간외근무수당

시간외근무수당은 초과분과 정액분으로 나눠진다.

- 초과분: 초과분이란 일과 시간 이외에 남아서 근무할 때 받는 수당이다. 개인적인 사유는 허용되지 않고, 학생 상담이나 학부모 상담과 같은 필수적인 사유만 인정된다. 하루 최대 4시간만 인정된다는 점도 기억해 두어야 한다.
- 정액분: 학교 일과 시간은 오전 9시부터 오후 5시까지이지만, 교사들은 보통 9시 이전에 오고 5시보다 더 늦게 퇴근하기도 한다. 이러한 점을 고려하여 월 10시간의 시간외근무수당을 지급하는 것이다. 다만, 실제 근무 일수가 15일 이상이어야 온전한 금액을 받을 수 있고, 만약 근무 일수가 그보다 적다면 그만큼 깎여서 지급된다.

⑦ 교원연구비

교원연구비는 교사들이 꾸준히 자기 계발과 교과 연구에 집중할 수 있도록 경제적 지원을 해 주는 데 목적이 있으며, 5년 이상의 경력을 가진 교사는 6만 원, 5년 미만의 경력을 가진 교사는 7만 5천 원을 지급받게 된다.

이 외에도 1년에 한 번 받는 성과급여가 있다. 1년을 근무했을 경우 받을 수 있고, 성과에 따라 S, A, B로 차등 지급된다. 학교마다 지급률이 다르니 학교에 문의해 보는 것이 정확하다.

● 교직원 공제회

교직원 공제회는 교사들을 대상으로 하는 다양한 금융 상품을 포함하고 있는데, 이율이 시중 금리보다 높은 편이라 교사들이 많이 선호한다. 적금, 예금, 대출 등 모든 상품을 보유하고 있으며, 신규 가입 시에는 선물도 준다. 공제회 적금의 가장 큰 장점은 복리 효과를 누릴 수 있다는 것이다. 단리는 원금액에만 이자가 붙는 방식이고, 복리는 원금 + 이자에 이자가 붙는 방식이다. 따라서 복리는 장기간 많은 금액을 넣을수록 유리한데, 교사들은 보통 정년을 바라보고 근무하기 때문에 이런 상품을 적극 활용하면 좋다. 대출 상품도 유용하다. 공제회 대출의 경우 은행권에 잡히지 않기 때문에 돈을 많이 대여해야 하는 경우 이용하면 좋다. 또한, 공제회 저축에 넣은 금액을 담보로 대출을 받을 수도 있다.

추가로 공제회에서는 다양한 이벤트를 통해 교사들의 복지에 힘쓰고 있다. 영화나 공연 관람 티켓을 제공하기도 하고, 숙박시설이나 리조트를 제휴 가격에 이용할 수도 있다. 나는 운 좋게 이벤트에 당첨되어 브로드웨이 24번가 뮤지컬을 관람하기도 했고, 영화 티켓도 2장씩 두 번이나 받았다. 밀리의 서재 교직원 할인 혜택도 있으니 참고하길 바란다.

● 경제 전학공

동료 교사들과 재테크 관련 이야기를 하다 보니, 생각보다 경제에 관심 있는 교사들이 많았다. 그래서 전학공 시간을 활용해 경제 공부를 하기로 했다. 여기서 '전학공'이란 '전문적 학습공동체'의 줄임말로, 공통 관심사를 기반으로 교사들이 만드는 모임이라고 생각하면 된다. 우리는 매주 경제 뉴스를 읽으며 새롭게 알게 된 용어를 소개하고 재테크 방법을 공유하고 있다. 혼자서 경제 공부를 하기에는 벅차고 알아볼 수 있는 정보에 한계가 있었는데, 여러 교사들이 함께하니 다양한 정보를 공유할 수 있고 좀 더 객관적인 시선으로 정보를 분석할 수 있어 좋았다. 소수로 시작한 모임이었지만, 인원은 점차 늘어날 예정이다.

● 경제 공부용 도서 추천

경제 공부는 지금 당장 시작하는 것이 좋다고 생각하지만, 알면 알수록 어렵고 복잡해서 금방 지치곤 한다. 먼저 일상생활 속에서 천천히 경제에 스며드는 편이 좋다. 나는 학교 도서관에 있는 웬만한 경제 도서는 다 읽었다. 처음부터 주식이나 부동산 관련 책을 읽었던 것은 아니다. 돈을 모으기 위해서는 소비를 먼저 줄여야 하고, 돈을 불리는 원리에 대해 알아야 한다. 따라서 경제 입문용으로 다음과 같은 책들을 소개한다.

① 『하루 5분 머니로그』(손희애)

만약 내가 정말 금융에 대해 쌩초보라면 이 책을 먼저 읽는 것을 추천한다. 예·적금, 저축, 카드/대출, 전세보증보험, 짠테크 등을 초보자들을 위해 아주 세세하게 기록해 놓았다.

② 『돈은 좋지만 재테크는 겁나는 너에게』(뿡글이)

내가 즐겨 보는 경제 유튜버가 집필한 책이다. 책을 읽기 귀찮다면 유튜브 영상을 봐도 좋다. 이 책도 돈을 아끼기 위한 여러 가지 방법을 안내해 준다. 돈을 절약하기 이전, 나는 핸드폰 요금으로 8만 원 이상을 납부했었다. 이마저도 통신사 할인과 가족 결합 할인이 들어간 금액이었다. 하지만 지금은 핸드폰 두 대를 다 합쳐도 2만 원이 채 안 되는 요금을 낸다. 교사 직업의 특성상 두 대의 핸드폰을 사용하는 선생님들이 많은데, 알뜰요금제에 대한 이야기도 책에 자세히 나와 있으니 꼭 읽어 봤으면 좋겠다.

③ 『부자언니 부자연습』(유수진)

이 책을 쓴 저자는 카리스마가 장난 아니다. 유튜브에서도 영상을 찾아볼 수 있는데, 돈을 흥청망청 쓰는 사람들에게 쓴소리와 함께 다양한 재테크 방법을 제시해 준다. 돈에 대한 마음가짐을 배울 수 있고, 세계 경제 역사를 통해 경제도 폭넓게 이해할 수 있다.

④ 『존리의 금융문맹 탈출』(존 리)

이제부터는 본격적으로 투자에 대한 책을 소개할 것이다. 앞에 소개한 책들을 통해 어느 정도 금융 지식이 쌓였다면 이 책을 읽어 보는 것을 추천한다. 이 책은 재무제표에 등장하는 각종 용어들이 무엇을 가리키는지, 기업의 가치를 평가할 때 무엇을 보아야 하는지에 대해 설명해 준다. 책의 내용이 어렵지 않았다면 저자가 쓴 다른 시리즈도 읽어 보길 바란다.

⑤ 『거인의 포트폴리오』(강환국)

사실 일을 병행하면서 올바른 투자처를 고르는 것은 상당히 어려운 일이다. '투자는 하고 싶지만 누가 딱 정해 줬으면 좋겠어.'라고 생각하는 사람들은 이 책에 있는 포트폴리오를 그대로 따라 하면 된다. 자신의 성향에 맞는 다양한 포트폴리오가 제시되어 있으니 실천해 보았으면 좋겠다.

● 연수

티처빌은 교사를 대상으로 하는 연수 사이트이다. 교육과 관련해서 많은 인사이트를 얻을 수 있고, 그 외에도 자기 계발을 목적으로 하는 연수 강의가 많다. 요가 클래스부터 영어 회화와 같은 강의도 있지만, 교사 월급 관리부터 생애별 돈 관리, 주식이나 부동산과 같은 재테크 강의도 있다. 연수비 같은 경우 학교에서 일정 금액 지원해 주기 때문에 내가 듣고 싶은 강의를 미리 결제하고 학교에 청구하면 된다.

◉ 경제 뉴스

학교 도서관 잡지를 적극 활용하라. 나는 다양한 잡지를 읽어 봤지만 '한경 비즈니스'가 가장 잘 맞았다. 꼭 전체를 다 읽을 필요는 없고, 관심 있는 주제에 대해서만 읽어도 좋다. '도서관 매거진'이라는 어플을 활용하면 핸드폰이나 태블릿으로도 신문을 읽을 수 있다.

'UPPITY'라는 사이트도 추천한다. 매주 경제 뉴스를 요약해 메일로 보내 주고, 구독자들의 머니 칼럼을 소개하기도 한다. 머니 칼럼을 통해 다른 구독자들은 어떻게 소비를 하고, 어떤 금액을 목표로 하는지 확인할 수 있으며, 개인 소비 형태와 목표에 따른 전문가들의 조언을 들을 수도 있다.

◉ 짠테크

내가 돈을 모으게 된 건 모두 짠테크 덕분이었다. '짠테크'란 불필요한 소비를 줄이고 낭비를 최소화하여 재물을 모으는 것을 의미하는 신조어이다. 나는 24살에 1억을 모았다는 한 유튜버의 사례를 보고 감명받아 짠테크 생활을 시작했다. 많은 전문가들이 사회 초년생의 경우 월급의 5~60%는 저축하라고 조언한다. 하지만 타지 생활을 하던 나에게 이 정도 금액을 저축하라는 것은 굶으라는 것과 마찬가지였다. 따라서 고정 지출과 변동 지출을 구분하고, 줄일 수 있는 비용은 최대한 줄였다. 이 외에도 만보기 앱이나 설문 조사 앱을 통해 소소하게 돈을 모았다(일명 앱테크). 비록 몇 천 원이었지만 이것은 돈에 대한 나의 인식과 생활 패턴을 완전히 바꾸어 놓았다.

믿기지 않겠지만 나는 카르페 디엠을 모토로 사는 사람이었다. 가까운 거리도 택시를 타고 다니고, 거스름돈은 거추장스럽다며 받지 않는 사람이었다. 그런 내가 30분 내외 거리는 걷게 되었고, 그렇게 모은 10원, 100원이 소중함을 알게 되었다. 소비를 할 때에도 '나에게 정말 필요한가?', '집에 비슷한 물건이 있지는 않는가?', '이 물건이 없어서 불편함을 3번 이상 느꼈는가?'와 같은 질문을 스스로에게 끊임없이 되물었다. 이렇게 생활하다 보니 자연스레 소비가 줄게 되었고, 저축액도 60%까지 끌어올릴 수 있게 되었다.

물론, 중간에 위기도 왔었다. 이렇게 생활해도 돈이 모이는 속도는 더디다고 느껴졌고, 스스로가 너무 궁색한 것 같다는 생각도 들었다. 하지만 시간이 지날수록 그만한 성과가 눈에 보이기 시작했고, 절약 습관이 이미 몸에 배어 쓸 건 쓰더라도 과한 소비는 안 하게 되었다.

어느 정도 돈이 모이니 청약에도 관심이 생겼고, 실제로 실천하지 않고서는 청약을 제대로 이해할 수 없겠다 싶어 넣어 본 지역의 아파트에 당첨되기도 했다. 계약금은 분양가의 10%였고 당일에 당장 입금했어야 했는데, 만약 내가 지금껏 저축하지 않았다면 계약을 포기하고 돌아와야 했을 것이다. 꼭 돈을 아끼고 모아야만 행복한 것은 아니지만, 기회가 왔을 때 준비가 되어 있지 않다면 우리는 그 기회를 놓치게 될 것이다.

03 나의 꿈, 나의 새로운 인생

교사라는 직업이 학생들을 가르치는 직업이라고만 생각한다면 큰 오산이다. 교사가 되고 보니 생각보다 교사들은 더 다양한 일을 할 수 있다는 것을 알게 되었다. 가장 흔한 일은 감독이다. 학교에서 있는 지필평가 감독뿐만 아니라, 검정고시 감독이나 TOIEC과 같은 공인어학시험 감독으로도 위촉받을 수 있다. 교과서 개발 위원으로 활동할 수도 있고, 교과 검토위원으로서 새롭게 바뀔 교과서에 대해 현직 교사로서의 인사이트를 줄 수도 있다. 그렇다면 이러한 기회들을 어떻게 접할 수 있을까? 대부분 공문을 통해 확인할 수 있기 때문에, 나는 평소 공문을 주기적으로 찾아보는 편이다. 그중 내가 앞으로 실천하고 싶은 일들을 리스트로 적어 보았다.

● 대학원 파견

교사들은 대부분 학업에 열정적이다. 그래서 교사가 된 이후 대학원 진학에 대해 한번쯤은 생각해 보았을 것이다. 나 역시도 대학원 진학에 대한 고민을 수차례 했었다. 교사가 대학원에 갈 수 있는 방법은 3가지이다. 대학원 파견, 연수휴직, 야간 수업이 그것이다. 연수휴직은 대학교나 대학원 등에서 연수가 필요할 때 쓸 수 있는 휴직제도로, 기간은 2년 이내이며, 봉급과 수당은 모두 미지급된다. 야간 수업은 말 그대로 직장과 병행하며 야간에 수업을 듣는 방식이다. 봉급과 수당은 지급되지만, 정신적·육체적 스트레스가 동반될 수 있다. 대학원 파견은 특별연수 제도를 활용하는 것이다. 대학원 파견 과정이 있는 학교에서 석사 학위를 취득하는 조건으로 보내 주는 것이고, 봉급도 그대로 받을 수 있다.

대학원 파견은 대학원 파견 과정이 있는 학교에 한해서 선택할 수 있는데, 보통 서울대학교와 한국교원대학교 중 선택하는 경우가 많다. 다만, 교육청마다 요구하는 응시 자격이 다를 수 있으니 매해 확인할 필요가 있다. 2024년 기준 경기도교육청의 경우, 경기도에서 3년 이상 근무한 경력이 있는 자를 연수 대상자로 추천할 수 있었고, 총 7명을 뽑았다. 그리고 각 대학마다 선발 기준이 다르니 필히 확인해 보아야 한다. 서울대 대학원 기준, 학과에서 요구하는 일정 등급 이상의 공인어학성적(보통 TEPS)이 필요하다. 또한, 교육 경력이나 근무성적, 포상실적 등에 따라 가산점 제도가 있어 저경력 교사들에게는 불리할 수 있다. 나는 어느 정도 경력을 채우고 파견교사 제도를 적극 활용할 계획이다.

● 재외한국학교 근무

동남아, 중국, 일본 등 다양한 국가에서 교사를 해당 학교로 초빙하거나 파견을 받는 경우가 있다. 이것도 쉬운 것은 아니다. 치안이 좋은 국가에서는 뽑는 인원수도 적을뿐더러 부장 경력, 담임 경력 등 우대 조건이 있다. 더군다나 영어 교사는 잘 뽑지도 않고, 보통 국어나 사회 과목을 많이 뽑는다.

여기서 팁을 주자면, 한국어교원자격증을 따길 바란다. 한국어교원자격증이 있으면 한국어를 모국어로 사용하지 않는 외국인들에게 외국어로서의 한국어를 가르칠 수 있다. 또한, 교사들에게는 자격증을 취득하기 위한 강의가 무료로 제공된다. 물론, 자격증을 받으려면 임용고시처럼 시험을 치러야 한다. 그럼에도 남들은 돈 주고 듣는 강의를 무료로 들을 수 있다는 것은 엄청 큰 장점이다. 강의를 모두 수강한 후 2년 이내에 시험을 보면 되므로, 시간적 여유도 충분하다. 나 또한 지금 자격증 수강 과정에 있는데, 언젠가 자격증을 취득하면 재외한국학교 근무를 신청해 볼 생각이다.

● 풀브라이트 미국 연수

작년 가을쯤, 갑자기 외국에서 공부하고 싶다는 생각이 들었다. 교사에게 혜택을 주는 제도가 분명 있을 것 같은데, 아무리 인터넷을 뒤져도 그런 내용은 찾을 수가 없었다. 한 가지 발견한 것이 공무원국외연수였는데, 문의한 결과 교육 공무원에게는 해당되지 않는다는 답을 들었다. 그러던 중 공문에서 '풀브라이트 영어 교사 미국 단기 연수 장학 프로그램'을 발견했다. 한 달 정도 미국 현지에서 연수를 듣는 프로그램으로, 숙박비와 항공료 등을 모두 지원해 준다. 대신 1급 정교사 자격증, 학교장 승인, 자기소개서와 같은 각종 서류, 아이엘츠 overall 6 이상의 어학 점수가 필요하다. 준비할 게 많지만 영어 교사들에게는 더할 나위 없이 좋은 기회라고 생각한다.

위 3가지의 리스트를 실천한 이후 달라질 나의 모습을 생각하면 설렌다. 내가 겪은 일들을 학생들과 공유하고 싶고, 나의 열정이 전이되어 학생들도 꿈꾸는 내일을 살았으면 좋겠다.

초등학교 교사를 꿈꾸던 한 학생이 어느 날 사회복지사가 되겠다고 했다.

"3년 동안 초등 교사가 되고 싶다고 생기부도 그렇게 채웠으면서, 갑자기 왜?"

"요즘 교권도 하락하고, 돈도 많이 못 벌잖아요. 미래에는 아이들이 없기도 하고요. 고령화 시대라서 이제 노인을 대상으로 하는 직업이 유행이래요."

"그럼 넌 초등학교 교사가 왜 되고 싶었니?"

"아이들이 귀엽기도 하고, 예전에 교육 봉사를 했을 때 아이들이 제 설명이 집중하는 것이 너무 뿌듯하고 좋았어요"

"내 생각에 넌 교사가 되어야 할 것 같은데?"

"왜요?"

"모든 직업에는 장단점이 있어. 돈을 아무리 많이 벌어도 그만두고 싶어지는 때가 와. 심지어 내가 좋아하던 취미나 꿈도 직업이 되는 순간 싫어지는 걸? 그런데 내가 좋아서 시작한 일은 나를 버틸 수 있게 만들어. 네가 초등학교 교사가 되고 싶은 이유를 이야기할 때의 표정을 넌 모르지? 네가 좋아하는 일을 해야 해."

"그럼 선생님도 그만두고 싶을 때가 있어요?"

"당연하지. 나 지금도 그만두고 싶어!"

교사를 꿈꾸는 학생들이 점점 줄어들고 있는 추세이다. 저출산 시대를 운운하며 꿈을 포기하기도 하고, 돈을 따라 직업을 전향하기도 한다. 하지만 그 어떤 일에도 장단점은 있기 마련이고, '일 – 집 – 일 – 집'을 반복하다 보면 그 직업이 싫어지기도 한다.

그렇지만 꼭 기억했으면 좋겠다. 그 모든 순간에 나를 버티게 하는 건 아주 사소한 것들이다. 스승의 날에 학생들이 달아 주는 꽃 한 송이, 종이 치자마자 예쁘게 만들어 놓은 모둠 책상, 내 이름으로 지은 삼행시를 건네주는 학생, 영어 성적이 올랐다며 제일 먼저 나를 찾아온 학생, 빈말이라도 "내년에도 담임해 주세요!"라고 외치는 학생들, 졸업생들의 문자, 심지어 나를 정신적으로 힘들게 했던 아이조차도 모두 힘이 되는 추억이다.

교사를 꿈꾸는 학생들이 타인의 의견에 휩쓸려 꿈을 포기하지 않았으면 좋겠다. 왜냐하면 우리가 하는 일은 남들이 생각하는 것보다 훨씬 더 값진 일이기 때문이다.

나의 유튜브 알고리즘은 대부분 '직장인 갓생 살기'에 대한 것이다. 개인적으로 SNS를 통해 타인의 삶을 염탐하는 것을 좋아하지는 않는데, 열심히 사는 사람들의 영상은 일부러 찾아보는 편이다. 어느 날 우연히 30대의 한 변호사가 아침부터 저녁까지 자신이 어떻게 사는지를 보여 주는 영상을 접했다. 그때 '미라클 모닝'이라는 단어를 처음 들었다. 그 변호사는 새벽 5시에 하루를 시작한다고 했다. 아침부터 명상, 운동, 샤워, 독서 등을 하고, 출퇴근 길에서도 시간을 허투루 보내지 않고 책을 읽으며 생산적인 하루를 보냈다. 하루는 24시간이지만 그 사람은 최소 25시간 이상은 사는 것 같았다.

그에 비해 내 아침은 형편없었다. 알람을 맞춰놓고 뒤척거리다 알람을 10분 더 미루고 지각하지 않을 만큼 깨고 자고를 반복하다, 찌뿌둥한 기분으로 서둘러 나갈 채비를 마치는 것이었다. 많이 잤다고 생각했음에도 불구하고 공강 시간이면 잠이 왔고, 그날 받은 스트레스를 풀기 위해 저녁은 맵고 짜고 자극적인 음식을 먹으며 운동과는 거리가 먼 삶을 살았다. 나도 죽기 전에 '갓생 살기'를 해 보고 싶다는 생각이 들었고 바로 실천에 옮겼다.

미라클 모닝

미라클 모닝 첫날, 아침 5시에 알람을 맞추고 일어났다. 또다시 침대로 들어가고 싶을까 봐 이부자리도 정돈하고, 창문을 열어 추운 겨울바람을 만끽

했다. 따뜻한 차를 마시며 그날 할 일을 플래너에 정리하고, 간단하게 스트레칭도 했다. 그리고 시간을 봤더니 아직도 5시 30분이어서, 영어 문제집을 책상 위에 놓고 공부도 좀 했다. 그렇게 1주일을 살아 보았는데, 우려하는 만큼 피곤하지는 않았다. 오히려 평소보다 머리도 더 맑고 하루가 무언가로 가득 찬 기분이었다. 하지만 5시는 나에게 맞는 시간은 아니었다. 그래서 6시로 바꾸고, 아침에 할 수 있는 일과 저녁에 할 수 있는 일을 나누었다.

현재 나의 루틴은 이렇다. 6시에 기상해 경제 뉴스를 들으며 아침을 먹는다. 영양제를 챙겨 먹고 출근길엔 독서 어플을 활용해 평소 읽지 못하는 책을 읽는다. 학교가 끝난 후에는 바로 헬스장으로 이동해 1시간 동안 유산소 운동과 근력 운동을 한다. 집에 돌아와서는 집안일을 하고, 책을 읽고, 가계부를 쓰고, 영어 문제를 몇 개 풀고 일찍 잠자리에 든다. 이렇게 생활한 지 약 2년이 다 되어 가는데 나름 열심히 사는 것 같아 만족 중이다.

운동

나는 운동을 정말 싫어하는 사람이었고, 지금도 썩 좋아하지는 않는다. 워낙 운동 신경이 없다 보니 무슨 운동을 해도 다 재미가 없었다. 맨 처음 시작한 운동은 요가였다. 한 일주일 했더니 그 정적인 시간을 견딜 수 없었고 몸이 뻣뻣해서 강사님이 하는 동작을 따라 하지를 못하니 흥미가 떨어졌다. 요가는 아니다 싶어 필라테스로 갈아탔다. 필라테스는 매일 배우는 동작이 달라 요가보다는 재미있었고, 그 덕분인지 1년간 잘해 오고 있었다. 건강검진을 하러 병원에 갔더니 근육량이 너무 적고 몸무게는 저체중인데 복부에 지방이 많다고 하셨다. 뼈를 때리는 검사 결과를 듣고 PT를 받아 보기로 다짐했다. 근육을 키우기 위해 식단 관리도 해야 한다는 PT 선생님의 말에 건강하고 지방 없는 식사를 하기 시작했다. 그렇게 헬스장에 다닌지 6개월 정도가 됐는데 일주일에 최소 3번은 출석하자는 나의 다짐은 아직까지 잘 지켜지고 있다. 최근 인바디 결과 근육량도 표준과 거의 가까워졌다. 덕분에 건강하게 하루하루를 살고 있는 것 같아 행복하고 자존감도 아주 높아졌다.

여행

방학을 활용해 1년에 한 번씩은 꼭 해외여행을 가는 편이다. 예전에는 여행의 즐거움을 몰랐는데 요새는 소중한 사람들과의 추억을 쌓는 것이 정말 중요하다고 느낀다. 나의 첫 해외여행은 대학생 때 어학연수로 싱가포르에 간 것이었다. 좋은 사람들을 만나 영어로 대화하는 것도 재밌었고 다른 나라의 문화를 접하는 것도 매우 신선했다. 그때는 길거리에 있는 외국인을 붙잡고 인터뷰도 하고 기념 사진도 찍고 그랬는데, 지금 생각해 보니 젊음의 패기였구나 싶다(지금은 외국인이 길만 물어봐도 흠칫한다). 코로나 시국으로 한동안 해외여행을 못 갔었는데, 요새 다시 발동이 걸려 부모님을 모시고 일본과 대만에 다녀왔다. 가끔은 이렇게 가족과 소중한 시간도 보내고 나를 되돌아볼 여유가 필요한 것 같다.

독서 (+도서 추천 리스트)

① 『지적 대화를 위한 넓고 얕은 지식』(채사장)

영어 교사는 다양한 주제의 지문을 다루기 때문에 배경지식이 풍부해야 한다. 이 책은 여러 편으로 나뉘어져 있는데 과학, 사회, 철학 등 다양한 학문을 알기 쉽게 정리해 놓아 상식을 쌓기 좋다.

② 『뿌리가 튼튼한 사람이 되고 싶어』(신미경)

멘탈 관리, 건강한 일상 루틴을 위한 책으로는 추천한다. 이 책은 여러 번 읽어도 매번 경각심을 준다. 나는 두 번의 시험 끝에 임용고시에 합격했는데 첫 시험의 실패가 꽤나 큰 충격이었다. 원래 남의 시선을 별로 신경 쓰지 않는 타입인데 시험에 떨어지고 나니 남과 비교하게 되고, 자존감이 많이 낮아졌었다. SNS를 좋아하지 않는 것도 그러한 이유 때문이다. 나에 비해 그들은 이미 성공한 것처럼 보였고 자유와 여유가 보였다. 결국 난 모든 SNS를 탈퇴했고 현재까지 SNS를 사용하지 않는다. 그런데 시험에 합격하고 나서도 남과 비교하는 습관은 버려지질 않았다. 그때 읽은 이 책은 나에게 어떻게 하면 '나'를 위한 삶을 살 수 있는지, 행복해질 수 있는지 알려 주었다.

③ 『학급경영 B to Z』(송형호 · 손지선)

저경력 교사들의 학급 경영에 도움이 되는 책이다. 학급 경영의 다양한 방식을 온라인, 오프라인으로 소개해 준다. 책 속에서 교사들의 열정을 엿볼 수 있으며, 실제 교실에 적용할 만한 프로그램들이 꽤 많아서 유용하다.

④ 『교실 속 갈등 상황 100문 101답』(우리교육 편집부)

이 책은 임용고시를 준비하는 학생들에게 추천한다. 2차 임용고시에서는 교사가 겪을 수 있는 다양한 갈등 상황에 대한 해결책을 묻는데 학교에서 근무해 본 사람과 그렇지 않은 사람은 똑같은 질문에 질이 다른 대답을 한다. 이 책에서는 현직 교사들이 자신이 겪은 갈등 상황에 대해 현실적인 조언을 해 주고 있다. 따라서 임용고시 준비생들은 간접적으로나마 학교 업무에 대해 경험할 수 있을 것이다.

행동 발달 및 특기 사항

단순히 지식을 전달하는 교사로서의 역할을 넘어서, 학생들의 성장과 발전을 이끄는 모습이 돋보임. 특히, AI와 디지털 기술을 적극적으로 활용하여 학생들의 주도적인 학습 환경을 조성하는 데 큰 기여를 함. 연구자, 강연자, 집필자로서의 다양한 역할을 통해 끊임없이 새로운 도전에 임하고 있으며, 교사의 경계를 확장해 나가는 열정이 남다름. 학생들과의 관계를 중요하게 여기며, 그들을 이해하고 소통하는 능력이 탁월함. 학생들에게 영어 교육뿐만 아니라, 삶에 대한 긍정적인 영향력을 미치는 교사로 자리매김함.

허느님 영어 교사

허영주

별명

허랑이? 허느님!

교직 초창기 별명은 허랑이였음. 허랑이에서 허느님으로의 변화, 속에는 단순한 성격 변화 이상의 깊은 이야기가 숨어 있음. 호랑이처럼 강렬했던 그가 어떻게 학생들 사이에서 '허느님'으로 불리게 되었을까? 힌트를 주자면, 학생들과의 관계 속에서 탄생한 이 별명은 시간이 흐를수록 더욱 특별한 의미를 가지게 되었음.

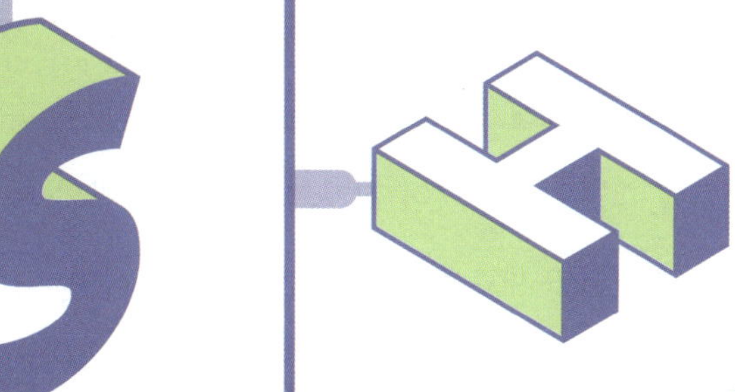

01 영어 교사가 되기까지의 날갯짓

미생: 영어 교사가 되기까지

내가 영어 교사가 되기까지의 여정은 마치 드라마 〈미생〉 속 장그래의 삶과 닮았다. 처음부터 영어 교사를 꿈꾼 것은 아니었다. 사실 내가 가고 싶었던 길은 역사 교사였다. 역사는 나에게 신비로운 세계였고, 나는 그 과목 속에서 무수한 시간과 사건을 초월해 사람들의 이야기에 빠져들었다. 하지만 그 길은 내가 예상한 만큼 순탄하지 않았다.

장그래가 바둑기사의 꿈을 포기하고 회사라는 낯선 세계에 발을 들여놓았듯이, 나 역시 한때 꿈꿨던 역사를 뒤로하고 영어 교사라는 새로운 길을 걷게 되었다. 나의 인생은 마치 누군가 게임판을 뒤집어 놓은 것 같았다. 역사 교실에서 열정적으로 질문하던 내가 영어 수업을 하게 되다니, 전혀 예상치 못한 일이었다.

그러나 장그래가 회사를 다니며 수많은 도전 속에서 조금씩 적응해 나간 것처럼, 나도 결국 영어 교사의 길에서 나만의 자리를 찾아가기 시작했다. 방황 속에서도 새로운 도전과 기회를 맞이하며, 나만의 여정을 걸어왔다.

536

● 역사 교사만 꿈꾸던 나

내가 처음 꿈꿨던 건 초등교사였다. 중학교 시절부터 교사가 되고 싶다는 확신이 있었고, 그 꿈은 내 가슴을 설레게 했다. 교실에서 아이들과 함께하는 나의 모습을 상상하는 것만으로도 신이 났다. 나에게는 특별히 잘하는 과목이랄 것도 없었다. 그저 모든 과목에서 평균 이상의 성적을 유지하며, 다양한 분야에서 조금씩 잘해 나가는 편이었다. 초등교사는 다양한 과목을 가르쳐야 하니, 오히려 그런 점이 큰 장점이라고 생각했다.

그런데 고등학교에 진학하며 뜻밖의 전환점이 찾아왔다. 역사라는 과목을 만나게 된 것이다. 첫 시간부터 강렬했다. 교과서를 넘기기만 해도, 그 안에는 끝없이 펼쳐지는 시간과 공간의 여행이 있었다. 역사는 그저 하나의 과목이 아니라, 내가 꿈꾸는 미래가 되어 갔다. 항상 맨 앞줄에 앉아 나는 선생님의 말 하나하나에 집중했다. 선생님께 끊임없이 질문을 던지면서 더 많은 걸 알고 싶어 했다. 그렇게 역사라는 세계에 빠져들었다.

역사 속 인물들의 선택과 결정, 시대를 바꾼 사건들, 그 모든 것들이 나에게 현실보다도 생생하게 다가왔다. 내가 그 시대의 누군가가 된 것처럼 느껴졌고, 그들의 이야기에 몰입했다. 이처럼 매료된 나는 수능에서 한국사, 근현대사, 세계사라는 세 가지 역사 과목을 선택했다. 내 주변 친구들은 "그 어려운 과목을 왜 3개나?"라고 물었지만, 나에게는 전혀 문제되지 않았다. 더 알고 싶은 것이 많아서, 한 과목으로는 부족할 정도였다.

내 머릿속에는 이미 확고한 목표가 있었다. 역사 교사가 되어 학생들에게 역사 속 이야기들을 전해 주고, 그들과 함께 과거를 배워 가며 성장하고 싶었다. 그래서 나는 더 열심히 공부했고, 마침내 수능에서 만족스러운 성적을 거두게 되었다. 나는 기쁜 마음으로 역사교육과 진학을 꿈꿨다. 그런데 그 순간 내 인생의 두 번째 전환점이 찾아왔다.

수능 성적표를 받아 들고 교무실에 갔을 때, 나의 성적을 훑어보시던 담임 선생님은 뜻밖의 이야기를 꺼내셨다. "역사교육도 좋지만, 성적이 좋으니 영어교육과를 가는 게 어떻겠니?"

나는 얼떨떨했다. 선생님은 내게 복수 전공으로 역사교육을 할 수 있으니, 영어교육과로 진학하는 것이 더 나은 선택이라고 설득하셨다. 역사라는 한 분야에만 매달리기보다는, 영어라는 글로벌 언어를 공부하면서 더 넓은 세계를 볼 수 있을 거라고 말씀하셨다. 선생님의 조언은 합리적이었고, 나도 그 말에 어느 정도 동의했다. 하지만 마음 한편으로는 혼란스러웠다. 내가 정말 영어를 전공할 수 있을까?

영어교육과 진학을 계속 망설였다. 그럼에도 불구하고, 모두가 내게 기대를 걸고 있었다. 부모님도, 선생님도, 주변 사람들 모두 나의 잠재력을 믿어주었다. 그리고 그 기대를 저버릴 용기가 나에게는 없었다. 결국 나는 큰 결심을 하고 영어교육과에 발을 들여놓았다.

그때 나는 예상하지 못한 방향으로 내 인생이 전개될 것이라는 사실을 알지 못했다. 모든 것이 낯설고 두려웠지만, 나는 역사 교사라는 나의 첫 꿈은 잠시 미뤄 두고, 영어라는 새로운 길을 걷기 시작했다.

● 영어교육과에서 시작한 방황

처음 영어교육과에 들어갔을 때부터 나는 불편했다. 마음속에는 여전히 역사가 자리 잡고 있었고, 영어라는 새 길은 그리 매력적으로 다가오지 않았다. 역사를 공부할 때면 누구보다 자신 있었지만, 영어는 상황이 달랐다. 내 동기들은 대부분 어렸을 때부터 유학을 다녀왔거나 개인 과외를 받았던 친구들이었다. 그들은 이미 영어에 능숙했고, 수업에서도 자연스럽게 대화를 이어갔다. 반면, 나는 그들과 달랐다. 영어라는 과목 자체도 벅찼지만, 더 큰 문제는 내가 그들과 같은 출발선에 서 있지 않다는 박탈감이었다.

점점 넉넉하지 않았던 가정환경이 원망스러워졌다. 내가 어렸을 적에 충분한 기회를 받지 못했다는 생각이 머릿속을 떠나지 않았다. 유학은커녕 영어 과외도 받아 보지 못한 나로서는, 이곳에서 경쟁하는 것이 너무나 버거웠다. 노력해도 그들과의 격차를 좁힐 수 없다는 무력감이 나를 짓눌렀다.

점점 더 내가 선택한 이 길을 후회하기 시작했다. '왜 나는 역사교육과가 아닌 영어교육과에 왔을까?' 내가 가장 잘할 수 있었던 역사라는 분야를 선택하지 않은 내 자신이 원망스러웠다. 더 나아가, 나를 설득했던 고3 담임 선생님에 대한 원망까지 밀려왔다. 선생님의 말만 믿고 여기까지 왔는데, 이제 와서 나는 이 길이 맞지 않다는 걸 너무나 명확히 느끼고 있었다.

이런 감정들이 쌓여갈수록 나는 더 깊은 방황 속으로 빠져들었다. 드라마 〈미생〉의 장그래가 사무실에서 적응하지 못하고 좌절하는 모습이 내 삶과 겹쳐졌다. 장그래가 회사라는 낯선 세계에서 미로를 헤매듯, 나 역시 영어교육과에서 갈피를 잡지 못했다. 수업은 점점 더 버거워졌고, 나의 관심은 영어가 아닌 다른 곳으로 흩어졌다. 수업을 빼먹고 친구들과 어울려 술을 마시며 시간을 보내기 일쑤였다.

결국 내 학점은 바닥을 치기 시작했고, 한때 꿈꾸었던 역사교육 복수 전공은 이제 시도조차 할 수 없게 되었다. 스스로 선택하지 않은 길을 걸으며 나는 점점 더 이탈하고 싶어졌다. 하지만 그게 얼마나 큰 대가를 치르게 될지, 그때는 미처 깨닫지 못했다.

● 야학 동아리를 운영하며 멈춘 방황

그러던 나에게 전환점이 찾아왔다. 나의 방황을 멈추게 한 것은 바로 야학 동아리 활동이었다. 컴퓨터공학과 친구들과 함께 가정형편이 어려운 학생들에게 영어와 수학을 가르치는 봉사활동을 시작했는데, 이 활동은 방황하던 내 마음을 차츰 안정시켜 주었다. 저녁마다 가르칠 학생들을 생각하며 수업 준비를 할 때면, 오랜만에 느껴보는 설렘이 찾아왔다. 수업을 진행하는 동안 그들이 조금씩 영어를 이해하고 성장해 가는 모습을 보면서, 나는 잊고 있던 교사의 가치와 보람을 다시 느끼기 시작했다.

학생들과의 소통과 래포 형성도 나에게 큰 영향을 주었다. 그들은 수업 중에 자신들의 이야기를 털어놓으며, 영어라는 어려운 과목에 도전하는 자신들의 꿈을 이야기했다. 그중 한 학생이 "선생님, 저도 선생님처럼 영어 교사가 되고 싶어요."라고 말했다. 그 말을 듣는 순간, 마치 과거의 나를 마주한 듯한 기분이 들었다. 한때 내가 가졌던 꿈, 내가 교사로서 학생들과 함께 성장하고 싶다는 그 열망이 아이들의 모습을 통해 다시 떠올랐다.

그 학생의 말 한마디는 나에게 명확한 동기가 되었다. 나처럼 영어에 기초가 부족하거나 자신감이 낮은 아이들에게 더 나은 기회를 주고, 그들이 영어를 통해 더 넓은 세상으로 나아갈 수 있도록 돕고 싶다는 사명이 나를 다시 일으켜 세웠다.

이 경험을 통해 다시 한번 교사로서의 꿈을 명확히 가질 수 있었다. 나는 단순히 영어를 가르치는 사람이 아니라, 학생들에게 기회를 제공하는 사람이라는 것을 깨달았다. 그들이 나를 롤 모델로 삼고 꿈을 꾸기 시작하는 모습을 보며, 교사로서의 책임과 열정을 느끼기 시작했다. 이를 계기로 방황을 멈추고, 다시 학업에 매진하며 교사가 되기 위한 길을 걷기 시작했다.

☻ 영어 교사가 되기 위한 치열한 도전

방황을 끝내고 공부에 매진하던 나는, 교환학생이라는 새로운 도전을 결심했다. 유학은 엄두도 낼 수 없었고, 나에게 남은 유일한 선택은 교환학생 프로그램이었다. 학교에서 학비를 전액 지원해 주기 때문에 경제적 부담이 적은 좋은 기회였다. 하지만 그만큼 경쟁이 치열했고, 그 기회를 잡는 건 말 그대로 바늘구멍을 뚫는 일이었다. 그럼에도 이 기회가 나에게 얼마나 중요한지 알았기 때문에 포기하지 않았고, 마침내 UNCC(University of North Carolina at Charlotte)에서 1년간 교환학생으로 공부할 수 있는 기회를 얻었다. 그곳에서의 시간은 나에게 새로운 세상을 열어 주었다.

현지에서 영어를 사용하며 다양한 사람들과 소통하고, 문화를 접하는 경험은 단순히 책으로만 배우던 영어와는 차원이 달랐다. 영어가 그저 교실 안에서 배우는 언어가 아니라, 사람을 연결하는 도구이자 세계를 넓혀 주는 열쇠라는 것을 온몸으로 실감할 수 있었다. 그 경험을 통해 나는 영어 교사로서 해야 할 일이 얼마나 중요한지, 내가 가르쳐야 할 영어가 어떤 의미를 가져야 하는지에 대해 더 확신을 가지게 되었다. UNCC에서 최우수 성적을 유지했고, 그 덕분에 대학에서 대학원 진학 제의까지 받을 수 있었다. 하지만 나에게는 이미 명확한 목표가 있었기 때문에 제안을 받아들이지 않았다.

한국으로 돌아가 영어 교사가 되겠다는 꿈을 이루기로 결심했기에, 대학원이 아닌 교사의 길을 선택했다.

나는 대학교에서 성적을 유지하며 총 세 번의 전액 장학금을 받았다. 그 장학금들은 내가 공부에 집중하고 노력한 결과였고, 나에게 자신감을 심어 주었다. 영어교육과에서 전설로 남았다는 말이 나올 정도로 나는 다시 궤도에 올랐다. 하지만 한국으로 돌아온 후, 모든 것이 순탄하지 않았다. 첫 임용고시에서 최종 면접과 수업 시연까지 올라갔지만, 아쉽게 탈락했다. 그때의 좌절감은 이루 말할 수 없었다. 모든 노력을 다했지만, 마지막 문턱을 넘지 못한 것이다. 그 순간 나는 정말로 무너지는 기분이었다.

그래도 좌절에 머무를 수는 없었다. 〈미생〉의 장그래가 수많은 실패 속에서도 계속 도전했던 것처럼, 나도 멈추지 않았다. 불합격한 날, 바로 수도권 사립학교 5곳에 지원했다. 그중 3곳에서 최종 면접까지 갔고, 마침내 한 곳에서 합격 통보를 받았다. 그 순간의 성취감은 내가 겪어 온 모든 좌절과 방황을 보상해 주는 듯했다.

지금 나는 12년 차 영어 교사로서 아이들을 가르치며, 그때 느꼈던 교사의 사명감을 이어가고 있다. 처음 시작할 때와는 달랐지만, 그 좌충우돌의 과정 덕분에 지금의 나를 만들 수 있었다. 장그래가 수많은 도전 끝에 자신의 자리를 찾아간 것처럼, 나도 내 길을 찾았고 그 길을 계속 걷고 있다.

02

영어 교사이기에 행복한 나

1 슬기로운 영어 교사 생활

나의 영어 교사로서의 삶은 드라마 〈슬기로운 의사생활〉 속 주인공들의 여정과 닮아 있다. 의사들이 환자를 돌보며 보람과 성취감을 느끼듯이, 나 역시 영어 교사로서의 특별한 행복을 느낀다. 단순히 교과서를 펼치고 영어를 가르치는 일이 아니다. 내가 하는 일은 세계를 향한 문을 여는 일이다. 교실은 단지 영어를 배우는 곳이 아니라, 그 너머의 광활한 세계와 사람들을 만나고 연결되는 출발점이 된다.

다른 교사들이 흔히 경험하기 어려운, 오직 영어 교사이기에 가능한 특별한 기회가 있다. 바로 국제 교류 프로그램이다. 이 프로그램을 통해 나는 학생들과 함께 세계를 탐험하고, 그곳에서 배우는 경험을 나누게 되었다. 마치 의사들이 사람들의 생명을 구하면서 자신의 삶의 의미를 되찾듯이, 나도 학생들과 함께 새로운 세계를 경험하며 내 삶의 의미를 찾게 된다. 이런 기회를 통해 영어 교사는 학생들에게 단순히 언어 지식을 전달하는 것에 그치지 않고, 그들이 세상으로 나아갈 수 있는 열쇠를 건네주는 중요한 역할을 한다.

   영어 교사가 되고 난 후, 경험한 가장 특별한 기회 중 하나는 바로 해외 탐방이었다. 영어는 단순히 교과서 속 지식을 가르치는 것이 아니라, 세상과 소통하는 강력한 도구라는 것을 실감하게 해 주는 경험이었다. 특히, 내가 근무하는 경기도 시흥에서는 교육청과 지자체에서 지원하는 국제 교류 프로그램이 많았고, 그 덕분에 나는 학생들과 함께 해외 탐방을 할 수 있었다. 이는 다른 교과목 교사들이 쉽게 경험할 수 없는 특별한 혜택이었다.

   2014년과 2016년 두 번의 독일 탐방은, 네 명의 학생들과 함께한 10일 이상의 강행군이었다. 우리는 독일 5개 이상의 도시를 배낭여행처럼 돌아다녔다. BMW 박물관, 벤츠 박물관, 그리고 폭스바겐 아우토슈타트 같은 세계적인 자동차 브랜드의 중심지를 방문해, 학생들이 자동차 산업의 혁신을 직접 체험할 수 있었다. 자동차 마이스터 학교에서는 독일의 직업 교육 시스템을 경험하며, 학생들이 기술 혁신의 중심에서 배우는 모습을 지켜보는

일은 나에게도 큰 영감을 주었다. 강행군 속에서도 우리는 서로에게 의지하며 독일의 도시들을 걸었고, 이 같은 경험은 우리 모두에게 잊을 수 없는 추억이 되었다.

이 학생들은 졸업했지만, 독일 탐방을 떠났던 9월 또는 스승의 날만 되면 나에게 카톡 메시지를 보내 그때의 추억을 나눈다. "선생님, 그때 독일에서 함께 걸었던 날이 생각나요."라며 추억을 떠올린다. 이런 메시지를 볼 때마다, 영어 교사로서 학생들과 나눈 해외에서의 경험이 그들에게 얼마나 중요한 기억으로 남았는지를 깨닫게 된다.

2024년 베트남 탐방에서는 자동차 정비 산업을 중심으로, 한국과 베트남의 자동차 시장을 비교하는 시간을 가졌다. 현대/기아 자동차가 널리 보급된 베트남에서 학생들은 정비 인력의 부족 문제를 직접 체험하며, 글로벌 시장에서의 자동차 산업의 흐름을 이해했다. 한국과 베트남 학생들이 함께 팀 프로젝트를 하며 서로의 문화를 배웠고, 영어를 통한 글로벌 소통 능력을 기를 수 있는 소중한 시간이었다.

이 탐방 기회는 영어 교사로서의 나에게는 큰 보람이었지만, 다른 교과 선생님들에게는 혜택이 아닌 부담으로 느껴지곤 한다. 학생들을 해외로 인솔하는 일은 단순한 여행이 아니라, 언어적 장벽과 국제적인 소통이 필요한 복잡한 과정이다. 그럼에도 나는 영어 교사로서 이 과정이 학생들에게 세상과 연결되는 기회가 된다는 점에서 큰 자부심을 느낀다. 그래서 다른 교과목 선생님들이 쉽게 엄두를 내지 못하는 해외 탐방을 영어 교사로서 누릴 수 있는 특권으로 여기고 있다.

학생들의 소감에서도 이 탐방이 그들에게 얼마나 큰 영향을 미쳤는지를 확인할 수 있었다. 독일 탐방에 참가한 한 학생은 이렇게 말했다.

"독일에서 자동차 생산 과정을 직접 보고, 그 현장에서 기술 혁신이 어떻게 이루어지는지 체험하면서 영어가 실제로 얼마나 중요한 역할을 하는지 깨달았습니다. 이 탐방 덕분에 제 진로에 대한 확신이 생겼습니다."

또 다른 학생은 베트남 탐방에서의 경험을 이렇게 말했다.

"베트남 학생들과 함께 프로젝트를 진행하면서, 언어가 정말 중요하다는 걸 느꼈어요. 영어를 통해 서로의 문화를 이해하고 글로벌 시장에서 우리가 할 수 있는 역할에 대해 생각해 보게 된 좋은 기회였습니다."

이처럼 세 번의 해외 탐방은 학생들에게 글로벌 시민으로 성장할 수 있는 기회를 제공했다. 그들이 세상을 보고 느끼며 배우는 것은 교실에서만 배울 수 없는 소중한 경험이었고, 영어 교사로서 그들에게 세상을 보는 눈을 열어 줄 수 있었다는 점에서 가장 큰 보람을 느낀다.

● 세계가 교실 속으로

해외 탐방은 학생들에게 잊을 수 없는 소중한 경험을 제공하지만, 모든 학생들이 참여할 수 없다는 점에서 항상 아쉬움이 남았다. 탐방이 일회성 방문으로 끝난다는 점도 큰 한계였다. 더 많은 학생들에게 지속적인 국제 교류 기회를 제공하고 싶다는 생각에, 국제 교류 수업을 기획하게 되었다.

2014년과 2016년, 나는 독일 베를린의 자동차 마이스터 고등학교를 두 차례 방문했다. 이 인연을 바탕으로 2021년, 우리는 국제 교류를 위한 MOU를 맺었고, 1년 동안 지속적인 온라인 교류 수업을 운영하게 되었다. 이 교류 수업은 세 가지 주요 활동을 통해 진행되었다.

1) 첫 번째 활동: 학교 소개 교류

양국 학생들은 각자의 학
교를 소개하는 사진과 영상
을 영어로 공유했다. 자신의
학교 생활을 소개하며, 학교
시설과 학습 환경을 알리는
기회를 가졌다. 이 과정에서

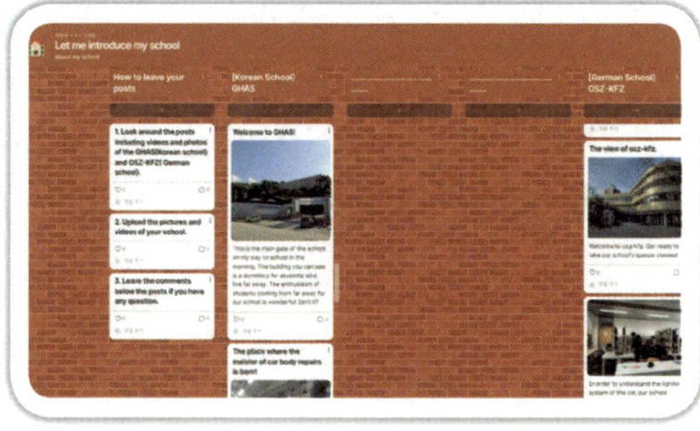

학생들은 자신의 학교와 친구들을 영어로 소개하면서 자신감을 키우고, 영
어로 소통하는 능력을 기를 수 있었다.

2) 두 번째 활동: 문화 교류

문화 교류 활동에서는 학
생들이 각국의 음식, 문화,
여행지 등을 영어로 소개했
다. 한국 학생들은 김치, 비
빔밥 등 전통 음식을 설명했
고, 독일 학생들은 독일의

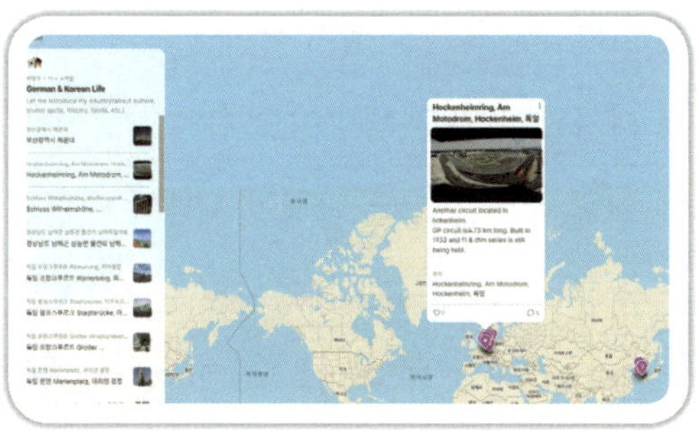

전통 음식과 생활을 소개하며 문화적 차이를 이해하고 배울 수 있었다. 학
생들은 영어라는 공통 언어를 통해 서로 다른 문화에 대해 소통하며 문화적
이해력을 키웠다.

3) 세 번째 활동: 공학 토론

학생들은 '전기자동차가 진정으로 친환경적인가?'라는 주제로 영어로 토론을 진행했다. 찬반 토론을 통해 학생들은 각자의 의견을 영어로 논리적으로 표현하며,

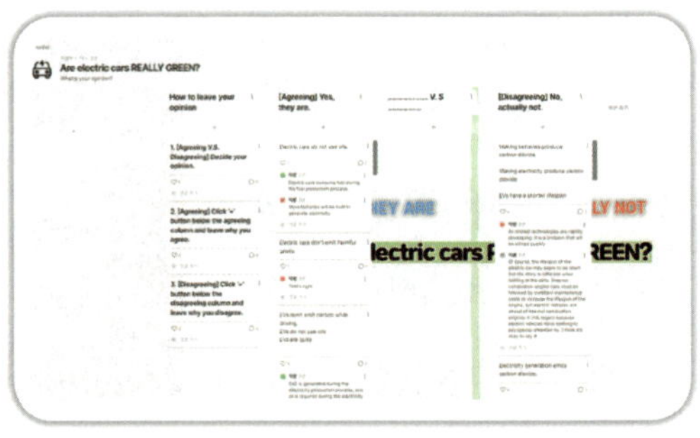

글로벌 문제를 해결하는 능력을 배웠다. 이 활동은 학생들이 복잡한 이슈에 대해 영어로 논의하고, 비판적 사고를 훈련하는 소중한 시간이 되었다.

이 교류 프로그램은 단순히 소수의 학생만을 위한 것이 아니었다. 한 학년 200명의 모든 학생이 참여할 수 있었고, 이 점이 나에게는 매우 큰 의미로 다가왔다. 해외 탐방이 소수의 학생들만 누릴 수 있는 기회였다면, 이 국제 교류 수업은 모든 학생이 세계와 연결될 수 있는 기회를 제공했다는 점에서 큰 보람을 느꼈다. 영어는 단순한 학문이 아니라, 세계와 소통하는 열쇠이며, 이번 교류 수업은 학생들이 그 열쇠를 통해 세계와의 연결을 경험할 수 있도록 해 주었다. 이는 영어 교사로서만 줄 수 있는 특별한 기회이기도 했다.

이러한 노력들 덕분에 나는 경기도교육감 표창을 받았다. 이 상은 단순히 수업을 잘 운영했다는 의미를 넘어서, 학생들에게 세상과의 연결을 만들어 줄 수 있는 교사로서의 큰 보람을 안겨 주었다.

2

무한~도전!: 더 좋은 교사가 되기 위한 노력

교사로서의 삶은 매일매일이 무한도전이다. 학생들과 함께하는 일은 매번 새로운 미션이다. 상황에 따라 예측할 수 없는 문제를 해결해야 하고, 학생들과의 관계 속에서 성장하는 법을 배워야 한다. TV 예능 〈무한도전〉에서 출연자들이 다양한 미션에 도전하며 실패와 성공을 반복하는 것처럼, 나 역시 교사로서 수많은 도전을 하며 성장해 왔다.

〈무한도전〉에서, 출연자들은 늘 불가능해 보이는 목표에 도전하지만 그 속에서 뜻밖의 성취감을 느낀다. 마찬가지로 나 역시 처음 교단에 섰을 때, 내가 무엇을 해낼 수 있을지 알 수 없었다. 그러나 교사로서 더 나은 길을 찾아 나가며 도전한 끝에, 지금의 나를 만들어 왔다. 그중에서도 두 가지 큰 도전이 나를 한층 성장하게 만들었는데, 바로 학생들과의 관계를 바꾸는 도전과 학생들이 자유롭게 질문할 수 있는 교실을 만드는 도전이었다.

☺ 허랑이에서 허느님으로

처음 교사 생활을 시작했을 때, 선배 교사들의 첫 번째 충고는 "학생들 앞에서 이를 보이지 마라!"는 것이었다. 그 말을 충실히 따랐고, 학생들에게 무서운 선생님이 되려는 목표를 세웠다. 그래서 얻은 별명도 '허랑이'었다. 복도에서 나와 눈이 마주친 학생들은 서둘러 눈을 돌렸고, 나를 두려워하는 모습을 보며 성공했다고 생각했다.

그러다 시간이 흐르면서, 무서움만으로는 학생들과의 관계를 형성할 수 없다는 것을 깨닫기 시작했다. 나를 두려워하는 학생들이 많았고, 그들은 나에게 마음을 열지 않았다. 그러다 내 인생의 전환점이 찾아왔다. 아들이 태어난 후, 학생들을 바라보는 시각이 바뀌기 시작한 것이다. '이 아이가 내 아이라면?'이라는 질문을 스스로에게 던지면서, 학생들을 다르게 보기 시작했다.

학생들이 내 아이들처럼 보이기 시작했고, 그들의 행동을 이해하게 되었다. 그러면서 학생들과의 관계가 조금씩 변해갔다. 화를 내기보다는 미소를 먼저 보였고, 질책보다는 이해하려고 노력했다. 학생들이 실수할 때도, 그 실수의 이유를 들어 보고 공감하려 했다. 이 과정에서 나는 자연스럽게 사회정서학습(SEL)을 연구하기 시작했고, 이를 통해 학생들과의 소통을 더욱 원활하게 할 수 있었다.

SEL을 연구하면서 나는 학생들에게 감정을 표현하는 법과 자기 관리의 중요성을 가르치기 시작했다. 이를 통해 학생들은 자신의 감정을 이해하고 상황에 맞게 행동할 수 있는 능력을 기르게 되었다. 공감과 관계 형성은 나와 학생들 사이의 관계를 깊어지게 만들었고, 이제는 학생들이 나를 두려워하기보다는 신뢰하게 되었다. 어느 순간, '허랑이'가 아니라, '허느님'이라는 새로운 별명을 얻게 되었다.

이 변화를 통해 나는 교사로서 성장할 수 있었고, 학생들과의 관계를 개선하는 법을 배웠다. 무섭고 권위적인 교사로만 남으려 했던 내가, 이제는 학생들의 감정을 이해하고 그들과 소통하는 법을 터득한 것이다. 이는 단순히 학생들에게 지식을 전달하는 교사에서, 학생들의 마음을 헤아리고 성장하도록 돕는 교사로 나아가는 큰 도전이었고, 그 도전 속에서 나 역시 성장했다.

● 와, 정말 좋은 질문이다

교사로서 내가 늘 꿈꿨던 건 바로 질문이 넘치는 교실이었다. 질문이 많다는 건 그만큼 학생들이 호기심을 가지고 있다는 뜻이니까. 나는 매일 학생들이 던지는 질문 속에서 나와 아이들이 함께 성장하기를 바랐다. 하지만 현실은? 학생들은 질문을 두려워했다. 틀릴까 봐 눈치 보느라 말 한마디 꺼내는 것도 힘들어했다. 이대로는 안 되겠다 싶어 특별한 미션을 던지기 시작했다. 학생들이 편하게 질문할 수 있는 환경을 만들자는 것이었다.

그때부터 나는 입버릇처럼 말했다. "○○아, 정말 좋은 질문이야." 사실, 처음에는 "선생님, 오늘 급식 뭐예요?", "이 문제 진짜 풀어야 해요?"와 같은 엉뚱한 질문들이 대부분이었다. 하지만 나는 그 질문들을 귀하게 여겼다. 왜냐하면 첫 번째 질문은 어떤 질문이든, 새로운 도전의 시작이니까. '무한도전' 멤버들이 아무리 엉뚱한 도전에도 최선을 다하듯이, 학생들의 질문도 그 순간 그들에게는 새로운 도전이었다.

그렇게 시간이 흐르자, 교실의 분위기는 점차 바뀌기 시작했다. 처음에는 엉뚱한 질문만 하던 학생들이 어느새 본격적으로 보물 같은 질문들을 꺼내놓기 시작했다. 〈무한도전〉에서 불가능해 보였던 미션들을 하나둘 성공하는 것처럼, 학생들이 스스로 궁금해하고 탐구하는 모습을 보니 내가 꿈꾸던 교실이 실현되고 있음을 느꼈다.

그러나 여기서 끝이 아니었다. 질문이 많아지니 또 다른 미션이 등장했다. 학생이 20명, 교사는 1명이라는 현실이었다. 질문이 폭발적으로 늘어날수록 내가 모든 질문에 답할 수 없게 된 것이다. 그리고 한 학생에게 유의미한 질문이 다른 학생들에게는 별로 도움이 되지 않을 때도 많았다. 그래서 나는 생성형 AI를 활용한 해결책을 찾기로 했다.

이제는 AI 챗봇을 만들어, 학생들마다 개별 맞춤형 질문에 답해 줄 수 있는 환경을 마련하는 방법을 연구하고 있다. 경기도교육청과 함께, 교사들이 자신의 페르소나를 담아 AI 챗봇을 만들고, 학생들이 언제든지 질문할 수 있는 시스템을 구축하는 연구를 진행 중이다. 학생 맞춤형 AI 튜터를 통해 학생들은 수업이 끝난 후에도 언제든지 궁금한 것을 물어볼 수 있고, 나는 그 과정에서 그들의 학습을 도울 수 있는 방법을 찾고 있다.

이렇게 끝없는 실험을 하며, 교실에 학생들의 질문이 넘치게 만들기 위해 매일 새로운 도전을 이어가고 있다. 질문이 있는 교실은 정답을 강요하는 교실이 아니라, 학생들이 스스로 답을 찾는 모험의 장이 되는 것이다. 그리고 나는 그 모험의 안내자 역할을 기꺼이 맡고 있다. 질문이 있는 교실, 그것이 나의 무한도전이다.

3

어서 와~ 에듀테크 활용 영어 수업은 처음이지?

교실에서의 영어 수업, 특히 에듀테크와 AI를 활용한 영어 수업은 마치 처음 한국을 방문한 외국인들이 〈어서와~ 한국은 처음이지?〉라는 프로그램을 통해 신기한 경험을 하는 것과 비슷하다. 그동안 익숙했던 전통 방식의 영어 수업과는 달리, 나의 영어 수업에서는 학생들이 새로운 학습 환경을 경험하게 된다. 이 수업은 단순히 문법과 어휘를 배우는 것이 아니라, 기술과 놀이를 통해 자연스럽게 영어를 체득하는 과정이다. 학생들은 영어를 배우는 것에 대한 두려움을 없애고, 놀이처럼 즐길 수 있다. 에듀테크와 AI를 통해 영어는 더 이상 어려운 과목이 아니라, 탐험하고 실험하며 성장할 수 있는 기회가 된다. 또, 영어는 단순히 배우는 대상이 아니라 에듀테크와 결합되어, 학생들이 적극적으로 학습에 참여할 수 있는 도구로 변화한다.

이 과정에서 학생들은 주도적으로 학습에 참여하며, 안전한 환경 속에서 스스로 질문하고 탐구할 수 있는 자유를 얻게 된다. 교사는 지식을 전달하는 역할이 아니라, 학생들이 영어라는 새로운 세계를 탐험할 수 있도록 안내하는 '가이드'가 된다.

에듀테크 활용 영어 수업을 통해 학생들은 놀이처럼 영어를 배우며, 자신감을 쌓아간다. 앞으로도 나는 이 혁신적인 수업 방식으로 더 많은 학생들이 영어에 대한 두려움을 없애고, 성장할 수 있는 기회를 제공할 것이다.

☻ 영어 놀.이.터. 수업

영어 교사가 된다는 것은 단순히 언어를 가르치는 일이 아니다. 특히, 영어 교사만이 할 수 있는 특별한 역할은, 영어라는 언어 도구를 활용해 학생들이 놀면서 이론을 터득하도록 수업을 설계하는 것이다. 이를 통해 학생들은 교실 안에서 새로운 세계를 탐험하는 듯한 경험을 하게 된다. 바로 영어 놀.이.터 수업이 그런 방식의 수업이다.

영어 놀.이.터 수업에서는 영어를 배우는 과정을 놀이처럼 즐기며 자연스럽게 언어의 이론을 터득하는 기회를 제공한다. 이 수업의 핵심은 학생들이 '배우고 있다'는 부담을 느끼지 않게 만드는 데 있다. 대신 그들은 게임처럼 수업에 몰입하고, 자신도 모르는 사이에 복잡한 영어 문법과 어휘를 습득하게 된다.

그렇다면 왜 이런 수업 방식이 필요할까? 현실적으로 많은 학생들이 영어를 어려워하고, 영어를 공부하면서 스트레스를 받기 때문이다. 영어는 의사소통을 위한 도구이자 실생활에서 활용할 수 있는 중요한 언어임에도 불구하고, 시험과 과제라는 부담 속에서 많은 학생들이 영어를 '학습'해야 한다고 느끼며 점점 멀어져 간다. 이 문제를 해결하기 위해서는 영어를 두려움의 대상이 아닌, 친숙하고 쉽게 접근할 수 있는 도구로 만들어야 한다. 그 답이 바로 영어 놀.이.터 수업이다. 이 수업에서 영어는 더 이상 어려운 과목이 아니라, 학생들이 스스로 배우고 싶은 언어로 전환된다.

예를 들면, 학생들이 직접 웹툰을 제작하며 자신만의 이야기를 창작하고, 이를 영어로 표현하는 활동을 진행한다. 학생들이 일상에서 겪은 경험을 창의적으로 풀어 내고, 그 과정에서 과거 시제 같은 문법을 자연스럽게 활용하게끔 돕는다. 이때 인공지능(AI)을 활용해 학생들의 글쓰기 정확성을 높이면서도, 그들의 창의성을 방해하지 않는 것이 중요한 포인트이다. AI는 학생들이 문법과 표현의 오류를 실시간으로 수정할 수 있도록 돕고, 그들이 자신의 이야기를 더 명확하고 자연스럽게 전달할 수 있도록 개선해 준다.

학생들이 이 과정을 통해 배우는 것은 단지 영어 문법만이 아니다. 아이들은 자신의 목소리로 이야기를 전달하는 능력, 즉 영어를 자신 있게 사용하고 표현할 수 있는 자신감을 얻게 된다. 더 나아가, 동료들과 작품을 공유하고 피드백을 주고받으며 협력과 소통의 중요성을 깨닫는다. 서로의 웹툰을 감상하면서 영어라는 언어가 교실 안에만 머무는 것이 아니라, 전 세계적으로 사용될 수 있는 강력한 의사소통 도구임을 실감하게 된다.

⬆ 수업 사례 영상 보기

학생들이 느끼는 점도 중요하다. 많은 학생들이 "영어가 이렇게 재미있을 줄 몰랐어요!"라고 말한다. 그동안 지루하고 어렵게만 느껴졌던 영어가 이제는 자신을 표현하고 소통할 수 있는 흥미로운 도구가 된 것이다. 학생들은 시험을 위해서가 아니라, 자신들의 이야기를 더 넓은 세계와 나누기 위해 영어를 배우고 싶어 한다. 이 과정에서 교사는 학생들이 영어라는 새로운 세계를 자유롭게 탐험할 수 있도록 돕는 가이드 역할을 하게 된다.

이러한 영어 놀.이.터 수업은 그 혁신성과 교육적 가치를 인정받아, 교육부에서도 주목받으며 교육부장관상을 수상한 바 있다. 학생들이 영어를 놀이처럼 배우고, 자연스럽게 이론을 터득하는 이 수업 방식은 기존의 학습방식을 넘어선 새로운 접근으로, 많은 교사들에게 영감을 주고 있다.

영어 교사라는 직업의 매력은 바로 여기에 있다. 영어라는 언어 도구를 활용해 학생들이 놀이처럼 학습하면서도 그 안에서 자연스럽게 이론을 터득할 수 있도록 설계하는 것. 당신이 영어 교사로서 학생들에게 이러한 수업을 제공할 수 있다면, 그들의 인생에 얼마나 큰 변화를 줄 수 있을지 상상해 보라. 당신의 교실은 단순한 학습 공간이 아닌, 아이들이 새로운 언어를 즐기고 탐험하는 놀이터가 될 것이다.

☺ 주도성이 보장되는 프로젝트 수업

내가 수업을 설계할 때 가장 중점을 두는 요소는, 학생들의 주도성을 어떻게 이끌어 내느냐이다. 단순히 지식을 전달하는 시대는 이미 지났다. 지금은 학생들이 수업의 주인이 되어야 할 때이다. 특히, 영어 수업에서는 이 주도성이 더욱 중요한 역할을 한다. 바로 이 지점에서 주도성이 보장되는 프로젝트 수업이 빛을 발한다.

이 수업의 핵심은 단순히 교사가 정해준 틀 안에서 학생들이 움직이는 것이 아니라, 학생들이 수업의 설계 단계부터 직접 참여해 방향을 설정하고 선택하는 데 있다. 이를 통해 학생들은 스스로 의사결정을 내리며 자신만의 목소리를 낼 기회를 갖는다. 이러한 과정에서 자연스럽게 책임감도 배우게 된다. 그들이 주도한 프로젝트에서 나오는 결과물은 더 이상 남이 시켜서 한 과제가 아닌, 그들 스스로의 성과가 된다.

예를 들어, 영어 광고 제작 프로젝트를 진행했던 적이 있다. 이 프로젝트에서 학생들은 자신의 관심사에 맞는 주제를 선택해 광고를 제작했다. '학생 주도성'을 보장하기 위해, 학생들은 자신이 만든 광고 문구와 영상에 대해 완벽한 소유권을 가졌다. 그들이 선택한 것이 존중되었고, 자신의 결정에 대해 책임을 지는 경험을 하게 한 것이 이 수업의 핵심이었다.

광고 문구를 제작하는 과정에서 학생들은 AI 도구를 활용해 더 나은 표현을 고민했고, AI가 제시한 옵션을 수정하며 자기만의 창의적인 광고를 완성해 나갔다. 이렇게 AI와 협업하는 과정에서 학생들은 단순히 수동적인 학습자가 아닌, 능동적인 참여자로서의 자부심을 느끼게 된다. 선택의 자유에서 시작하여 그 선택의 결과에 대해 책임까지 지는 과정은 학생들에게 깊은 학습 경험을 선사한다.

↑ 수업 사례 영상 보기

OECD Learning Compass에서도 강조한 'Agency', 즉 주도성은 학생들이 단순히 수업에 참여하는 것이 아니라, 수업을 설계하고 그 결과에 주인의식을 가질 수 있도록 돕는 것이다. 이 수업을 통해 학생들은 영어라는 도구를 사용해 스스로의 목소리를 내며, 그 과정에서 자신감을 쌓아 간다. 학생 주도성의 진정한 힘은 그들이 스스로 선택한 학습 과정을 책임지고, 그 경험에서 배우며 성장하는 데 있다.

학생들은 프로젝트를 통해 학습의 주체가 되었을 때, 그 어떤 강의나 시험보다 더 강력한 동기 부여를 받는다. "제가 만든 광고를 발표하고 친구들에게 피드백을 받았을 때, 정말 뿌듯했어요!"라고 말하며 학생들이 보여 준 흥분과 자부심은, 이 수업의 효과를 가장 잘 보여 주는 증거이다. 그들이 만들어 낸 작품은 단순한 과제가 아닌, 그들 스스로의 손에서 탄생한 하나의 창작물이기 때문이다.

영어 교사로서 학생들에게 이처럼 주도적으로 참여할 수 있는 기회를 제공한다면, 그들은 단지 수업을 듣는 것을 넘어서 주체적으로 탐구하고 성장하는 경험을 할 수 있을 것이다. 교실은 더 이상 교사가 지시하는 공간이 아닌, 학생들이 자신의 길을 개척해 나가는 장이 될 것이다. 영어 교사의 역할은 그들이 이 길을 주도적으로 걸어갈 수 있도록 지지하고 안내하는 것이다. 주도성이 보장된 프로젝트 수업을 통해 학생들이 직접 선택하고 자신의 목소리를 낼 수 있도록 도와준다면, 교실은 그 무엇보다도 특별하고 의미 있는 공간이 될 것이다.

● 심리적으로 안전한 영어 수업

여러분들은 영어를 배우면서 가장 떨렸던 순간이 언제였는가? 아마도 많은 학생들이 영어 시간에 자신의 차례가 다가오는 때를 가장 긴장되는 순간으로 기억할 것이다. 특히, 말하기 수업에서 두려움을 느끼는 학생들이 많다. "오늘 며칠이죠? 5일? 5번 학생이 발표해 보세요. 그리고 15번~!" 이 짧은 한마디로 인해 학생들은 발표에 대한 두려움, 그리고 다른 학생들의 시선에 대한 부담감을 크게 느끼곤 한다. 이러한 영어 말하기에 대한 부담은 종종 학생들이 영어를 배우는 데 심리적 장벽을 만들게 된다. 그래서 나는 영어 수업에서 학생들이 심리적으로 안전함을 느끼며 자유롭게 발화할 수 있는 환경을 만드는 것이 중요하다고 생각했다.

영어 교사로서 학생들이 두려움 없이 영어로 소통할 수 있는 환경을 만들고, 심리적 장벽을 낮추기 위해 간단한 필터 카메라를 활용하는 방법을 도입했다. 이 필터는 학생들이 자신의 얼굴을 그대로 드러내지 않고도 영상으로 발화할 수 있게 해 준다. 청소년들은 종종 자신의 얼굴을 영상에 담는 것에 대해 부담감을 느끼곤 한다. 특히, 영어처럼 아직 완전히 자신이 없는 언어로 말할 때는 그 부담이 더 커지기도 한다. 필터 카메라는 그런 부담을 덜어 주고, 학생들이 자유롭게 영어를 연습할 수 있는 도구로 작용했다.

예를 들어, 학생들에게 '자신의 현재 상황에서 가장 와닿는 디즈니 명언을 찾아서 영어로 발표하라'는 과제를 주고, 필터 카메라를 사용해 자신을 디즈니 캐릭터로 변환한 후 발표하게 했다. 이는 단순히 재미를 위한 것이 아니라, 학생들이 자신의 얼굴이 드러나는 것에 대한 부담을 덜 느끼게 해 주고, 그로 인해 영어 발화를 훨씬 편안하게 할 수 있도록 도와주는 역할을 했다. 이 작은 테크놀로지 하나로 학생들은 심리적 안정감을 느끼며 발표에 임할 수 있었다.

사실, 디즈니 필터뿐 아니라 다양한 필터 카메라를 수업에 자주 사용했다. 학생들이 자신의 얼굴을 노출하는 것에 대해 부담을 느끼는 심리를 반영하여 필터를 적용한 카메라는, 학생들이 보다 자유롭게 영어로 말할 수 있도록 돕는다. 이렇게 물리적, 심리적으로 안전하다고 느끼는 환경을 구축함으로써 학생들은 영어 말하기를 더욱 즐겁게 받아들일 수 있었다. 필터 덕분에 학생들은 자신이 말하는 데 집중할 수 있었고, 주변의 시선이나 평가에서 벗어나 자유롭게 발화할 수 있었다.

이러한 작은 배려와 기술이 학생들에게 얼마나 큰 심리적 안정감을 줄 수 있는지 여러분도 느낄 수 있을 것이다. 영어 말하기는 자신감을 필요로 하는 활동이다. 그래서 영어 교사는 단순히 언어 지식을 전달하는 것 이상으로, 학생들이 두려움을 내려놓고 영어를 즐기도록 돕는 역할을 해야 한다. 필터 카메라 하나만으로도 학생들은 영어를 두려워하지 않고 편안하게 연습할 수 있었다. 그들은 이제 영어를 더 이상 어려운 과목이 아닌, 자신을 표현하는 즐거운 도구로 느끼게 되었다. 그 결과, 학생들은 영어 말하기에 대한 자신감을 얻게 되었고, 더 나아가 영어를 배우는 즐거움을 찾게 되었다. 여러분도 이러한 안전한 환경을 제공하여 학생들이 자유롭게 자신의 목소리를 낼 수 있는 교실을 만들어 갈 수 있을 것이다.

4 동상이몽 - 너는 내 운명

〈동상이몽 - 너는 내 운명〉이라는 프로그램을 아는가? 이 프로그램에서는 각기 다른 꿈과 목표를 가진 사람들이 처음에는 전혀 다른 시각으로 살아가지만, 결국 하나의 방향으로 함께 나아가는 모습을 보여 준다. 처음엔 완전히 어긋나 보이던 생각과 행동이 시간이 지나며 교차하고, 서로를 이해하며 같은 목표를 향해 나아가게 되는 것이 흥미로운 점이다. 사실, 내 교실에서도 이와 비슷한 일이 벌어진다. 내가 학생들을 바라보는 시선과, 학생들이 나를 바라보는 시선은 처음엔 정말 다를 때가 많다. 마치 서로 다른 꿈을 꾸고 있는 사람들처럼 말이다.

예를 들어, 나는 학생들이 영어에 흥미를 갖고 그것을 통해 꿈을 이루길 바라지만, 학생들은 "선생님, 영어는 왜 공부해야 해요?"라는 질문을 던진다. 그들이 바라보는 영어는 단지 졸업을 위한 하나의 과목일 뿐이다. 이럴 때면 마치 〈동상이몽〉 속 주인공들처럼, 서로 다른 방향을 보고 있는 것 같은 느낌을 받는다. 하지만 결국 우리가 가고 있는 길은 같다. 영어라는 도구를 통해 학생들은 자신의 길을 더욱 넓혀갈 수 있고, 나는 그 길을 함께 걸으며 이끌어 주는 역할을 한다.

수업 초반에 학생들이 보여 주는 반응은 내 기대와 어긋날 때도 많다. 하지만 시간이 지나면서 학생들이 나와 함께 영어를 통해 자신만의 목표에 조금씩 다가가는 모습을 보면, 그 시선들이 하나로 모이는 순간이 찾아온다. 서로 다른 출발점에서 시작했지만, 결국 우리가 함께 같은 목표를 향해 가고 있다는 걸 깨닫게 되는 것이다. 학생들이 처음에는 교사와 다르게 생각하고 다른 길을 가는 것처럼 보일지라도, 그들이 꿈을 향해 나아가도록 돕는 것이 바로 영어 교사의 역할이다.

● 내가 바라보는 학생들

특성화고등학교는 특정 기술을 배우기 위해 모인 학생들로 가득하다. 나는 이곳에서 12년째 영어를 가르치고 있는데, 가끔 사람들은 "특성화고에서 영어 가르치는 거, 정말 힘들지 않나요?"라고 묻는다. 사실, 그 질문에는 나름의 이유가 있다. 대부분의 사람들은 특성화고등학교 학생들이 영어에 대한 기초학력이 부족할 것이라고 생각한다. 얼마 전, 교육부 사무관과의 인터뷰에서도 비슷한 질문을 받았다. "기초학력이 부족한 특성화고 학생들에게 영어를 가르치는 것이 어렵지 않으세요?" 나는 웃으면서 이렇게 답했다.

"사무관님, 가정이 틀렸습니다. 제 학생들은 기초학력이 부족한 게 아니라, 관심이 영어가 아닌 자신이 사랑하는 특정 기술에 있을 뿐입니다."

내가 가르치는 학생들은 자동차, 컴퓨터, 디자인 등 자신이 꿈꾸는 분야에서 열정을 쏟고 있는 친구들이다. 그들은 그 분야에서 누구보다 뛰어나고, 그 속에서 자신의 길을 찾으려는 확고한 의지를 가지고 있다. 그러니 영어에 대한 관심이 적을 수밖에 없다. 그들이 선택한 길은 영어와는 관계가 없어 보일 수 있지만, 내가 할 일은 그들에게 영어가 그들의 꿈을 이루는 데 중요한 도구가 될 수 있음을 보여 주는 것이다.

학생들이 저마다의 분야에서 전문가가 되고자 노력하는 모습을 보면, 나는 그들에게 영어를 꼭 시험 점수를 위해 가르치고 싶은 생각은 없다. 대신 그들에게 영어가 그들의 꿈을 확장할 수 있는 도구가 될 수 있음을 알려 주는 것이 나의 가장 중요한 원칙이다. 예를 들어, 자동차를 전공하는 학생에게는 해외의 최신 기술 자료를 영어로 읽고 이해하는 능력이, 컴퓨터를 전공하는 학생에게는 새로운 프로그램이나 소프트웨어 개발 자료를 이해하는 데 영어가 얼마나 중요한지 설명해준다. 디자인을 공부하는 학생에게는 자신의 작품을 글로벌 무대에서 영어로 표현할 기회가 생길 수 있다.

내가 하는 일은 단순히 영어 실력을 높이는 것이 아니다. 학생들에게 영어를 '왜' 배워야 하는지, 영어가 그들의 삶과 꿈속에서 어떤 역할을 할 수 있는지를 일깨워 주는 것이다. 학생들 스스로 '영어가 내 꿈에 도움이 될 수 있구나!'라고 느낄 때, 그들은 비로소 영어에 흥미를 느끼고 적극적으로 참여하게 된다.

특성화고등학교에서 영어를 가르친다는 것은 단순히 수업을 진행하는 일이 아니다. 각기 다른 꿈을 가진 학생들, 즉 동상이몽 속에서 영어라는 도구를 통해 그들의 꿈을 이루는 길을 함께 걸어가야 할 것이다. 여러분의 교실에는 다양한 꿈을 가진 학생들이 있을 것이고, 그들의 니즈는 서로 다를 것이다. 여러분의 역할은 그들이 영어를 통해 자신만의 꿈에 한 발짝 더 다가갈 수 있도록 돕는 일이다. 서로 다른 목표를 가진 학생들과 함께 그들의 꿈을 지원하는 멋진 영어 교사가 되기를 바란다.

● 학생들이 바라보는 나

나는 가끔 학생들이 나를 어떻게 바라볼까 궁금할 때가 있다. 교사로서 학생들과 수업을 하며 내가 그들에게 어떤 영향을 미치고 있는지, 그리고 그들이 나를 어떻게 받아들이고 있는지 알고 싶을 때가 많다. 그 답을 얻는 두 가지의 주요 방법이 있다. 하나는 학생들이 써 주는 편지를 통해, 또 하나는 교원평가에서 확인할 수 있다.

학생들에게서 받는 편지는 수업에서 내가 어떤 역할을 하고 있는지를 직접적으로 보여 주는 소중한 자료이다. 편지를 받을 때마다 학생들이 내 말투나 수업 분위기를 얼마나 세심하게 느끼고 있는지를 알게 된다. 예를 들어, 수업을 시작할 때 늘 "얘들아~ 안녕!"이라고 인사한다. 차렷, 경례 같은 형식적인 인사보다는 편안한 인사를 더 좋아하기 때문에 자연스럽게 그렇게 해왔다. 그런데 학생들은 이 말투가 참 재미있고 친근하다고 생각하는 것 같다. "선생님이 수업을 시작할 때 하시는 말투가 참 좋습니다. 수업이 더 편해져요."라는 이야기를 종종 듣게 된다. 일상적인 인사일 뿐이지만, 학생들에게는 나만의 개성이자 수업의 상징처럼 느껴지는 모양이다.

가장 기쁘게 느껴지는 건, 학생들이 내 수업을 통해서 영어에 대한 긍정적인 변화를 경험했다고 말할 때이다. "원래 영어가 너무 싫었는데, 선생님 수업을 들으면서 영어가 조금씩 재미있어졌어요."라는 말을 들을 때면, 정말 큰 보람을 느낀다. 단순히 지식을 전달하는 것이 아니라, 학생들이 영어에 대한 부담을 덜고 흥미를 느끼게 하는 것이 내가 추구하는 수업의 목표이다. 학생들의 이런 반응은 내가 가고 있는 방향이 맞다는 확신을 준다.

학생들의 편지 속 나의 모습

교원평가는 학생들이 나를 어떻게 바라보고 있는지를 알 수 있는 또 하나의 중요한 창구이다. 사실, 교원평가의 서술형 항목은 늘 열어 보기 두렵다. 학생들이 솔직하게 적은 글들이기 때문에 혹여나 비판적인 의견이 있을까 봐 걱정되기도 한다. 그렇지만 항상 예상보다 따뜻한 피드백이 많아서 다행이다.

특히, 자주 나오는 피드백 중 하나는 '선생님이 우리의 입장을 잘 이해해 줘서 좋다'는 점이다. 학생들은 내가 그들의 어려움을 공감하고, 그들의 목소리를 존중하며 수업을 진행하는 것을 고맙게 생각하고 있었다. 교사로서 나의 역할은 학생들이 학습하는 과정을 지지하고 그들의 성장을 도와주는 것이다. 이런 피드백은 내가 학생들의 삶 속에서 긍정적인 역할을 하고 있음을 느끼게 해 준다.

또, 많은 학생들이 "선생님 덕분에 영어에 대한 부담이 줄어들었어요."라고 말한다. 이는 내 수업 방식이 학생들에게 실제로 도움이 되고 있음을 보여 준다. 학생들이 영어를 어려운 과목이 아니라, 자신들의 더 나은 미래를 위해 필요하다고 느끼는 도구로 받아들이게 만드는 것이 나의 목표이다. 그리고 그 과정에서 학생들이 조금이라도 더 편안하게, 더 자신감을 가지고 영어를 배울 수 있도록 하는 것이 내가 할 수 있는 일이다.

학생 만족도조사지 (교과담당용)

소속: 경기자동차과학고등학교   성명: 허영주

평가문항	답변
좋은 점	재미있게 수업해 주신다.
좋은 점	수행을 적극적으로 도와주신다.
좋은 점	학생의 입장에서 생각을 굉장히 많이 해 주시고, 어떠한 수행평가를 할 때 불편한 점이 있는지 없는지에 대해 굉장히 많이 생각하시는 선생님이어서 좋습니다.
좋은 점	학생들에게 친절하게 대해 준다.
좋은 점	아이들 모두 점수를 챙겨 주시려고 매우 노력하십니다. 한 명 한 명 인솔해 주고 늦어지는 아이를 도와주십니다.
좋은 점	우리가 정말 점수를 받을 수 있게 도와주시고 우리를 매우 존중해주신다.
좋은 점	모든 학생들을 다 챙겨 주시려 하시고 절대 화를 안 내시는 모습이 너무 존경스럽고 매우 착하시다
좋은 점	수업이 이렇게 재미있을 수가 없다.
좋은 점	수행평가를 잘 알려 주시지만 제가 잘 못해서... ㅎㅎ
좋은 점	수행평가나 시험 전 자세히 설명해 주십니다.
좋은 점	영어 시간을 굉장히 재미있게 해 주시고, 이해를 잘 해 주십니다.
좋은 점	생기부를 잘 써 주신다. 진로 상담을 해 주신다. 재밌다. 슬의생 그분과 닮았다고 한다.

⬆ 교원평가 속 나의 모습

이러한 학생들의 따뜻한 인정 덕분에 2013년과 2014년에는 시흥시교육청에서 주최한 선생님 자랑대회에서 2년 연속 수상도 할 수 있었다.

너의 참여 과정이 보여

〈너의 목소리가 보여〉라는 프로그램을 아는가? 이 프로그램에서는 참가자들이 노래하는 모습을 보고 그들이 진짜 가수인지 음치인지를 맞추는 과정을 보여 준다. 겉으로 보이는 모습만으로는 절대 그들의 진정한 실력을 알 수 없다. 노래하는 모습이 가수처럼 보일지라도, 실제로 노래를 들어 봐야 진짜 가수인지 음치인지 알 수 있다. 이렇듯 단순히 외형이나 겉으로 드러난 모습만으로는 속마음을 알 수 없다는 것이 이 프로그램의 핵심이다.

교실에서도 비슷한 일이 벌어진다. 학생들이 교실에 앉아 '참석'하고 있는 것처럼 보이지만, 그들이 진정으로 수업에 참여하고 있는지를 판단하는 것은 쉽지 않다. 교사는 이 '참석'과 '참여'의 차이를 명확하게 구분할 수 있어야 하는데, 이때 에듀테크 디지털/AI 기술을 활용할 수 있다.

● 학생 참여형 수업: 참석에서 참여로

겉으로 드러난 모습만 보고 진짜 실력을 판단하기 어렵듯이, 교실에서도 학생들이 단순히 '참석(Attendance)'하는 것과 진정으로 '참여(Engagement)'하는 것은 큰 차이가 있다. 학생이 교실에 앉아 있더라도, 그가 마음속으로 수업에 몰입하고 있는지, 진정한 의미에서 학습에 관여하고 있는지를 판단하는 건 어렵다. 참석은 그저 물리적으로 수업에 있는 상태를 의미하지만, 참여는 수업에 인지적 · 정서적으로 깊이 관여하며 활동하는 상태를 말한다. 그러면 어떻게 학생들을 참석에서 참여로 이끌어 낼 수 있을까? 바로 여기에서 교사의 역할이 중요하다. 교사는 학생들을 단순히 수업에 초대하는 것에서 그치지 않고, 그들이 수업에 참여하도록 적극적으로 주도성을 이끌어 내야 한다.

단순히 이해하고 끝내는 교과가 아닌 표현을 해야 하는 영어 교과의 특성이다. 따라서 영어 교사는 단순히 출석을 체크하는 수업이 아니라, 학생들이 진정으로 참여하고 몰입할 수 있는 수업을 만들어야 한다. 이를 위해 나는 에듀테크와 디지털/AI 도구들을 활용해 수업의 질을 높이고 있다. 예를 들어, 대시보드를 사용해 학생들의 참여도를 실시간으로 확인할 수 있다. 학생들이 각자 얼마나 수업에 반응하고 있는지, 어떤 활동에 몰입하는지를 디지털 도구를 통해 파악할 수 있는 것이다. 이를 통해 학생들이 더 적극적으로 반응하게끔 유도할 수 있다. 학생들은 자신의 학습 상태를 스스로 확인하면서 참여의식이 점차 높아지고, 교사 역시 실시간 피드백을 제공할 수 있는 능동적인 학습 환경이 조성된다.

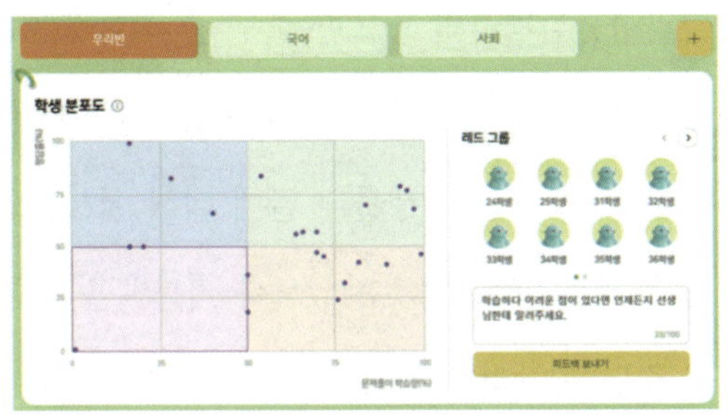

[출처: 하이러닝]

😊 과정중심평가: 경쟁에서 성장으로

우리가 흔히 경험하는 평가 방식은 결과중심평가이다. 이 방식에서는 학생들이 시험을 보고, 그 시험에서 나온 결과만으로 성취를 판단 받는다. 점수가 높으면 잘했다고 평가받고, 낮으면 더 노력해야 한다는 피드백을 받는다. 그러나 이런 평가 방식은 학습 과정에서의 성장을 담아 내지 못한다. 학생이 어떤 과정을 거쳐 시험을 준비했는지, 어떤 노력을 기울였는지는 점수

로 알 수가 없다. 시험
이라는 순간적인 평가
에서 학생들의 잠재력
과 발전 가능성을 쉽게
놓치게 되는 것이다.

이와 달리, 과정중심

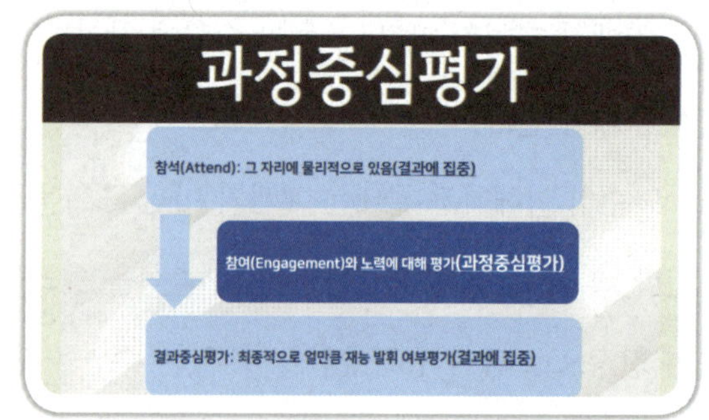

[출처: 허영주 강의 자료]

평가는 학생들이 학습 과정에서 어떻게 발전했는지에 더 주목한다. 단순히 결과만이 아닌, 그 과정 속에서 학생들이 어떤 노력을 기울였고, 어떻게 성장했는지를 평가하는 방식이다. 학생들이 학습하는 과정에서 경험한 실수와 성공 모두를 중요한 학습의 일부로 본다.

과정중심평가의 중요한 도구 중 하나로 AI 도구를 활용할 수 있다. 예를 들어, 학생들이 영어 글쓰기 수업에서 에세이를 작성한다고 가정해 보자. 이때 AI 도구는 학생들의 글에 대해 실시간으로 문법 오류나 어휘 선택 같은 문제를 바로잡을 수 있도록 피드백을 제공한다. 그러나 이 도구가 단순히 정답을 알려 주는 것이 아니다. 왜 그 표현이 틀렸는지를 학생들이 배우게 하고, 그 피드백을 어떻게 수정할 수 있는지 가이드 하는 역할을 한다.

더 중요한 점은, 학생들이 AI 도구로부터 받은 피드백을 얼마나 적극적으로 반영하는지를 교사가 관찰할 수 있다는 것이다. 이 과정에서 교사는 학생이 글을 처음 작성할 때와 피드백을 반영한 후의 변화를 정확하게 파악할 수 있게 된다. 학생이 글을 여러 번 수정하는 동안 AI 도구는 학생의 수정 노력과 발전 과정을 기록하고, 이를 바탕으로 교사는 학생이 참여하는 정도와 성장 과정을 시각적으로 확인할 수 있다.

가령, 한 학생이 처음 쓴 에세이에서 많은 문법적 오류를 범했을지라도, 그 학생이 AI 피드백을 통해 여러 번의 수정 과정을 거치는 동안 얼마나 실수를 바로잡고 개선해 나갔는지를 대시보드를 통해 확인할 수 있다. 학생이 피드백을 얼마나 충실히 반영했는지, 그 과정에서 어떤 부분에서 더 많은 고민을 했는지에 대해 면밀히 살펴볼 수 있게 되는 것이다.

이렇게 AI 도구는 과정중심평가의 관찰, 분석, 종합, 피드백의 과정을 실시간으로 지원한다. 학생들은 자신의 실수를 인식하고 고치는 과정에서, 문제 해결뿐만이 아니라 학습의 주도성도 기르게 된다. 교사는 대시보드를 통해 학생들이 어떻게 학습에 참여하고 있는지를 시각화된 데이터를 통해 확인하면서, 각 학생에게 맞춤형 피드백을 제공할 수도 있다.

과정중심평가는 결과 중심의 경쟁에서 벗어나, 학생 개개인의 성장을 돕는 평가 방식이다. 디지털 도구는 그 과정을 실시간으로 도우며 기록하고, 학생들의 노력과 성취를 더욱 명확하게 드러내 준다. 이러한 평가 방식이 자리 잡힌 교실은 경쟁의 장이 아닌, 성장의 장으로 변화하게 된다. 학생들이 단순히 수업에 '참석'하는 것을 넘어, 학습 과정에 주도적으로 '참여'하는 경험을 하게 되는 것이다.

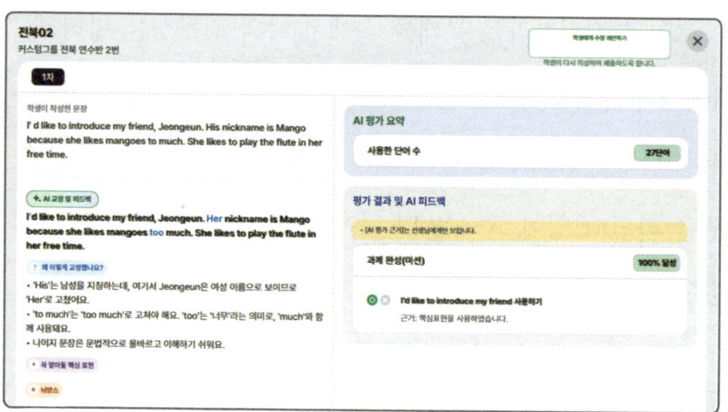

03 나의 꿈, 나의 새로운 인생

〈놀면 뭐하니?〉라는 프로그램의 주인공 유재석은 한국을 대표하는 예능 MC로, 그의 본캐는 예능인이다. 그런데 이 프로그램에서는 다양한 부캐(부캐릭터)를 만들어 새로운 도전에 나선다. 트로트 가수 유산슬, 드럼 연주자 유르페우스, 라면 요리사 라섹, 치킨집 사장 닭터유 등 수많은 부캐들을 통해 유재석은 기존의 예능인의 이미지를 넘어서 자신의 가능성을 확장하며 다양한 성과를 이루어냈다.

나 역시 영어 교사라는 본캐 외에 다양한 부캐들을 가지고 있다. 연구자, 강연자, 그리고 집필자라는 부캐들 속에서 나의 전문성을 넓히고, 영어 교육에 기여하며 새로운 길을 모색해 왔다. 교사로서 수업을 진행하는 것뿐만이 아니라, 다양한 부캐들을 통해 내가 성장하고 있음을 느낀다. 연구와 강연, 집필을 하면서 영어 교육을 더 나은 방향으로 발전시키기 위해 끊임없이 고민하고 탐구하는 과정에서, 교사로서의 나 자신도 더 깊어지고 있다.

이번 장에서는 나의 부캐 이야기를 통해, 교사라는 직업이 다양한 길을 통해 성장하고 교육에 기여할 수 있음을 보여 주고자 한다. 유재석이 여러 부캐를 통해 새로운 세계를 경험하고 성장하듯, 나 역시 연구자, 강연자, 집필자라는 부캐들로 교사로서의 역할을 확장하며 학생들과 함께 더 나은 미래를 만들어 가고 있다. 나의 부캐들은 다양한 경험을 통해 나를 성장시키고 있으며, 그 과정에서 나의 교실도 더욱 풍부해지고 있다.

● 연구자의 길

나는 교사로서 수업뿐만 아니라 디지털/AI 기술을 교육 현장에 적재적소에 활용하는 방법을 연구하고 있다. 교육부, 한국교육학술정보원, 한국교육과정평가원, 한국교육개발원, 경기도교육청 등과 협업하면서 AI 디지털 교과서 개발과 학생 참여형 수업 설계에 관한 다수의 프로젝트에 참여해 왔다. 이 과정에서 나는 학생들이 단순히 수동적인 학습자가 아닌, 주도성을 가진 학습자가 될 수 있는 환경을 조성하는 데 깊은 관심을 두고 있다.

특히, 최근 연구는 디지털/AI 도구를 통해 학생들이 학습에 더 능동적으로 참여할 수 있는 방안을 모색하는 데 중점을 두었다. 디지털교과서, AI 학습 도구, 그리고 데이터 기반 피드백 시스템을 통해 교사는 학생들의 학습 상태를 실시간으로 관찰하고 그에 맞는 맞춤형 피드백을 제공할 수 있다. 이 연구는 교실에서 학생들의 학습 경험을 더욱 풍부하게 만들기 위한 중요한 발판이 되고 있다.

또한, AI와 디지털 기술이 교사의 역할을 어떻게 변화시키는지, 그리고 학생들의 역할이 어떻게 확장될 수 있는지를 깊이 탐구하고 있다. AI 도구를 활용하면 교사는 학생들의 학습 과정을 더욱 정밀하게 추적할 수 있게 되며, 학생들은 교사의 따뜻한 피드백을 통해 자신감을 얻게 된다. 이러한 교사의 역할 변화는 학생들로 하여금 학습의 주도성을 가지게 하고, 실수를 두려워하지 않으며, 적극적으로 학습에 참여하도록 돕는다.

더 나아가 학생들의 역할 변화는 단순히 디지털/AI 도구를 사용하는 수준에서 그치지 않는다. AI가 단순한 작업을 처리해 줌으로써, 학생들은 고차원적인 사고와 창의적인 문제 해결에 집중할 수 있게 된다. 예를 들어, AI가 정보를 검색하고 분석하는 동안 학생들은 비판적 사고, 협력적 학습, 창의적 활동에 더 많은 에너지를 쏟을 수 있는 환경이 마련된다. 이처럼 교사가 AI 도구와 디지털 기술을 적극적으로 활용한 수업을 설계함으로써, 학생들이 더욱 높은 수준의 학습 경험을 할 수 있게 되는 것이다.

이렇듯 나는 끊임없는 연구와 실천을 통해 교육자로서의 전문성을 확장해 나가고 있다. 그 결과, 교육 경력 12년 동안 장관급 표창 4회(교육부장관 3회, 국회의원 1회), 경기도교육감 표창 8회, 시흥시교육장 표창 5회, 기타 상장 8회를 수상하며 그 성과를 인정받았다. 이는 나의 연구와 실천이 교육 현장에서 실제로 효과를 발휘하고 있음을 보여 주며, 나에게 더 나은 교육을 위해 끊임없이 노력해야 한다는 동기를 부여해 주고 있다.

● 강연자의 길

연구와 실천을 통해 쌓아 온 성과들은 자연스럽게 다양한 강연 기회로 이어졌다. 교사로서의 경험과 연구 결과를 바탕으로, 나는 여러 교육 기관과의 협업을 통해 각종 강연과 발표에 참여하고 있다. 특히, AI와 디지털 기술이 교실 현장에서 어떻게 적용되고, 학생들의 학습 환경을 어떻게 변화시킬 수 있는지에 대해 깊이 있는 논의와 발표를 이어 왔다.

2023년에는 OECD에서 4년에 한 번 발표하는 'Digital Education Outlook' 공개 행사에 전 세계 교사 대표 중 한 명으로 참여해, AI 활용 교육의 의의와 윤리적 우려에 대해 강연을 했다. 이 자리에서 나는 AI 도구가 학생들의 학습을 어떻게 지원할 수 있는지, 그리고 그 과정에서 교사의 역할이 어떻게 변할 수 있는지에 대해 이야기했다. 특히, AI를 활용한 학습이 학생들에게 주도성을 부여하고, 교사로서 이러한 변화를 어떻게 주도적으로 이끌어 나가야 하는지를 강조했다.

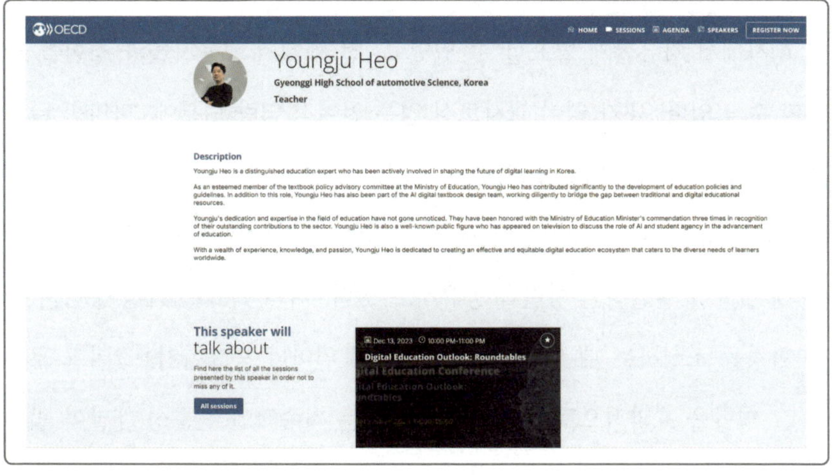

2024년 8월에는 한국에서 개최된 GEIS(Global Education and Innovation Summit)에서 세계 200명의 교육부 장 · 차관을 대상으로 AI 디지털교과서를 활용한 수업 시연을 진행했다. 이후 서밋토크에 교사 대표로 참여해 국가 주도의 교사 트레이닝 시스템의 필요성과 역량 있는 교사의 중요성을 강조했다. 특히, AI 기술이 교실에서 학습자 중심의 환경을 조성할 수 있는 도구로 활용되기 위해서는 교사의 전문성이 필수적임을 강조하며, 교사들에게 더 많은 지원과 인정을 제공해야 한다는 점을 역설했다.

그리고 2024년 12월에는 UNESCO와 경기도교육청이 주최한 2024 유네스코 교육 국제포럼에서 경기도교육청에서 운영하는 하이러닝이라는 AI 교수학습플랫폼을 전세계인들에게 소개하기도 했다.

이러한 OECD, APEC, UNESCO 국제 행사에서 연구 결과를 자랑스럽게 발표하고, 나의 수업 사례를 공유할 수 있었던 것은 내가 AI와 디지털 기술을 적극적으로 활용했기 때문이기도 하지만, 무엇보다 영어 교사였기에 가능했던 것 같다. 영어는 세계적으로 통용되는 언어여서 연구한 내용을 국제 행사에서 자유롭게 발표할 수 있었고, 전 세계의 교육자들과 경험을 공유할 수 있었다. 내가 영어 교사로서 얻은 언어적 역량 덕분에, 다양한 글로벌 무대에서 나의 수업을 발표할 수 있었다는 점이 자랑스럽다.

강연을 통해, 나는 교사들이 AI와 디지털 기술을 활용해 수업을 혁신하는 데 필요한 실질적인 방안을 공유하고 있다. 나의 목표는 학생 중심의 학습 환경을 조성하는 데 있어 교사의 역할이 얼마나 중요한지, 그리고 교사가 그 역할을 효과적으로 수행하기 위해서는 지속적인 전문성 개발이 필수적이라는 점을 널리 알리는 것이다.

또한, 강연을 통해 교육 현장의 다양한 목소리를 듣고, 그 속에서 새로운 배움을 얻는다. AI와 디지털 기술이 가져오는 변화 속에서 교사들이 주도권을 가지고 학생들의 학습을 지원할 수 있도록, 더 많은 교사들이 이러한 변화를 두려워하지 않고 적극적으로 나서기를 바란다. 이러한 강연 기회는 나에게 교사로서의 시야를 넓히고, 교육에 대한 더 깊은 통찰을 얻게 해 주는 중요한 역할을 하고 있다. 그리고 강연을 통해 쌓아온 경험은 내가 단순히 교실 안에서만 머무는 교사가 아닌, 교육의 미래를 함께 논의하고 설계해 나가는 주체로서의 정체성을 확립하는 데 큰 도움이 되었다.

● 집필자의 길

교사라면 한번쯤은 자신의 이름이 적힌 교과서를 학생들이 배우는 모습을 상상해 본 적이 있을 것이다. 나는 현재 영어 교과서 출판사와 함께 '미디어 영어' 교과서를 집필하며, 그 로망을 현실로 이루어 가고 있다. 2022년 교과서 아이디어 공모전에서 교육부장관상을 받은 경험이 교과서 집필에 큰 도움이 되었다. 이 경험을 통해 교재 개발에 있어 창의적이고 혁신적인 아이디어가 얼마나 중요한지 깨달았고, 이를 바탕으로 학생들이 더 몰입하고 흥미를 느낄 수 있는 교재를 개발했다.

'미디어 영어' 교과서를 집필하면서, 나는 단순한 학습 자료가 아닌, 교실에서 실험적으로 적용해 본 다양한 미디어를 활용한 수업 방식을 반영하고자 했다. 그러다 보니 미디어 리터러시와 디지털 시민성을 연구하는 과정이 필요했다. 실제로 미디어 교육사 자격증까지 취득하고, 해외 연구 자료와 수업 자료를 탐구하면서 교재의 내용과 구성을 채워 나갔다. 이러한 과정에서 내가 얻은 깨달음은, 교재가 단순한 학습 자료가 아니라 학생들이 영어를 통해 새로운 시각을 가질 수 있도록 돕는 창구라는 것이다.

무엇보다 자랑스러운 점은, 서책형 교과서와 더불어 AI 디지털교과서를 동시에 집필하고 있다는 사실이다. 이는 내가 전통적인 교육 방식과 디지털 교육 기술 모두에 깊숙이 관여하고 있다는 의미이기도 하다. 2021년부터 디지털교과서 검정심의회 연구위원으로 활동하면서 쌓은 경험을 바탕으로, 현재는 AI 디지털교과서 개발에도 참여하고 있다. AI 디지털교과서는 학생들이 스스로 학습 경로를 설계하고, 필요한 자원을 즉각적으로 제공 받을 수 있는 맞춤형 학습 경험을 제공한다. 전통적인 교과서가 가진 한계를 넘어, 기술을 활용해 학생들에게 더 넓은 학습의 기회를 열어 주는 도구로 자리 잡는 것이 나의 목표이다.

교과서 집필이 쉬운 과정은 아니지만 서책형 교과서와 AI 디지털교과서를 동시에 집필하면서, 교사로서의 역량이 균형 있게 성장하고 있음을 느끼고 있다. 이러한 과정이 학생들에게 더 나은 학습 경험을 제공할 수 있다는 점에서 보람을 느끼고, 교사로서의 새로운 길을 열어 가고 있다.

● 가고 싶은 길

연구자, 강연자, 그리고 저자의 길을 통해 많은 성장을 이뤘지만, 또 다시 새로운 목표가 생겼다. 운이 좋게도 연구 성과와 수업 사례를 공유하는 자리에서 대학 교수님들과 만나게 되는 기회가 많았다. 덕분에 연세대학교, 총신대학교, 아주대학교, 계명대학교에서 영어교육을 전공하는 학부생들과 대학원생들에게 종종 특강을 할 수 있었다. 이 경험을 통해 예비 교사들과 소통할 수 있는 소중한 기회를 얻었지만, 한편으로는 충격적인 사실도 깨달았다. 내가 대학때 교육 방식이 여전히 그대로 예비 교사들에게 적용되고 있다는 점이었다. 학교 현장은 빠르게 변화하고 있고, 디지털/AI 기술이 활발히 활용되고 있음에도 불구하고, 예비 교사들이 배우는 내용은 여전히 과거에 머물러 있었다. 이것이 나에게 새로운 길을 떠올리게 했다.

내가 가고자 하는 길은 낮에는 학생들을 가르치고, 저녁에는 예비 교사들을 대상으로 강의를 진행하는 것이다. 예비 교사들에게 디지털/AI 도구를 활용해 수업을 설계하는 방법을 가르치고, 그 설계 과정에서 학생들을 공동 설계자로 참여시키는 방법을 알려 주고 싶다. 이 과정을 통해 학생 주도성을 발현시키는 방법과, 교사와 학생의 역할 변화에 대해 깊이 있는 논의를 할 수 있을 것이다. 나아가 현장에 적합한 교수·학습 방법을 대학에서도 실천하고자 한다.

예비 교사들이 현직에 들어왔을 때, 현실과의 괴리감으로 인해 일을 그만두는 경우도 있다. 이러한 문제를 해결하기 위해, 나는 예비 교사들에게 보다 실질적이고 현장에 맞는 교육을 제공하고 싶다. 이를 통해 그들이 교직 생활에 잘 적응하고, 교사로서 자신감을 갖도록 돕고자 한다.

현재 나는 2019년에 석사 과정을 마친 상태인데, 이러한 목표를 이루기 위해 박사 과정을 시작하려 한다. 박사 학위를 마친 후에는 낮에는 중등학교에서 학생들을 가르치고, 저녁에는 예비 교사들을 위한 강의를 통해 새로운 교사 양성에 기여하고자 한다. 이 길은 나에게 새로운 도전이자, 내가 가진 교육철학을 더 널리 확산시키는 중요한 기회가 될 것이다.

이제 나는 학생들과 예비 교사들 모두에게 더 나은 교육을 제공하기 위해, 교사로서 그리고 교육자로서의 또 다른 길을 준비하고 있다.

영어 교사 지망생에게 들려주는 소중한 한마디

무엇이든 물어보살 – 영어 교사편

〈무엇이든 물어보살〉이라는 프로그램에서는 사람들이 다양한 고민을 털어놓고 조언을 받는다. 때로는 삶의 방향을 묻기도 하고, 때로는 실생활에서의 문제들을 상담하기도 한다. 이번에는 여러분들이 영어 교사가 되기를 꿈꾸면서 가지게 될 다양한 질문들에 대한 답을 하고자 한다.

"교사의 삶은 반복적이어서 지루하지 않나요?", "영어 교사가 나의 적성에 맞을까요?", 혹은 "AI가 결국 영어 교사를 대체하는 것 아닌가요?"와 같은 고민들이 있을 수 있다. 이러한 질문들은 영어 교사를 꿈꾸는 분들이라면 누구나 한번쯤은 해 봤을 고민들일 것이다.

이 장에서는 직접 교사로서 걸어 온 길과, 그 과정에서 얻은 경험과 통찰을 통해 여러분들의 궁금증에 답을 하려 한다. 여러분들이 가지고 있는 질문들에 대해 함께 고민하고, 영어 교사로서의 삶이 어떠한지, 또 어떤 미래가 기다리고 있는지 깊이 탐구해 보는 시간이 되었으면 한다.

교사의 삶이 매일 같은 일의 반복처럼 느껴질 수 있다. 같은 교실에서 비슷한 교과서를 가지고 수업을 진행하는 모습이 마치 변하지 않는 일상처럼 보일 수도 있다. 하지만 그건 겉모습일 뿐, 진실은 완전히 반대이다. 교사로서의 삶은 매일 새로운 도전과 배움의 기회로 가득 차 있다.

매년 새롭게 만나는 학생들은 각기 다른 배경과 성격, 학습 스타일을 가지고 있다. 한 학생이 어떤 방식으로 이해하는지, 또 다른 학생은 어떤 점에서 어려움을 느끼는지를 파악하고, 그들 각각에 맞춰 수업을 준비하는 것은 결코 반복적인 일이 아니다. 새로운 교재, 기술, 아이디어로 매번 수업을 혁신하는 과정은 지루할 틈이 없다.

내가 교사로서 걸어 온 다양한 길도 교사의 삶이 얼마나 흥미롭고 다채로운지를 보여 주는 증거이다. 연구자, 강연자, 집필자로서의 경험들은 매일같이 새로운 기회를 만나고, 그 과정에서 내가 얼마나 많은 것을 배웠는지 알려 준다. 내가 교실에서 아이들과 수업을 진행하는 것만으로도 충분히 다양한 경험을 하지만, 그 외에도 교사가 걸어갈 수 있는 많은 길이 있다.

예를 들어, 전국 시험 문제를 출제하거나 교육 정책에 참여하는 교사들도 많이 있다. 또, 어떤 교사들은 교육 행정가로서 교육부나 교육청에서 중요한 결정을 내리는 일을 하기도 한다. 이런 여러 길을 통해 교사의 삶은 끊임없이 성장하고 발전하는 직업이라는 걸 실감하게 될 것이다.

교사는 매일 새로운 것을 배울 수 있는 직업이라는 점이 가장 큰 매력 중 하나이다. 반복적 삶이 아닌, 학생들과 함께 성장하고, 나 자신도 더 나은 교사가 되기 위한 여정을 걸어가는 것, 그게 바로 교사의 삶이다.

● 영어 교사가 나의 적성에 맞을까요?

많은 사람들이 영어를 잘해야 영어 교사가 될 수 있다고 생각한다. 물론, 영어 실력도 중요하다. 하지만 정말 중요한 것은 영어를 잘 가르치는 능력이다. 영어 교사는 '영어' 교사가 아닌 영어 '교사'이다. 학생들에게 어떻게 영어를 재미있게 전달할 수 있는지, 그들의 눈높이에 맞춰 설명하고, 어려움을 느낄 때 어떻게 도와줄 수 있는지 등을 고민하는 것이 영어 교사의 핵심이라고 할 수 있다.

교사는 단순히 지식을 전달하는 사람이 아니라, 학생들과 소통하고 그들의 성장을 돕는 사람이다. 영어를 잘하는 것만으로는 좋은 교사가 될 수 없다. 학생들이 영어를 배우면서 어떤 부분에서 막히는지 이해하고, 그걸 어떻게 쉽게 풀어줄 수 있을지 고민해야 한다. 그래서 교사가 되기 위해서는 교사로서의 책임감과 학생들을 진심으로 사랑하는 마음이 가장 중요하다.

나 역시 처음 교사가 되었을 때, 영어 실력보다는 학생들과의 소통과 이해에 더 중점을 두고 수업을 준비했다. 영어 수업은 학생들이 그 언어를 자연스럽게 받아들이고, 재미있게 공부할 수 있도록 만드는 과정이다. 교사로서 학생들을 존중하고 사랑하는 태도가 결국 그들의 성장을 이끌어 내는 가장 큰 원동력이라는 것을 잊지 말아야 한다.

그래서 영어 교사로서 가장 중요한 것 중의 하나는 학생들과의 교감이다. 학생들이 영어를 배우면서 겪는 다양한 감정을 이해하고, 그들의 학습 과정을 함께 걸어가야 한다. 영어를 잘 가르치는 교사는 그 과정에서 학생들과 함께 성장하는 교사이다.

☻ AI가 결국 영어 교사를 대체하는 것 아닌가요?

AI가 점점 발전하면서, 많은 사람들이 AI가 영어 교사를 대체할 것이라고 걱정한다. 사실 나도 대학교 때 비슷한 이야기를 들었었다. 2004년에 한 교수님이 "번역기가 발전하면 영어 교사가 필요 없어질지도 모른다."고 우스갯소리를 하셨었다. 하지만 지금 보면, 번역기는 교사가 수업에서 사용하는 수많은 도구 중 하나로 자리 잡았다. AI도 마찬가지이다.

최근에 이런 말이 있다. "AI Won't Replace Humans — But Humans With AI Will Replace Humans Without AI(AI가 인간을 대체하지는 않겠지만, AI를 활용하는 인간이 AI를 활용하지 않는 인간을 대체할 것이다)." 이것을 영어 교사에 적용하면, "AI Won't Replace English teachers – But English Teachers With AI Will Replace English teachers Witout AI(AI는 영어 교사를 대체하지 않는다. 하지만 AI를 활용하는 영어 교사가 AI를 활용하지 않는 영어 교사를 대체할 것이다)."라고 할 수 있다.

AI는 단순히 교사를 대체하는 기술이 아니라, 교사의 능력을 더욱 확장하는 도구이다. AI를 활용하면 학생들에게 더 맞춤형으로 피드백을 줄 수 있고, 각자의 학습 속도에 맞춘 교육을 제공할 수 있다. 가령, AI는 학생들이 틀린 부분을 분석하고, 그에 맞는 학습 자료를 추천해 줄 수 있다. 그럼 교사는 그 자료를 활용해 학생들과 더 깊이 있는 수업을 할 수 있다.

결국 AI는 영어 교사의 일을 더 효율적이고 창의적으로 만들어 주는 도구이다. 중요한 것은 AI와 함께 어떻게 영어 교육을 혁신할 수 있느냐에 달려 있다. AI를 도구로 삼아, 학생들에게 더 나은 학습 환경을 제공하는 교사가 되는 것이 목표이다. AI는 교사의 자리를 빼앗는 것이 아니라, 교사의 역할을 더욱 발전시키는 도구라고 생각하면 된다. 그러니 AI는 우리의 적이 아니라 동료가 되는 것이라 할 수 있다.

AI를 효과적으로 활용하는 영어 교사가 되는 것은, 그만큼 더 나은 교사가 되는 길이다. 학생들에게 더 나은 학습 환경을 제공하고, 그들의 필요에 맞춘 수업을 제공하는 능력은 AI와 함께일 때 더욱 강력해질 수 있다. 교사가 AI와 함께 할 수 있는 일은 무한하고, 그래서 AI 시대에 영어 교사는 더욱 필요하고 중요한 역할을 하게 될 것이다. AI와 함께 미래의 교실을 혁신할 준비가 되어 있다면, 당신은 이미 미래를 이끌어갈 훌륭한 영어 교사로 가는 길 위에 서 있다고 할 수 있다. 이에 대한 답을 내가 읽었던 한 영문 보고서 속 삽화로 대체하고자 한다.

"우리는 기술이 접목된 미래가 로봇 청소기보다는 전기 자전거와 더 비슷하길 바랍니다. 전기 자전거에서는 사

[출처: https://www.ed.gov/sites/ed/files/documents/ai-report/ai-report-core-messages.pdf]

람이 완전히 인지하고 제어할 수 있습니다. 부담은 줄어들고, 기술이 더해져 노력이 더 큰 효과를 발휘하게 됩니다." 이를 우리 영어 교사의 입장에서 다시 정리해 보겠다. "교사에게 AI는 로봇 청소기보다는 전기 자전거와 더 비슷하길 바랍니다. 전기 자전거에서는 교사가 완전히 인지하고 제어할 수 있습니다. 부담은 줄어들고, 기술이 더해져 노력이 더 큰 교육 효과를 발휘하게 됩니다."

인사이드 아웃, 가정에서 겪는 수많은 감정들

애니메이션 <인사이드 아웃>은 우리의 머릿속에서 다양한 감정들이 어떻게 상호작용하며 우리가 세상을 경험하고 해석하는지 보여 준다. 주인공 라일리의 감정 변화는 어찌 보면 교사이자 부모로서 내가 매일 겪는 일상과 비슷하다. 학교에서 퇴근해 집으로 돌아오지만, 나는 여전히 교사로서의 정체성을 유지한다. 육아와 SNS 속에서 매일 다양한 감정들을 경험하며 그 속에서 새로운 의미를 찾아내고 있다. '인사이드 아웃'이 감정의 복잡한 흐름을 보여 주듯, 나도 매일 느끼는 감정들을 통해 더 나은 교사가 되기 위한 영감을 얻고 있다. 이러한 감정들이 교실에서도 중요한 역할을 하며, 나는 집에서도 교사로서의 역할을 확장해 나가고 있다.

지침 속 발견이 있는 육아

육아는 때때로 끝이 보이지 않는 지침 속에서 하루하루를 이어가는 것처럼 느껴진다. 특히, 학교에서 하루 종일 교사로서의 역할을 다하고 돌아온 후 다시 부모로서의 역할을 시작할 때, 그 피로는 더욱더 깊어진다. 그러나 이 육아의 순간을 단순한 노동으로만 보지 않으려 한다. 오히려 그 속에서 언어 학습의 비밀을 발견하고, 나 자신도 끊임없이 배우는 과정으로 바라보고 있다. 매일 이어지는 지침 속에서도 언어 습득이라는 소중한 발견이 함께 존재하며, 이 발견이야말로 나를 새로운 교사로 성장하게 만든다. 이러한 두 가지 감정이 교차하는 순간, 지침이 단순한 피로에서 끝나지 않고 의미 있는 경험으로 전환되는 것을 느낀다.

7살 아들은 한국어를 어느 정도 배운 상태에서 이제 영어라는 외국어를 배우기 시작했다. 처음 아들이 'apple'이라는 단어를 배웠을 때, 나는 그 단어가 단순히 머릿속에서 맴도는 것이 아니라 일상생활에서 실제로 사용되는 모습을 볼 수 있었다. 마트에서 사과를 보고 자연스럽게 "apple"이라고 말하는 아들의 모습을 보며, 언어 학습의 핵심은 단순한 단어 암기가 아니라, 그 단어를 실생활 속에서 발견하고 연결 지을 수 있게 만드는 것이라는 사실을 깨달았다. 발견의 순간이 바로 학습의 가장 중요한 부분이기 때문이다.

이 경험을 통해 학생들이 영어 단어를 배우고 그것을 실생활과 연결 지을 수 있도록 돕는 것이 교사의 중요한 역할이라는 생각이 들었다. 물론, 매번 교실에 실제 물건을 가져와서 수업을 할 수는 없다. 그래서 나는 이미지 생성 AI를 활용해 방금 배운 단어를 시각화하고, 학생들이 즉각적으로 배운 내용을 경험할 수 있도록 돕고 있다.

예를 들어, 현재나 과거를 가정하는 'What if(만약에)'라는 표현을 배운 후 교사가 상상하는 상황을 정한다. 그런 다음 학생 스스로 상상하는 상황을 정한 후 이를 AI를 활용해 이미지로 생성하고 시각화하고 나서, 'What if'로 영작하도록 했다. 학생들이 좋아하는 축구선수, 배우, 캐릭터 등을 설정한 후, 그 상황을 시각적으로 구현하고 그 이미지를 바탕으로 'What if'라는 가정문으로 글을 쓰게 하니, 배우는 것에 몰입할 뿐만 아니라, 스스로 새로운 것을 발견할 수 있는 환경을 제공하는 것이 되었다.

반면, 2살 딸은 모국어인 한국어를 처음 배우고 있다. 아직 문장이 완벽하지 않지만 두세 단어만으로도 자신의 생각을 표현할 수 있다. 딸은 의미를 완벽히 이해하지 못하더라도, 맥락 속에서 단어를 사용하며 대화를 이어간다. 가령, 딸이 "아빠, 와"라고 말할 때 그 의도는 분명하지 않다. 나를 부르는 것인지, 내가 다가가고 있다는 것을 말하는 것인지 알 수 없지만, 딸은 말과 동시에 손짓으로 자신에게 오라는 신호를 보낸다. 이 단순한 두 단어와 제스처로도 우리는 완벽하게 의사소통을 할 수 있었다. 이 경험에서 비언어적 의사소통의 중요성을 다시 한번 깨닫게 되었고, 교실에서 문법적인 완벽함에 집중하기보다는 의사소통의 흐름을 이어가도록 가르치는 것이 더 중요하다는 교훈을 얻었다.

이 깨달음을 바탕으로 나는 수업에 비언어적 의사소통을 적극적으로 활용하는 활동을 도입했다. 예를 들어, 학생들이 새로운 단어를 배울 때 그 단어를 실제 상황에서 어떻게 사용할지 고민하게 한 뒤, 그 상황을 짧은 제스처나 몇 개의 단어로 설명하게 했다. 이는 학생들이 영어를 완벽하게 구사하기보다는, 대화를 이어나가고 의사소통하는 능력을 길러주는 데 큰 도움이 된다. 학생들은 문법적으로 완벽한 문장을 만들어야 한다는 부담에서 벗어나, 일단 말하고 제스처와 함께 대화를 이어가는 경험을 통해 자신감을 얻을 수 있었다. 학생들이 주저하지 않고 대화의 흐름을 이어가도록 돕는 것이야말로 내가 딸에게서 배운 언어 학습 방식의 큰 교훈이다. 이를 통해 학생들에게 '틀려도 괜찮다'는 메시지를 전달하며, 실수 속에서 배우고 성장하는 기회를 제공하고 있다.

중독 속 발견이 있는 SNS

밤 10시가 되면 아이들이 꿈나라로 간다. 그러면 비로소 나만의 SNS 시간이 찾아온다. 나의 SNS 사용은 단순히 시간을 때우기 위한 것이 아니다. 오히려 내 삶에 세 가지 중요한 목적을 가지고 있다.

첫째, SNS는 최신 디지털/AI 도구들을 가장 빠르게 접할 수 있는 창구이다. 특히, 인스타그램은 해외에서 유행하는 디지털 트렌드를 파악하기에 최적의 플랫폼이다. 예를 들어, 인공지능을 활용한 새로운 학습 플랫폼이나 교실에서 활용할 수 있는 혁신적인 앱/웹들이 먼저 공

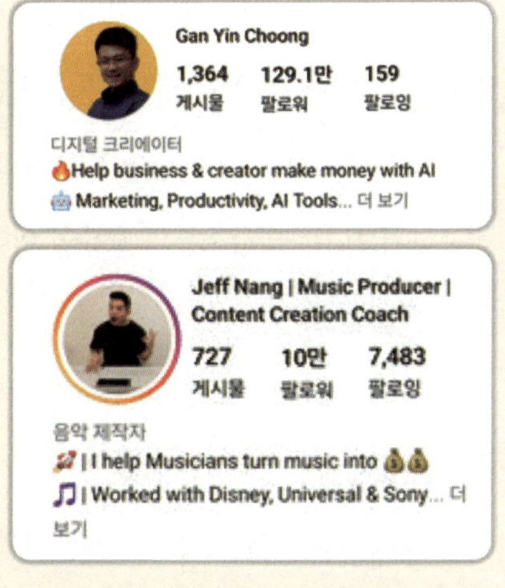

유되는 곳이 SNS이다. 이곳에서 얻은 정보는 내가 수업에 도입할 수 있는 도구들을 찾는 데 매우 유용하다. 교사로서 나는 누구보다도 빠르게 이러한 트렌드를 습득해, 수업에서 사용할 방법을 고민한다. 매번 교실에서 새로운 기술을 시도해 보며, 학생들이 더욱 흥미를 느끼고 효과적으로 학습할 수 있는 방법을 찾는다.

　　둘째, SNS는 영어 수업에 바로 적용할 수 있는 실생활 자료들을 발견할 수 있는 공간이다. SNS에서는 영어가 일상적으로 어떻게 사용되고 있는지를 보여 주는 실시간 사례들이 넘쳐난다. 블로그 글, 유튜브 동영상, 짧은 게시물 등 다양한 형태로 접할 수 있는 영어 표

현들은 교과서에서 다루는 형식적인 영어와는 다른 실제성(Authentic)을 갖고 있다. 학생들에게 이러한 실생활 영어를 보여 주면, 그들이 학교 밖에서 실제로 영어가 어떻게 사용되는지를 자연스럽게 이해하게 된다. 예를 들어, 유행하는 짧은 동영상이나 인플루언서들의 글을 수업에 활용하여 학생들이 배운 영어 표현을 실생활에서 어떻게 적용할 수 있는지 직접 경험하게 한다. 학생들은 그들이 익숙하게 보는 매체에서 영어를 사용한다는 점에 더 큰 흥미를 보이고, 수업 참여도가 높아진다.

　　셋째, SNS는 지쳐 있는 내게 동기를 부여하는 공간이기도 하다. 교사로서의 매일은 결코 쉬운 일이 아니다. 지침과 피로가 몰려올 때, 나는 종종 SNS를 통해 스스로를 다잡고 다시 에너지를 얻는다. 이곳에는 영감을 주는 동영상과 글들이 가득하다. 내 상황과 비슷한 사람들의 이야기나 끊임없이 도전하는 사람들의 이야기를 보며, 나도 다시 일어설 수 있음을 느낀다. 이러한 동기 부여의 시간은 지침 속에서도 스스로를 재발견하게 하고, 교실로 돌아

가 다시 학생들에게 에너지를 쏟을 수 있는 힘을 준다.

나는 이처럼 SNS에서 얻은 디지털/AI 트렌드, 실생활 영어 자료, 그리고 동기 부여를 바탕으로 수업을 창의적이고 실용적으로 발전시키고자 한다. SNS는 단순히 시간을 보내는 공간이 아니라, 나에게는 발견과 성장의 공간이자 새로운 교실의 방향성을 제시하는 중요한 도구이다. 나의 SNS 사용은 단순한 중독이 아닌, 교사로서의 성장을 위한 중요한 동력이다. 그 속에서 나는 매일 새로운 발견을 하고, 이를 통해 교실에서 더욱 창의적이고 풍부한 수업을 만들어 가기 위해 노력한다.

- (현) 한국애니메이션고등학교
- 한국외국어대학교 영어교육 졸업(석사)
- 한국영어교육학회(KEES) 이사, 교육부 AIEDAP 마스터교원, T.O.U.C.H. 교사단, 교실혁명선도교사, 고등학교 성취평가 선도교원
- 제34회 한국중등영어교육연구회(KOSETA) 학술 포럼 경기도 대표 출전
- 2025 경기도교육청 국제교류협력 지원단, 2024 경기도교육청 영어과 중등 1정 자격연수 강사, APEC ALCOB 티처
- 영어교육 활성화 부총리겸교육부장관 표창(2023), 교육감 표창 10회, 교육장 표창 3회, 수업연구대회 1등급

- (현) 배곧해솔중학교 수석교사
- 고려대학교 영어교육과(석사), 경인교육대학교 교육전문대학원 인공지능융합교육(석사), 한동대 IBEC(2024)
- 경기에듀테크소프트랩마중물지원단(2022~2025)
- 경기논술형평가 핵심교원 1기(2023 핵심교원, 2024 핵심교원심화, 2025 전문가과정 수료)
- 교육부 수업평가 현장지원단(2023~2024), 교육부 교실혁명선도교원(2024), 교육부 중학교 성취평가제선도교원(2024)
- 수업혁신연구대회(2025 도단위 2등급, 2026 전국 2등급)
- 2025 논술형평가 길라잡이, 2025 중학교 성취평가 이렇게 해요 외 자료 개발

- (현) 봉담고등학교
- 한국외국어대학교 영어통번역학부 영어통번역심화전공 졸업
- (현) 평행선영어교육연구회(화성오산) 회장, 경기도중등영어교육연구회 사무국장 역임
- 제33회 한국중등영어교육연구회(KOSETA) 학술 포럼 경기도 대표 출전 및 전국 1위 수상
- 영어교육 유공 부총리겸교육부장관 표창(2024), 교육감 표창 6회, 교육장 표창 5회
- 서울/경기/충북/세종 영어과 중등 1급 정교사 자격연수 강사
- 경기도교육청 중등영어교육지원단, EBS 고교학점제 진로·학업 설계 지원단, 경기도교육청국제교육원 디지털 기반 글로컬교육 선도교사, 화성오산교육지원청 대입진로진학리더교사, 경기진학지도협의회 재정국 간사
- 연세대학교 영어과 선행학습 영향평가 및 정시모집 면접문항 검토위원

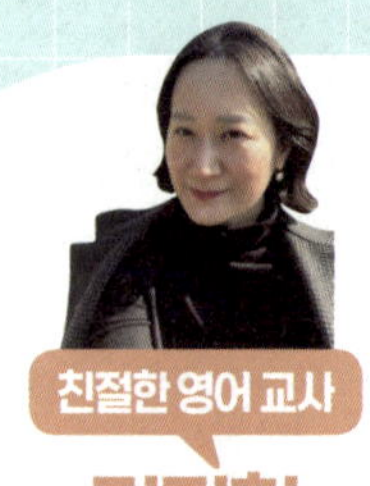

김정현

- (현) 백운고등학교
- 한국교원대학교 영어교육과·독어교육과 졸업, 한국교원대학교 교육대학원 중등영어교육 석사
- 2015 중등교사 영어심화연수 성적우수상(숙명여자대학교)
- The 24th Korea TESOL International Conference에서 'Creating Context Appropriate Writing Curriculum for Middle School' 발표
- 교육감 표창 6회(수업 경선, 수업 혁신 등), 교육장 표창 3회(수업 실기)

송종민

- (현) 동탄국제고등학교
- 고려대학교 사범대학 영어교육과, 문과대학 독어독문학과 졸업
- 제38회 한국중등영어교육연구회(KOSETA) 학술 포럼 경기도 대표 출전
- (현) 평행선영어교육연구회(화성오산) 간사, 경기도중등영어교육연구회 연구위원
- 2025 경기외국어교육 정책실행지원단, 2025 경기도교육청 국제교류협력 지원단, 2025 경기도교육청 영어과 중등 1정 자격연수 강사
- 교원역량개발 분야 유공 경기도교육감 표창(2023), 미래교육운영 유공 경기도교육감 표창(2023)

임성은

- (현) 푸른중학교 수석교사
- 교육부 2022 개정 교육과정 총론 개발 연구위원, 교육부 첨단미래학교 자문위원, IB 국제공인전문강사, 교육부 AIEDAP 리더교사, 교육부 교실혁명 선도교원, 경기도교육청 중등 논술형평가 문항 개발위원, APEC 국제교육협력단, 한국교육과정평가원 수능문제은행 문항제작 관련 영어영역 제작위원 등 다양한 영역에서 활동 중
- 경기도교육청을 비롯한 전국 시도교육청의 교사 직무연수, 1정 자격연수, 신규교사 연수, 복직교사 연수 등 다수 강의 중
- 제16회 교실수업개선 실천사례 연구발표대회 경기도 1등급, 전국 2등급 수상(2014), 교육부 전국영어수업우수사례 대상 수상 (2015), KOSETA(한국중등영어교육연구회) 우수수업사례 발표(2015)
- 교육부장관상 5회, 경기도교육감상 28회, 교육장상 4회, 학회장상 1회 수상
- 교사 교육과정을 디자인하다(2020) 외 4권, 2022 개정 초중학교 교육과정 운영 방안 공동 연구(교육부) 등 25편 집필

- (현) 백암고등학교
- 연세대학교 문과대학 독어독문학과 · 영어영문학과 졸업
- 수업혁신사례연구대회 전국대회 1등급(교육부, 고등 외국어 부문 수석)
- 수업혁신사례연구대회 컨설팅 현장지원단(한국교육과정평가원)
- 미래형 영어교육지원단, 논술형 평가 핵심교원, 중등영어 1급 정교사 자격연수 등 지원단 및 연수 강사 활동
- 교육감 표창(미래교육운영, 교육역량 내실화), 교육장 표창(교육과정지원, 국제교류협력 활성화)

- (현) 서해중학교
- 경기도교육청 AI기반 에듀테크활용 영어 수업 지원단
- 경기도교육청 IB 국제공인전문강사
- 교육부 AIEDAP 마스터교원
- 온라인콘텐츠활용교과서 지원 유공 교육부장관 표창(2022)
- 굿네이버스 탄자니아 EQSSE-Z ICT 통합 전문 트레이너

- (현) 신길고등학교
- 2023년 신길고등학교 IB 코디네이터
- 안산 IB 연구회 회원, 2025년 안산 지역 신규 교사 대상 'IB를 연구하다' 강의
- 경기 공유학교 멘토교사
- 2024년 고등학교 성취평가 선도교사, 최소성취보장지도 핵심교원 양성과정 이수

- (현) 경기자동차과학고등학교
- 교육부장관상 5회, 경기도교육감상 10회, 시흥시교육장상 5회 수상
- NE능률 2022 개정 교육과정 미디어 영어 교과서 집필
- 교육부 사회정서교육 선도교사, AIEDAP 마스터교원, T.O.U.C.H. 교사단, 교실혁명선도교사, 교육과정-수업-평가 현장지원단, 고등학교 성취평가 선도교원
- EBS 클래스 UP! 교실을 깨워라(학생 주도성의 비밀)편, AI 디지털 교과서(수업을 혁신하다!)편 출연
- OECD Digital Education Oulook Roundtable 토론자 참여

Foreign Copyright:
Joonwon Lee   Mobile: 82-10-4624-6629
Address: 3F, 127, Yanghwa-ro, Mapo-gu, Seoul, Republic of Korea
              3rd Floor
Telephone: 82-2-3142-4151
E-mail: jwlee@cyber.co.kr

나는 영어 교사 입니다

2026. 1. 21. 1판 1쇄 인쇄
2026. 1. 28. 1판 1쇄 발행

지은이 | 김나형 외 9명
펴낸이 | 이종춘
펴낸곳 | **BM** (주)도서출판 **성안당**

주소 | 04032 서울시 마포구 양화로 127 첨단빌딩 3층(출판기획 R&D 센터)
       | 10881 경기도 파주시 문발로 112 파주 출판 문화도시(제작 및 물류)
전화 | 02) 3142-0036
      | 031) 950-6300
팩스 | 031) 955-0510
등록 | 1973. 2. 1. 제406-2005-000046호
출판사 홈페이지 | www.cyber.co.kr
ISBN | 978-89-315-8582-7 (03370)
정가 | 27,000원

이 책을 만든 사람들

기획 | 최옥현
진행 | 오영미
교정 · 교열 | 이진영
본문 · 표지 디자인 | 피리어드디자인
홍보 | 김계향, 임진성, 김주승, 최정민
국제부 | 이선민, 조혜란
마케팅 | 구본철, 차정욱, 오영일, 나진호, 강호묵
마케팅 지원 | 장상범
제작 | 김유석

■ **도서 A/S 안내**

성안당에서 발행하는 모든 도서는 저자와 출판사, 그리고 독자가 함께 만들어 나갑니다.
좋은 책을 펴내기 위해 많은 노력을 기울이고 있습니다. 혹시라도 내용상의 오류나 오탈자 등이
발견되면 **"좋은 책은 나라의 보배"**로서 우리 모두가 함께 만들어 간다는 마음으로 연락주시기
바랍니다. 수정 보완하여 더 나은 책이 되도록 최선을 다하겠습니다.
성안당은 늘 독자 여러분들의 소중한 의견을 기다리고 있습니다. 좋은 의견을 보내주시는 분께는
성안당 쇼핑몰의 포인트(3,000포인트)를 적립해 드립니다.
잘못 만들어진 책이나 부록 등이 파손된 경우에는 교환해 드립니다.